历代帝王兴衰周期率

赵桃山 著

献给有志于"修身 齐家 治国 平天下"之士

中州古籍出版社

图书在版编目(CIP)数据

历代帝王兴衰周期率 / 赵桃山著. —— 郑州：中州古籍出版社，2013.5
ISBN 978-7-5348-4249-8

Ⅰ．①历… Ⅱ．①赵… Ⅲ．①帝王—人物研究—中国—古代②中国历史—古代史—研究 Ⅳ．①K827=2②K220.7

中国版本图书馆 CIP 数据核字(2013)第 084843 号

出 版 社：中州古籍出版社
　　　　（地址：郑州市经五路66号　邮政编码：450002）
发行单位：新华书店
承印单位：新乡市电科印务有限公司
开本：787mm×1092mm　1/16　　印张：19
字数：260千字　　　　　　　　　印数：1—2000册
版次：2016年9月第1版　　　　　印次：2016年9月第2次印刷

定价：58.00元
本书如有印装质量问题，由承印厂负责调换。

前　言

黄炎培老先生曾和毛泽东说过这样的话："其兴也勃焉，其亡也忽焉。一个人，一个家，一个团体，一个地方，乃至一个国家，都没有跳出这个周期率的支配力。大凡初时，聚精会神，没有一事不用心，没有一人不卖力。虽然那时艰难困苦，也能从万死中觅求一生。既而渐渐地条件好了，精神也就渐渐放下来了。有的历史长了，自然的惰性发作，由少数演变成为多数，乃至风气养成。虽有大力，却无法扭转，并且无法弥补。一部历史，政急宦成的也有，人亡政息的也有，求荣取辱的也有，总之，都没有跳出这个周期率的支配。"透过4000余年的兴衰史，我们不难得出这样一个规律，经过艰苦创业和农民大起义建起来的王朝，早期大都注重民情和为政作风，国力就比较强盛，王朝的寿命就比较长，但到了中后期的王朝就不可避免地弊病丛生，最后导致人亡政息、国破家毁。这可能就是黄炎培老先生说的周期率。

"百代兴衰朝复暮，江风吹倒前朝树。"翻开中国数千年的历史，从那一幅幅纷繁绚丽、怵目惊心的画卷中，可以看到这样一种现象：历代封建王朝，初兴时总是生气勃勃，蒸蒸日上，为政者励精图治，奋发图强；败亡时又总是那样气息奄奄，日薄西山，城崩垣颓，枯朽不堪。社会由盛至衰，由乱而治，如日月交替，四季循环。千百年来，这东方古国的兴盛衰亡之谜，令多少贤士哲人击案自忖，苦思不解！

古史有云："以史为鉴，可以知兴替。"我们以史为镜，溯数千年历史长河，探古往今来兴盛衰亡之源泉，求历代历朝交替之轨迹。希冀从这泱泱大国无限深厚的历史文化积淀中，悟出强盛之道和衰败之因。

《左传》有云:"万物不同,而用之于人弄也,此治存之生死之源也。"于是,我们以史为鉴,从先人治国兴邦和政息人亡的经验教训中吸取营养,或许对当今或以后各级为政者有借鉴作用。大同小异,也许对"修身、齐家、治国、平天下"都有裨益。

本书分三部分,第一部分是"其兴也勃焉",总结了从秦始皇建立王朝到清末溥仪离位(共2132年)的历代王朝兴盛的原因,从八个方面例举了79个真实的例子;第二部分是"其亡也忽焉",总结上述时期历代王朝衰败的原因,从五个方面例举了61个真实的例子;第三部分是"五百年必有王者兴",简要叙述了中国历史上十个王朝的兴起与衰亡的过程。通过上述三个部分的内容,给读者展现了一幅幅兴盛和衰亡的画图,也能让读者从中悟出黄炎培老先生的"周期率"的真谛。

中国著名学者、作家,国务院参事,全国政协常委、文史和学习委员会副主任,全国文联副主席冯骥才先生,特为该书题写了书名。在此特示谢意。

作者:赵桃山

目　录

第一部　其兴也勃焉

一、开疆扩土　巩固边陲
- （一）秦始皇嬴政扫六合 ……………………………………… 1
- （二）汉宣帝刘询扩展和巩固西北边疆 ………………………… 3
- （三）汉元帝刘奭反击与安抚并用定疆关 ……………………… 4
- （四）汉明帝刘庄开拓西域 ……………………………………… 5
- （五）晋武帝司马炎灭吴扩疆 …………………………………… 6
- （六）北魏太武帝拓跋焘北扩疆土 ……………………………… 8
- （七）北周武帝宇文邕统一北方 ………………………………… 10
- （八）唐武宗李炎反击回纥乌介可汗 …………………………… 11
- （九）后周世祖柴荣开疆扩土 …………………………………… 12
- （十）宋太祖赵匡胤开创基业 …………………………………… 15
- （十一）清圣祖爱新觉罗·玄烨收复台湾 ……………………… 18
- （十二）清圣祖爱新觉罗·玄烨抗击沙俄 ……………………… 19
- （十三）清爱新觉罗·弘历刚柔并济定边关 …………………… 22

二、革故鼎新　兴利除弊 …………………………………… 26
- （一）秦始皇的统一举措 ………………………………………… 26
- （二）汉武帝刘彻的全面改革 …………………………………… 28
- （三）北魏道武帝拓跋珪兴利除弊 ……………………………… 31
- （四）北魏太武帝拓跋焘改革教育、法制，治贪倡廉 ………… 32
- （五）北魏孝文帝拓跋宏力主汉化 ……………………………… 33

（六）隋文帝杨坚革古创新 …………………………… 36
　（七）唐高祖李渊改革政治、经济、军事制度 ………… 39
　（八）唐玄宗李隆基的文治武功 ……………………… 42
　（九）后周世宗柴荣的政治、经济改革 ………………… 45
　（十）宋真宗赵恒的锐意改革 ………………………… 47
　（十一）金海陵王完颜亮革新政治 …………………… 49
　（十二）明神宗朱翊钧重用革新派张居正 …………… 52
　（十三）清圣祖爱新觉罗·玄烨的"满招损，谦受益" … 53

三、选贤任能　从善如流 …………………………… 54
　（一）汉高祖刘邦论用人之道 ………………………… 54
　（二）汉文帝刘恒的从谏如流 ………………………… 55
　（三）汉景帝刘启的知人善任，是非分明 ……………… 57
　（四）三国刘备的"三顾茅庐" ………………………… 59
　（五）三国孙权的用人不疑 …………………………… 60
　（六）汉前赵昭武帝刘聪纳谏免过失 ………………… 62
　（七）前秦宣昭帝苻坚慧眼识王猛 …………………… 63
　（八）唐太宗李世民的"三面镜子" …………………… 65
　（九）唐高宗李治的善于纳谏 ………………………… 68
　（十）唐宪宗李纯的选人之道 ………………………… 70
　（十一）明仁宗朱高炽的"为君以受直言为明，为臣以能直言为忠"
　　　　 ……………………………………………………… 72
　（十二）明孝宗朱祐樘对直言每每称善 ……………… 74
　（十三）清圣祖爱新觉罗·玄烨的用人之道 …………… 76
　（十四）清世祖爱新觉罗·胤禛的"治天下唯以用人为本" …… 77

四、富国强兵　以民为本 …………………………… 79
　（一）汉文帝刘恒的与民休息 ………………………… 79
　（二）汉景帝刘启的发展生产，休养生息 ……………… 82
　（三）北魏明元帝拓跋嗣的劝课农桑 ………………… 83
　（四）后唐明宗李嗣源拒声色犬马 …………………… 84
　（五）明太祖朱元璋提倡"安养生息" ………………… 85
　（六）明仁宗朱高炽的"体恤民众，我宁肯过于仁厚" …… 87

（七）清太祖爱新觉罗·努尔哈赤注重发展经济 …………… 88
（八）清世祖爱新觉罗·福临的"必以国计民生为首务" …… 90
（九）清圣祖爱新觉罗·玄烨鼓励垦荒 …………………… 91

五、削藩平叛　剪除权臣 …………………………………… 93
（一）汉景帝刘启削藩平叛 …………………………… 93
（二）汉宣帝刘询镇压霍氏集团的叛乱 ………………… 95
（三）北周武帝宇文邕计灭宇文护 …………………… 97
（四）唐宪宗李纯恩威并济平反叛 …………………… 98
（五）明成祖朱棣刚柔并济定乱局 …………………… 103
（六）清圣祖爱新觉罗·玄烨计擒鳌拜 ………………… 104
（七）清圣祖爱新觉罗·玄烨力平"三藩" ……………… 107

六、整肃吏治　以法治国 ………………………………… 109
（一）汉宣帝刘询的"为政之本在于选拔亲民之官" …… 109
（二）唐宣宗李忱明察选任官吏 ……………………… 110
（三）明太祖朱元璋整肃纲纪 ………………………… 111
（四）明仁宗朱高炽清除污吏 ………………………… 113
（五）清圣祖爱新觉罗·玄烨的"民生安危视吏治，吏治贪
　　　廉视督抚" ………………………………………… 115
（六）清世祖爱新觉罗·胤禛的"火耗归公" …………… 116
（七）清仁宗爱新觉罗·颙琰的《义利辨》《勤政爱民论》… 117
（八）清宣宗爱新觉罗·旻宁的"澄清吏治则重于上层" … 119

七、严于律己　虚心纳谏 ………………………………… 121
（一）汉光武帝刘秀的洁身自爱 ……………………… 121
（二）唐太宗李世民的以身作则 ……………………… 123
（三）唐宣宗李忱的恭俭好善、平易近人 ……………… 124
（四）宋太祖赵匡胤意识到"吾为天下主" …………… 125
（五）宋太宗赵光义的"朕决不以居尊自恃" …………… 126
（六）清宣宗爱新觉罗·旻宁每天准令做四样菜 ……… 128

八、发展文化　注重教育 ………………………………… 130
（一）汉武帝刘彻的"独尊儒求" ……………………… 130

（二）汉光武帝刘秀的"好儒任文，以柔治国" …………… 131
　　（三）北魏献文帝拓跋弘注重教育 …………………………… 133
　　（四）北魏孝文帝拓跋宏推广汉文化 ………………………… 133
　　（五）后周世宗柴荣著作立说 ………………………………… 134
　　（六）宋太祖赵匡胤的"乱世用武，治世用文" …………… 135
　　（七）宋太宗赵光义喜好读书 ………………………………… 136
　　（八）金太宗完颜阿骨打重视文化发展 ……………………… 137
　　（九）明成祖朱棣授命编纂《永乐大典》 …………………… 138

第二部　其亡也忽焉

一、腐败亡国　淫乐伤身 …………………………………… 139
　　（一）汉成帝刘骜纵色殃及子孙 ……………………………… 139
　　（二）汉灵帝刘宏卖官鬻爵，官逼民反 ……………………… 140
　　（三）三国魏明帝曹叡贪色绝后 ……………………………… 141
　　（四）三国吴乌程侯孙皓淫乱亡国 …………………………… 143
　　（五）晋武帝司马炎穷尽奢侈，立痴儿 ……………………… 145
　　（六）后燕昭文帝慕容熙贪色丧命 …………………………… 147
　　（七）刘宋前废帝刘子业荒淫亡命 …………………………… 149
　　（八）北齐文宣帝高洋暴虐伤身 ……………………………… 151
　　（九）北周宣帝宇文赟荒淫短命 ……………………………… 152
　　（十）隋炀帝杨广穷奢极欲而亡国 …………………………… 154
　　（十一）唐中宗李显奢靡身亡 ………………………………… 155
　　（十二）唐穆宗李恒花花公子误国伤身 ……………………… 157
　　（十三）唐僖宗李儇"我玩我的，你干你的" …………… 158
　　（十四）宋徽宗赵佶的人生哲学"太平无事多欢乐" ……… 160
　　（十五）明武宗朱厚照惰政误国 ……………………………… 163
　　（十六）明穆宗朱载垕纵性情色误国亡身 …………………… 165
　　（十七）明神宗朱翊钧沉溺酒色，不理朝政 ………………… 167
　　（十八）明熹宗朱由校是"木匠皇帝" …………………… 168

二、残暴专横　众叛亲离 …………………………………… 170
　　（一）秦始皇嬴政横征暴敛致秦王朝昙花一现 ……………… 170

（二）三国吴乌程侯孙皓骄暴淫逸致国亡 …………………… 171
　　（三）前秦厉王苻生是个杀人不眨眼的暴君 ………………… 173
　　（四）刘宋前废帝刘子业看惯仇杀，杀人如麻 ……………… 176
　　（五）刘宋明帝刘彧滥杀大臣 ………………………………… 177
　　（六）萧梁汉帝侯景浩劫江南 28 ……………………………… 179
　　（七）北齐后主高纬吃喝玩乐成了亡国之 …………………… 181
　　（八）明神宗朱翊钧横征暴敛，激起民变 …………………… 184

三、宠奸任佞　残害忠良 ………………………………………… 186
　　（一）汉元帝刘奭宠信奸佞，国势衰 ………………………… 186
　　（二）三国孙权晚年刚愎自用，信用奸佞 …………………… 188
　　（三）晋废帝司马奕宠奸丢皇位 ……………………………… 189
　　（四）南燕末主慕容超任用权臣乱国政 ……………………… 191
　　（五）唐玄宗李隆基宠信奸佞致"安史之乱" ………………… 193
　　（六）宋真宗赵恒信用佞臣，排忠臣 ………………………… 195
　　（七）宋徽宗赵佶重用奸臣蔡京 ……………………………… 198
　　（八）明世宗朱厚熜重用奸相严嵩 …………………………… 198
　　（九）清高宗爱新觉罗·弘历宠信贪官和珅 ………………… 199

四、后宫干政　宦官猖獗 ………………………………………… 202
　　（一）秦二世胡亥宠信宦官赵高 ……………………………… 202
　　（二）汉惠帝刘盈时期的吕后乱政 …………………………… 206
　　（三）汉安帝刘祜被宦官左右 ………………………………… 207
　　（四）汉灵帝刘宏用宦官引来"党锢之祸" ………………… 208
　　（五）晋惠帝司马衷时的"三杨"乱政 ……………………… 209
　　（六）汉国昭武帝刘聪重用宦官，害忠良 …………………… 211
　　（七）"武周圣神皇帝"武则天的执政 ……………………… 212
　　（八）唐中宗李显受外戚挟持 ………………………………… 217
　　（九）唐代宗李豫任用宦官引起地方起义 …………………… 220
　　（十）唐敬宗李湛宠用宦官 …………………………………… 222
　　（十一）宋哲宗赵煦初期的太后垂帘 ………………………… 224
　　（十二）明英宗朱祁镇任用宦官被俘 ………………………… 227
　　（十三）明宪宗朱见深任用宦官险些断子绝孙 ……………… 229

（十四）明熹宗朱由校重用宦官魏忠贤 ············ 230
五、迷信仙道　亡国伤命 ············ 232
　　（一）秦始皇嬴政信巫丧命 ············ 232
　　（二）汉武帝刘彻信巫自悔 ············ 233
　　（三）三国吴景帝孙休信神短命 ············ 235
　　（四）前秦宣昭帝符坚信童谣遭害 ············ 236
　　（五）萧梁武帝萧衍佞佛伤国 ············ 236
　　（六）北魏献文帝拓跋弘弃国禅位为修行 ············ 238
　　（七）隋文帝杨坚崇尚迷信潜危机 ············ 240
　　（八）唐宪宗李纯服"金丹"亡命 ············ 241
　　（九）唐武宗李炎服"仙丹"成"仙" ············ 242
　　（十）宋徽宗赵佶的"神仙梦"一做到死 ············ 243
　　（十一）明宪宗朱见深求仙炼丹，荒废朝政 ············ 244
　　（十二）明世宗朱厚熜服"元性纯红丹"伤命 ············ 246

第三部　五百年必有王者兴

一、夏是禹开创的中国第一个王朝 ············ 249
二、商王朝的亡国之因 ············ 254
三、西周的兴与衰 ············ 259
四、秦朝的昙花一现 ············ 264
五、西汉的兴与亡 ············ 268
六、短命的西晋王朝 ············ 271
七、隋朝前后为政反差 ············ 275
八、唐朝鼎盛的原因 ············ 280
九、北宋王朝为政阴暗的后果 ············ 286
十、明朝的政治风云 ············ 290

第一部 其兴也勃焉

兴则有道。纵观历代王朝，大凡兴盛的各有其道。不论是始兴、中兴、还是复兴，略可概括为：开疆扩土，安抚临邦；革故鼎新，兴利除弊；选贤任能，从善如流；富国强兵，以民为本；削藩平叛，翦除权臣；整肃吏治，以法治国；严于律己，虚以纳谏；发展文化，注重教育等八个方面。现分别举例叙述如下：

一、开疆扩土 巩固边陲

（一）秦始皇嬴政扫六合

秦始皇亲政不久，就先后消灭了嫪毐和吕不韦两大敌对势力，彻底肃清了自己行使君权的障碍。接着，他开始了统一"山东"六国的事业。在战国七雄中，秦国到秦始皇继承王位时，无论在经济力量上、军事力量上还是地理形势上，都具备了完成统一六国的条件。为了加快统一步伐，他在清除国内敌对势力的同时，继承先王秦昭王遗风，礼贤下士，搜罗人才，重新组织文武骨干，并制定出新的战略方针。

当时，秦始皇的文武骨干有20余人。其中王翦、王贲、蒙武、蒙恬出自将门世家，都是善于用兵、能征惯战的将才；顿弱、姚贾善长辞令，随机应变，精于组织和从事间谍活动；尉缭和李斯则是秦始皇的得力谋士。在战略上，他继续奉行先王"远交近攻"的战略方针，同时又采用了新的策略，即发动针对六国的间谍活动。

秦始皇首先向韩国起兵。秦王政十四年（前233），韩王献地称臣。秦王政十七年（前230），秦军攻韩，俘韩王安，尽取韩地，置为颍川郡，韩国灭亡。

秦王政十八年（前229），秦分兵两路，大举攻赵，俘获赵王；赵公子嘉带数百人逃奔代郡（今河北蔚县一带），自立为代王。秦王政二十五年（前222），秦将王贲进攻代郡，俘代王嘉，赵国灭亡。

秦王政二十年（前227），秦始皇派王翦、辛胜大举攻燕，燕、代

秦始皇

联军抵抗，被秦军破于易水之西。次年，秦又征发大军支援王翦，大败燕军，攻陷燕都蓟城（今北京），燕王逃向辽东。秦将李信穷追不舍，在衍水（今辽河流域）大破太子丹军，燕王被迫杀曾派荆轲刺秦王的太子丹，将头颅奉献秦军求和。秦王政二十五年（前222），秦将王贲进攻燕的辽东，俘燕王喜，燕国灭亡。

秦王政二十二年（前225），秦将王贲率军攻魏，掘引黄河、鸿沟，水灌魏都大梁（今河南开封），三个月后，大梁城破，魏王假被俘，魏国灭亡。

秦王政二十三年（前224），秦始皇派李信、蒙武率兵二十万南下灭楚，大败而回。后采纳王翦意见，令其率兵60万伐楚，王翦用兵三年，楚国彻底灭亡。

秦王政二十六年（前221），"山东"其他五国已经无一存在，王贲大军由燕南下，一举战胜齐军，俘齐王建，齐国灭亡。

从秦王政十七年（前230）灭韩开始，到秦王政二十六年（前221），历经近十年时间，秦始皇终于完成了统一中国的大业。

(二) 汉宣帝刘询扩展和巩固西北边疆

我国统一的多民族的封建国家是由秦始皇创其始，汉武帝毕其功的，汉宣帝时又进一步巩固发展。本始二年（前72），匈奴侵略乌孙，乌孙向汉廷求救。汉宣帝派田广明等五将军出塞两千余里，联合乌孙夹击匈奴，共动用了20万兵力，这是汉武帝之后对匈奴采取的一次最大规模的军事行动。此后，匈奴衰耗，边境少事。神爵元年（前61），迫于汉朝的威力，匈奴日逐王归附汉朝，汉军占据了车师，将匈奴势力逐出西域，汉宣帝任用熟悉西域事务的郑吉担任西域第一任都护，兼护南北两道36国，确立了西汉对西域的政治统治。汉宣帝还将屯垦区扩大到了乌孙的赤谷城，进一步巩固了西北边疆。当乌孙内部发生动乱时，他派长期生活在乌孙、有丰富外交经验的冯嫽为使节出使乌孙，化解了乌孙贵族内部的矛盾。甘露三年（前51），匈奴呼韩邪单于入朝汉宣帝，表示归服西汉，汉宣帝隆重接待，并举行有数万少数民族参加的盛会，来显示西汉王朝民族间的团结，

汉宣帝刘询

又派兵护送呼韩邪单于到光禄塞下，资助谷米数万石。从此，汉匈之间结束了长达150多年的战争状态，建立了匈奴呼韩邪政权对西汉王朝在政治上的隶属关系，同时也密切了塞北各族与中原地区的汉族在政治、经济、文化上的联系。宣帝以后数世，北方边境不见烽火之警，牛马布野，人民蕃盛，一片和平景象。神爵元年（前61），汉宣帝派名将赵充国率兵平息了西羌族的叛乱，并留兵屯田湟中，置金城属国管理归附的羌族各部落，加强了西汉中央政府对西羌的控制。

（三）汉元帝刘奭反击与安抚并用定疆关

元帝在位期间，匈奴已经衰落，边郡比较平安，不过偶尔也会出现一些小摩擦。对于如何处理边郡问题，元帝总是召集郡臣讨论，而往往采取在争辩中占上风的意见和主张。武帝开拓汉域南疆时，曾在今海南岛设置珠崖、儋耳二郡，由于汉朝官吏对当地人民进行残酷压迫，经常激起武装反抗。元帝继位的次年，珠崖山南县起兵反汉，连年不能平定。元帝召集郡臣讨论，拟调重兵前往镇压。后元帝采纳多数派代表贾捐之的主张，决定放弃珠崖郡。初元三年（前46），下诏宣布罢除珠崖郡，郡中居民愿意属汉，妥善安置，不愿属汉，不相勉强。这样，珠崖郡自武帝元封元年（前110）设置以来，历时64年，至元帝被废。永光二年（前42）秋，

西汉元帝刘奭

陇西郡姐羌旁种反叛汉朝，元帝又召集郡臣讨论对策。元帝听双方各自言之有理，就在采纳多数人意见的基础上，命冯奉世率一万多官兵开进陇西郡，分屯三处，被羌人破军杀将，进守不得。冯奉世只好画出陇西郡的详细地形和羌汉兵力的分布局势，呈送元帝，请求援兵。元帝征发6万援军开入陇西，当年年底平定了羌人的叛乱。

汉元帝外交政策上的成功之例，是和北方的匈奴修好，胡汉和亲。元帝继位之初，匈奴已经衰弱，内部矛盾重重。呼韩邪单于归汉，初元元年（前48）言民众困乏，元帝命云中、五原二郡输送谷2万斛救援。郅支单于叛汉，初元四年（前45）杀汉使者，逃往康居。建昭三年（前36）冬，西域都护甘延寿和副校尉陈汤矫诏调集西域各国兵，诛斩了郅支单于。呼韩邪单于闻听诛斩了郅支，又喜又怕，提出朝见天子。竟宁元年

(前33),呼韩邪来长安朝拜元帝,要求做汉朝皇帝的女婿,以表示与汉亲近。元帝以后宫良家女子王昭君赐予单于,呼韩邪万分高兴,要汉朝保护西北边塞,请元帝罢除西北边防,与民休息。元帝让有关部门讨论,议者都以为是件好事,唯郎中侯应力主不可,他从汉朝边防的长远大计出发,向元帝列举了十条无可辩驳的理由。于是,元帝派人婉转地谢绝了呼韩邪单于的请求。

(四)汉明帝刘庄开拓西域

在对付周边游牧民族的侵扰问题上,由于社会安定和国力的恢复,明帝一改光武朝的守势,采取积极进攻的战略。永平八年(65),北匈奴骑兵进攻河西诸郡,焚烧城邑,杀掠甚众,以至于河西城门昼闭,人民受害不浅。永年十五年(72),北匈奴又侵犯河西,而且胁迫西域小国随同入寇。面对北匈奴势力的猖狂侵扰,耿秉上奏说:"中国虚费,边陲不宁,其患专在匈奴!以战去战,圣王之道。"明帝有志于北伐,十分赞同耿秉的意见。是年,明帝派遣窦固和耿秉出屯凉州(东汉治陇县,今甘肃清水北),作北伐的准

东汉明帝刘庄

备。永平十六年(73),明帝命令诸将率同南匈奴及乌桓、鲜卑等少数民族组成的骑兵部队,出塞北征,揭开了东汉政府同北匈奴战争的序幕。这次出征,窦固西出酒泉,在天山(今新疆吐鲁番城北)击败匈奴呼衍王部,追至蒲类海(今巴里坤湖),占据了伊吾卢城(今新疆哈密)。

为了巩固军事活动的成果,窦固命令假司马班超和从事郭恂到西域诸国开展外交活动。班超和郭恂率领36人,先到鄯善,在鄯善国击杀匈奴派往该国离间的100使者,迫使鄯善王声明从今以后依附汉朝,永无二

心，并且纳子为质。班超随着质子回到国都洛阳，明帝下诏提升他为军司马，命令其继续经营西域。从此以后，西域遂成中原统一帝国的一部分，得到长足的发展。

（五）晋武帝司马炎灭吴扩疆

正当司马炎励精图治、西晋的国威蒸蒸日上的时候，东吴却如日薄西山，处处表现出倾颓的趋势。吴王孙皓那乖戾、残忍、荒淫的天性在绝望的环境中更向病态发展，他无意中把东吴这辆气息奄奄的破烂马车，又向死亡驱进了一步。面对孙皓那顶用人血染红的皇冠，朝野人人自危，噤若寒蝉。在这种情势下，孙皓的昏庸也更衬托出司马炎的开明，处在痛苦与黑暗中的东吴人开始向西晋寻求寄托，一些将领率众倒戈，投降西晋。这在某种程度上进一步激发了晋人灭吴的欲望，于是，一时之间，灭吴成了朝野人士议论的话题。但司马炎也深知，东吴虽弱，却已经立国几十年，是个

晋武帝司马炎

不容忽视的对手，如果在策略上稍有失误，便会攻败垂成。因此，虽然朝野的灭吴呼声日益增高，但司马炎始终未轻易应允。一直到泰始六年（270），他才派羊祜到晋吴交界地荆州进行灭吴的准备工作。

司马炎可谓慧眼独具，一下子就抓住了一个合适的人。羊祜不但在人格和才略上都无可挑剔，更是一个卓有谋略的军事家。他少年时代就以清德名世，司马炎受禅后，羊祜即以佐命之功，进位中军将军。镇边后更谨慎从事，力尽职守，不负国望。他一方面立即占领要害之处和膏腴之地，使吴军在军事与物资上都处于捉襟见肘的境地；另一方面实行屯田，为日后的军事行动打下雄厚的物质基础。羊祜上任伊始，几乎军无现粮，可到他在任的最后一年，仓内已有10的积蓄。在此基础上，他又采取了与传

统的用兵之道"兵不厌诈"相反的策略,使用攻心战术,取得吴人的信任,使他们在心理上产生一种对晋的亲切感与对吴的疏离感。他每次与吴人交战,总要等到日出,从不作掩袭之举。有一次,晋军俘虏了吴人的两个孩子,羊祜不但不加以训挞,还送他们回家与家人团聚,孩子的父亲因此很感激,不久举家降晋。东吴有一位将领叫邓香,在攻打夏口时被俘虏,羊祜亲解其缚,为了报答羊祜的不杀之恩,他也率部降晋。还有一次,羊祜带兵巡视边境,因军粮不足,便沿途以吴境成熟的庄稼充饥,但事后立即让士兵送绢给农田的主人作为偿价。羊祜的良苦用心没有白费,吴人开始改变了敌视晋的态度,甚至有人敬称他为羊公。此时与羊祜对峙的是东吴名将陆抗,他知道,微笑有时比千军万马更具有杀伤力,于是他也采取了与祜同样的态度。有一次,陆抗生病,羊祜送去药物,左右怕有毒,建议不要服用,陆抗说:"羊祜岂是害人之人。"然后毫不犹豫地服下。陆抗还告诉部下:"羊祜怀之以德,而我们却加之以暴,这是不战自败,现在我们只需保守边界,不要追求蝇头小利。"于是,边境日渐平安。但羊祜并没能满足于这一点,暗地悄悄地加紧灭吴的准备。可是,朝中权臣贾充等人却从中阻挠,使司马炎始终下不了灭吴的决心。时光飞逝,数度春秋后羊祜已进入暮年,虽然司马炎在各方面对他倍加礼遇,但仍然慰藉不了他壮阔的情怀,当老友中书令张华去看望他时,他满怀忧虑地说:"吴国的政治太酷虐了,如果现在进攻,唾手可得。万一孙皓一死,吴人另立新主,即使我们有百万大军,也难以跨越长江天险。"他又嘱托张华:"我的愿望是否能实现就靠你了。"终于,这位灭吴的奠基者没能看到"一片降幡出石头"的一天,于咸宁四年(278)含恨而逝。

羊祜临终之时推荐了另一位名将杜预接替了他的职务。这位风度儒雅的将军有书生的头脑,却无书生的弱点,能力不亚于他的前任羊祜。羊祜死后,他担任了镇南大将军,都督荆州诸军事。杜预没有辜负羊祜的期望,上任伊始,就表现出了卓越的军事才能。他首先袭击了驻守在要害之地的吴军,并且大获全胜,吴将张政恐朝廷怪罪,将此事隐而不报。杜预深知张政是一个不易对付的敌手,决定借此事除掉他。杜预派人将战俘送还东吴,孙皓闻之大怒,调离了张政。就这样,杜预轻而易举地赶走了自己的劲敌。这时,担任训练水军重任的王濬已是70高龄的老人,他向朝廷上了一份情真意切的文表，表达他灭吴的心愿，与此同时，杜预也向司马炎请求伐吴之期，杜预的疏表送到的时候，司马炎正和张华下棋，张华没有忘记老友羊祜的嘱托，便推开棋盘，乘机鼓动："陛下聪明神武，朝野又清平和乐，可谓国富兵强，而吴主荒淫暴虐，诛杀贤能。如果现在讨伐东吴，可以不费吹灰之力。"在杜、王、张等人的敦促下，司马炎终于下定了灭吴的决心。战事按照羊祜生前提出的方案进行，在灭吴的六路大军中，王濬率领的巴蜀水军是中坚力量。吴人为了阻挡晋军的进攻，也早有准备，他们在长江的险要之处，布下长长的铁链，又在江中埋下长丈余的铁锥，企图阻挡晋军的楼船。但这一情况早被羊祜预料到，所以在进攻之前，王濬就准备了大小竹排，并在上面放上披有盔甲的稻草人，使之前行，挟去江中的铁锥。他又制作巨大的火炬，灌上麻油，放在船前，遇到铁链便点上火炬，使铁链熔为铁水。就这样，吴人自恃的长江天险，在王濬的计谋下化作了平地，晋军几乎兵不血刃，迅速攻下了夏口、武昌，直驱吴都建业（今南京）。但此时晋国内却出了麻烦。身为六军统帅的贾充想阻挠晋军伐吴，向司马炎上疏："现在正值春夏之交，吴地瘟疫流行，应该召回各路大军。并且要腰斩张华，以谢天下。"这一次，司马炎没有听信他的谗言，只是冷冷地说道："伐吴是我的主张，张华只是赞同而已。"于是王濬的部队又继续前进。这时，另一路大军在王浑的率领下也势如破竹，到了横江（今安徽和县）。在两路大军的夹攻下，建业城中的孙皓成了瓮中之鳖，他派游击将军张象带领水军抵抗。谁知张象根本没有抵抗之意，一出城便当了俘虏。在这种情况下，孙皓只得素车白马、肉袒而缚投降西晋，东吴的40多个郡、300多个县、230余万人口全部归入西晋的版图。东吴这个立国近60年、曾经雄踞江东的国家，最终断送在亡国之君孙皓的手中。

（六）北魏太武帝拓跋焘北扩疆土

拓跋焘继位当年始光元年（424），柔然首领大檀率骑兵6万，侵入云中（今内蒙古托克托），杀人略地。年仅17岁的拓跋焘闻讯后亲自带兵，日夜兼程，只三天两夜即赶至云中。队伍未及休整，大檀的大股骑兵就扑过来，将拓跋焘的兵马团团困住，情势十分危急，北魏士卒已恐慌起来。拓跋焘在马背上镇定自若，分划布置。士兵见自己的年轻统帅临危不惧，情绪也很快安定。在拓跋焘的指挥下，射杀了柔然的前锋部帅，大檀见形势不利，只得率军撤退。第二年，拓跋焘又亲自发兵五路，征讨柔然。为了取得速战速决、出敌不意的效果，他果断下令将军中辎重全部留下，只带15天的干粮，轻骑前进，穿过沙漠出击柔然，大檀闻讯后惊慌失措，率众向北逃窜。

太武帝拓跋焘

拓跋焘主动出击柔然，规模最大的一次是在公元429年，当时朝廷内外重臣都不同意这次军事行动。张渊、徐辩等以天象不利为理由，预言出征柔然必败。支持北伐的汉族大臣崔浩也用天文占卜，逐条反驳张、徐。这时正巧刘宋也准备进犯北魏，拓跋焘当机立断，对大臣们说："刘宋自顾不暇，北犯构不成大的威胁。即便能来，我们若不先将柔然消灭，也会腹背受敌。"下令发兵征伐柔然。这次出击使柔然大檀措手不及，仓促烧毁帐舍，带着部众向西狂奔。拓跋焘指挥部队，东西5000里，南北3000里，纵横分兵搜讨其残部。被北魏前后降服的柔然部众有30多万家，掳获的马牛羊达几百万头。敕勒部也有几十万人向北魏投降。这些降附的部落都被拓跋焘迁到漠南几千里的边境上，在北魏的军事监督下，从事农耕和畜牧。他们每年向北魏交纳大量贡税，致使北魏毡毛皮货堆积如山，马牛羊的价格也大大跌落。北魏统一黄河流域的战争在打退柔然之后，达到了一个高潮。

公元432年，拓跋焘又率军亲征割据辽东、辽西的北燕，瓦解了由北燕控制的大郡，将其3万余户迁到幽州（今北京附近）。太延二年（436），拓跋焘再次出兵北燕，北燕王冯弘逃奔高丽，旋即被杀，北燕灭亡，北魏取得了整个辽河流域。这时，整个黄河流域仅剩了一个割据河西的北凉政权与北魏相峙。沮渠蒙逊在位时北凉的势力还较强，拓跋焘也与其维持着表面的交好。蒙逊死后，儿子牧犍继位，昏庸无能，国政渐荒，拓跋焘见时机已到，便在太延五年（439），罗织了牧犍12条罪状，亲自率军讨伐。牧犍自知难以抵挡，便与大臣一起，自缚其手，向拓跋焘请罪。拓跋焘一面给他松绑，以礼相待，一面统军入城，收抚户口20余万，派乐平王丕及征西将军贺多罗镇守凉州，命牧犍带领宗族及凉州吏民3万户，迁徙到京都平城，北凉遂亡，结束了北方长期分裂割据的局面。

（七）北周武帝宇文邕统一北方

天保六年（555），北齐为了加强北疆防御能力，动用数万民工，在西起恒州（今山西大同）东到幽州（今河北居庸关）绵延900多里的地方建筑了长城。

北周宇文邕亲政以后，把注意力集中于国内调整，发展生产，吸收均田农民充当府兵，扩充军备，加强实力。

建德四年（575）七月，宇文邕正式下诏讨伐北齐。他动用了18万大军开赴齐境，以王纯、司马消难、达奚震为前三军

武帝 宇文邕

总管，宇文盛、侯莫陈崇、宇文招为后三军总管，宇文宪、杨坚等领兵重点出击，向北齐全面推进。宇文邕亲自率领6万军队直趋河阴（今河南孟津）。北周军纪严整，禁止官兵在北齐境内践踏庄稼、砍伐树木、抢掠民财，违令者一律斩首。不久，北周攻下河阴、洛口（今河南巩义）和河阳（今河南孟津）等地，于冀、宇文宪等将领虽然接连攻克了北齐30多城，最后也都放弃不守，回师周土。

这次出征虽然没有达到灭齐目的，但却大大挫伤了北齐的元气，也使宇文邕清楚地看到，北齐已经没有力量与北周抗衡了。

建德六年（577）正月，北周攻下邺城，齐后主高纬、齐王高恒等逃往青州，被周师追及，当了俘虏。北齐正式灭亡。北周计得州50、郡162、县380、户3032500。宇文邕终于实现了多年夙愿。统一了北方，为隋朝统一全国奠定了基础。

（八）唐武宗李炎反击回纥乌介可汗

会昌二年（842）七月，回纥乌介可汗被黠戛斯部落打败，带着嫁到回纥20年的唐宪宗之女太和公主往南逃窜，以为唐朝软弱可欺，打着奉太和公主南归的旗号，公然提出要唐供给牛羊、粮食，借驻天德城以安公主、可汗等无理要求，武宗予以严词拒绝。八月，乌介可汗领兵悍然越过把头峰（今内蒙古包头附近），南入大同川，掠牛马数以万计，直逼云州城（今山西大同）。

面对回纥乌介可汗的入侵，朝廷之中议论纷纭，牛僧孺等保守势力主张固守边防，不可出击。宰相李德裕

唐武宗李炎

全面分析了敌我力量对比，认为回纥正趋衰势，击之必胜。武宗采纳李德裕的意见，立即诏调许、蔡、汴、渭等六镇之兵，驰援天德、振武，任命太原节度使刘沔为回纥南面招讨使，张仲武为东面招讨使，李思忠为西南面招讨使，各路大军会师太原，伺机讨伐。

与此同时，武宗赐给乌介可汗诏书，列数其罪状，并警告他要"速择良图，无贻后悔"，尽可能争取招抚。然而，乌介可汗一意孤行，会昌三年（843）正月，悍然发兵进攻振武。

刘沔遣麟州刺史石雄、都知兵马使王逢率3000骑兵为前锋，刘沔殿后。石雄挖地道攻入乌介可汗的牙帐（指挥所），各路大军配合猛攻，在东胡山大败回纥军队，俘虏了两万余人，乌介可汗中箭逃往黑车子族，太

和公主亦被唐军夺回，送归长安。唐军取得反击战的彻底胜利。

外患甫定，内乱继起。会昌三年（843），昭义镇节度使刘从谏卒，其侄刘稹又发动了叛乱。昭义镇辖有5州、31县，节度使驻潞州，为战略要地。事件发生后，朝廷哗然。对藩镇之乱心有余悸的朝廷大臣们大都主张姑息妥协，答应刘稹的要求，授予节钺，同意以之为留后。只有李德裕等少数的大臣坚决主张对刘稹用兵平叛。武宗力排众议，采纳李德裕的意见，决定利用藩镇之间的矛盾，用藩镇之兵讨伐刘稹。

五月，武宗下诏，削夺刘从谏和刘稹官爵，任命成德节度使王元逵为泽、潞北面招讨使，魏博节度使何弘敬为泽、潞南面招讨使，与河东节度使刘沔、河中节度使陈夷行、河阳节度使王茂元等合力讨伐刘稹。随后又调武宁节度使李彦佐任晋绛节度使，配合各路兵马。

诏令一下，各路大军进展迅速，唯独李彦佐行动迟缓，并且上表请求在绛州休整。武宗立即调整部署，从天德军方面调石雄任晋绛行营节度副使，准备取代李彦佐。同时对各路讨伐军提出了明确具体的要求，严明军纪，禁止部队焚烧庐舍、挖坟掘墓、侵扰百姓，从而取得了沿途百姓的支持。至会昌四年（844）七月，邢州刺史裴向、洺州刺史王钊、磁州刺史安玉等抵不住王元逵、何弘敬的压力，各率部开城投降。月余，三州投降的消息传到泽、潞二州，叛军内部分崩离析，刘稹亲信、潞州大将郭谊等取刘稹首级，迎接讨伐军进城。历时13个月的昭义之乱，至此彻底平定，收复5州、31县。昭义镇的收复，削弱了藩镇割据势力，巩固了唐王朝的统一。

（九）后周世祖柴荣开疆扩土

经过几年持续不断的改革，后周国富民强。于是柴荣统兵南征北讨，开始了统一中国的征程。

柴荣采纳先攻江淮以及江左南唐的主张。在进攻南唐之前，柴荣先遣将从后蜀手中收回了秦、凤、成、阶四州（均在今甘肃境内）。

秦、凤等四州是后晋时没入后蜀的。后蜀主孟昶为政苛暴，蜀人怨愤，此四州更是民不聊生。人民痛恨后蜀政权，先后多次派人到开封要求后周收复旧地。显德二年（955）四月，柴荣调兵遣将，向四州进攻，至五月，节度使王景率军由陕西大环关出击，攻下了秦州以东的黄牛寨等地。到十一月，后周军最后攻克凤州，俘敌节度使王环，收复了四州之地。柴荣下令四州人民除两税以外，其他杂税一律免征，废除后蜀暴政，当地人民欢天喜地。

安定了西部边境之后，柴荣因蜀道艰难，没有乘胜入川推翻孟昶政权，而是把兵锋转向了占领江淮地区的南唐。

显德二年（955）十一月，柴荣任命李谷为淮南道行军都部署，王彦超

世宗柴荣

为副部署，统率禁军进攻寿州（今安徽寿县）。柴荣十分关心前线的动向，显德三年（956）正月，他决定亲自出马，指挥这一重大战役。后周军取得了出师以来的第一次大胜利。

柴荣不久也赶到正阳，他察看了战场，认为不应给敌人喘息机会，于是率大军再次将寿州包围。此时，南唐江北州县皆处于后周军的兵锋之下，处境已十分艰难，但寿州守将刘仁赡乃南唐名将，坚守不降。后周军久攻不下，柴荣便留一部分军队围城，其余分兵略地，攻取南唐江淮之间各州县。二月，柴荣命赵匡胤攻滁州南唐皇甫晖军，赵匡胤是柴荣麾下的得力干将，他率军奇袭清流关，一举擒获皇甫晖，歼灭了南唐一支劲旅。柴荣又命韩令坤率兵直取扬州和泰州，一直攻到长江边。到三月，后周军已攻取了南唐江北大部分城镇，使寿州更陷于孤立境地。

虽然后周军实际上已占有江淮广大土地，但寿州始终未能攻下，加之暑雨天气，柴荣决定留向训坐镇扬州，李重进继续围攻寿州，自己于五月十日启程回京，以图再作部署。

柴荣回到开封后，开始编练水军。他从南唐降兵中挑选了数百水手，

教习水战，严格训练几个月之后，一支精锐的水师建成了，这就使南唐的水上优势受到挑战。后周淮南节度使向训感到扬州难以持久，便向柴荣建策撤退扬州后周军，全力攻寿州。于是江淮之间的后周军齐集寿州城周围，全力进攻，却仍然未能攻下。在这关键时刻，柴荣没有允许前线军队后退，而是第二次奔赴前线，亲自督战。显德四年（957）二月，柴荣统军南下，并派右饶卫大将军王环率新建成的水军，沿颍水进入淮河，直赴敌阵。三月，柴荣披甲执锐，来到寿州前线，亲自指挥作战，命自己的水军也鼓足风帆直追，骑兵亦夹河穷追猛打，于是南唐援助寿州的外围军队遭到全歼，共消灭和俘虏了4万多人，缴获战船、兵器不计其数。这时，寿州城内的南唐军如热锅上的蚂蚁，不知如何办才好，守将刘仁赡急出了一场大病，不能理军，其部下于是开城投降。柴荣终于占领了这一战略要地，获得了辉煌的胜利。

柴荣命令部队稍作休整，又下令寿州城50里内地方免交两税，并开仓赈济，实行大赦，稳定了新占领区的统治。

经过几个月的休整，显德四年（957）十月，柴荣第三次亲征南唐，其目标是全部夺取江淮土地。这一次，柴荣不仅带了马、步、水军，还从北方带来一队骆驼，当时一般人并不知其用场。时南唐在濠州阻淮水设防，十一月，后周军进抵濠州，柴荣命令士兵骑骆驼渡淮河，南唐军从来没有见过这种战法，以为是天兵天将，个个吓得面如土色，丢盔弃甲而逃。

柴荣水陆大军进抵长江，直接威胁到南唐的江南地区，南唐政权几乎无力抵抗，已面临崩溃了。李璟不得不再次派使臣向柴荣请和，尽献江北之地，表示愿将庐、舒、蕲、黄四州送给后周，划长江为界。后周军已在江淮作战经年，柴荣也担心若再下江南，契丹在后方乘虚来攻，于是接受了南唐的投降，和南唐签订了城下之盟。

柴荣在夺取南唐江北四州一年之后，又踏上新的征途。显德六年（959）三月，柴荣亲自统军北伐。四月，柴荣到达沧州，挥师直趋边关，契丹的宁州刺史汉人王洪首先举城投降。不战而得城，使后周军士气大为振奋。16州的汉族百姓长年受契丹贵族的奴役和侮辱，早就希望中原军队到来，于是迎降者如流。后周军队纪律严明，到处受到人民的欢迎。柴荣命后周军加快进军速度,大军神速地进抵益津关(位于今河北霸州),契丹守将终延辉又开关投降。后周军刀不血刃,又夺得了一个重要关口。这时水路渐绝,柴荣命令后周军舍舟步行,继续前进。

不久,大将赵匡胤率领大部队赶到瓦桥关(位于今河北雄县),契丹守将汉人姚内斌又举城投降。接着,后周军又收复了淤口关。三个关口收复,使后周处于极有利的战略位置。不久,契丹莫州刺史汉人刘楚信、瀛州刺史汉人高彦晖等又接连举城归降。柴荣出兵才40多天,几乎没怎么作战,已收复了三关,共得3州、17县之地,户口18360。柴荣的部将定州节度使孙行友也攻下了易州,俘敌刺史李在钦。另一部将都指挥使张藏英也夺取了固安县。从此以后,后周柴荣开创的基业基本形成。

(十)宋太祖赵匡胤开创基业

五代十国末期,人们要求结束分裂战乱、实现安定统一的呼声越来越高,统一的历史趋势已经形成。早在后周时期,宋太祖赵匡胤作为周世宗的最得力助手,就曾协助周世宗在推进统一的军事斗争中作出了很大的贡献。他经过陈桥兵变代周自立,建立了宋王朝之后,不失时机地把完成中国统一的任务提到议事日程上来了。

从当时的客观形势看,刚刚立国不久的宋王朝周围存在着几个由外族所建立的敌对国家和许多由汉族所建立的割据政权。在北方有契丹族所建立的辽国,在西北有党项族的强大势力,夹在二者之间的则是割据山西一带的北汉。北汉受到契丹的支持,与以前的后周和现在的宋王朝一直处于公开敌对的状态。在江淮以南,则存在着南唐、吴越、后蜀、荆南、湖南、南汉、南平、漳泉等8个割据政

宋太祖赵匡胤

权。虽然这些割据政权处于物产丰富、生产相对发达的地区，但由于其各自疆域狭小，又互不联合，因而大都国力不武，软弱怯懦，不得不向以前的后周和刚刚建立的宋王朝表示名义上的臣服或通好。

在这种形势下，摆在赵匡胤面前有两条路：一是乘南方诸国名义上已表示臣服的时机，继续周世宗的政策，进行北伐，收复为辽所占领的燕云十六州领土，割断辽与北汉的联系，进而消灭北汉这一公开的敌对势力，然后统一南方诸国；另一条道路则是南征，在完全征服了南方8个割据势力以后，再来亡北汉，攻取燕云十六州，将契丹赶回长城以北。经过君臣之间的反复论证，宋太祖集思广益，最后终于在建隆三年（962）确立了"先南后北"的统一方针。

乾德元年（963），宋太祖任命慕容延钊为湖南道行营都部署，李处耘为都监，率安、复等十州之州兵出征荆湖。临行前，他对慕容延钊和李处耘说："出征湖南，必然要借道于南平，南平国势卑弱，可顺便将其消灭。"

慕容延钊等依计而行，于乾德元年（963）二月，出兵湖南途中攻破江陵，高继冲遂以3州、17县，14.23万户归降。一个月后，湖南亦被平定，又得14州、1监、66县，97380户。

平定荆湖以后，"水陆皆可趋蜀"，后蜀这一雄踞川中的南方大国已处于坐以待毙的境地了。乾德二年（964）十一月，宋太祖派大将王全斌、曹彬分兵两路，仅用66天的时间就灭亡了后蜀，取得了46州、240县的广大领土。

开宝元年（968）八月，宋太祖发大兵进攻北汉。同时又密令侯、惠等人相机行事，里应外合，"迎接"宋军。九月，宋军突破了北汉的团柏谷防线，越过汾河桥，进逼太原城下。

北宋自建隆三年（962）九月首次对外用兵起，至乾德三年（965）正月，不足三年的时间，就平定了南平高氏、湖南周氏、后蜀孟氏三个割据政权，统一了63州的大片领土。但可惜的是，自平蜀后，几乎完全是由于宋太祖个人的举措失当，导致了一系列意外的变故，先是蜀中动荡不已，紧接着又是两次北征太原损失惨重，"先南后北"的统一大业因此而停滞逆转。

自太原班师后，经过一年多的休整，开宝三年（970）九月，宋太祖决定攻取南汉，继续实施"先南后北"的统一方略。

南汉以广州为中心，割据岭南两广地区达60年之久。北宋平定后蜀后，潘美等宋将就曾攻取了南汉的郴州，形成了良好的进攻态势。现在，潘美等接到宋太祖灭亡南汉的指示后，马上就攻陷了贺州，随之连克昭、杜、连、韶四州，大败南汉军10余万于莲花峰下。至次年二月，即攻克广州，南汉灭亡。宋王朝又得了60州、214县的领土。

南汉灭亡之后，南方剩下的最后三个割据政权个个自危，恐慌异常。势力最强大的南唐这时也不得不主动要求取消国号，放弃皇帝的称号，改称"江南国主"。另外两个割据政权吴越和漳泉早就上表称臣，接受宋朝的官职。

经过三年的准备，开宝七年（974）十月，宋太祖令曹彬为统帅，潘美为都监，率水、步、骑兵在采石矶一线强行渡江，进围金陵；同时令吴越国主钱俶统率吴越军5万，由宋将丁德裕监军，从东面攻取常州，然后会师金陵；令王明为西路军，向武昌方向进击，牵制屯驻在江西的南唐军队，使其无法东下援救金陵。

十一月中旬，宋军依照南唐进士樊若冰的图示，在采石矶用预先造好的战舰架设浮桥获得成功，其主力部队通过浮桥顺利跨过了长江天险，大败南唐水陆兵10余万于秦淮，进逼金陵城下。与此同时，钱俶率兵攻克了常州、江阴、润州，形成了对金陵的外线包围，金陵成了一座孤城。十一月二十七日，在李煜仍不投降的情况下，宋军发起总攻，金陵城破，李煜做了俘虏。

灭南唐是宋太祖统一南方的最后一仗，也是当时最大的一次江河作战。这次战争中的"浮桥渡江""围城打援"是宋太祖战略部署中的得意之举，也是古代战争史上的经典。

公元967年，宋太祖死去，宋太宗按照宋太祖的既定方针，继续对吴越和漳泉施加压力，终于不动干戈，迫使钱俶和陈洪纳表献土，以两浙和福建地区的15州、1军（与州平行的一级组织）、100县归降北宋。南方完全统一。在此基础上，宋太宗一鼓作气，灭亡了北汉，延续了数十年之久的分裂割据局面终于结束了，除了辽所控制的燕云十六州以外，汉族所聚居的中原地区和南方的广大区域重新获得了统一。这时，离宋太祖逝世刚刚三年。

（十一）清圣祖爱新觉罗·玄烨收复台湾

明末国势衰败，兵备废弛，台湾岛遂被乘虚而入的荷兰殖民者占领。康熙元年（1662）二月一日，仍在坚持抗清的郑成功收复了侵略者霸占38年的台湾。就在这一年，郑成功之子郑经在属下的拥立下自称为王，统兵反对郑成功。年仅39岁的郑成功在病中突然遭受如此沉重的打击，忧愤而死。三藩之乱中，郑经曾与耿精忠合谋进攻广东，约定事成后平分天下。耿降清之后，郑经仍旧纠合部属骚扰沿海一带，烧杀抢掠，一派海盗行径。郑经这时已经背弃了郑成功据台抗清复明的初衷。在清军的打击下，郑经很快在东南沿海失去了立足之地，率部回到台湾。康熙二十年（1681）郑经死后，他的长子继位，但不久就被侍卫冯锡范等人绞杀。此时，郑氏集团已经失去了人心，台湾政局动荡不安。

清圣祖爱新觉罗·玄烨

三藩基本平定后，康熙接受了福建总督姚启圣的建议，决定乘郑氏集团内乱的时机用武力收复台湾。康熙用武力收复台湾的决心已下，任用得力的军事将领便成了当务之急。姚启圣曾经多次保举郑成功旧部施琅任福建水师提督，后来施琅又得到别的大臣的大力推荐。但由于施琅为降将，遭到不少非议。康熙力排众议，于康熙二十年（1681）七月向议政大臣们郑重宣布：任命施琅为福建水师提督，加封太子少保。

施琅走马上任后，立即着手调整兵力，训练水师。为了等待适当的时机，出师时间一拖再拖，转眼到了康熙二十一年（1682），一时群言四起。

这期间，施琅与姚启圣又在进剿安排上意见相左，施琅三次上疏要求授予他专征权，由他统领军队自行进剿。尽管康熙对一再推迟出兵也有不满，但他没有被舆论左右，考虑到海战须蹈不测风浪，事先很难猜度，他采取了十分慎重的态度。他用人不疑，为了确保战斗胜利，同意了施琅的请求，给予他专征大权。

康熙二十二年（1683）七月，施琅率领两万多名官兵，分乘230多艘战船，直捣澎湖。清军战舰云集海面，争先恐后进攻，反而影响了攻势，又赶上潮落风逆，施琅的船顺流而下，陷入重围。提督衔署右营游击蓝理奋不顾身地冲入重围，与施琅合力攻打，四艘敌船被打沉。激战中，蓝理被炮火击中，肠子流出，但稍加包扎，又投入了战斗。施琅也不顾自己血流满面，仍然指挥着战船突围。初战失利后，施琅对水师进行了短期整顿，遂与郑军展开了决战。清军船队以五只船为一个作战单位，称为"五梅花"战术，相互配合默契，以五打一形成局部优势进击敌船。战斗从清晨一直持续到傍晚，矢石如密集的雨点，炮火遮住了天空。经此一战，郑军主力几乎全军覆没，台湾的门户被打开了，不得不派人向清军送上降表。收到降表，康熙认为：如果不准许其投诚，郑军残部还可能流窜他处制造事端，不如招抚为善。他还决定对归降的郑氏大小官员加恩予以安置。至此，台湾又回到了祖国的怀抱。

（十二）清圣祖爱新觉罗·玄烨抗击沙俄

东北地区一直被满族视为祖先的发祥地。17世纪，沙俄将侵略魔爪伸向了这块肥沃的土地。沙俄的侵略，是康熙的心腹大患。亲政以后，他便密切注视着沙俄的侵略活动，多次派人了解东北地区的地形、交通及风土人情各方面的情况。但由于当时先是明末农民起义未平，后又有三藩之乱，康熙对沙俄侵略的反击还顾不上。康熙二十一年（1682）春，三藩之乱刚被平定，康熙率文武大臣赴盛京告祭祖陵。大典之后，他立即巡视了乌喇地区（今吉林市）并率属下围猎习武，还泛舟检阅了水师。开始了武装抗俄的准备，同时他也没有放弃和平解决中俄边界争端的努力。

但沙俄政府无意进行和谈，反而趁清王朝全力平定三藩收拾残局、收复台湾等用兵之际，扩大了对中国北方领土的侵略。在这种情况下，康熙决定进行武装反击，驱逐沙俄侵略者。康熙二十一年（1682），康熙派郎谈、彭春以捕鹿的名义到前线实地勘查地形，调查沙俄的侵略活动。次年，康熙又决定派兵于第二年秋天到黑龙江流域永久驻守。开赴黑龙江地区的清军受到当地各族人民的欢迎和支持。军民共同打击沙俄侵略者，到康熙二十二年（1683），黑龙江流域中下游地区的沙俄侵略者基本被肃清，只有雅克萨还被沙俄侵略者盘踞着。

在黑龙江地区各族人民的支持下，清军为收复雅克萨做了大量准备。在清军进攻雅克萨前，遵照康熙的谕旨，清政府向沙俄一再表示和平解决边界问题的愿望，但沙俄方面置之不理，仍然继续在雅克萨进行战争准备。康熙二十四年（1685）六月，清军兵临雅克萨城下。

六月二十四日，彭春率领的 3000 大军分水陆两路夹击雅克萨城。第二天清晨，清军派出林兴珠的藤牌兵阻击来自黑龙江上游的哥萨克援兵。藤牌兵头顶藤牌，裸身入水，手持大刀前进。由于有藤牌遮蔽，敌人的刀枪无法施展威风，清兵的大刀却所向无敌。敌人见状，又惊又怕，大喊着"大帽子鞑子来了"，竞相逃命。大部分援敌就这样被藤牌兵击溃了。当晚，清军发动了猛烈的攻势。他们在城南佯攻，牵制敌人的兵力，又在城北架起红衣大炮进行主攻。经过一夜激战，雅克萨的塔楼、城墙全被摧毁，还击毙了 100 多名敌人。城内还聚集了一小撮顽敌，于是清军在城下三面堆积柴草，准备焚城。走投无路的侵略者被迫向清军投降，他们的头目托尔布津向清军统帅立誓，永远不再来雅克萨捣乱。遵循康熙的旨意，清军统帅彭春接受了敌人的投降，将他们免死放归。有 45 人自愿留在中国，也得到了准许。这些曾经在中国的土地上横行多年、杀人越货的"罗刹"，在中国军民的打击下，一个个赤身露体，光着脚狼狈逃离了雅克萨。降敌离去后，清朝将雅克萨城堡彻底摧毁，撤回了瑷珲。

但是战火刚刚平息，托尔布津等残匪便纠合了尼布楚方面的援军卷土重来，又窜回雅克萨。他们在原城堡的附近重新构筑了工事，妄图永久霸占这块中国的领土。消息传到北京，康熙立即命令清军速备战船再攻雅克萨。他又亲自召见郎谈，做了战斗的具体部署，要求清军彻底地消灭雅克萨守敌，然后在雅克萨驻兵把守。

康熙二十五年（1686）七月，第二次雅克萨之战开始了。清黑龙江将军萨布素率领2000大军，从水陆两路向雅克萨发起猛攻。与此同时，康熙皇帝继续向俄方提出举行谈判的建议。清军在雅克萨城外挖掘工事、建立堡垒围困敌人。城中出击的敌人多次被清军击溃。经过两个月的激烈战斗，敌人遭到了毁灭性的打击，城中只剩了100多个残兵败将，托尔布津也被击毙。清军在城的南北两面修筑炮台，准备炮轰雅克萨。此时，清军的胜利已经是指日可待了。迫于清军的强大攻势，俄方不得不同意通过谈判和平解决边界问题。清军遂于这年的十二月十日解围，等待两国的谈判。

双方全权代表在经过多次谈判，中国做出了一些让步之后，康熙二十八年（1689）九月七日，中俄双方达成了和平解决边界问题的协议，这就是历史上著名的《尼布楚条约》。《条约》明确规定，以外兴安岭至海，格尔必齐河和额尔古纳河为中俄两国的国界，确认了黑龙江和乌苏里江流域都是中国的领土。中国将尼布楚割让给俄国。条约的其他条款还就两国贸易、边民等事宜作了规定。条约的内容，曾用满、汉、蒙古、俄、拉丁五种文字刻成界碑，高高树立在中俄边界上。它带来了中俄东部边境100多年的和平，也成为康熙抵御沙皇侵略、维护国家主权的历史记录。

康熙收复雅克萨之后，立即着手平定噶尔丹的叛乱。噶尔丹是漠西厄鲁特蒙古准噶尔部的头领。康熙十年（1671）噶尔丹夺取了准噶尔部的统治以后，又用武力并吞了厄鲁特蒙古的其他各部，占领了青海和新疆天山东以南的广大地区。当时，除了漠西厄鲁特蒙古外，还有漠南蒙古和漠北喀尔蒙古。漠南、漠北蒙古早就归顺了清朝。为了吞并喀尔喀蒙古，噶尔丹自康熙十三年（1674）起，便经常派人到沙俄进行秘密活动，寻找靠山。长期以来，沙俄就伺机将侵略魔爪伸进厄鲁特各部，但是他们的武装入侵和诈骗活动一直未能得逞。因此他们与噶尔丹一拍即合，相互勾结起来，准备攻打喀尔喀蒙古。

康熙二十七年（1688），噶尔丹向喀尔喀蒙古发动了突然袭击。他配合沙俄侵略者，击溃了土谢尔汗的蒙军，将库伦城化作一片废墟。在追击喀尔喀欺上压下的途中，噶尔丹叛军大肆烧杀抢掠，人们丢下帐篷器具、马驼牛羊，昼夜不停地向南逃命，一时死者相枕，道路为之堵塞。这时沙俄乘机胁迫喀尔喀蒙古的上层人物叛国投俄，遭到了宗教首领哲布尊丹巴等人的坚决抵制。在哲布尊巴丹的率领下，喀尔喀蒙古归附了清朝。康熙派人抚慰了来归的喀尔喀部，发给他们生活用品，将他们暂时安置在科尔沁草原。康熙二十九年（1690），噶尔丹以追击喀尔喀蒙古为名，再次发动武装进攻。他带领的两万名叛军自呼伦池南下，杀进了内蒙古地区。叛军的前锋一直打到距离北京仅900里的乌珠穆沁，京师震动，许多店铺停止了营业。

对噶尔丹的叛乱，康熙曾经给予多次规劝，要求他罢兵息战，归还喀尔喀蒙古的故地。同时也加强了塞外的兵力，做了武装平叛的准备。面对不断恶化的局势，康熙决定亲征噶尔丹，捣毁叛军的巢穴。当时朝中多数大臣主张同噶尔丹妥协。他们认为噶尔丹地处僻壤，他的叛乱无碍大局，应当治以不治，任其自然，同时大军远征茫茫沙漠，胜负很难预料，因此反对康熙亲征。康熙则认为噶尔丹一日不除，边陲就一日不宁，只有平定叛乱，才是万年之计。他排除了各种干扰，为保天下大一统的局面，毅然率军亲征。

康熙二十九年（1690）六月，康熙亲临塞北，指挥大军迎战噶尔丹。八月，清军在乌兰布通与叛军交战。噶尔丹依山东面水布下"驼城"，用来抵挡清军的攻势。"驼城"是将骆驼捆绑卧地，在驼背上堆放箱垛，再加盖湿布布置而成的。叛军满以为"驼城"坚不可摧，易守难攻。可是在清军猛烈的炮火攻击下，骆驼非死即伤，反而成了叛军逃跑的障碍。驼阵被攻破了，清军大队人马掩杀过来，直杀得叛军横尸遍野，大败而逃。噶尔丹带着残兵败将，好不容易才突出重围。以后康熙又经过二次亲征，终于平定了为时10年的噶尔丹叛乱，粉碎了沙俄分裂中国的阴谋，巩固了西北边疆。

（十三）清高宗爱新觉罗·弘历刚柔并济定边关

乾隆帝在位的60年间多次对边疆和属国进行征讨，这成了他政治生涯中极为重要的内容。

乾隆十二年（1747），大金川藏族首领莎罗奔公开叛乱。乾隆帝命张广泗为四川总督，全力进剿。莎罗奔负险顽抗，清军多次失利。乾隆帝又派大学士讷亲前往督师。讷亲趾高气扬，一到前线，就严令三天攻下叛军核心据点刮耳崖，否则以军法从事。结果是损兵折将，讷亲自感失误，从此不敢自出一令。张广泗受了讷亲的斥责，对讷亲不知兵而事权反居己上感到不满，故负气推诿。过了半年，银饷花费不计其数，而战功却无。乾隆帝大怒。立命将张广泗逮治来京，说他"负恩忘国"，按律斩首。接着传旨，命讷亲回奏。讷亲尽把责任推给张广泗。乾隆帝将讷亲的奏折掷到地下，命侍卫到讷亲家，取出讷亲祖父遏必隆的遗剑，派人送往军前，令讷

清高宗爱新觉罗·弘历

亲自裁，之后，乾隆帝另派大学士傅恒为经略，增派军队，和岳钟琪分两路进剿。莎罗奔乞降。封傅恒为一等忠勇公，岳钟琪封为三等威信公。在凯旋时，乾隆帝亲自在紫光阁行饮至礼，并在丰泽园赐宴随征将士。

乾隆三十一年（1766），大金川再次叛乱。乾隆帝命四川总督阿尔泰率军往剿，多年无功。乾隆帝下令杀了阿尔泰，另派大学士温福督师，以尚书桂林为总督再征大小金川。用兵数年，劳师靡饷。清兵接连受挫。乾隆三十八年（1773），乾隆帝因温福已经战死，桂林无功，遂以阿桂为定西将军，严令剿灭叛匪。乾隆四十一年（1776），阿桂攻克了大金川的最后据点噶尔崖，叛乱被平息。叛乱头目索诺木和东罗奔率家族20余人出降。阿桂献俘京师，乾隆帝御午门受俘。索诺木和莎罗奔被凌迟处死，其家族人等有的被杀，有的被监禁，有的被发边为奴。乾隆帝封阿桂为一等诚谋英勇公，并画像入紫光阁。此役后，改大金川为阿尔古厅，小金川为美诺厅。

乾隆二十年（1755），乾隆帝派兵平定准噶尔部的叛乱。康熙帝和雍

正帝对准部多次用兵，但未根本解决问题。准部时服时叛，成为清廷一块很大的心病。在厄鲁特蒙古内附后，乾隆帝感到形势有利，遂命班第为定北将军，以归附的阿睦尔撒纳为定边左副将军，分两路向准噶尔部进攻。准噶尔军纷纷投降，接应清军。清军兵不血刃进入伊犁。叛乱头目达瓦齐见势不妙，率数十人往南疆逃窜。南疆维吾尔族各部纷纷响应清军，摆脱准噶尔的统治。达瓦齐逃到乌什，被维吾尔人民擒获，押送清宫，继而被解送北京。乾隆帝痛斥了达瓦齐叛国的罪行，但为了照顾民族关系，赦免了他的罪过，还封他为亲王，让他住在北京，给予很好的待遇。

乾隆帝在平定了达瓦齐的割据势力后，为了削弱准噶尔部的割据势力，把厄鲁特四部首领封为四汗，使各管所属。但是，阿睦尔撒纳自恃平叛有功，一心想当四部的总汗。乾隆未答应他的这种要求，但给了他特殊的荣宠，晋封他为双亲王，食双俸。他仍不满足，制造分裂的野心膨胀起来。他不穿清朝官服，不挂清朝官印，行文各部"以总汗自处"，积极准备叛乱。乾隆二十年（1764）九月，乾隆帝命他到避暑山庄入觐，想调虎离山，消患于未然。阿睦尔撒纳看出了清廷的用意，在半路上逃回，公开打出了叛乱的旗帜。

叛乱迅速扩大，驻守伊犁的班第兵败被杀。乾隆二十二年（1757），乾隆帝命衮札布为定边将军，出北路；命兆惠为伊犁将军，出西路。清军长驱直入，锐不可挡。阿睦尔撒纳仓皇逃入俄国。后来，他因患天花病死，俄国把他的尸体送给清廷。

南疆接着又发生了大小和卓木的叛乱。大小和卓木就是霍集占兄弟。他们是南疆的宗教首领，在维吾尔族中有很强的号召力。叛乱爆发后，迅速蔓延，乾隆帝派往南疆的使臣也被杀害。兆惠刚平定了天山北路，乾隆帝又命他立即率军赴南疆平叛。兆惠率领的清军仅3000人，被霍集占率领的1万多叛军围困在黑水。包围历时三个月，叛军始终未能攻破。乾隆帝命驻守乌鲁木齐的将军富德赴南疆增援。霍集占在清军的内外夹攻下迅速土崩瓦解，霍集占兄弟被当地部族所杀，这场叛乱最后被平息。

乾隆帝鉴于准噶尔部屡次发生叛乱，便于乾隆二十七年（1762）在惠远城设伊犁将军，总辖新疆南北两路事务，从而加强了中央政府对新疆的统治。

乾隆年间，清廷与周边国家也时有战事发生。乾隆帝在平定了大小金川的叛乱后，又命阿桂赴云南，与云贵总督李侍尧勘定中缅边界。因叛乱者有不少人逃往缅甸，乾隆帝命他们整修战备，向缅甸索要叛人。缅王孟驳闻讯十分恐慌，马上遣使奉表入贡，表示愿意献还俘虏，只请求开关互市。乾隆帝答应了缅甸的要求，但缅人只将叛人放回了一半。乾隆帝遣使切责，缅甸新王孟云慑于中国的军威，便遣使奉金塔一座，驯象8只和宝石、番毡等物求贡，将叛人全部送回。乾隆帝十分高兴，乃颁诏封孟云为缅甸国王，并论理暹罗，不可与缅甸继续构兵。从此以后，缅甸和暹罗二国都臣服清朝，不敢轻易发动战争。

乾隆二十六年（1791）八月，廓尔喀侵略军进犯西藏，深入日喀则，占领了札什伦布寺，将六世班禅遗留的金银财物、法器珍宝抢劫一空，并到处烧杀抢掠，使西藏僧俗人民遭受了极大的灾难。乾隆帝闻讯后，即派福康安为将军，海兰察为参选，调兵入藏，迎击入侵的敌军。清军所到之处，受到西藏人民的支持和欢迎，达赖喇嘛还亲自带领僧俗人等协助作战。清军很快将廓尔喀侵略军逐出西藏，并越过喜马拉雅山，到达距加德满都仅20英里的纳瓦科特。廓尔喀统治者遣使求和，表示今后永不侵犯西藏，并归还掠夺的金银宝物。福康安奏请乾隆帝谕示，乾隆帝接受了廓尔喀的停战条件，命福康安撤兵返回西藏。

乾隆帝感到西藏地方政府太腐朽，无力阻止外来侵略，行政体制也存在着不少弊端，遂命福康安与达赖、班禅共定西藏善后章程，这就是著名的《钦定西藏章程》。它成了中央政府为西藏地方政府制定的最高法律。乾隆还提高了驻藏大臣的权力，对防止西藏农奴主贵族搞分裂割据有重要意义。又密切了中原与西藏人民的关系，加强了清朝中央政府对西藏地区的管辖。乾隆皇帝为迅速击退廓尔喀的侵犯，为西藏问题的妥善解决感到十分高兴，特晋封福康安为武英殿大学士，封为贝子。

乾隆帝对自己的武功很得意，亲自撰写了《十全武功记》。乾隆五十七年（1792）十月，他命人建造碑亭，以满、汉、蒙古、藏四种文字铭刻碑上，以昭示他的武功。所谓"十全"，是指两平准噶尔，定回部，两定大小金川，靖台湾，服缅甸、安南，两服廓尔喀，合计为十。他自诩为"十全老人"，并镌刻了"十全老人之宝"。他凭借清初发展起来的国力，东征西讨，使清朝的国势在乾隆年间达到极盛时期。

二、革故鼎新　兴利除弊

（一）秦始皇的统一举措

秦始皇武力统一完成之后，长期割据所形成的各地差异依然存在，秦始皇以巩固统一为核心，以秦国制度为蓝本，在政治、经济、文化等各个领域实行全面改革，创立空前庞大和统一的封建帝国。

秦王朝地位确立后，首先就是君王权位的问题。经群臣郑重讨论，确定尊号曰"皇帝"，整个帝国都是属于皇帝的，其地位和权力至高无上，朝廷和地方的主要官吏都由皇帝任免。皇帝自称为"朕"，命称为"制"，令称为"诏"，行使权力的凭证是玉玺。只有印才称为玺，只有玺才能使用玉料，玉玺与朕、制、诏一样，都是皇帝的专擅之物，不许臣民使用。皇帝名号和权位确定以后，皇帝的至亲也随之各建尊号，父亲曰"太上皇"（秦始皇定号的当年就追尊庄襄王为太上皇），母亲曰"皇太后"，正妻曰"皇后"。秦始皇还命令博士官参照六国礼仪，制定了一套尊君抑臣的朝仪，皇帝高高在上，群臣听传令官之令趋步入殿拜见皇帝，群臣上疏奏事，一律要采用"臣某昧死言"的格式。为了充分行使自己的最高权力，秦始皇每天都在夜以继日地拼命操劳，白天断狱，夜批公文，并给自己规定，不批完一石公文（秦代公文使用竹简木牍，一石为120斤，约合今60市斤），决不休息。

其次是中央和地方的关系如何处理，也是重大问题。对此，丞相王绾主张分封，在各封国设国王，群臣都表示赞同，唯新任廷尉的李斯力排众议，独执己见，他说："周文王和周武王曾分封许多同姓子弟，然而后代关系疏远，相互攻击，如同仇人，诸侯之间也互相杀伐，周天子不能禁止。现在赖陛下神威，海内一统，全部设置郡县，对诸子和功臣则用国家的赋税给予重大赏赐，很容易进行控制。使天下没有二心，就是安定的方针，分封侯王是不成的。"秦始皇认为李斯的意见正确。于是废分封，置郡县，把天分为三十六郡，并在全国范围内建立了一套、有利于中央信权和皇帝专制的行政机构。

朝廷以皇帝为首，下设三公九卿。三公是左右丞相、太尉和御史大夫。丞相是中央行政机构的最高长官，协助皇帝处理全国政务，国家大事一般由丞相总领百官进行集议和上奏。太尉是中央行政机构的军事长官，协助皇帝掌管军事，但平时没有兵权，只有接到皇帝命令和符节时才能调动或指挥军队。御史大夫是副丞相，相当于皇帝的秘书长，皇帝诏命常由御史大夫转交丞相颁布，御史大夫协助丞相治事，并有监察文武百官的职权。三公之下设有九卿，即奉常、郎中令、卫尉、太仆、廷尉、典客、宗正、治粟内史和少府，负责掌管各方面的具体政务。奉常是礼教官，掌管宗庙礼仪；郎中令是传达、警卫官，掌管皇帝的传达和安全警卫；卫尉是皇宫卫队长，掌管皇宫守卫；太仆是皇帝的仆从长官，掌管皇帝的车马；廷尉是最高司法官，掌管刑法和审理重大案件；典客是外交官；掌史是最高财政官，掌管全国赋税收入和财政开支；少府是皇帝的私人财务官，掌管山海湖泊税账、宫廷手工业和皇室私财。

地方以郡、县为基本行政单位，下分乡、亭、里、什伍。郡设郡守，作为一郡最高行政长官，直接受朝廷管辖。郡守之下有郡卫辅佐郡守，并兼管郡中军务；又有监御史，负责监察。郡内分为若干县，万户以上设县令，不满万户设县长，主管全县政务，受郡守管辖。县令、县长下有县尉管县中军务，有县丞助理令长并兼管司法。县内分为若干乡，乡有啬夫主管乡务，三老主管教化，游徼主管治安。交通要道往往设亭，负责邮传和追捕盗贼。里是民间居住区，有里正。居民的基层组织是什和伍。十家为什，有什长；五家为伍，有伍长。什伍互相监督，有罪连坐。

秦始皇设置的这套行政制度，起到了层层控制、权力向上集中的作用，从朝廷到地方，从郡县到乡里，构成了一张庞大的统治网，使分散的地方权逐层向上集中，最后集中到朝廷，再通过朝廷集中于皇帝手中。这套行政制度，对国家统一、中央集权和君主专制都起到了重大作用。

当然，这一套制度的维持，还有相应的物质基础和措施。第一是迁徙豪富，把天下豪富12万户迁到咸阳，使六国贵族失去反抗的社会基础和物质基础，便于帝国的监视和控制；第二是没收兵器，把民间兵器全部没收,集中到咸阳销毁,铸成了钏座和十二金人,从而剥夺了反抗的武器;第三是毁坏城防,秦始皇下令一律拆毁六国首都城郭和边城、关塞,破坏了分裂帝国的割据凭借;第四是修筑驰道,以咸阳为中心,一条东通今河北、山东的海边,一条南通今两湖、江苏等地,一条北通今内蒙古(又曰直道)。驰道宽50步,路基夯实,两旁每隔三丈种青松一棵。三条主要驰道外,通岭南有"新道"和水路"灵渠",通西南山险地区则修了"五尺道"。这一交通网大大便利了帝国中央对广大领土的控制。

统一之初,各地沿用旧制,诸项法规制度处于极端混乱状态。对此,秦始皇也采取了相应的措施,颁布执行各项统一的法规。首先是颁行统一法律。商鞅变法时,采用李悝所著的《法经》作为秦国法律的蓝本。"法"为"律",并增加"什伍连坐"和"参夷"等内容。秦始皇统一六国后,把秦律颁布全国执行,结束了春秋战国之际各国法律条文不一致的状况。秦律有苛刻严明的特征,对于"治吏"尤为重视,大量律条是针对官吏犯罪制定,官吏犯过,刑罚必加,绝无宽恕余地,所以秦代吏治清明,官吏不敢贪污受贿,也不敢玩忽职守,理事效率极高。

除法律之外,秦始皇还采取了许多统一措施,诸如统一度量衡、货币、汉字等,史称"车同轨,书同文"。这些,都对统一帝国的巩固和发展起了巨大作用。

(二)汉武帝刘彻的全面改革

由于武装立国等历史原因,武帝时的政府仍然是军人贵族政府。为打破这种局面,改变政府官员的构成,武帝听从董仲舒的建议,通过一系列法令、措施,建立并健全了由察举、太学、衙召以及公车上书等组成的以选拔文官为主的用人制度。

汉武帝刘彻

首先是察举制。自武帝建元元年(前140)全国大规模推举后,又于元光五年(前134)、元封五年(前

106）几次要求郡国推举孝廉、贤良方正、秀才，并且规定不举孝廉者罪。并允许官民上书言政，还下诏表示要将这些"有非常之功"的"非常之人"，破格任用为"将相"或"使绝国者"（出使远方国家的使臣）。察举选官制汉初就已经存在，有贤良和孝廉二科，武帝又增加了科门，选取深习德行、学术和儒学，明习法令的法律人才、行政人员。汉武帝健全了这种选官方式，使察举制完善起来。

汉武帝在完善察举制的同时，还建立了征召制，征召那些有一定才能又不肯出仕的社会贤达、隐居高士、学者名流。建元征召，有文学家枚乘、儒学大师申培等。此后汉武帝又在元光五年（前130）征召通世务、晓习道术者，元狩元年（前122），派遣博士行天下征召君子隐士。征召制、察举制与公车上书制相配合，汉武帝网罗了大批人才。

建元年间，汉武帝接受董仲舒的建议，举建太学，设五经博士。太学是我国第一所国立大学，"养天下之士"，完全是培养文官人才的场所。朝廷由太常选拔18岁以上的优秀青年入学受业为博士弟子，郡国也可以挑选品学兼优的青年送到太学。学习一年，经过考试，凡通一经以上者，可补文学掌故的官缺；成绩甲等者并为郎官；下材而不通一艺的不用；如有特别优异的茂材异等，名字直接上报。这是教育与选官相结合的制度，它定期地、经常地向朝廷输送文官，是朝廷各级官员的主要来源。

通过上述用人制度的改革，汉武帝间接地把选拔官吏的权力掌握在自己手中，形成了以皇权为中心的官僚制度，使地主阶级中下层的知识分子踏上了仕途，扩大了西汉王朝的统治基础。在汉武帝的周围聚集一大批政治、经济、军事、外交、文学等方面的人才。

在充实、加强统治机构的同时，汉武帝还大力加强中央集权。首先是削弱相权，强化皇权。由于汉丞相大多为开国功臣，位高权重，权力往往超过皇权。汉武帝对这种丞相分权的情况极为不满，他上任后开始逐步改变这种情况。这时，适逢汉初功臣元老也大都去世，汉武帝便趁机不拘一格地选拔人才，逐步改变军功贵族专权的状况，用儒生来为他的政治服务，通过一系列官制改革，取消军功贵族的特权地位，至元朔五年（前122），武帝打破列侯拜相的旧制，任命出身贫苦的儒生公孙弘为丞相，彻底摧毁了军功贵族的特权。汉武帝不但削弱相权，还经常对丞相采取谴责、黜免,甚至处死的措施。

为加强中央集权,汉武帝采取"强干弱枝"的政策,削弱地方割据势力。首先汉武帝从董仲舒提出的"大一统"理论中找到了加强中央集权、打击地方势力的理论依据,乃极力宣扬大一统的理论。并于元朔二年(前127)采纳主父偃的建议,颁布"推恩令",清除分封制。推恩令规定,诸侯王除由长子继承王位外,还可以推恩将其余的诸子在原封地内封侯,新封的侯国不再受原国王管辖,进接由各地的郡县来管理。这一措施名义上是皇帝施以恩德,实际上剥夺了诸侯王的政治军事权力,缩小了诸侯王的地盘,此后"大国不过十余城,小侯不过数十里"。推恩令分封的小侯国,只能"衣食租税",不再享有政治上的特权。这样,使得很多有权有势的诸侯王国大大地削弱了。

汉武帝在打击地方势力的过程中,还着手打击地方豪强势力,加强对地方官吏的控制。汉初禁网疏漏,减轻刑罚,地方豪强势力得到很大发展,各地出现了一批以强凌弱、以众暴寡、横行乡里的强宗豪右和地方官僚。为加强对他们的控制,汉武帝一方面继续推行汉初以来迁徙豪强的办法,把他们迁到关中,置于中央政府的控制之下,另一方面,任用酷吏诛杀豪强。

汉武帝还改革汉初的监察制度,于元封五年(前106),把全国划分为13部(州),每部(州)派刺史一人,于每年秋天巡行郡国,监督郡国,刺史不处理一般行政事务,专门检查各地豪强的违法乱行和地方长官郡守、国相等人的营私舞弊行为,经考察认为优秀的地方长官可以推荐到中央任九卿,刺史认为恶劣的可罢免。这一措施的施行,使地方豪强势力受到了遏制,社会趋于安定。

汉武帝在政治改革的同时,汉武帝还推出一系列新的经济政策,包括:第一,改革币制,把铸币权收回中央;第二,由国家统一经营盐铁事业;第三,推行均输平准政策;第四,推行算缗、告缗,打击富商大贾。汉武帝进行的这些经济改革,都是在重农抑商的原则下进行的,这些措施在一定程度上限制和打击了富商大贾、豪、贵族的经济势力,增加了西汉王朝的财政收入,暂时解决了由于战争和奢侈浪费所造成的困难,从经济上加强中央集权,巩固了地主阶级的专政。但这种重农抑商的经济政策,抑制民间工商业，阻碍了商品经济的发展。

在对外政策及措施方面，汉武帝雄才大略，他开疆拓土，威震四方，巩固和发展了多民族统一帝国。汉初实行"无为"政治，在一定程度上加强了汉族与少数民族之间的经济文化上的联系，为以后发展统一的多民族封建国家创造了有利条件，但这种政治也助长了西北边疆和蒙古高原匈奴贵族的贪婪性和掠夺性，给西汉边疆的吏民带来了很大的灾难，也给西汉的政权造成了很大威胁。汉武帝为建立一个"大统一"的封建帝国，推行抗击和"征抚"的民族政策。他不断北伐匈奴，迫使匈奴北迁，出现"匈奴远遁，而幕南无王庭"的局面，使中国北部地区得到开发；派人出使西域，确立西汉对西域的宗主地位；平定闽赵和南越的叛乱，稳定了对西南地区的统治；开拓了东北和西北边疆，使今新疆、甘肃西部开始进入中国的版图，东北地区的疆域则从今辽东半岛一直扩大到浑江、鸭绿江流域。

（三）北魏道武帝拓跋珪兴利除弊

拓跋珪复国之时，进入中原的各少数族都已走上封建化和汉化的道路。拓跋部要想生存和发展，必须追随中原各族，向汉族学习。经历过灭国之苦的拓跋珪是清楚地看到这一点的。于是他便采取了许多措施，促使拓跋部的奴隶制迅速向封建制过渡。

首先，他发展农业，重视屯田。登国元年（386），拓跋珪就在盛乐一带"息众课农"，发展农业，并把这些举措推广到河套以北。登国九年（394）三月，又命堂兄拓跋仪在五原至固阳一带的河套平原屯田。拓跋珪

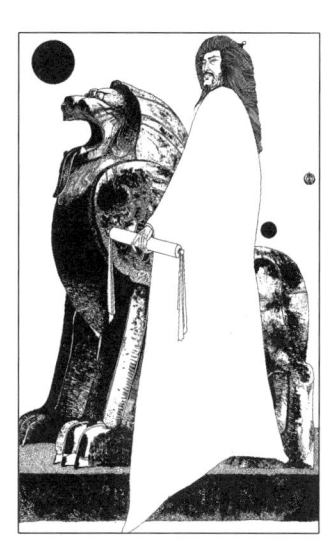

道武帝拓跋珪

对屯田控制的很严，特设督屯官。督屯官和屯田民都无土地所有权。屯田的收益部分归国家外，其余按一定比例分给屯田民。由于屯田的百姓并非全是无偿劳动，可以获得一定的报酬，所以这一措施很得民心，因而收获量也很大，为促使拓跋部由畜牧经济逐渐转向农业经济、由奴隶制向封建

制过渡创造了有利的经济条件。

拓跋珪加速汉化的第二个有力措施就是"离散诸部，分土定居"。从登国元年（386）到天兴元年（398），拓跋珪多次下令，强制解散血缘关系的各部落组织，使各部牧民与原来的部落大人脱离关系，重新按居住地组织编制，由官府分给他们土地，让他们从事农耕或定居放牧。这样，拓跋部的成员除极小部分作为皇帝的亲近侍从而上升为官僚贵族外，绝大部分就随着分土定居而成为负担赋税和兵役的农民。拓跋部的封建化程度也就随之加深了。

拓跋珪的第三个措施就是"计口授田"，发展生产。北魏初期，由于军事上的巨大胜利，俘获了大量的人口。拓跋珪在把被征服地区的居民带走后，除了一小部分战俘作为国君的战利品赏赐给贵族、大臣和将领，使他们沦为奴隶以及牧子、隶户、杂户外，其余的大多数人则是被作为"新民"随其内徙。政府发给这些"新民"耕牛和农器，按照人口授给他们田亩，使他们在划定的范围内耕种田地，并设置专门的部帅对他们进行管辖。

（四）北魏太武帝拓跋焘改革教育、法制，治贪倡廉

随着北魏入主中原，统一北方，拓跋焘明确意识到：只有通过兴办学校、开馆受经，提高鲜卑族官员的汉化水平，才能接受中原汉族封建统治思想和理论。因而在他继位不久，北魏政权尚在南征北讨，于始光三年（426）在京师城东办起了太学，并在学内祭祀儒学祖师孔子和他的弟子颜渊。太平真君五年（444），拓跋焘又下诏说：北魏长期以来多忙于武事而未及文教，不利于整顿乡风民俗和制定行动的规范准则。从现在起，自王公大臣到卿大夫，王公贵族的子孙都要进太学接受教育，学习经史。对于皇位继承人的汉化教育，拓跋焘更为重视。他亲自选派精通经史的儒学大师高允作为太子拓跋晃的师傅。在高允的教授下，太子晃对儒学经史有了很深的造诣，并对江文化产生了浓厚的兴趣。拓跋晃死后，拓跋焘又聘请名儒李灵教授皇孙拓跋浚。

北魏统一北方后，出任地方官吏的大多是拓跋贵族。他们没有什么法

律观念，任意贪污勒索。拓跋焘把修订律法、整顿吏治看作是汉化的标志和确立统治和秩序的关键。早在公元431年，他就下诏让司徒崔浩改定律令；20年后，又命令太子少傅游雅、中书侍郎胡方回等改定律制。拓跋焘对他们说：制定刑罚，宽、严、疏、密一定要适中，对不利于百姓的地方要加以删改。游雅等根据这一原则，修订了391条律令。

拓跋焘多次下诏，告诫地方官吏要设法减轻人民负担，严于律己正身，不得玩忽职守。自己也首先带头节俭，平时的吃穿用度，仅仅是充足而已，不讲华丽排场。当时，众大臣曾请求加固京城和修缮皇宫，并且还从《易经》中引证说："王公设险以守其国。"（王公贵族设置险要的城池，用来守卫他们的国家。）又用汉代萧何的话作为证明说："天子四海为家，不壮不丽，无以重威。"（天子把四海作为他的国家，假若皇宫住室不壮丽的话，就不能显示他的威严）拓跋焘回答说："古人也有一种说法叫做'只在恩德，不在险要'（国家安全在于德政，而不在于城墙的险峻坚固）。夏的城墙倒是用蒸过的土修建的，坚硬得像石头一般，可我一样将他消灭了。国家的安危，难道在于城墙吗？现在天下尚未完全统一，正是需要民力的时候，大兴土木的事情我是不会做的。"拓跋焘平时赏赐的，也全都是真正为国尽忠尽力、舍生忘死之人，至于亲戚宠臣，从不曾赐给多余的物品。

拓跋焘又针对官员中徇私枉法、官官相护等恶劣的作风，在太延三年（437）下诏宣布：全国的吏民都可以检举、告发不依法办事的官吏。又在各州郡设刺史，以监督、考察地方官员。太平真君四年（443），拓跋焘决定让16岁的太子晃做他的副手，总揽国家大事。又下诏让年事已经高的功臣元勋享受优厚的待遇退休养老，提拔贤俊的年轻人充实百官队伍。这一具有战略眼光的措施，使比较保守的老一代鲜卑旧臣下来，补充上了受过汉文化教育的青年贵族，对于北魏的政权建设及社会发展都有重要的意义。

（五）北魏孝文帝拓跋宏力主汉化

北魏建国后，对文武百官一直不设俸禄。在战争时期，将士以掳掠为生；统一中原后，官吏便靠贪污盘剥百姓过日子。北魏统治者逐渐认识到了贪污给政府造成的危机。远在太武帝时，便开始了对贪污的惩罚，之后北魏各代帝王也都分别下令严禁贪污，但因始终没有解决官吏的俸禄问题，所以贪污现象屡禁不止，并且越来越严厉，引起了人民不断的反抗。太和八年（484），在冯太后的辅助下，拓跋宏正式下令实行俸禄制，规定犯赃绢一匹以上的处死刑，"枉法"者一律处死。自太和八年（484）六月正式"班禄"，到这一年的九月，刺史以下的官吏因犯赃被发现的40多人，都处了死罪。其中有一人叫李洪的，是拓跋宏的舅公，任秦、益二州刺史，既是显宦，又是贵戚，地方官员不敢给他定罪。拓跋宏便令将他从任所押到平城，召集了众大臣，自己亲自审问，然后赐死，以显示自己"班禄"及禁绝贪污行为的决心。一时间，受禄的官吏人人自警，北魏的吏治也出现了比较清明的气象。

自西晋末年以来，北方连年混战，田园荒芜，人口锐减。豪强地主趁机兼并土地，农民为了逃避繁重的徭役，往往荫附于豪强之家，或逃亡流徙。使北魏政权直接控制的耕地和人口减少，大量荒地无人耕种，严重影响政府的财政收入。为了缓和社会矛盾，保证国家的财政来源，冯太后、拓跋宏不顾豪强大族守旧势力的反对，决心限制豪强势力，同他们争夺耕地和农民。太和九年（485）十月，大臣李安世向拓跋宏上疏，提出均田建议。拓跋宏马上采纳了这一建议，在全国实行均田。规定凡15岁以上的男子和妇女，都可以得到政府授予的土地，露田男子每人40亩，妇人20亩，到了年老不能劳动或死后，再把土地还给官府，男子每人还可有桑田20亩，用为种植桑、榆、枣树，不种桑的地方，则给麻田，男子10亩，妇人5亩。桑、麻田均可世代相传，不用交还。奴婢和一般百姓同样受田，耕牛也可受田，每头牛受露田30亩，每户限4头牛。又规定了新的租调制度，一夫一妇每年帛一匹、粟二石，这个数量比原来要少。这样有利于吸引原来的荫户和流浪者，重新成为国家的编户。由于耕者有其田，对生产的发展和政府收入的增加大为有利。

拓跋宏从小熟读儒学经典，仰慕汉族文明。在位期间，兴礼乐，正风俗，分遣牧守祭祀尧、舜、周公，又谥孔子世圣尼父，另在中书省悬设孔子画像，亲自拜祭。又改中书学为国子学，尊司徒尉元为三老，尚书游明根为五更，仿效汉族三代成制。太和十四年（490），冯太后病亡，拓跋宏完全按照儒家经典的规定，守孝服丧，开始几天不进饮食，后来众大臣上谏苦劝，勉强吃一点，但也只吃很少一点白粥。鲜卑贵族劝他照祖宗的老规矩办丧事，不要过哀。拓跋宏却以为祖宗们南征北战，重视武略，不重文教，现在情况不同了。言下之意，不愿墨守祖宗成规，而希望在"文治"上下功夫。

北魏虽定都平城，但中原的富庶一开始便吸引着这个新兴的塞上政权。北魏道武帝、明元帝都曾经有过把都城南迁的打算。但那时大夏与柔然还时时威胁着北魏，迁都中原的条件尚不成熟。北方统一后，迁都洛阳已成为当时形势的要求了。

拓跋宏知道，迁都是一件大事，必然遇到贵族、大臣们的反对。于是，他把文武大臣召集起来，假称要调兵遣将，大举进攻南齐。这时，以任城王拓跋澄为首的文武大臣信以为真，纷纷表示反对。拓跋宏勃然大怒，声色俱厉地说："社稷是我的社稷，任城王你们想出来挡驾吗？"拓跋澄也不甘示弱地说："社稷虽然是归你所有，我们作为社稷之臣，对国家的危难，也不能知而不言呀！"退朝之后，拓跋宏又把任城王召来，对他说："刚才所谈的事，实在难办的很。我们的国家虽然起自北方，建都平城。但平城是用武之地，不是搞文治的地方。我这次名义上是进攻南齐，实际上是想借机迁都中原。你以为如何呢？"拓跋澄这才领会意图，表示支持迁都。他认为东周和东汉正是在洛阳兴盛起来的，魏假若得不到中原汉族地主的支持，单凭武力难以维持统治。拓跋宏又问："北方人因循守旧，不想变革，怎么办？"拓跋澄坚决地说："只有非常之人，才能做非常之事，你就下决心吧，他们又能怎样呢？"拓跋宏听了非常高兴地说："你真是我的张子房呀！"

太和十七年（493），拓跋宏不顾众大臣的反对，率领30万大军南下，九日便到了洛阳。接着，拓跋宏令大臣李冲、穆亮等人营建洛阳，派拓跋澄回平城，向留守平城的贵族传达迁都的决定。次年，拓跋宏又颁发诏书，把迁都的事通知全国。由于平城贵族留恋故土，不想南迁，拓跋宏又亲自回到平城，召集文武百官，晓以利害。不久，就正式迁都洛阳。

拓跋宏迁都洛阳后，为了把改革继续下去，决心改变鲜卑的风俗习惯，进一步学习和采用汉族的生活方式的典章制度。太和十八年（494），拓跋宏下令，禁止鲜卑族穿胡服，一律改穿汉族服装。第二年又下令禁止鲜卑族讲鲜卑语，一律改说汉话，再下一年，拓跋宏把鲜卑族复姓改为汉族的单姓。他在改姓诏书中说，北人谓土为拓，后为跋。北魏的祖先是黄帝的子孙，在五行中属于土，土又是"苏中之色，万物之元"，所以将拓跋氏改为元氏。随后，将拔拔氏改为长孙氏，达奚氏改为奚氏，乙旃氏改为叔孙氏，丘穆氏改为穆氏，独孤氏改为刘氏，其他的鲜卑复姓也都一一做了改变，鲜卑族118个姓全部改为汉姓。同时，拓跋宏下令改变鲜卑人的籍贯。凡是迁到洛阳的鲜卑人就算洛阳人，死了也不准运往塞北。

（六）隋文帝杨坚革古创新

杨坚在杨氏天下基本稳定、政治机构大致完善后，采取了一系列改革措施。

北周官制多模仿《周官》设置，既乱且滥。杨坚接受崔仲方的建议，恢复汉魏旧制。设三师、三公及五省。三师不掌实权，不置官署，只是给予德高望重者的荣誉职衔。三公虽置僚属，有参与国家大事的责任，但也只是顾问性质，没有实权，也不常设。五省才是真正的权力机关。其中，内侍省是宦官机构，主要掌皇宫中琐事。秘书省掌国家图书历法，是比较清闲的地方，二者在政权中不占重要位置。门下省和内史省都是协助皇帝执政的决策机构，掌管机密，共议国政，并负责审查皇帝发布的诏书，签署大臣的奏章，对皇帝

隋文帝杨坚

可以提出自己的意见或建议，对奏章可以驳回或进行处理。尚书省是主持日常政务的机构。尚书省置尚书令和左、右仆射各一人。下设吏部，掌管全国官吏的会免、考察、升降及调动等；礼部，掌祭祀、礼仪及接待四方

宾客；兵部，主管一国武官选用和管理兵籍、军械、军令等；度支（后改称民部，唐时为避李世民讳改为户部），掌管全国土地、户籍、赋税、财政收支等；都官（后改刑部），掌管法律、刑狱等；工部掌管各项工程、工匠、屯田、水利、交通等政令。六部始称六曹，由左、右仆射分领。六部尚书分掌全国政务，加强了中央集权，后世遂相沿成例。五省以外，又有御吏、都水两台，及11寺、12府，此外还有不少荣誉称号，授给有功的文武官员。

隋建国以前，地方官制极为混乱。580年，北周仍实行州、郡、县三级制，全国有211州、508郡、1124县。"民少官多，十羊九牧"，造成极大的财政浪费。开皇三年（583），杨坚下令废郡，实行州县两级制，又合并了一些州县，裁汰了一大批冗官，既节省了开支，又有利于政令的推行。两级制也成为后世定式。

北周末年，地方势力长期威胁中央政府，杨坚专权，也引起地方上的武装反抗。为有效地控制地方，杨坚规定：九品以上官员全部由吏部统一任免，每年都要接受吏部的考察；后来又规定，刺史、县令三年一换地方，避免发展为割据势力；县佐不能任用本郡人，以免豪强地主把持地主行政。地方政治的改革，巩固了中央集权。

北周的刑律残酷而紊乱。杨坚下令制定《开皇律》，废除了枭首、车裂等残酷刑律，只保留律令500条。刑分为死、流、徒、杖、笞五等。并规定只要不是力主推翻杨氏政权者，不得株连九族。《开皇律》对后世影响也很大。

为逃避国家的赋税、徭役，农民往往虚报年龄，以求躲过纳税年限；豪强地主占有大量依附人口，也想方设法不报户口。为扩大财政来源，开皇五年（585），杨坚采取了"大索貌阅"和"输籍定样"（也称"输籍法"）两项措施。前者即严格核对户口，实行户籍制度。这一年就检查出成丁男子44.3万人，并把164.15万人编入户籍。根据各家资产情况，从轻做出交纳赋税的标准，写成"写簿"。这样，百姓不能逃税，地方官吏也难以随意增减克扣，更重要的是把大量依附人口豪强地主的荫庇下引出来。每年正月初五，县令派人检查，重新制定"定簿"，收获后即以此征收。这两项措施使国家掌握的人口剧增，增加了财政收入。

隋朝沿用北魏以来的均田制，每个成年男子可以分配露田80亩，永业田20亩，成年女子分配露田40亩，奴婢与一般农民分田数量相同。均田法又规定：京官一至九品都可得到一至五顷的职分田，收入作为俸禄，免官则交出土地；各级行政机构都可耕种一定的土地，称公廨田，其收入作为办公费用。这种办法节省了大笔财政支出，也就变相增加了国家的实际收入。整个隋朝，国家的仓库都堆满着粮食和绢帛，呈现经济繁荣的景象。

隋代对农民的赋役征收主要是租、调和力役。它规定：男女3岁以下为黄，4～10岁为小，11～17岁为中，18～60岁为丁，60以上为老。负担国家赋役的主要是丁。一对成年夫妇每年要交纳粟3石，即租；种桑养蚕地区每年交绢1匹（相当于4丈）和绵3两，种麻织布地区每年则交布1端（相当于5丈）和麻3斤，即调。没有结婚的单身成年男女可交租调规定的一半。成年男子每年为国家服徭役1个月，称"力役"。开皇十年（590），又规定成年男子的力役，50岁以后可以交纳布帛代替，称庸。租庸调制一直影响到唐代。

为便于把潼关以东地区的粮食、布帛运到首都，开皇四年（584），杨坚命当时的"巧匠"宇文恺率领民工开凿广通渠。广通渠的开凿，也为两岸的土地提供了灌溉条件。

魏晋以后，国家分裂，币制非常混乱，影响着商品交换的发展。杨坚建国后，下令改铸五铢钱，废除其他古币和私人铸币，只五铢钱流通，又统一了度量衡，有利于工商业的发展。

隋朝仍沿用西魏、北周以来的府兵制，战士和家室、土地自成一个系统，不受地方州县辖制。灭陈之后，战争已基本结束。为把府兵变成国家的纳租对象，开皇十年（590），杨坚对府兵制进行了较大改革：所有军人，户籍全部划入当地州县，土地分配和赋役征收与原来的农民完全一样，只是他们仍有军人的职责，受军府管辖。这种兵归于农、兵农合一的措施既增加了国家的财政收入，又加强了政府对军人的控制，这一制度到唐代仍然沿用。

同时，杨坚为稳固自己的统治，下令除边疆和京师守卫军队以外，其余的兵器等军事装备立即停止制造，民间兵器全部销毁；军人子弟应尽力改从学文,要把尚武之风改变成习文之气。

(七)唐高祖李渊改革政治、经济、军事制度

李渊称帝后,百废待举,他一面组织力量进行统一全国的战争,一面注意加强政权建设,唐朝前期的政治、经济、军事制度,在李渊时期基本上粗具规模。

建立各级统治机构。李渊建唐伊始,一切政权组织皆沿隋制,直到武德七年(624)才为适应全国统一后的历史形势,根据前代制度,确定了唐代的政权组织系统。

唐高祖李渊

在中央实行三省六部制。三省即中书省、门下省、尚书省。中书省的长官是中书令,僚属有中书侍郎、中书舍人等,是决策机关,负责草拟有关军国大事的诏敕。门下省,长官是侍中,僚属有黄门侍郎、给事中等,是审议机关,主管审核中书省的决定,并有权驳回。尚书省的长官是尚书令(太宗时废尚书令,另设左右仆射),僚属有左右丞、左右司郎中等,是执行机关,负责执行中书、门下二省的决定。三省的长官都是宰相。他们共同商讨国家大事,共同对皇帝负责。六部即吏、户、礼、兵、刑、工六部。吏部主掌官吏的考核与升降,户部主掌户籍及赋税,礼部主掌礼仪及科举,兵部主掌军事,刑部主掌刑法诉讼,工部主掌土木工程。各部长官都称尚书,直属于尚书省,每部又领四司,计24司,分别执行中书、门下二省制定的政令。

唐代的监察机关为御史台,长官是御史大夫,负责纠察百官,权力极大。

唐代的地方统治机构,基本上是州县两级制,州设刺史,县设县令。刺史每年一巡属县,考课官吏,访询治安,催督赋役,保举人才。县令主一县之事,县以下有乡,乡以下有里,里是最基层的政权单位,置里正一人,辖百户左右,其职责是检查户口、劝课农桑,检查非违,催驱赋役,对人民进行直接统治,是唐朝皇帝统治人民的得力工具。

唐代中央和地方各级政权机构的建立，在中国封建社会历史上有着承前启后的重大意义。各级政权组织比较谨严，分工比较明确，和过去相比更有利于皇帝集权。

实行均田制和租庸调制。唐初，经隋末战乱，人口减少。武德初年仅有200余万户，不及隋朝最多时户数的1/4。由于缺乏劳动力，大量土地荒芜，在这种地广人稀的情况下，唐王朝要保证赋税收入，稳定政权，就必须把流亡的人口固定在土地上，迅速恢复和发展生产。为此，唐朝继承了北魏、隋朝的均田制和租庸调制，并稍加损益，颁布全国。

武德七年（624）四月，李渊颁布均田令，规定：对百姓授田，丁男（21~60岁为丁男）和18岁以上的中男（满16岁为中男）各授田1顷，其中口分田80亩，永业田20亩，老男（60岁以上为老男）、笃疾、废疾者授口分田40亩，寡妻妾授口分田30亩，这些人若作户口，则每人授永业田20亩，口分田30亩，尼姑、女冠（女道士）各授田20亩，工商业者减丁男之半，一般妇女、部曲、奴婢不再授田；对贵族官僚授田，有封爵的贵族按品级的不同授给不同数量的永业田，从亲王到公侯伯子男，授田数量由100顷递降至5顷，在职官员从一品到八、九品，授田数由30顷递降到2顷，有战功的勋官也分别授田30顷至60亩不等，此外，各级官吏还有职分田，其地租作为官俸的补充。官府有公廨田，其地租充作办公费用；对土地买卖，官僚贵族的永业田和赐田可以自由出卖，百姓在无力丧葬时准许出卖永业田，若百姓从人多地少的狭乡迁往人少地多的宽乡，亦准许出卖。

在地主土地私有制的情况下，要实现真正的"均田"是不可能的。但均田令的颁布，还是对于唐初农业生产的恢复和发展起了积极的推动作用。

唐初在均田制的基础上，还实行了租庸调制。它初定于武德二年（619）二月，修订于武德七年（624）四月。租庸调制规定：凡是受田的农民，每丁每年向国家纳粟2石，叫作租。又随乡土所产，每年交纳绢2丈、绵3两，或交纳布2.5丈、麻3斤，作做调。还规定每丁每年要服役20天，如不亲自服役，可每天折绢3尺或布3.75尺，叫作庸。如果政府额外加役，加役15天，免调；加役30天，租调全免。每年的额外加役最多不得超过30天。唐代的租庸调和隋朝相比，以庸代役的条件放宽了，从而使农民有更多的时间从事农业生产。

实行府兵制。府兵制始创于西魏宇文泰时期，历北周、隋而至于唐。李渊太原起兵时有兵3万，进军关中后，众达20余万，为了使这支军队归心于唐和解决军粮问题，李渊把军队逐步纳入府兵组织系统，基本具备了府兵制的雏形。武德元年（618）李渊在长安称帝不久，即置军府，任用功臣和招降军将为卫大将军、将军，完全因袭隋制。当时十二卫所属有骠骑、车骑两将军，是事实上的领兵者，武德二年（619）置十二军，每军有将、副各一人，以督耕战。武德六年（623），废十二军，武德八年（625），因突厥入侵，又重设十二军。十二军是唐初关中比较固定的基本禁卫部队。此外，李建成、李世民、李元吉各开府领兵。

府兵制建立在均田制之上，是一种兵农合一的制度。兵士平时在家生产，农闲时由兵府加以训练。府兵的经常性任务是轮流到京师宿卫或到边境戍守，称作"番上"；若遇到战争发生，则出征打仗。府兵在服役期间，可免除本身租调，但"番上""出征"时的兵器、衣服、粮食均需自备。这种"寓兵于农"的兵制，保证了兵源，减少了国家的军费开支。同时，练兵权与将兵权分离，防止了将帅拥兵跋扈，对于加强专制主义中央集权起了一定的作用。

实行科举制。科举制始创于隋朝，到唐朝时更为完备。李渊初继位，就设立京师和地方学校，收揽人士。但同时也恢复了隋朝废除的中正官，以本州高门士人充任。这是对士族的让步，不过大多只是名誉职务，用人权仍在吏部，而吏部用人的主要途径就是科举。士人仕进不再专凭门第高低，而是主要依据学才德识，从而使唐代的用人比以前有所改进。

唐初，主持科举考试的是吏部考功员外郎。参加科举考试的生员主要有两种：一是国子监所属各学校的学生，称为"生徒"；二是各地私学中由州县保荐的学生，称为"乡贡"。

唐代的科举分常举和制举两种，常举即每年举行的定期考试，考试科目一般为秀才、明经、进士、明法、明算等科，其中明经、进士两科为热门。明经科主要考帖经，重在儒家经典的背诵记忆；进士科主要考试赋和时务策，需要独立思考，较难考，但一旦考中，就取得了做官的资格，因此人们称中进士为"登龙门"。所谓制举，就是皇帝根据需要亲自主持的考试，科目多临时设置，考试时间也不固定，录取人数较少，在科举制度中不占重要地位。

科举制的最后确立和进一步完备有着重要意义。和九品中正制相比，一般的中小地主都有了应试资格，为他们入仕开了绿灯，打破了门阀士族垄断仕途的局面，从而扩大了统治基础。

（八）唐玄宗李隆基的文治武功

玄宗李隆基的皇位来之不易，亲政后面临的形势也十分严峻。长期的宫廷政变削弱了中央政权的力量，吏治腐败，官吏冗滥。玄宗在开元三年（715）明确宣布："吉不滥升，才不虚受。"倡导任人唯贤，他所用的宰相，大都成了有名的政治家。

姚崇，是有名的贤相，办事干练。入相前他曾向玄宗提了十项建议，大意是勿贪边功，广开言路，奖擢诤臣，除租税外不得接受馈赠，勿使皇帝国戚专权，勿使宦官专权等。玄宗样样应允，从而奠定了开元施政的方针。

唐玄宗李隆基

当时，一些富户往往用出家做和尚的办法来逃避赋役，姚崇一次就查出 1200 多名假和尚，勒令还俗。又禁止百官和僧尼道士往来，抑制武、韦时发展起来的寺院地主势力。御弟薛王李业的舅父王仙童侵暴百姓，他不讲情面，请玄宗批准，依法进行了惩办。

开元初，黄河南北连年发生蝗灾。蝗虫飞来如云遮日，所落之处苗草罄尽。先朝也曾遇蝗灾，由于捕杀不力，往往造成赤地千里、横尸遍野的惨景，以致物价飞涨，民心不稳，政局动荡。因此姚崇对灭蝗十分关注，力主诏令郡县及时捕杀，并由官府奖励治蝗。结果蝗灾被有效地制止了，尽管蝗灾连年，灾区也未发生大的饥荒。

宋璟继姚崇为宰相，也很注意选用人才，使官吏都能称职。有一次吏部选人，他的远房叔父宋元超向选拔官员说明自己与宋璟的关系，想得到好差事，他知道了，特地关照吏部不给宋元超官职。

张九龄也是开元贤相。他是广东人，当时岭南被看作是荒远的地方，那边的人很不容易做到大官，玄宗破除偏见，唯才是举，他才官至宰相。他建议选用人才要慎重，在吏部议论人才，态度极其公正。他执政时，已经在开元后期，玄宗有所松懈，他每见玄宗有什么过失，总是极力谏劝。

玄宗不仅注意任用贤相，还非常重视刷新吏治，整顿官僚队伍。在这方面他采取了许多措施。一是裁汰冗员，精简机构。他针对武后以来官吏冗滥之弊，一举裁汰了员外官、试官、检校官数千员，大大精简了官僚机构，提高了办事效率，也节约了财政开支。二是恢复谏官、史官参加宰相议事的制度。唐太宗时期，皇帝与宰相议事，允许谏官与史官参加，"有失则匡正，美恶必记之"。这可以减少朝政的弊端，有它的积极作用。但是武则天参与朝政以后，许敬宗、李义府提任宰相，"政多私僻"，不敢把朝政公开，取消了谏官和史官参加君臣议事的制度。玄宗下令恢复贞观年间的制度。三是重视县令的选择。玄宗说："郡县是国家政权的根本，郡县长官是执政队伍的先锋，朕总是特别留意这种官职，和其他官职不一样看待。"玄宗有时对县官亲自出题考试，了解应考者是否通晓治国之道，凡是考试成绩优秀者即被任用，拙劣者即被罢免。四是实行严格的考核制度，来检查地方官的政绩，作为黜陟的根据。规定每年十月，委各道按察使到各地巡省风俗，观察得失，将地方官的政绩按五等划分，然后上报吏部长官详覆，减少了地方官贪赃枉法的现象。五是严明赏罚。玄宗认为，有善必赏，所以劝能，有罪必诛，所以惩恶。开元年间朝廷的赏罚基本上贯彻了这一精神。

玄宗的改革政策，主要是通过下级官员去贯彻执行，玄宗能注意用人，这是"开元之治"得以出现的一个很重要的原因。

玄宗执政以后，为彻底解决边区问题，巩固唐政权，维护统一，采取了一系列措施：为了提高军队的战斗力，玄宗对府兵制进行了改革。府兵制在均田制崩溃的形势下已经形同虚设,农民不断逃亡,兵源困难。高武以后,尚武风气逐渐消失,府兵多不按时更番,教习废弛。到玄宗时士兵逃匿,军府空虚。开元十一年(723),宰相张说遂建议雇佣募兵。玄宗即下令施行,从关内招募军士达12万人,充作卫士,名"长从宿卫",或称"长征健儿",从而代替了有唐以来的府兵轮番宿卫制度。这是当时军制由募兵到雇佣的重大改革。经过10余年的实践,雇佣兵制于开元二十五年(737)推行全国。从此,各地民丁再无番上戍边之苦,可以专事生产。雇佣兵既可吸收社会上的失业丁口,缓和社会矛盾,又可常驻各地,加强训练,对改善军队素质、提高战斗力是有积极作用的。

玄宗还通过各种措施整顿军旅。他颁布《练兵诏》,令西北军镇增加兵员,并精加选择,加强军事训练,不得供其他役使。

玄宗继位时,军马只剩下24万匹。玄宗任用太仆卿王毛仲为内外闲厩使,专门抓这项工作,到开元十三年(725),军马增至43万匹,牛羊数也相应增加了。为了解决军粮问题,玄宗又诏令扩大屯田区。在西北万里的边防线上及黄河以北部分地区,设置庞大的屯田区。

经过以上准备,到开元五年(717),唐军把沦陷17年的营州等13州全部收复,玄宗派宋庆礼任都督,重建营州防务。长城以北的拔野古、同罗、回纥等地也宣布取消割据称号,与唐王朝合作,唐王朝重新恢复了安北都护府,统一了长城以北。

解决西域问题分两个阶段进行,第一阶段从开元二十七年(739)开始,玄宗派碛西节度使盖嘉运打败了突厥,唐军猛攻碎叶城,突厥可汗出战,在贺逻岭被唐军俘虏,从而使沦陷了37年的碎叶镇又归唐王朝管辖。第二阶段是击败吐蕃、小勃律,重新打通"丝绸之路"的门户。开元初年,西域小勃律(今克什米尔以北)可汗曾到唐朝请降,唐王朝在那里置绥远军。后来,小勃律王娶吐蕃王女,依附了吐蕃,与唐为敌。玄宗派安西副都护高仙芝打败吐藩,俘虏了小勃律王,遣送长安。这使唐国威大振。这一仗胜利后,拂麻(罗马)、大食(伊朗)诸胡72国皆震恐,归附。唐朝重新打通这了中亚的通道,这不仅维护了国家的统一,也有利中外经济、文化的交流。

唐玄宗在开元年间,注重发展社会经济,采取了一系措施,经济出现了前所未有的繁荣景象。

玄宗继位之前，由于官府的勒索和大豪族的土地兼并，均田农民的负担越来越重，常常无力维持其自身的生存和简单的再生产，从而出现了天下户口逃亡过半的严重危机。玄宗继位后，不得不和荫庇劳动人口、破坏均田制度的豪强大族进行斗争。从他们的手中争取土地劳动人手。

开元初虽惩治了一些豪强大族，但打击的力度还是太小。从全国范围看，仍然有大量土地和劳动力被豪强大族霸占。他们侵占农民的土地，称为"籍外之田"。更严重的是，他们把逃户变成"私属"，不向国家交税，影响了国家的财政收入。在这样的情况下，玄宗便于开元九年（721）到开元十三年（725），利用四年的时间，在全国范围内开展一个检田括户运动。玄宗任宇文融为全国覆田劝农使，下设10道劝农使和劝农判官。分头到全国各地检查黑地和豪强荫庇的客户。把检查出来的土地全部没收，按均田制分给无地的农民使用。对于"账外"人口，一律登记注册，就地入籍。检田括户的结果，中央政府增户88万，田亦大增。岁终征得客户钱数百万。

武周中宗以来，佛教恶性发展。全国各州都设置大云寺。寺院僧侣贪婪成性，不仅兼并土地，而且逃避税收。且造寺不止，枉费财者数百亿，度人不休，免租庸者数十万。使国家所出加数倍，所入减数倍。玄宗于开元二年（714）下诏裁汰天下僧尼，当时全国各地还俗者12000多人。玄宗又下令，严禁新造佛寺，禁铸佛像，禁抄佛经。同时又禁止贵族官贵和僧尼交往，使佛教势力受到很大打击。

玄宗继位初期，在生活上以节俭自律。他还遣散宫女，又毁武后所造天枢、卫后所立石台，以示与弊政决裂。

开元年间，由于玄宗君臣的文治武功，形成了比较清明的政治局面，出现了"开元之治"的盛况。

（九）后周世宗柴荣的政治、经济改革

柴荣继承了郭威的基础，进一步地推行了全方位的改革。首先是网罗一批富有进取心的人才。柴荣思贤若渴，一继位就下诏求贤求谏。他学唐

太宗让各级官员上封事，凡有所见，都可以写成表章呈上，若对政事有所陈述，也可以请求引见面商，使君臣上下沟通，并从中发现和选拔经国之才。史书上说柴荣"好拔奇取俊，有自布衣上书，下位言事者，多不次进用"。只要有才能，不管名位资历，柴荣都设法搜罗来，委以官号，加以录用。如魏仁浦不是科举正途出身，柴荣不顾众人反对，破格任为宰相。柴荣还对科举作了整顿。显德二年（955）考进士时，礼部侍郎主考因循苟且，不加选择，柴荣命令重考，结果原取进士16人中只有4人及第。柴荣还恢复久不举行的制科考试，广泛搜罗有用的人才。因此，柴荣的朝廷中很快就有了一批干练的人才。

其次，柴荣着手澄清吏治，大力反对贪污腐化。他自己自小艰苦朴素，称帝后依然保持了俭朴的作风，生活上力戒奢华。他不贪宴，宫内浮浪无用之人一律裁减，摒绝珠宝珍玩，禁止地方官进贡甘鲜食品。并要求各级官府中不急事务也一律停办，以减轻人民的负担。由于柴荣严格法制，力求做到刑戮不滥、狱讼无冤，其统治进一步稳固了。

要加强国家实力，发展农业生产是大事。柴荣在继位的当月就下诏：凡军队中老弱伤痛情愿回家种田者统统可退休放免，这使五代以来农民长年被束缚在军队中的现象有了改变。同月又下令招抚各地流民，将无主荒地分配给流民耕种，让他们安居乐业。柴荣还下诏减免租税，实行新税法。为了获得更多的劳动者，柴荣把手伸向了佛教寺院。显德二年（955）五月六日，柴荣下令毁佛，凡后周境内佛教寺庙，除有皇帝敕额的得以保留外，其余一律拆毁，每县只留寺庙一所，官僚贵族自后不得奏请建造寺院和剃度僧尼。显德四年（957）九月以后，柴荣又准备推行均定田租的改革。显德五年（958），柴荣下令进行大规模的查田，实行均租。结果单在开封就查出了隐漏之田42000多顷。查田深重地打击了地主豪强，减轻了普通农民的租税负担，又增加了国家的赋税收入，为后周乃至北宋统一奠定了物质基础。柴荣还注意兴修水利。柴荣对京城开封进行了扩建。开封在唐本为节度使的军镇，朱温篡唐后逐渐成为除后唐外五代各朝的政治中心。显德二年（955）四月，柴荣下令扩建京城，加宽巷道，加筑外城。发动10万民工前后干了三年，终于使开封成为规模宏伟的都市，到北宋终于成为都城，这也是柴荣的一项政绩。

（十）宋真宗赵恒的锐意改革

真宗继位后，下诏制说："先朝庶政，尽有成规，务在遵行，不敢失坠。然而缵图伊始，惧德弗明，所宜拔茂异之才，开谏诤之路，惠复疲羸。庶几延宗杜之鸿休，召天地之和气。"表示了他锐意兴革、立志图强的决心。

为了取得大多数人的支持，真宗首先下令提高京官的政治待遇，规定他可升朝官与未朝官同样叙迁磨勘，同样穿绯、紫色官服。礼遇先朝诸大臣，加宰相吕端右仆射，召拜他的两位老师李至、李沆为参政知事，拜宿将曹彬为枢密使兼侍中，又以富有才略谋议的户部侍郎向敏中、给事中夏侯峤为枢密副使，共典军政。尊太后李皇后为皇太后，仍居西宫嘉庆殿，后徙之万安宫。同时追尊生母李氏为贤妃，进尊号为皇太后，追谥元德，

宋真宗赵恒

后祔葬太宗永熙陵。将参与谋废立的参知政事李昌龄、知诰胡旦以及宦官王继恩等人相继贬黜，流放边郡。然后诏御史台谕告内外文武群臣，自今人君有过、时政或亏、军事臧否、民间利害，皆许直言极谏，抗疏以闻。公元 998 年正月，改元咸平。

咸平元年（998）十月，真宗进行了一次重大的人事调整。罢吕端、李至相职，擢户部尚书张齐贤与李沆并为相，罢参知政事温仲舒为礼部书，擢枢密副使向敏中为参知政事。擢翰林学士杨砺、宋湜为枢密副使，共参国政。接着便着手整顿吏政，解决机构臃肿、贪污腐败、官吏冗滥、选举作弊等突出问题。

真宗采纳宰相张齐贤的建议，始定外任官职田制度，规定职田数量以

差遣为别，作为各级官员的俸给补贴，提倡廉政。然后裁撤合并叠床架屋的官僚机构，罢置盐铁、度支、户部副使，并盐铁、度支、户部为一使，并三司盐铁、度支、户部勾院为一，以提高三司的办事效率。又严格官吏的举荐、任用、迁转、考核制度。咸平二年（999），真宗诏令各部、台、院举荐升朝官任知州，被举荐者三任而有政绩，才能作为善举而议奖赏。被举者若犯贪赃罪等，举荐者亦连坐。真宗还命宰臣誊录内外官员历任功过，编册进呈，以备委任官员时参考。咸平四年（1001）四月，真宗在崇政殿亲自考核京官，开创了宋代京朝官磨勘引对的先例。

为了广泛选择优秀人才和网罗人士，真宗把改革科举制和发展学校教育摆在重要位置。在《劝学文》中，曾以"书中自有黄金屋，书中自有颜如玉"如此极端的利禄观作为劝学手段，使众多的读书人趋于科场。学校教育自宋初以来，官学甚少，以书院为主要教学形式的私学逐渐兴盛起来。对此类书院，真宗也给予了扶持。

真宗在实行政治改革的同时，也积极寻求经济富强之道。在他继位的当年五月，下诏说："国家大事，足食为先。"以国家未有九年之蓄为忧，令两府大臣讲求丰盈之术。他还对侍臣说："经国之道必以养民务穑为先。"诏三司每逢岁稔之年，要增广市籴以实仓廪。重申转运使的主要职责之一，就是劝课农桑。咸平二年（999），命度支郎中裴庄等官员分赴江南、两浙等地，发官廪赈恤受灾饥民，蠲除田赋。诏令有司减罢各种无名力役，暂缓土木营建，以休养民力。又令陕西沿边地区广兴屯田，把士卒戍边和耕种结合起来，还诏令全国，凡民户有能力开荒，所开荒田不必加租税，无田税农户请佃荒田垦种，五年后从轻定纳赋税。为了使民户有能力进行生产，又推广户部判官马元方创制的"预买绢"法。即在每年春季民力乏绝之时，官府借贷户缗给农户安排生产、生活，俟秋收后以绢输官偿债。

真宗本人也以勤政为要。他制定的工作日程表是：每天清早在前殿接见中书、枢密院、三司、开封府、审刑院各部门的请对官员。听闻奏事，能决定的立即答复。早饭后处理各司奏事，批阅奏章，直至中午。下午看书学习，安排各项例常活动，晚上则多召儒臣进讲，询访为政得失、探讨经史等。他还以刑狱直接关系到国治民安，首先恢复了废置已久的各路提点刑狱官。后又以京师狱讼繁杂,专门设立了纠察在京刑狱司。为防止刑狱伪滥,诏命诸州长官亲决狱讼,梳理冤滞。各地县尉司不得私置狱。又命给事中柴成务等人,编集《新定编敕》856条,镂版颁行,与律令格式、刑统并行。

同时,真宗也下诏严格约束皇亲国戚以及宦官。他的姑母秦国长公主为其子王世隆求官正刺史,真宗婉言拒绝,说:"正刺史系朝廷公议,不可。"他的妹妹鲁国长公主为翰林医官赵自化求升秩,也被他拒绝。驸马都尉石保吉家中发生家仆偷盗一事,石保吉面请真宗,乞加重罪,又欲在他家中设刑问罪。真宗以国家自有常法,不允,命交有司处决。

由于真宗在继位之初的几年中,能广开言路,锐意兴革,勤政治国。所采取的措施促进了当时社会经济的发展,因而全国人口由他继位初年的400多万户增加到近800万户,出现了后世所称的咸平之治的"小康"局面。

(十一)金海陵王完颜亮革新政治

完颜亮巩固统治后,颁布"求言诏",自朝内外公卿大夫至一般平民,均可以上书进言。于是内侍梁汉臣、何卜年等上书,请求迁都燕京。完颜亮早有迁都意图,于是便接受了他们的建议,命尚书右丞张浩充修大内使,营造燕京。经过三年的时间,燕京营建完毕,燕京都城设计出自孔彦舟之手,完全依照汴京模式建成。都城周长37里,内有女真、汉、蒙古、契丹居民22.5万余户。城内房屋排列井然,店铺楼肆鳞次栉比,城内南边是气势雄伟的皇城,皇城南边又有宫城,宫城周长九里三十步。其正门为宣阳门。城内有宫殿九重,共计36殿,全部由汴京工匠造成,整个殿群错落

海陵王完颜亮

有致，金碧辉煌。

贞元元年（1153）四月十七日，完颜亮力排众议，率文武百官迁都燕京。进入燕京城时，完颜亮首次采用汉家仪礼。四月二十一日以迁都诏告天下，并改燕京为中都，析津府改为大兴府，同时改汴京为南京，辽中京大定府为北京，辽阳府为东京，大同府为西京，保留五京之制。还下诏改天德五年为贞元元年。

完颜亮在迁都之后，又将女真贵族大批南迁，将太祖、辽王宗干、秦王宗翰诸猛安合并起来，编练成自己的亲军，称"合扎猛安"，迁居中都。右谏议乌里补猛安，太师勖、宗正宗敏等家族也迁居中都。同时，在大房山宫建山陵，把太祖、太宗棺木由上京迁来安葬。正隆二年（1157）十月，完颜亮下令毁掉会宁府旧城宫殿、诸大族府第宅舍以及储庆寺，将它们夷平，作为耕地分给农民耕种。

接着，完颜亮进行了一系列改革。天德二年（1150）正月，完颜亮颁布诏书以励官守、务农时、慎刑罚、扬侧陋、恤穷民、节财用、审才实七事告示朝野，明确宣布了定国之策，揭开了政治改革的第一页。

首先采取各种措施加强了皇权。天德二年（1150），为消除女真贵族执掌的权柄，完颜亮下诏废除中京、东京、临潢、咸平、泰州等路节镇及猛安谋克。取消猛安谋克上中下三等之分，只称"诸猛安谋克"。第二年完颜亮又废除了守土一方的"万户之官"，移权于千户长。贞元二年（1154）海陵下令重定荫叙法，规定皇族自一品至七品荫各有限，消除八品用荫制度。正隆二年（1157）完颜亮彻底改定亲王以下封爵等第制度，规定朝廷不再封两字王，过去封为两字王者改为一字王，一字王者除掉王号，高品位的大官也要参酌削降。以后无论公私文书，凡是带有王爵字样的一定要立即除掉，即使是坟墓碑文也不例外。

熙宗末年，金朝内部统治机构臃肿不堪，官吏人浮于事。完颜亮继位后，运用强硬的政治手腕，迅速精简统治机构，加强了中央集权，大大提高了朝廷的行政效率。为了加强中央对地方的控制，完颜亮还划定了一整套的地方行政区划系统，将全国分为5大京路和14个总管府。

完颜亮在他执政的前期，是金朝历史上颇有远见卓识的君主，他在位期间勤于政事、察纳雅言、严于律己。执政后不久，他便诏示文武百官直言朝政得失与居民利害。为了更好地听取臣下的谏诤，完颜亮还特别挑选廷臣10人组成一个智囊团以备咨询。

完颜亮用法律约束臣下，严禁官吏耽于民事、苟图自安，并以勤惰与否作为对官吏奖罚的标准。官吏不得无故旷职，只有父母去世才能休假三日。完颜亮还禁止各级官员妄信神鬼、崇尚佛事。

完颜亮提倡为官清廉、生活节俭，他自己也身体力行，平日常穿补过的衣服，饮食只进鱼肉，不进鹅鸭，还除掉宫廷御苑中所养禽兽。正隆五年十二月，完颜亮颁禁酒令，规定朝官不得随便饮酒，只有宋、高丽、夏三国有使来朝方可饮酒。

完颜亮逐渐完善各项司法制度。正隆年间他颁布行成文公法《续降制书》。在中央设立登闻检院，狱事有处理不当的可到登闻检院投状。由检院交付御史台勘察重审。完颜亮还为地方专设了提刑司，直接过问地方政府的法制和大案要案处理事宜。对于有过大臣的惩罚，完颜亮只施以臀杖，反对流放发配。

完颜亮致力于人才的培养和选用。天德三年（1151），完颜亮开始设置女真族国子监，招收宗室、外戚、功臣及三品以上官员的子孙受教，年满15岁以上的入辞赋经义学，不满15岁的入小学，另外，还设置算学、医学等十科，招收各族贵族子弟前来学习。为更好地选择人才，完颜亮大兴科举之制，最初以经史取士，考试分乡、府、朝三级，儒生在全国各地进行乡试、府试。完颜亮在迁都燕京之后，特开了殿试，亲自过问选官大事，或者"临轩观试"，或者"御便殿亲览试卷"。完颜亮还多次为考生出题，如"不贵异物民乃足""忠臣犹孝子""忧国如饥渴"等。

完颜亮初年，勤于政事，改革吏治，大大提高了行政办事效率，牢固地建立起了金朝一代强有力的封建中央集权，为后代盛世的出现打下了基础。

完颜亮也很注意把握国家的财源，重视发展经济。首先，加派诸路劝农使，奖励发展各地农业生产。又派出纥石烈娄室等大臣出访各路，将一些荒闲土地放归无地的佃户耕种，国家向他们收取少量的地租。完颜亮还注意教育后代重视农业生产。

（十二）明神宗朱翊钧重用革新派张居正

万历元年至万历十年（1573—1582），是万历朝最为靖昌的时期，当时"海内肃清，边境安全"，太仓的积粟可支用10年，国库的钱财多时达400余万。当然，这主要不能算是神宗的"治绩"，而是张居正励精图治的结果。

张居正，字叔大，号太岳，湖广江陵（今属湖北）人。隆庆元年（1567），张居正被遴选入阁。第二年，他便向穆宗上了一封《陈六事疏》，主张实行改革，提出"省议论""振纲纪""重诏令""覆名实""固邦本""饬武务"六大急务，深得穆宗嘉许。

明神宗朱翊钧

但可惜穆宗早逝，张居正当时又不是首辅，所以这些颇具见识而又切中时弊的主张暂时还得不到实行。直到万历初年，他以帝师和内阁首辅的地位，大权在握，才雷厉风行地付诸实施。

这场改革最先从政治上开始。张居正认为嘉靖、隆庆政局的混乱，症结在于吏治腐败。官员"因循敷衍""吏不恤民"等等导致社会矛盾激化、农民不断起义。所以，他力主整顿吏治。万历元年（1573），张居正提出"考成法"。考察的标准是"惟以安静宜民者为最，其沿袭旧套虚心矫饰者，虽浮誉索隆，亦列下考"。为了增强政权机构的办事效率，还建立了办事考成的制度。各部门都立文册二本，一本送各科备注，凡执行的公事，一律记载立案，实行一件，注销一件；另一本则送内阁稽考，同时，各科、部、院之间也相互制约和监督，使各级官吏都不敢敷衍塞责。这项改革在当时可谓轰轰烈烈、朝野震动。吏治与办事效率有了明显改观，使中央政令"虽万里外，朝下而夕奉行"，为其他改革的推行奠定了基础。

这其中首先就包括经济方面的改革。万历初年，国家财政已露崩溃之象，无论朝野都十分忧虑。张居正从万历元年（1573）开始，一面主持裁减冗官冗费，另一面也开始控制皇室费用，减少开支。万历五年（1577），张居正提议清查丈量全国各类土地，实现"开源"，增加生产。到万历九年（1581），土地丈量完毕，共查实田地700多万顷，比弘治时多出300万顷。在此基础上，张居正吸取了早在嘉、隆年间就在一些地区施行的"一条鞭法"，在全国范围内推行。这个制度后来被称为我国赋税史上的一次大改革。它的基本内容有四点：第一，统一役法，并部分地"摊丁入地"，不再区别银差和力役，一律征银。第二，田赋及其他土贡方物一律征银。第三，以县为单位计算赋役数目。第四，赋役银由地方官直接征收。这次改革，对生产和货币经济的发展都起了重要作用。

此外的重要改革，是整饬军备，加强边防。在蓟州一带，张居正继续重用著名抗倭将领戚继光镇守。使东起山海关、西至居庸关长城一带的边防异常整肃，后人称戚继光镇守蓟州年间，"边备修饬，蓟州宴然"。在辽东，重用能征善战的大将李成梁任总兵官。万历二年（1574）十月，李成梁率部一举击溃为害边境的建州卫部落，斩女真都指挥王杲以下1100余人，取得了有名的"辽东大捷"。在北部的宣府、大同以及西至延绥、宁夏一带，任用王崇古为总督，对蒙古采取安抚睦邻政策。对军事上的这些改革，特别是选用将领，确保了明王朝边防的巩固。对此神宗也十分满意，他曾为此褒扬张居正说："先生公忠为国，所用的人没有不当的。"

（十三）清圣祖爱新觉罗·玄烨的"满招损，谦受益"

有感于明代奢侈败国的历史教训，康熙很注意节俭。南巡路过南洋，他曾做《过金陵论》表达自己的这种心情。康熙初年，宫中所有人员合计才800余人，这与明宫廷仅宫女动辄几千、太监几万相比确实是大大减少了。因此宫廷的费用与明代相比也大大节省了。明代仅光禄寺每年用银即达100万两，康熙时只用10万两；明代工部每年宫廷修造用银最少约200万两，而康熙时只用二三十万两；明代的宫中建筑都要用楠木料、临清砖，而康熙时除特殊需要宫中一概用普通砖瓦。据康熙自己说，他的所有行宫都不进行特别装饰，每处花费不过一两万金，只占每年治河费用的1%。康熙还说，明代一日之费，可抵今一年之用。这话显然有些夸张，但也能说明康熙反对奢侈、提倡节省的效果是很显著的。

"满招损,谦受益"是康熙常引之言。他为政讲求实效,一贯反对浮夸虚饰。因此,他多次拒绝了臣下为他上尊号的请求。平定三藩之后,朝臣请上尊号,康熙拒绝说:乱贼虽已削平,疮痍尚未全复。如果政事不能修举,上尊号又有什么益处?朕断不能接受这样的虚名。讨平噶尔丹之后的康熙三十六年(1697),诸王、贝勒、贝子、文武官员及远近士民来到畅春园,搞了一次更大规模的请上尊号的活动。这已是第五次为康熙请上尊号了。

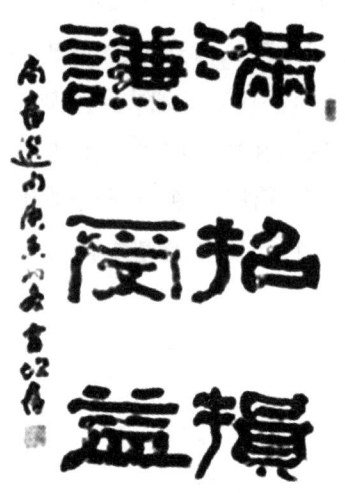

清圣祖玄烨的满招损 谦受益

康熙仍然坚决拒绝,他说:"天视天听,视乎民生,后人自有公论。若夸耀功德,取一时虚名,大非朕意,不必敷陈。"后来,借他的生日等机会,臣下又多次请上尊号,直到去世康熙也没有答应这些请求。朝廷官员献上了鞍马缎匹和"庆祝万寿无疆屏"等生日贺礼,他婉言谢绝道:"我的诞辰,你们这样进献,各督府也一定会仿效,所以我决不能接受。"在他去世前不久,他最后一次拒绝了群臣为他准备第二年举行"万寿七旬"贺礼的请求。康熙六十一年(1722)十一月七日,康熙病逝,庙号"圣祖"。

三、选贤任能 从善如流

(一)汉高祖刘邦论用人之道

汉王五年(前202)正月,刘邦按照与韩信、彭越的约定,立韩信为楚王、彭越为梁王。于是韩信、彭越和原已策立的淮南王英布、赵王张敖、燕王臧荼、韩王信以及前不久封为长沙王的吴芮上疏共尊刘邦为皇帝。刘邦推辞,他们都说:"大王出身贫贱,讨灭乱秦,又以汉王诛灭不义，平定天下，立功臣，不为私，诸侯王不足称，唯称皇帝实宜。"刘邦说："你们真认为这样会对天下人民有利，那就可以吧。"二月初三，刘邦于山东定陶氾水之阳正式称皇帝，国号为汉，此即汉高祖。接着，他下诏尊王后吕雉为皇后，太子刘盈为皇太子。

高祖称帝后，定都洛阳。五月，在洛阳的南宫举行盛大的庆功宴会。会上，高祖让群臣畅所欲言，总结汉胜楚败的经验教训。当时高起、王陵认为：高祖能"与天下同利"，而项羽却"不予人利"，这是项羽所以失败的原因。高祖却认为他们只知其一，不知其二。他说："要讲运筹帷幄之中，决胜千里之外，我比不上张良；讲镇守国家安抚百姓，供给粮饷，我比不上萧何；讲率军百万，战无不胜，攻无不克，我比不上韩信。但我能任用他们发挥出他们的聪明才智，这才是取得胜利的原因。而项羽只有一个范曾，却又不能善加任用，这是失败的原因。"对于高祖的分析，群臣都表示悦服。

汉高帝刘邦

（二）汉文帝刘恒的从谏如流

文帝刘恒为政清明，主要表现在从谏如流。在诤谏面前他肯承认自己的过失并及时纠正。有一次刘恒走进郎署，与署长冯唐闲谈，知道冯唐祖上是赵国人，父亲时住代郡，而他自己曾为代王，就对冯唐说："在代王时，厨师上饭时说赵国有个将军叫李齐，很能打仗，后来每吃饭时就想到这个李齐。"他问冯唐知否李齐其人，冯唐说：赵国的将军最著名的是廉颇和李牧，接着又讲了廉颇和李牧的许多事迹。刘恒越听越高兴，拍着大腿说："唉呀！我要是有廉颇和李牧那样的将军，就不用担心匈奴了！"冯唐却说："陛下就是得到廉颇和李牧，也是不能用。"刘恒很生气，过了好大一会，又问冯唐："你怎么知道我不能用廉颇、李牧呢？"冯唐说："廉颇、李牧所以能打胜仗，是因为赵国君主充分信任他们，给他们自主权力，不干涉他们的具体事务，只要求他们打胜仗。而现在魏尚当云中郡太守，优待将士，打了很多胜仗，匈奴不敢接近云中，但却因上报战功时交的敌人首级比他报的数字差六个人头，陛下就把他罢官、削爵、判刑。立了大功不授赏，出了小错予重罚。所以说就是得到廉颇、李牧，也是不能用的。"刘恒听了很高兴，当天就派遣冯唐持节赦免魏尚，恢复他的云中太守职务，并任命冯为车骑都尉。

张释之是个严格执行法律的官吏，他以不阿附上意、敢在汉文武面前据理争辩著名，文帝任命他为廷尉（负责司法的最高官）。有一次，文帝出行到中渭桥，被一个行人惊了拉车的马。惊了皇帝的车马叫作"犯跸"，于是此人被抓来交由廷尉处理。张释之查清案情：此人听到车马声音，远避不及，而躲在桥下，过了好一会，以为车马已过，却不料出来恰巧碰上了皇帝的车马，撒腿逃跑，车马被惊。按法律规定，这种情况要"罚金四两"，张释之就这样判决了。文帝大为不满，说："这人惊了我的马，幸亏我的马温驯，要是别的马，不就伤了我吗？廷尉却只判了个罚款！"张释之说："法律是天子和天下人共同遵守的，现在法律就是这样规定的，要判重了，会使法律在人民中失去威信。当时要是就地把这人杀掉，也就罢了；现在既然交给廷尉处理，而廷尉是天下司法的标准，一有偏差就会使天下的司法官丢开法律随意处罚。因此只能严格按律判决，希望陛下体察。"过了好一会儿，文帝说"廷尉是对的。"

又一次，有人因偷汉高祖祠庙塑像座前的玉环被抓获，文帝很恼火，要廷尉治罪。张释之按有关偷盗宗庙器物的法律规定判处弃市（杀头示众）。文帝大怒，说："这个人无法无天，竟敢偷先帝祠庙里的器物。我把他交给廷尉的意思是想判处族刑，而你却按法律的一般规定论处，这不符合我恭敬承奉宗庙的心意。"张释之见文帝大怒，就免冠叩头说："法律并没有盗哪个庙罪重、盗哪个庙罪轻的规定。现在偷了高祖庙里的器物判族刑，万一有愚民在高祖的坟墓长陵上抓了一把土，陛下将按什么法来判罪呢？"文帝无话可说，与太后商量了一阵，最后还是认为廷尉是对的。

（三）汉景帝刘启的知人善任，是非分明

汉景帝所以能创下"文景之治"的政绩，除了推行一系列的政治、经济、文化、司法、外交政策以外，和他的知人善任、是非分明有关，也和他温柔敦厚、穆静仁慈的性格不无关联。

对于一位君主来说，能够识才择贤，固然不易，而能够不以好恶定去就，是非分明，就更不容易了。这两方面，汉景帝都做得不错。

郅都是执法不避权贵的严酷官吏。济南有大豪强氏族，历任郡守无人敢治，景帝拜郅都为济南太守，郅都诛杀该族首恶，一年之后，济南郡成了道不拾遗的清明境界。后来景帝又任郅都为雁门太守，匈奴畏惮郅都，引兵远避，不敢靠近雁门。宁成也是执法不避权贵的严酷官吏。长安居住着许多宗室权贵，胡作非为，京官无人敢管，景帝调宁成为中尉，一举就镇住了犯法的宗室权贵。程不识敢于直谏，景帝任他为评议朝政的太中大夫。石奋有震主之威，景帝调他为诸侯相。周仁守口如瓶，景帝任命他为郎中令，作为贴身近臣。景帝用人，均力图做到择贤而任，用其所长。

外戚是汉室从高祖时起就很敏感的问题。景帝对此颇能分清彼此，不以偏概全，既不让外戚专权，又能任用确有才能的外戚以适当的官职。窦婴是外戚，吴楚之乱时，景帝考察宗室诸窦，没人超过窦婴，就拜他为大将军，率兵镇守荥阳，窦婴未负重任。但后来窦太后几次让景帝拜窦婴为丞相，景帝没有听取，窦太后颇有埋怨情绪，景帝说："难道您老人家以为我舍不得把丞相这个职位给他吗？他这个人沾沾自喜，行为轻薄，丞相须老成持重，他难以胜任。"经过慎重考虑，还是拜卫绾当了丞相。

公车令张释之是文帝的直臣，景帝刘启为太子时与胞弟梁王刘武共乘一车入朝，行至司马门没有下车，张释之追阻，不许他们入殿门，并告了一状。事情惊动了薄太后，文帝向薄太后免冠谢罪，自责"教子不谨"，搞得太子相当难堪。景帝继位后，没有怪罪张释之，仍然让他官居廷尉原职。张释之后来转为淮南相，以老善终。而上大夫邓通是文帝的宠臣，他没有任何才干，只是在一个偶然的机遇得到文帝厚宠，文帝竟把严道（今四川荥经）的铜山赏他铸钱。文帝长了一个脓疮，邓通常用嘴为文帝吮吸

脓血。文帝问邓通谁最爱他，邓通回答太子最爱他。等太子刘启一到，文帝就让刘启为自己吮吸。刘启虽然照文帝吩咐做了，但面带难色，后来知道了事情的根由，不免对邓通有所怨恨。文帝死后，景帝刘启考虑邓通除讨文帝偏爱别无才能，就免去了他的官职，让他回家居住。后来邓通越境铸钱，触犯法律，景帝只是没收了他的家产，也没有把他治以死罪。

不仅对臣子如此，景帝对同胞姐弟以及宫中的妃嫔们也充满了仁爱之心，多能体谅、庇护，避免了许多不必要的冲突；同时，他又是非分明，原则性的问题坚持不放，绝不姑息迁就。其中最显著的例子要算对待弟弟的继位和皇后的设立问题。

景帝的母亲窦太后共生二男一女，景帝刘启为长子，弟弟刘武封为梁王，姐姐刘嫖称长公主，嫁给了陈午。景帝同母兄弟仅有刘武，所以自幼与刘武形影不离。刘武封王至国后，连年入朝，常被挽留京师。一次，景帝设家宴招待梁王刘武，当时朝中还未立太子，景帝喝得高兴，对梁王说："等我百岁之后，把帝位传予梁王。"当时梁王和宠爱小儿子的窦太后听了，并未认真。后来梁王因平定吴楚七国叛乱有功，再加了窦太后的宠爱，便自觉不可一世。他建了一处方圆300多里的东苑，并把国都睢阳（今河南商丘）扩建成为周长70里的大城，在城内大兴土木，营建宫室复道，出门打着天子旌旗，队伍千乘万骑，简直就与皇帝一样。又多做兵弩弓箭，招揽四方豪杰，羊胜、公孙诡等谋士纷纷投奔梁王。经过时间的推移，窦太后和刘武对"传位梁王"的话认真起来，打算让景帝确立刘武为帝位继承人。袁盎和大臣们听到这种风声后，就对景帝揭示这个问题的利害关系，使景帝坚定了帝位必须传子的主张。梁王知道后，不敢再向窦太后说什么，就急忙辞京回国了。梁王回国后，朝中立了太子。不久，梁王病逝。景帝痛惜骨肉之亲，也为了安慰母亲，把梁王的五个儿子都封为王，五个女儿也都封了采邑。

景帝当太子时，栗姬为他生一男，取名刘荣，继位后王美人也生一男，就是刘彻。王美人怀刘彻时，梦见太阳钻入怀中，她把此梦告诉景帝，景帝说："这是高贵的征兆。"由于刘荣年长，景帝把刘荣立为太子，把刘彻立为胶东王。栗姬是个妒妇，景帝仅有几位姬妾美人，10多个宫女，但她仍是醋意大发，不时地想着法子整治众人。本来，景帝想立她为皇后，托她在自己百年之后，照料自己的姬妾和子女，见她如此，便想起了吕后当年的嫉妒和残酷，便决定不立其为后。他又觉得既然刘荣为太子，日后刘荣继位，栗姬仍会得势，为了铲除祸根，保住大群子女，应该废掉刘荣的太子地位。正当景帝考虑是否废太子时，长公主又来向他夸奖刘彻。景帝自己也认为刘彻的才智高于刘荣，况且当年王美人还有一梦，于是决定废刘荣，立刘彻。此时恰巧有位小朝官受王美人之计，劝景帝立栗臣为后，说什么"子以母贵，母以子贵"。景帝乘机诛杀此人，把太子刘荣废为临江王。不久，立王美人为皇后，刘彻为太子。

（四）三国刘备的"三顾茅庐"

三国时期，长期以来，刘备没有固定的地盘，经常寄人篱下，先后依附公孙瓒、陶谦、曹操、袁绍、刘表等人，四处奔波，颠沛流离，十分狼狈。徐州两次得而复失，南北征战接连失败。主要原因是刘备实力不足，无法与势力雄厚的曹操等人抗衡，再者，刘备知自己虽有关羽、张飞等几员猛将，但缺乏才能出众的军师谋主。因此，刘备渴慕贤才奇士辅佐自己。

刘备三顾茅庐

后来，徐庶前来投奔刘备。刘备十分器重徐庶，又请徐庶再推荐一位贤士。徐庶说："诸葛亮，乃卧龙先生，主公可愿见他？"刘备听说诸葛亮，忙说："愿意，愿意！请您把他请来！"徐庶说："此人可去拜访，不能请他委屈前来，请主公屈尊去拜访他。"

刘备打听到诸葛亮的住地后，便率关羽、张飞等随从前去拜访，众人来到了一处茅舍前，经询问，方知诸葛亮外出未归。关、张二人稍感沮丧，刘备却毫无苦色。第二次，刘备等人又专程拜见诸葛亮，竟又未见到。关羽、张飞等人颇为不满，刘备却对他们说："此次未见，下次再来。"关、张二人更不高兴,嘴里嘟哝不停。第三次,刘备终于见到了诸葛亮。

这就是有名的三顾茅庐,历来被人们传为礼贤下士的美谈。刘备三顾茅庐,精诚所至,使诸葛亮大为感动。二人一见如故,相见恨晚。刘备虚心请教天下之事,诸葛亮便将自己对时局的精辟见解毫无保留地对刘备倾说。诸葛亮分析了曹、孙、刘当时各自占有的天时、地利与人和因素,提出了占荆襄、夺益州三分天下的战略,这就是历史上有名的"隆中对"。刘备听罢这一分析,心悦诚服,连声说道:"讲得好!说得对!"于是,刘备便请诸葛亮出山,辅佐他成就大业。诸葛亮一来久闻刘备英名,早知刘备乃成大事之人,二来为刘备的诚恳心意所感动,遂同意出山。

从此,刘备就在诸葛亮的忠心辅佐下,按照"隆中对"的计划,开始了他的占据荆益二州、复兴汉室的事业。

(五) 三国孙权的用人不疑

曹魏黄初二年(221),东吴使臣赵咨出使魏国。魏帝曹丕问赵咨:"孙权是什么样的人主?"赵咨回答说:"是聪明、仁智、雄略之主。"丕追问道:"为什么这样说?"咨答道:"吾主孙权纳取鲁肃于凡人之间,是其聪;选拔吕蒙于征战之伍,是其明;获于禁而不加害,是其仁;取荆州兵不血

吴大帝孙权

刃,是其智;据荆、扬、交三州,虎视于天下,是其雄;屈身事陛下,是其略。"丕又问:"孙权也知道学习吗?"咨又答道:"吴王带甲百万,战舰万艘,任贤使能,胸有大略,偶有余暇,博览众籍,浏览史书,探索奥秘,不像腐儒那样咬文嚼字,寻章摘句。"说得曹丕不住点头称是。

孙权早期与群臣推诚相处,君臣和睦,上下同心。有人曾告发诸葛瑾里通蜀汉,孙权说:"我与诸葛子瑜(瑾字),可谓神交,外人流言不能间构。"陆逊坐镇荆州,孙权复刻自己的一枚大印交给他,委他全权处理与

蜀汉交往之事。孙权刚刚称帝时,蜀汉有人主张讨伐。丞相诸葛亮说:"东吴贤才良多,将相和睦,不可一朝而定。"

孙权不仅知人善任,而且善抚将士,能得臣下死力,将士都愿以身侍主。孙权恩威并着,尤以恩信得众将心。凌统早死,其子尚幼,孙权将其幼子领入宫中抚养,爱如己子。吕蒙患病,孙权将其安置在内殿就近治疗,不惜重金额悬赏以购求名药名医,悉心治疗。孙权常来探视,又恐慌吕蒙伤神劳累,乃在墙壁上穿一小洞,随时看望。看到吕蒙偶有起色,小进饭食,孙权便喜形于色,与左右谈笑。否则就黯然神伤,夜不能寐。蒙病小愈,孙权特地下令群臣祝贺。后来吕蒙病情转重,权亲临榻前探视,又命道士祈祷去灾。蒙终于不起,权哀痛已甚,身心为之大伤。平虏将军周泰,护卫孙权,不顾安危,冲锋陷阵,出生入死,曾于重围之中拼死抢救孙权,而泰全身受伤12处。后来,权以周泰统率朱然、徐盛等将,然、盛不服。孙权特意置酒席送到周泰军营之中,大会诸将,孙权亲自为周泰行酒,命周泰解开衣服。孙权亲手指点泰身上斑斑伤痕,询问其来由。周泰一一述说完毕,孙权扶着他的胳臂,流着眼泪说:"周将军,你为我孙氏兄弟出征死战,勇如熊虎,不惜生命,受伤几十处。看您伤痕累累,肤如刻画,我于心何忍!我怎能不把您作为骨肉之亲,授您以兵马之权呢?将军乃东吴之功臣,我要与您休戚与共,同享富贵。"说毕,便将自己所用的御盖赐给周泰。周泰感恩戴德,诸将亦无不心悦诚服。正因为孙权能推贤下士,爱才如命,天下之士才视孙权为圣君明主,望风而归,使东吴贤臣如林,猛将如云,故能保江东几十年基业。

孙权还虚怀若谷,从善如流,对臣下的正确谏诤,勇于采纳。孙权对自己说过:"天下没有纯白的狐狸,而有纯白的狐裘,是集众狐而成的。能用众人之力,则无敌于天下;能用众人之智,则无畏于圣人。"孙权曾在武昌临钓台饮酒,权及群臣皆酩酊大醉,权还醉眼朦胧地说:"今日大家都要畅饮,一醉方休!只有醉倒台中,才能停下!"老臣张昭正色不语,径直走出台外,端坐车中,孙权派人将张昭唤回,对张昭说:"不过是一起作乐,你何必生气?"昭答道:"过去商纣王作酒池肉林,竟长夜之饮,当时也认为是作乐,而不觉得是作恶。"孙权听后,默然不语,思虑再三,深感惭愧,遂命罢酒。

(六)汉前赵昭武帝刘聪纳谏免过失

嘉平二年(312)一月,呼延皇后病死,刘聪把司空王育、尚书令任顗的女儿召到后宫,分别封为左、右昭仪。不久,又把中军大将军王彰、中书监范隆、左仆射马景的女儿立为夫人。右仆射朱纪的女儿长得楚楚动人,刘聪自然不会把她放过,也把她立为贵妃。刘聪还嫌不够,听说太保刘殷的两个女儿、四个孙女都是如花似玉的美女,便准备把她们接到后宫。刘殷坚决反对,用同姓不婚的道理苦口婆心地劝谏刘聪。开始,刘聪觉得很难为情,便去找太宰刘延年、太傅刘景征求意见。刘延年、刘景都想拍刘聪的马屁,便说:"刘殷自称是刘康公的后裔,他是堂堂正正的刘姓,而我们虽然姓刘,但那是跟着刘邦的姓,其实我们与真正的刘姓没有任何血统关系,所以根本不存在同姓不婚的问题。"于是,刘聪便把刘殷的两个女儿刘英、刘娥立为左、右贵嫔,把他的四个孙女立为贵人。刘聪为了掩人耳目,对大鸿胪李弘说:"这六个姑娘都是天姿国色,又与我血统不同,这样,我把她们接到后宫也就心安理得了。"当李弘表示谅解时,刘聪激动地说:"请你把这一意思转达给我的子弟。"自从刘殷的女儿、孙女进了后宫后,刘聪很少出宫,也很少接见大臣,不论什么事情都由中黄门通报,刘英亲手处理。嘉平三年(313)三月,刘聪把刘英立为皇后,并准备在后庭为她建昭仪殿。廷尉陈元达闻讯后匆忙跑到逍遥园找到刘聪,义正词严地说:"自你继位以来,已经兴建了40多个殿观,耗费的全是民脂民膏,老百姓怨声载道!听说你又要为皇后营建昭仪殿,这太不应该了。我们都知道,西汉文帝时,国家够富强的,文帝还停建露台,而你所有的土地还没有文帝时的两个郡大,却大肆浪费,这实在太令人失望了。"刘聪听完气得暴跳如雷,吼叫着:"我身为天子,建个殿还要问你不成!不杀你这个老奴,我的殿也不会建成。来人!把这个老东西和他的妻子杀掉!"卫兵立即向陈元达扑去。但是,由于陈元达在见刘聪时已用铁链子把腰捆住,见卫兵向他扑来,便十分麻利地用铁链子把自己拴到了树干上,卫兵拖也拖不动拉也拉不开。任顗、朱纪、范隆、刘易等人见状,不约而同地跪在地下,边叩头边说:"陈元达为了国家,敢于直言,是很难能可贵的,即使有些胡言乱语,也应当多多包涵;如果陛下因他的直言而杀害他,不知后人将如何评论陛下。"刘聪听到这里沉默不语。就在卫兵向陈元达扑去的时候,刘皇后悄悄地到了后堂,把他们的话听得一清二楚,连忙派人暗中告诉卫兵暂时停止对陈元达用刑,然后拿起笔,写了一张条子派人交给了刘聪。刘聪接过条子,不禁读出了声音:"宫室已备,不必重新营建,天下尚未统一,应当爱惜民力。陈元达之言,对国家有百利而无一害,应当对他重奖。如果把他杀害,将有损于陛下的声誉。殿下为我营建宫殿而杀谏臣,将会使大臣痛骂我,人民怨恨我,国家因我而穷困不堪,社稷因我而摇摇欲坠。自古以来,亡国丧家都从女人开始,我常常痛恨那些女人,没想到今天我也扮演了这一不光彩的角色。我还有什么脸面再当皇后呢!希望陛下让我死吧!"读完刘皇后的条子,刘聪脸色变得煞白,过了许久,刘聪细声细语地对一直跪在地下的任觊、扣纪、范隆、刘易说:"起来吧,都起来吧,全是我的过错。这几年我患了疯病,喜怒无常,有时无法控制自己。陈元达是个功臣,我错怪了他。"然后把陈元达叫到跟前,说:"有你和皇后辅佐我,我还有什么担忧的呢!为了表彰你的直言,现把逍遥园改为纳贤园。"当天,他在宫中摆下了丰盛的宴席,款待陈元达。

(七)前秦宣昭帝苻坚慧眼识王猛

在苻坚看来,收拾被苻生折腾得一塌糊涂的烂摊子比杀掉苻生显得更艰难。苻坚在成为皇帝之前心中已经有了夺取帝位、整顿国家、吞灭群雄、统一全国的宏伟计划。不过,这一计划仅凭他个人是无法实现的,苻坚十分清楚地认识到了这一点,他把希望寄托在当时很有影响的谋士王猛身上了。

王猛,字景略,北海剧(今山东寿光东南)人,幼年家境十分贫寒,靠贩卖簸箕挣几个钱维持生活。但是,王猛人穷志不穷,不管是在风天雪地,还是严冬酷暑,只要有时间他就坚持自学,读了不少儒家书籍和兵书,开阔了视野,增长了才干,渐渐地产生了干一番大事业的念头。但是,志向、知识和才干在当权者和富家子女眼里一钱不值,所以,王猛经常受到嘲笑，王猛倒也超脱，一笑了之。东晋大将桓温入关时，王猛穿着破衣烂衫去见桓温，一面与桓温侃侃而谈，捉到虱子后就用嘴把虱子咯嘣咬碎，接着再谈。桓温听完他对时局的分析，对他刮目相看，临回东晋时，再三邀请王猛到东晋去。但王猛心中明白，东晋是高门士族的天下，虽有桓温赏识，他也难以施展抱负，故而没有答应。

苻坚听到王猛的大名之后，匆忙让吕婆楼去请王猛。王猛也早就看准了苻坚是个有作为之人，前途无量，跟着他可以干出一番事业，因此一请就到。苻坚见了王猛就如同见到多年未见的亲人，非常亲切，两人谈得十分投机。王猛对时局精辟透彻的分析使苻坚心服口服。很快，两人情同手足，无话不谈。苻坚杀掉苻生即帝位后，把王猛提拔成中书侍郎。

当时，始平是豪强的老巢。这些豪强横行霸道，无恶不作，光天化日之下肆意抢劫，拦路强奸，百姓大受其害，苻坚要好好治理一下，于是任命王猛为始平令。王猛风尘仆仆地到了始平，还没有来得及抖掉身上的尘土，就令人用鞭子把一个民愤极大的官吏活活打死。始平的豪强本来就看不起王猛，现在更把王猛当成眼中钉肉中刺，于是联名向苻坚告王猛的状，执法官与豪强臭味相投、狼狈为奸，不问青红皂白就把王猛押进了监狱。

这事惊动了苻坚，苻坚亲自到了监狱，见到王猛后用责备的口吻说他："当官要把仁义道德放在首位，而你才上任没几天就大开杀戒，未免太残酷了吧！"王猛没有半点求情的媚态，十分坦率地说："陛下只知其一，不知其二。我听说过，对安定的国家就要用礼来治理，对混乱的国家就要靠法来治理。陛下是因为我有才能，才对我委以重任。就我个人来说，做事情也非常谨慎，很想为陛下剪除豪强。现在才杀了一个奸吏，还有成千上万奸吏在扰乱社会治安。如果您嫌我不能消灭奸吏，整顿社会治安，那么我现在死了也心甘情愿，至于我太残酷，那也实在太冤枉人了。"苻坚听完，对随行的大臣说："王猛是夷吾、子产一类的人。"当即赦免王猛，对他更加信任。王猛从此更把消灭不法豪强作为当前自己的首要任务。

贵族樊世出身于氐族豪强之家，根本不买王猛的账，曾当着众人的面对王猛说："我们与先帝共同振兴前秦大业，尚不参与朝政，而你没有任何功劳，竟敢操纵国家大权！难道要让我们去耕种喂养你吗？"王猛的口气也很硬，说："让你去耕种喂养还算便宜了你，我还想让你去当屠夫！"樊世一听这话肺都快要气炸了。破口大骂道："好小子，走着瞧吧，如果不把你的头割下来挂到长安城门上，我就不活在世上。"王猛把樊的话转告给苻坚，苻坚勃然大怒，说："必须杀掉这个老家伙，否则无法整顿国家。"后苻坚终于用计激怒樊世，当众将其杀掉。

杀掉樊世的第二年，也就是甘露元年（359）八月，王猛又向大贵族强德开刀。强德是苻坚伯父苻健的小舅子。此人喜欢喝酒，每次喝酒都要大发酒疯，胡作非为，抢劫财物，夺人妻女，长安市民对他非常不满。一天，王猛见到强德又在大街上胡闹，便把他绑了起来，没等向苻坚报告，就砍掉了强德的头，把尸体扔在大街上任人们践踏。王猛趁热打铁，和邓羌在几十天之内又接连不断地杀掉了20多个豪强贵戚。这一招见效很快，豪强贵戚、不法分子变得老老实实、循规蹈矩，社会风气也大为好转，出现了路不拾遗、夜不闭户的良好秩序。苻坚看在眼里，喜在心上，深有感触地说："现在我才知道了天下有法制的好处，才尝到了当天子受人尊敬的滋味。"

（八）唐太宗李世民的"三面镜子"

唐太宗继位以后，所百临的首要问题是稳定局势，建立以自己为核心的最高领导集团。他接受了尉迟敬德提出的"杀人太多，不利于天下安定"的建议，采取了宽大安抚和任用原东宫僚属的政策，缓和了统治集团内部的矛盾。

在稳定局势的同时，唐太宗又着手整顿父亲在位时的宰相班子，逐步建立起了以自己为核心，以温彦博、王珪、魏徵、戴胄、侯君集等人为宰相的最高决策集团。在这个班子中，既有李世民的旧属，也有原东宫集团的成员。这个班子会集了当时最杰出的人才，在政治上呈现出明显的朝气和进取精神。通过领导班子的改革，李世民不仅牢固了自己的地位，而且也为进一步励精图治，为开创贞观之治的新局面奠定了基础。

贞观初年的形势，对刚刚登上皇位的唐太宗李世民来说是不太乐观的。当时，统一战争刚结束不久，社会矛盾还没有完全缓和，民心还不十分安定，而且全国各地不断发生自然灾害，社会经济仍然凋敝不堪。如何治理这个国家，成为他所面临的重要问题。经历了隋朝盛世、隋末动乱和灭亡的唐太宗，给他留下的最深的印象是隋朝的灭亡。在唐太宗看来，隋朝本是一个十分强盛富庶的统一帝国，仅是储备的粮食就可供全国 50 年之用，但隋炀帝继位后不到 13 年便分崩离析，原因是什么呢？他认为主要有三条：一是隋炀帝广修宫室，到处巡幸；二是美女珍玩，征求不已；三是东征西讨，穷兵黩武。隋炀帝恃其富强，不顾后患，徭役无时，干戈

唐太宗李世民

不停，使老百姓无法生活，终于激起反抗，以至于身戮国亡。而这一切都是唐太宗的亲身经历，因此他引以为戒，成为影响他制定统治政策的重要因素。面对隋朝灭亡的历史教训和贞观初年百废待兴、百乱待治的局面，唐太宗经过深深的思考，决定以大治天下作为自己的施政方针。

治国方针确定以后，唐太宗首先抓了国家的政治建设，把任贤和纳谏作为保证至治的两条主要措施。

唐朝初年，承袭魏晋以来崇武轻儒的风气，官吏大都由武将充任。这些人是有功之臣，但却缺乏处理政务的能力。要实现天下大治，就必须选拔大批真正懂得治政方法的人才，充实各级政权机构。因此，他把举贤荐能、广罗人才视为刻不容缓的事情，对那些推荐人才不积极的大臣，唐太宗则加以严厉批评。他自己也处处留心和访求有才之士，一旦发现即破格重用提拔。

唐太宗虽然求贤若渴，但并不是滥选滥用，而是遵循着严格的原则，即唯才是举，任人唯贤。凡是有才之士，不计较资历地位和亲疏恩怨，都能够兼收并用，充分发挥他们的才能。玄武门政变后，原东宫集团想谋害

唐太宗的有数百人，但唐太宗不计较恩怨，把这些人引为自己的左右，量才加以重用。东宫集团的重要谋臣魏徵、王珪、韦挺等人，都是被唐太宗大胆重用而成为贞观名臣的。对于自己的旧属和亲信，唐太宗也不滥加任用，而是量才授予官职。唐太宗有一句话，叫作内举不避亲，外举不避仇，可以说是对他用人方针的生动概括。

唐太宗用人既注重才能，也十分重视德行。特别是地方官的选拔，唐太宗尤其重视德才兼备，认为这些人是亲民之官，掌握着百姓的安乐。唐太宗下诏规定，县令由五品以上的京官推荐，刺史则由自己亲自选任。为做好选任刺史的工作，唐太宗把全国各州刺史的姓名写在卧室内的屏风上，随时记下他们的善恶事迹，以备升迁和赏罚。同时还规定，地方官每年年终要进京汇报一次工作，由吏部负责考评，依据政绩来论定品级，决定升降。

为了扩大选拔人才的渠道，唐太宗还沿用并且发展了隋朝的科举制度，通过科举考试来选拔人才。科举分为常举和制举两种。一般知识分子和官吏都可以参加考试，考中以后，原来是官吏的可以升迁，不是官吏的由吏部给以官职。

正是由于唐太宗采取了求贤纳才、知人善任的用人政策，不拘一格选拔人才，因此在贞观时期，罗致了大量优秀人才。纵览贞观一代，可谓人才辈出，群贤荟萃。贞观十七年（643）二月，唐太宗命图画家画于凌烟阁的24位功臣，就是其中最佼佼者。他们是长孙无忌、房玄龄、杜如晦、魏徵、尉迟敬德、李孝、高士廉、李靖、萧瑀、段志玄、刘弘基、屈突通、殷开山、柴绍、长孙顺德、张亮、侯君集、张公瑾、程知节、虞世南、刘政会、唐俭、李勣、秦叔宝等。此外还有著名的文学之士姚思廉、陆得明、孔颖达、颜师古等；卓越的书法家和画家欧阳询、褚遂良、阎立德、阎立本等；杰出的少数民族将领阿史那吐乐、执失思力等。这些谋臣猛将、文人学士都在贞观朝中贡献了自己的才干和智勇。

唐太宗还特别注意虚怀纳谏。为了达到兼听博采的目的，充分发挥各级官员的作用，唐太宗还从制度上做了许多改革。他诏令五品以上的京官，轮流在中书省值班，以便自己随时召见。军国大事和五品以上官员的任免，都要先由宰相讨论议决，然后由皇帝批准颁行。在一般政事的处理上，要求中书省和门下省的官员要充分发挥互相督查的作用。凡军国大事，负责起草文告的中书舍人要各抒己见，诏旨写成后，要经中书侍郎、中书令审查，再送交门下省审定，有不合适的地方都要据理力争，不要苟且雷同、马虎从事。这些措施避免了大臣专权和君主独裁现象的发生，保证了各项政策法令制定的正确和恰当，为开创贞观时期君主虚心纳谏和臣下耿议直言的一代新风创造了条件。

为了达到求谏的目的，唐太宗还采取了两项措施。一是召令宰相入阁商议军国大事时，必须让谏官和史官列席；二是重赏敢于进谏的官吏。同时唐太宗还要求大臣们从各个方面直言进谏，不要放过小事。由于唐太宗虚心纳谏的开明作风，使朝廷中出现了一大批敢于直谏的大臣，贞观前期著名的有魏徵、王珪、杜如晦、房玄龄等，后期著名的有马周、刘泊、褚遂良等。这些人对当时的政治形势起了良好的作用和影响，其中最杰出的当数魏徵。

魏徵原来是太子建成的重要谋士，玄武门之变后，得到唐太宗的重用，先后被任命为谏议大夫、给事中、尚书右丞、秘书监等职，位列宰相，他前后共向太宗进谏了200多件事，大多数都被太宗采纳，对贞观前期的政治起了重要的影响。魏徵为人正直，敢于直言，凡是自认为正确的意见，不但要说，而且要坚持到底，即使唐太宗大发雷霆，魏徵也神色不移，毫不退缩。因此，唐太宗既喜欢他又害怕他。

唐太宗把魏徵看作是最好的谏臣，魏征也确实起到了重要的监督作用。魏徵死后，太宗十分痛心，无限感慨地说："用铜作镜子，可以正衣冠；用历史作镜子，可以知道兴衰的道理；用人作镜子，可以看到自己的过错。现在魏徵逝世，使我失去了一面镜子。"

（九）唐高宗李治的善于纳谏

高宗李治继位后，严格按照父亲的遗训，重用长孙无忌和褚遂良，把李世勣调回来做了右仆射，对他们非常信任。高宗虽然不太精明，经过太宗多年的苦心培养，毕竟掌握了一些治国本领，特别是太宗的言传身教对他产生了很深的影响。长孙无忌、褚遂良、李世勣、于志宁都是贞观时代的重要谋臣，对治国都有一套经验。故高宗初做皇帝的几年中被后世誉为有贞观遗风。即使在武则天参与政事以后，高宗经常生病，又贪于声色，但在对政事的处理中仍遵循着太宗的遗训。

高宗非常勤于政事，确有治理好国家的愿望，也鼓励大臣们对有关国计民生的各个方面多提意见，并能接受正确意见。善于纳谏成为弥补他天赋不高的重要方式。

唐高宗李治

贞观时期的法律相对来说是疏阔的，高宗对此也继承下来。对监狱里囚犯少、死罪率低的情况表示满意。

李渊有22子，太宗有14子，这些皇室成员，往往仗势欺人，横行不法，欺凌百姓，胡作非为。李渊的小儿子腾王元婴与太宗的七子蒋王李恽都是搜刮民财的能手，四处盘剥、掠夺，民愤很大。在一次普赐诸王时，高宗说："腾王叔叔和蒋王哥哥都善于自己经营，我看就不必赐给财务，只赏给他们两车麻，让他们回去做串铜钱的绳子吧。"高宗虽没有严厉地惩罚他们，却使他们当场大失脸面，体现了赏罚分明。

李世民的女儿高阳公方嫁给房玄龄的儿子房遗爱，她对高宗做皇帝有不满情绪。李渊女儿丹阳公主的丈夫薛万彻、太宗的女儿巴陵公主的丈夫柴令武、李渊的六子荆王元景等人也各有牢骚，他们便联合起来，形成一派势力，阴谋发动政变，推翻高宗的统治。但此事很快被高宗发觉，他立即命长孙无忌负责调查，并做了果断处理。

高宗在执政期间，虽没有惊天动地的功绩，也没有表现出特殊的治国才能，但由于他基本继承了太宗的治国路线，本人也比较谨慎，故政治局面基本稳定，经济仍保持持续繁荣的势头，人口也不断增加。

由于国力持续强盛，在整个李治统治时期，对外战争经久不息。战争扩大了疆域版图，维护了国家的统一，加强了对边疆地区的控制，促进了中外的经济交往与文化交流，扩大了当时中国在世界上的影响。

（十）唐宪宗李纯的选人之道

唐宪宗不仅在同藩镇斗争中显示出卓越的胆识和坚韧不拔的意志，在用人纳谏方面也颇具选才任贤的眼光和采纳忠言的大度。

宪宗继位后，渴求治国平天下的贤才帮助，厌弃贡献奇珍异兽来博取他欢心的佞臣。

宪宗一朝，十分注意选拔和任用宰相。在他当太子时就留心这个问题。上台后，经常和群臣一起讨论历代择用宰相的利弊得失。选择了像杜黄裳、裴垍、李绛、裴度、崔群等一大批正直且有经国大略的名相。

杜黄裳为宪宗首开削平藩镇之略，当西川刘辟叛乱时，公卿皆认为蜀道险远，不宜出兵。杜黄裳力主讨蜀，并推荐高崇文为军事统帅。高崇文不仅勇敢善战，而且正直无私，对藩镇首战告捷，立下大功。

唐宪宗李纯

李绛不仅有谋略，熟悉天下藩镇形势，而且刚正不阿，直言敢谏。凡朝臣对宪宗进谗言，陷害忠良，李绛都加以辩解，匡正了宪宗不少过失。

李绛敢于直言，不肯巴结皇帝，宪宗反倒更加器重他。元和六年（811），择他为宰相。李绛又劝宪宗，国家艰难，府库空虚，应节衣缩食，不可纵恣声色。宪宗听了很高兴，称他为"真宰相"。就在这一年，江淮发生大灾荒，可当地御史却谎报丰年。李绛奏请，制裁弄虚作假的御史，蠲免江淮租赋。又奏请宪宗在振武、天德两地开置营田。四年间开田4800顷，获谷4000余万斛。像这类有关国计民生的大计，宪宗都一一采纳。在李绛为相期间，协助宪宗平定藩镇、整顿吏治、纠正弊政，成为一代贤相。

宪宗时，也有的宰相唯唯诺诺，每逢大事，不置可否，只知随声附和。如权德舆就属于这一类。李绛与李吉甫常在宪宗面前争论，权德舆居中不发一言，谁也不得罪。宪宗非常鄙视他，不久就免了他的宰相之位。

宪宗一朝，无论是同藩镇的斗争，还是国家的政治、经济等方面都有转机，虽不能同前期相提并论，但在唐后期算得上是最好的局面，这与他能任用李绛、裴度等名相有很大关系。

在其他官员的选用上，宪宗也注意不拘一格，任人唯贤。在宪宗的臣下中，左拾遗元稹善指陈朝廷得失，宪宗嘉纳其言，时常召见他；白居易作诗规讽时事，传入禁中，宪宗大为赏识，召为翰林学士；给事中李藩知无不言，皇帝的制敕有错误也敢指正，宪宗择他为宰相；翰林学士崔群谠直无隐，受到宪宗高度信任。

由于宪宗能知人善任，故而当时人才济济一朝，杜黄裳、李绛、裴度为其运筹划谋，总举大纲；李愬、高崇文、李光颜等为其南征北战，平定各地；杜佑、白居易、韩愈为其舞文弄墨，草制诏敕。唐后期人才之盛，莫过于宪宗。

由于宪宗注意随时采纳众言，避免了许多过失。

在宪宗的鼓励下，甚至有的大臣敢于据理力争，抗旨不遵。元和八年（813），有一僧人鉴虚，以财货结交权贵，受藩镇贿赂，横行不法。御史中丞薛存诚将其拘禁。权贵宦官们都急着为他求情，宪宗也因得过他的好处，欲释放他，遭存诚拒绝。后宪宗又派宦官到御史台宣旨，存诚坚持不放人。他回答宪宗说："陛下一定要释放此僧，请先杀臣，不然，臣期不奉诏！"宪宗不仅不怒，相反嘉奖了薛存诚，罪大恶极的鉴虚终被杀死。

由于宪宗能够采纳众言，择善而从，尤其是在一些重大问题上能以兼听而不偏信，明辨是非，大臣也敢于直陈己见，宪宗不仅成功地完成了一统藩镇的事业，而且君臣之间感情融洽，激发了朝臣们为国效力的忠心，因此当时的政治比较清明，大有中兴唐朝的气势。

唐后期有许多帝王，或昏庸无能，受人左右，或聚敛财富，纵恣声色。真正务实勤政、励精图治者当为宪宗。在他统治的前期，致力于收拾天下残局，为恢复唐朝的一统江山运筹谋划，召见群臣，处理万机，没有心思也没有时间寻欢作乐。

在一班朝臣的辅佐下，宪宗改革了一些弊政，使当时的政治初步走上轨道。如唐后期，诸道官吏进京，都要送财物给皇帝，以巴结皇帝，求得升迁。元和三年（808），宪宗下令，诸道官吏来京，不得进奉。知枢密使刘光锜奏请派使者到各地颁布这个诏令，想私自分割这些进奉，翰林学士裴垍、李绛反对派使，主张通过驿站传递。刘光锜说这是以前的旧例。宪宗也看透了他的心思，不耐烦地说："以前旧例对，就照着做，不对，为什么不改过来！"

对各地因战乱、灾荒而造成人民的灾难，宪宗也表示一定程度的关心。继位之初，他曾派度支、盐铁转运副使潘孟阳宣慰江淮，行视租赋，察官吏臧否、百姓疾苦，结果潘孟阳到处游宴纳贿。宪宗马上免去了他的度支、盐铁副使之职，并把这件事时刻记在心里。元和四年（809），南方旱饥，宪宗命左司郎中郑敬德等为江、淮、荆、湖、襄、鄂等道宣慰使，赈恤贫民。临行时告诫他们说："朕宫中用帛一匹，皆有账簿，唯救济百姓则不吝啬。卿等应深识朕意，勿效潘孟阳专事饮酒游玩。"

后来，他又批准李绛、白居易的奏请，诏令天下：降天下系囚，蠲租税，出宫人，绝进奉，禁掠卖。从而缓和了社会矛盾，安定了民生。在同藩镇的斗争中，对受藩镇残害的百姓一概进行安抚。诛灭镇海李锜后，有司请求籍没李锜的家财，以输京师。宪宗从李绛奏请，以李锜家财代替浙西百姓当年的租赋。宪宗前期，国家没有统一，朝廷财政困难，为筹借军费，宪宗也曾聚敛财货，但他并没有用于供自己挥霍。

（十一）明仁宗朱高炽的"为君以受直言为明，为臣以能直言为忠"

明仁宗认为，为君以受直言为明，为臣以能直言为忠。当太子时，他曾因侍讲徐善述给他改诗改得好而亲书一幅表示感谢，并说，如今谀顺颜者，比比有之，而像卿这样朴直苦口的百无一二，希望善述之言日甚一日，不要有犯颜触讳的顾虑。继位之初，他又鼓励群臣直言陈事。他曾对杨士奇、杨荣、金幼孜说："历史上的许多人主，都不愿听真话，即使是素来亲信的，也往往由于畏惧皇威而缄默不语。朕与卿等都要深以为戒。"

对尚书蹇义、夏原吉也说过类似的话,要他们凡事应当尽言,"以正朕之不逮"。他还赐予上述五人每人一枚银章,上面刻着"绳愆纠缪"四个字,谕嘱他们齐心协力参赞政务,凡是察觉他的言行有失当的地方,立即有印密封告诉他。但是,仁宗仍不放心,为了广开言路,他在继位后的第三个月,再次专门颁布诏书,征召直言。诏书说:"朕承大统,君临亿兆,亦惟赖文武贤臣共图大业。嗣位初首诏直言,而涉月累旬,言者无几。夫京师首善地,民困于下而不得闻,弊胶于习而不知革。卿等宜尽言时政之得失,辅以至诚,毋虑后遣。"

但要真正做到从谏如流并不那么容易。洪熙元年(1425),大理寺卿弋谦一次直陈时政时,言辞过于激烈,引起了仁宗的不悦。一些阿谀之臣乘机弹劾弋谦。有人说他诬下罔上,有失大体,还有些人则说他是卖弄正直,沽名钓誉。这些人的火上浇油,更增加了他对弋谦的厌恶。杨士奇对仁宗说:"弋谦虽然不谙大体,但内心十分感激皇上的超抜之恩,总想尽力报答。再说也是由于主上英明,他才敢于这样直言,请陛下能宽容他。"仁宗听了他的话虽没有加罪于弋谦,但每次见了他,总不给他好脸色,说话也十分严厉。见此情景,士奇又一次进谏,劝仁宗说,弋谦是响应号召直言陈事的,如果治了他的罪,将使四方朝觐之臣认为皇上容不下直言之人。这样下去,等于让群臣结舌。仁宗承认是他不够大度宽容,也认识到是阿谀之辈的迎合增加了他的过错,表示要妥善处理,最后决定让弋谦专管大理寺之事,不再参朝。

谁知这样处理还是产生了很大消极影响,以后大臣们言事的越来越少了。仁宗慢慢悟出这是由于弋谦的事引起的,他在经历了一番考虑后,把杨士奇找来,告诉他说:"我不满的是弋谦的矫激过实,并不是要堵塞言路。现在朝臣逐月无言。你把我对这件事的态度告诉所有大臣。"杨士奇赶忙说:"这样的大事,我空说不足为凭,请陛下亲降玺书。"于是,仁宗命杨士奇在榻前草敕引过。敕书说:"朕从继位以来,臣民上章,数以百计,未有不欣然听纳。前者弋谦所奏许多事违背了事实,群臣遂交章奏其卖直,请依法治他的罪。我没有这样办,只免他朝参。但从那时起,言事的人日益减少。身为大臣而怀自全之计,退而默默,怎样尽忠?对于弋谦,我一时不能含容,未尝不感到愧疚。群臣不要消极地接受这件事的教训，对于国家利弊，政令不当，等等，尽管直事陈言，不必有什么顾忌。今后弋谦照常朝参。"从此，仁宗待弋谦如初，不久又提拔他为副都御史。

（十二）明孝宗朱祐樘对直言每每称善

新君继位之初勤于朝政，而后荒疏，继而江河日下的事例，历史上每每可见。明王朝的君主尤为明显。但孝宗是个例外，弘治初年的诸多优点，在以后几乎一直保持下来。

孝宗之所以能做到这一点，是因为孝宗的周围有一批对朝廷忠心耿耿的大臣，如王恕、马文升、刘大夏、刘健、谢廷、李东阳等人，为他励精图治立下了汗马功劳。在群臣之中，孝宗最信任的是王恕，也因有了王恕，孝宗才如虎添翼，雄风大振。王恕是在成化末年被宪宗强迫致仕的老臣，以"好直言"著称。孝宗继位后两个月，由于许多大臣的推荐，将他任命为吏部尚书，一直干了将近6年之久。新君的善任使王恕感激不尽，在职期间，

明孝宗朱祐樘

除了仍能上疏抨击时弊之外，忠于职守，先后向孝宗引荐了包括刘大夏在内的许多人才。孝宗极为常识的还有马文升。这是一位文才武略兼备的大臣，弘治二年（1489）由左都御史升任兵部尚书，并提督十二营团。马文升到职以后，因兵备久弛，他大力整军，罢免了30余名不称职的将校。结果惹起遭贬将校的怨恨，有人夜间持弓等在他的门口，企图行刺，还有人写了诽谤信，射入皇宫之内。孝宗立即下令锦衣卫缉捕，并特拨骑士12人时时跟随保卫马文升。数年之后，孝宗仍把重用忠良之士作为治理朝政的保证，又陆续把刘健、谢迁、李东阳等人提升到内阁当中，参与机务。对于内阁大臣们的奏请和意见，孝宗初时尽管大多能听从，有时也并

非全都认可，但后来他看到这些人确实在同心辅佐，信任程度便大为加强。凡阁臣们的奏请，无所不纳，与他们的关系极为融洽，因刘健曾在他做太子时，担任过讲官，就一直称其为先生，尊重异常。孝宗接见刘健等人的时候，往往要左右之人退下，据这些人出去讲，孝宗对阁臣们讲的话，言听计从，每每称善，这种情形在君臣之间，确实少见。

孝宗在减轻百姓负担上也做了许多好事。这表现在减免灾区的赋税征收上。从弘治三年（1490）河南因灾免秋粮始，他对每年奏报来的因灾免赋要求，几乎无一例外地同意。弘治六年（1493），山东因灾情严重发生饥荒，孝宗闻奏之后，向灾区发送去帑金50余万两米200余万担，并派了官员监督发放，不仅免除灾区税赋，还通过赈济拯救了260余万灾民的生命。为了整治黄河以及江南的水患，孝宗令刘大夏于弘治五年（1492）七月，来到了山东，坐镇阳谷。刘大夏不负使命，完成了多项水利工程，历时两年，终于治服了水害。奉旨到江南治理水害的工部侍郎徐贯，也出色地完成了钦命。他在江浙地区大搞调查研究，从而确定了比较完善的治水方案，一举修建、沟通河、港、泾、湖、堤岸等135道，从而使洪水通过吴淞、白茆地方的渠道，毫无阻拦地泄入海中，除掉了威胁朝廷主要经济区的一大祸害。

在施恩于百姓的同时，孝宗继续虚心纳谏，鼓励广开言路的风气，亲近君子，远离小人，勤于政事，表现得相当明智。弘治九年（1496）闰三月，少詹事王华在文化殿向他进讲《大学衍义》，趁机揭发太监李辅国与张皇后关系甚密，招权纳贿。此事被李辅国知道后，马上报复，说王华有种种劣迹，应予驱逐。孝宗没有听信这番鬼话，反而哈哈大笑，传令中官赐食给王华，以示亲近。弘治十年（1497）二月，孝宗在后苑游玩的时间过长，侍讲学士王鏊反复规劝，孝宗当时没有接受，事后却没有怪罪，而是对诱导他玩乐的太监说："讲官指出这一缺点完全正确，是一片诚挚之情，完全是为我着想啊！"自此之后，不再到后苑游猎寻欢。为了引导大臣们踊跃进言，孝宗还经常提出这件事情，请人们知无不言。他为取消讲官的顾虑，避免讲官为此观望、不肯大胆进言，特召来刘健等人，说："讲书必须要讲那些圣贤之言，如此直言不妨。"进而又明确要求部臣们："传我的话给诸位讲官，不必顾虑。"孝宗如此虚心，在明王朝历代君主中是不多见的。

（十三）清圣祖爱新觉罗·玄烨的用人之道

康熙统治初期，尽管各地的反清斗争已经基本被镇压下去，但是民族矛盾仍然相当尖锐。三藩之乱就带有明显的民族色彩。尤其还有相当多的汉族知识分子采取不合作态度，这一切都构成了对清王朝的潜在威胁。康熙认为，士为四民之首，要争取民心，扭转汉族人民的反清情绪，关键在于促使汉族知识分子转变反清立场。于是，康熙采取了种种措施争取和笼络汉族知识分子。

他首先从尊重汉族历史传统与儒家文化开始。例如在他南巡时，曾多次亲自拜谒明太祖的陵墓，并亲笔写了"治隆唐宋"的匾额，悬挂在陵殿前。他还提出要查访明室后代，授予官职，让其看守陵墓。后来没有查到，便改派清朝官员按时致祭。他还亲临孔庙祭祀，对孔子的后裔大施恩宠，从感情上对汉族士大夫进行笼络。

除了进行传统的科举考试外，康熙还于康熙十七年（1678）特设"博学鸿词科"，千方百计吸引明代遗老及各种人才参政。康熙还要求各级官员都要将自己知道的学行兼优之士举荐给朝廷，以便他亲自考察录用。经各地官吏推举，有143人参加了康熙十八年（1679）的体仁阁考试。清王朝给了应试者十分优厚的待遇，除了发给往返路费、衣食费、柴炭银外，康熙还亲自赐予了丰盛的宴席加以款待。表面上考试进行得郑重其事，康熙还亲自阅了卷，但实际上对应试者十分迁就，百般照顾。严绳孙只作了一首诗，潘耒、施闰章的诗不合韵律，都被录用。彭孙遹故意写得言词不通，也被录为一等。可见，为了广泛招揽人才，康熙不拘一格，确实花费了一番苦心。这次考试录用的50人都被授予了翰林院的官职，奉旨编修明史。高官厚禄和种种特权使这些人逐渐放弃了反清立场，落第的文人学士也无颜再以明代遗老自居了。博学鸿词科的设立确实起到了一箭双雕的作用。

但是应试的只是当时汉族学者的二三流人物，而顾炎武、黄宗羲、李颙等著名学者始终拒绝应试，康熙对他们也采取了宽容的态度。关中大儒李颙以身体有病为理由拒不应试,被强行从家乡抬到西安,李颙便绝食抗议,连续6天汤水不进。清朝官员无可奈何,只好又派人将他送回。后来,康熙来到西安,指名要见李颙,李颙托病推辞。康熙不仅没怪罪他,还亲题了"志操高洁"的匾额赐给他的儿子以示褒扬。太原的傅山被役夫用床抬到京城外30里的地方,誓死不入城,京中的王公大臣们慕名纷纷前来看望,傅山大模大样地躺在床上,既不迎送,也不施礼。结果地方官员只得以傅山老病为由奏请免试,得到康熙的准许,康熙所以能够容忍这些人抵制考试的种种大不敬行为,一方面是因为他们名满天下,影响极大,不愿意轻易触动他们;另一方面他们拒绝出仕,只是退居家中讲学著书,还没有直接触犯清王朝的统治。

(十四)清世祖爱新觉罗·胤禛的"治天下唯以用人为本"

雍正的政治才能表现在他了解下情、了解臣下、了解自己,能够运用一切手段去实现自己的目标。

雍正说他事事不如其父,唯有了解下情比康熙强。他清楚地知道天下弊病在哪里,官场恶习什么为最劣,因此处理政务得心应手,没有事情能瞒过他的眼睛。尤其是他的知人善任、控御臣下的本领更为他人所不及。

雍正常说:"治天下唯以用人为本,其余皆枝叶事耳。"在通行"人治"的中国封建社会,雍正的认识可以说是非常确切的。只要用人得当,天下皆可以治。雍正在作皇子的时候,就形成了他自己用人原则和用人风格。

清世宗爱新觉罗胤禛

康熙用人较为宽厚,其下官僚队伍相对稳定,但是形成了庸才充斥、官场腐败的现象。雍正欲一改康熙末年状况,造就一支振奋有为、有开拓性的官吏队伍,来保证他的政治目标的实现。因此，其用人原则便不同于他的父亲。雍正的用人原则，用他自己的话说就是"用人原只论才技，从不拘限成例"。中国历代君主用人的不同总在于德与才的如何偏重，也就是重德还是重才。德才兼备的人是有的，但数量少，远不够国家之用。大部分官僚皆属中才，就看人君怎么使用。一般来讲，德高者往往才不具，多为忠厚老成、谨小慎微、兢兢业业、缺乏开拓精神的君子型人物，这种人可以信任，但不能用于成就一项大事业。而有才者，又往往恃才傲物，不拘泥于道德的约束，不容易驾驭，甚至大节、小节皆有瑕疵，为君子所不齿，经常受人攻击，但成就大事业往往是这样的人物。

雍正用人是根据历史的要求。在他那个时代，为除旧布新，革新政治，必须用一批有才干的大臣，即使这样的人有这样那样的错误也要用。他认为国家设官定职，原是为了办事，而不为了用人，尤其不是以官职养闲人、庸人。谁能把事情办好就用谁，而不是必拘泥于他的出身、声望或德性，在这个前提下，对有缺点的才干之臣加强教育，对庸才，则要让他腾出位子来给有才能的人。雍正曾经在田文镜的密折上这样批道："凡有才具之人，当惜之、教之。朕意虽魑魅魍魉，亦不能逃我范围，何惧之有？及至教而不听，有真凭实据时，处之以法，乃伊自取也，何碍乎？卿等封疆大臣，只以留神用才为要，庸碌安分、洁己沽名之人，驾驭虽然省力，惟恐慌误事。"可以说，这段话概括了雍正的用人之道。

对官僚，即使是贤才，雍正要求也很严。历代君王要求大臣不过"清、慎、勤"三个字，而雍正认为只有这三条要求还不够。做官，尤其是高级官吏，还应当眼光远大，有全局意识，胸襟宽广，不然的话，人品再好也不过一具木偶泥胎。对于真正的有才干的大臣，雍正打破了官吏升转惯例，给以高官厚禄，越级提拔。他给几个心腹大臣田文镜、鄂尔泰等人的上谕中，一再让他们荐才，他虚己以用，不拘资格。而对于疲软官员，他动真格地以察典处之。雍正时期，无能的官员被罢斥的很多。雍正也因此得了个"刻薄寡恩"的名声。

从整个雍正时期看，雍正对于才干大臣一点也不刻薄。他常常用赏赐世职，加级，赐四团龙补服、双眼花翎、黄带、紫辔，赐"福"字，赏食品、药物等办法奖励能臣。有病的大臣，他亲派御医前去看望。像杨宗仁、宋玮、方觐都受过这种殊荣。江苏巡抚陈时夏要将在云南的老母迎养于任所，雍正就令云南督抚将陈母送去。对政见不同的大臣，只要他公忠任事，雍正照样信任。像朱轼，曾反对他搞耗羡归公，反对西北用兵，但朱轼有才干，忠于朝廷，雍正照样信用他。李元直为监察御史，疏奏中侵及雍正，言辞激烈，雍正认为他没有恶意，赐给他荔枝，要他直言无妨。这种例子在雍正时非常多。

雍正的用人有他自己的特点，可以说是才德并重，而偏于才，沽名钓誉、洁身自好、庸懦守旧的人他是不用的。他的这种用人方法辅成了他的一代之治。

四、富国强兵 以民为本

（一）汉文帝刘恒的与民休息

汉文帝刘恒所以能取得"文景之治"的政绩，根本就在于他采取了与民休息的国策。刘恒自公元前 180 年末开始，至公元前 157 年，当了 23 年皇帝。在这 23 年中，他所采取的基本国策是与民休息，安定百姓。在他继位不久，就接连下了两道诏书。第一道诏书说："在春季要到来的时节，连草木和各种生物都有它自己的快乐，而我们的百姓中鳏寡孤独、贫穷困窘的人，有的已经面临死亡，而为人民当父母官的不体察他们的忧愁，还干什么呢？要研究出一个赈济的办法。"第二道诏书说："年老的人，没有布帛就穿不暖，没有肉就吃不饱。如今正当岁首，不按时派人慰问年老的长者，又没有布帛酒肉的赐予，将用什么帮助天下的儿孙孝敬赡养他们的老人？现在听说官吏给贫饿老人发放饭食，有的用陈谷子，难道这符合赡养老人的本意吗？要搞个法令出来。"有关官府根据诏书给各县、道（少数民族区域的行政区划）下达了下列法令："年 80 以上，每人每月赐米 1 石，肉 20 斤，酒 5 斗；年 90 以上，每人另加帛 2 匹，絮 3 斤。所赐物品，由县令过目。赐给 90 岁以上老人的物品，由县丞或县尉致送；不满 90 岁的，啬夫、令史致送。郡太守派都吏（负责检查的官职，后世称督邮）巡行各县，对不合规定的，予以督责。对刑徒和有罪未及判决的，不用此令。"

此外，无论从国政、吏政，还是自我要求、皇帝约束等方面，都有一些比较突出的做法。诸如：

偃兵务农。汉文帝元年（前179），刘恒继位不久，就和平解决了南粤问题。秦始皇时略定南方土地，设置了桂林郡（治所在今广西桂平）、南海郡（治番禺，即今广州）、象郡（治临尘，即今广西崇左）。秦末农民起义之际，南海郡尉赵佗乘机扩大势力，听到秦朝灭亡，就合并桂林、象郡，自立为南粤武王。汉初，刘邦无力远征，派使者立赵佗为南粤王，要他在当地和辑粤族各部，与汉朝通使，不要扰乱附近各郡。吕后时期，认为南粤是蛮夷，禁止卖给铁器；马、牛、羊，只卖牡，不卖牝，不使其繁殖。于是，赵佗就自号南武帝，发兵攻打汉朝的长沙郡。吕后派兵征伐，不能取胜。赵佗本是真定（今河北石家庄东北）人，虽去南海已49年，不忘家乡。他听说先人坟墓已被破坏，亲族兄弟有的被杀，更为恼火，发书要求汉朝撤离长沙郡的驻军，给他送去亲族兄弟。刘恒下令修复了赵佗先人的坟墓，派人慰问了他在真定的亲人，还给赵佗的亲族兄弟以尊贵地位。然后派使者持诏书和礼物前往告谕赵佗，只要削去帝号，不再扰乱附近郡国，则承认他为南粤王，允许他自治，与汉朝通使往来。赵佗削去了帝号，重又称臣归服了汉朝。

对北方的匈奴，基本采取和亲与防御政策，保持边塞地区的安定，文帝还采纳了晁错"徙民实边"的建议，招募内地居民迁往边塞，为其提供生活、生产条件，亦兵亦农，世代居住，形成防御力量。

自秦以来，重农抑商也是基本国策，刘恒亦认为："农，天下之大本也，民所恃以生也"，"道民之路，在于务农。"为了提倡农业、刺激农业生产的恢复和发展，他曾"开藉田"，"亲率耕，以给宗庙粢盛"。他采纳晁错"贵五谷而贱金玉"的主张，实行以粮食换取爵位或赎罪的政策。他曾多次降低田税。汉文帝十三年（前167）曾一度宣布"除田之租税"。

减刑节用。汉文帝不论在国事开支方面还是他个人用度方面，都精打细算，简朴从事。他严令各级官吏要"务省徭费以便民"。汉文帝二年（前178），他下诏："我担心匈奴内侵，所以不能停止边防的事。但长安的各种守卫机构那么多，开销太大，卫将军所属的军队要撤销。太仆要清点马匹，除留下必用的以外，要全部送给驿使用。"在刘恒当皇帝的23年中，宫室、苑囿、狗马及各种装饰器物都无所增加，前朝留下什么，他就用什么，不挑不拣，一仍其旧。他也不是不想奢华，但每想到用度大，伤民财、力，也就作罢了。他曾想在骊山建一座供宴游用的露台，找来工匠合计一下，需要"百金额"，便说："这相当于十户中等人家的财产。吾享用先帝的宫室，常常觉得过分，还建这样一座台干什么！"于是作罢。他常穿的是粗糙的黑色绸料衣；他宠幸慎夫人，但不让她穿拖到地面的长衣，帷帐不准用带有绣花的贵重丝织品，以免带起奢侈浮华的风气。

汉文帝时，刑罚大省。文帝曾与臣下两次讨论刑罚问题。汉文帝二年（180）讨论废除收孥连坐法。文帝说："我听说，法律公正，人民就会诚实；判罪恰当，人民就会服从。而且，管理人民，引导人民走正道不犯法的，是官吏。要是既不能引导人民走正道，又用不公正的法律去治罪，这种法反而要祸害人民，造成残暴行为，我看不出它的方便。应该再作考虑。"于是陈平、周勃宣布废除有关收孥连坐的一切法律条文，使有罪的按法律治罪，不收捕为官府奴婢，没有罪的不受牵连。

关于臣下、庶民与皇帝的关系，过去的习惯总是错在下、功在上。即使皇上不好也不能说，否则就犯了"诽谤妖言罪"；如果碰上大的祸患，祭祀时就说皇上是英明的，都是臣下不好，这叫"秘祝"；老百姓诅天骂地，因天与天子、皇上连带，所以也就犯了"民诅上罪"。文帝统统废除了这些罪则，还针对这些问题提出了自己的主张。他在诏书中说："古时治天下，朝廷设立进善旌、诽谤木，以此寻求好的治国方法，招徕进谏的人。现在法律中规定了诽谤妖言罪，这会使群臣不敢讲真话，使君主没法知道自己的过失，将用什么办法把远方的贤良之士招徕呢？要废除掉。""祸是由怨恨导致的，福是由做好事得来的。百官的错误，是由于我没有把他们引导好。现在秘祝官把过错推到臣下身上，这更使我的德行不好，我很不赞成。不准再搞秘祝。"

（二）汉景帝刘启的发展生产，休养生息

景帝继位后，继续奉行文帝的治国方针，保持安定局面，发展生产，休养生息。为了达到这一目的。他对内采取重农、薄敛、轻刑的教化的措施，对外则采取了继续和亲匈奴的措施。

景帝继位的次年正月，了解到了各地农牧资源不平衡，有的郡县缺乏农牧条件，有的郡县却地广人稀，利于农牧，而当时政府不许人民迁徙，他于是宣布允许人民迁徙到地广人稀的地区去发展生产。为了鼓励农人田作，同年又宣布减免一半田租。田租是国征收的土地税。汉代田租常制是"什伍税一"，即纳收成的十五分之一。景帝改为"三十税一"，即纳三十分之一。景帝一直重视农业生产，直到晚年，还不断地强调农桑之本的重要。为了与民休息和发展生产，景帝颇慎使用民力。他在位期间，除为自己修建了一座规模不大的阳陵外，基本上没有兴建其他土木工程。

轻刑也是景帝比较重视的一项安民措施。文帝曾减轻刑罚，废除了历代相传的肉刑，将肉刑改为笞刑，如当割鼻者改为笞打300，当断左趾者笞打500，景帝看到笞刑多把犯人打成残废甚至打死，所以一继位就开始继续减轻刑罚。笞刑经景帝几番更改，这才避免了犯人死于刑下。磔刑是当时一种分裂尸体的酷刑，景帝把磔刑改为弃市。景帝还数次大赦天下。为了避免枉屈无辜，景帝三令五申，强调决狱务必先宽，即使不当，也不为过，并提醒法官不可"以苛为察，以刻为明"，要求判案时尽管依据律文应该治罪，但若罪犯不服，必须重新评议，一切都要体现宽厚仁慈。

在思想领域，景帝奉行黄老的无为而治思想，学术上则对诸子采取兼容并蓄的态度，允许各家争鸣。处士王生是黄老道学大师，常被召居宫内，成为景帝的座上客。景帝在崇尚黄老道学的同时，也很注重儒家的教化作用。当时为儒家设立了不少博士官，《诗》《书》《春秋》等均立博士，景帝起用《公羊》学大师董仲舒和胡毋生为博士，这种活跃局面大大推动了儒家的才华和影响。地处西南的蜀郡，各族杂居，文化、风俗都发展滞后，郡守文翁选郡中小吏张叔等10余人入京拜博士官求学，数年后返回郡中，文翁在成都市内盖起中国第一所地方官办学校——成都学馆，使蜀

郡教化大行，文化一跃而与齐鲁等地并驾齐驱。后来普及全国的郡国学校就是以蜀郡学馆为楷模建立起来的。

外交上，景帝继续采取汉初以来与匈奴和亲的政策。景帝在公元前156年派御史大夫陶青到代郡边塞与匈奴商谈和亲之事。次年秋天，又与匈奴举行和谈。到景帝前元五年（前152），汉朝遣送公主嫁与了匈奴单于。尽管汉匈和亲，但匈奴一方还是时常小规模地入侵汉境。对于匈奴的入侵掠夺，景帝从维护汉匈和睦关系考虑，还在汉匈边界设置关市，互通有无，大大促进和便利了汉匈之间的经济文化交流。这种宽厚的对匈政策，保证了汉朝社会的安定局面，对人民的休养生息起了很大作用。

景帝在位期间，奉行文帝的治国方针，维护安定局面，与民休息，使当时社会经济稳定地向前发展。这段时期与文帝时期在历史上合称为"文景之治"，是西汉王朝的升平时代。

（三）北魏明元帝拓跋嗣的劝课农桑

天赐六年（409），道武帝被二儿子拓跋绍杀害。拓跋嗣听到消息后赶回都城，联络诸大臣杀死了拔跋绍，平息了宫廷政变，登上了帝位，改元永兴。

拓跋嗣登位后，劝课农桑，与民休息，大力恢复和发展农业生产。永兴三年（411），拓跋嗣下诏说："衣食充足，方知荣辱。假如人们饥寒交加，早晨害怕家中的粮食难以维持一天，心中着急的只是怎样才能吃饱穿暖，哪里有余暇谈论仁义之事呢？只有男耕女织，内外相辅，才能家给人足。"

他还下令精减宫女，让大批宫女出宫配给鳏民。神瑞二年（415），又下诏说："古人有言，百姓富足则群王有余，从没有百姓富足而国家贫穷的。近年来霜旱频繁，粮食歉收，有很多百姓忍饥挨寒难以生存。国家应该发放布帛和库存的粮食，来赈济贫民。"大将奚斤打败赵勤倍泥部落后，拓跋嗣又将越勤奋倍泥部落的2万余家迁到大宁川附近，由国家按人口授给农器，分给农田，强迫他们进行农业生产。拓跋嗣自己也常常外巡行四方，监督考察外，又下令假若守宰不遵法令，百姓可以直接进宫上告。守宰的财产，假若不是自己家中生产的，则全部作为赃物没入。对没有按时完成政府赋税任务的刺史守宰严加惩处，不准他们再向百姓征发，而用他们家中的财产抵偿。

这些措施在一定程度上减轻了农民的负担，缓解了北魏统治者和人民之间的矛盾，也使大量流民内附。神瑞二年（415），河南流民前后有5000余家归附，氐族豪强徐骏奴、齐元子等也率部落3万余家遣使内附，河东胡、蜀5000余家也相继归降。

（四）后唐明宗李嗣源拒声色犬马

李嗣源自幼从军，目不识丁，各地的上书都让安重诲读给他听。但安重诲也识字不多，许多上书无法读通，只得向李嗣源言道："臣以忠诚之心跟随陛下，掌管军国要政，当今之事，大致能知晓，对于古事、仪礼实在力不从心。"他建议李嗣源选择一些知名学士参与政务决策。李嗣源出自行伍，十分担心文人学士们轻视他，安重诲也怕后来人分了他的权势，于是，选来选去，选中了谨小慎微的冯道数人，任命为端昭学士，协助安重诲参与机要。对朝臣做了安排后，李嗣源开始着眼于国家的治理。他统治的几年中，最突出的问题是财力不充，官吏欠俸，士兵缺饷。李存勖与租庸使孔谦只顾横征暴敛，不注意发展生产、与民休息，弄得民不聊生，一派凋零，终于导致倾覆。李嗣源虽不识字，但长年在外征战，对民生民苦有所了解。尤其是通过亲身经历，深知李存勖之所以覆败的根源。加之称帝之时，已60余岁，丰富的阅历与政治经验，使他成为五代君主中比较成熟的一位政治家。

李嗣源称帝以来，前朝的财政危机继续发展，百官俸禄不仅要折合成实物下发，而且每百钱只能折50钱的实物，应当正月发放的俸禄也往往拖到五月才兑现。至于曾出生入死的士卒们，更是穷困交加，不解决这一问题，李嗣源的江山也坐不稳。因此，在安重诲等人的协助下，李嗣源采取了一系列措施改善困境、稳定局面。

李嗣源入洛不久，即诛杀李存勖朝租庸使孔谦，孔谦所设立的苛敛条目统统废除。后又任命任环以宰相专管盐铁、度支、户部三司，主管财政。任环接任后，先请李嗣源罢除了夏、秋两税的省耗。后唐农民一年分夏、秋两次纳税。过去规定，每纳税一斗，要额外上交一升的省耗，实际是额外加征。其后，又请李嗣源规定地方官不许额外征敛，刺史以下官不许向皇帝进贡，希望由此减轻百姓负担。

李嗣源称帝的这年秋天，又下令把宫中鹰坊的鸟兽全部放掉。各地不许再进贡这类东西。冯道赞美说："陛下可以说是恩及禽兽了。"李嗣源却说："不对，我对禽兽并无恻隐之心，只是过去随先帝打猎时，常有野兽进入成熟的秋田中，为了追猎野兽，往往将庄稼践踏得七零八落，现在又近秋收，我由此想到畋猎有害无益，所以不许各地再捕捉禽兽进贡。"

对于豪强官僚兼并土地、侵凌百姓，李嗣源也多有裁抑。这些措施对于恢复经济、发展生产起了一定的作用。

李嗣源为监国时，李存勖后宫宫女还有1000多人，宣徽使选年少貌美者数百人送到李嗣源居住的兴圣宫，李嗣源问："要此何用？"宣徽使答道："负责宫中的各项职掌。"李嗣源道："宫中职掌应了解过去的习惯与规矩，这些人怎能胜任。"命宣徽使将这批年少女子送回各自家中，只选用一些老年旧宫人。及称帝后，严格规定：后宫只能留宫人百人，宦官30人；朝中官吏，凡是有名无实的一概废除。当时，洛阳城一带还集结着大批军队，军粮运输十分困难，李嗣源令诸军分别驻屯于附近有粮的州县，免除了军粮运输的压力。

经过如上努力，后唐的社会生产与财政状况明显好转。府库充实，粮食富足，有的州郡十文钱就可以买到一斗粮。

（五）明太祖朱元璋提倡"安养生息"

朱元璋在对政治实行大刀阔斧、卓有成效的改革的同时，在大明王朝辽阔的版图上全面展开了医治战争创伤、恢复发展社会经济的工作。

经过十几年的浴血征战，朱元璋双手接过的是一个经济全崩溃、生产大倒退的烂摊子。在中国广阔的土地上，到处是啼哭呻吟的流民，哀鸿遍野，饿殍满路。杭州是五代和北宋时期的名城，为后来南宋的京都。元代时人口曾达百余万，且是元末破坏最轻的地区，但元末人口死亡也达十之二三。江南如此，江北更甚。唐宋时代的繁华盛地扬州，待朱元璋部将廖大亨攻取时，城里只有18家居民。新任知府因旧城空旷难守，只好在西南部截下一个城角，筑起城墙，权作扬州府城。

出身贫贱的朱元璋理解百姓的苦难，面对着这种残破衰败的局面，他继位不久，就召见各地来朝的府州县官，对他们说，天下刚刚平定，百姓的财力非常困难，就像刚刚会飞的鸟不可拔它的羽毛。才种下的树不可摇撼一样。现在必须让老百姓"安养生息"。

要发展农业生产，就必须保证农业第一线有足够的劳力资源。但在元代，蓄奴风气非常盛行。有些权贵勋戚家的奴仆多达数千人。元末农民大起义，虽然有不少奴隶得到解放，但仍有相当一些农民在战乱中沦为豪强地主的奴隶。为此，洪武五年（1372），朱元璋通令全国，普通地主不得蓄养奴婢，违者杖刑100，所养奴婢一律放为良民。凡因饥荒而自卖为奴的男女，由官府代为赎身。洪武十九年（1386），河南布政使司曾赎回开封等府民间自卖的男女达274人。

明太祖朱元璋

同时，朱元璋还严格控制寺院的发展，明令各府州县只能有一个大寺院，而且禁止40岁以下的妇女当尼姑，并严禁寺院收儿童为僧。20岁以上的青年愿意出家，须经其父母申请，官方批准，出家三年后还得赴京考试，不合格的遣返为民，这些政策的逐步实施，使社会上的劳动力增加了。

朱元璋发展农业的主要措施是奖励垦荒和实行屯田。元末农民起义，由于地主逃亡，人口减少，留下了大量荒地。明朝建立后，为尽快开垦这些荒地，朱元璋采取了计民授田、奖励垦荒的措施。建国的头一年，朱元璋就颁诏书于天下：凡是战争中抛荒的土地，被别人开垦的就成为垦种者的田产。如果原田主回来，由官府拨给同等数量的荒地作为补偿。对无主荒地，奖励农民尽力开垦，并承认其所有权，而且免征三年的田赋，个别的永不收税。这样一来,许多农民由奴隶变成了自耕农,社会地位和家庭生活有了极大的改善。农民的积极性提高了,明初的社会经济出现了繁荣向上的景象。

(六)明仁宗朱高炽的"体恤民众,我宁肯过于仁厚"

体察人民的疾苦,行恤民之政,这是朱高炽从做太子监国到即皇帝位,始终不渝所坚持的。做太子时,他曾不止一次地奏免灾区的税粮。永乐七年(1409)二月,都御史虞谦、给事中杜钦奉命巡视两淮,发现颍川军民缺食少粮,便按常规奏请发放赈粮,高炽奏报后,一面埋怨他们"军民用乏,待哺嗷嗷",却慢慢腾腾,按部就班地从容启请上报,一面派人火速下令"即发禀赈,不得迟延"。永乐十八年(1420),北京的宫殿建设很快就要完工,第二年将迁都北京。高炽应朱棣之召前往北京。多少年来,他很少有机会离开南京。这一次,他趁机询访沿途军民,察看百姓生活,寻访政事的得失。

明仁宗朱高炽

一天,来到山东邹县境内,看到许多男女老少手持篮筐在路旁采挖野菜、野草,高炽便停马问百姓挖做何用。百姓告诉他因遇荒年要以此为食,朱高炽心里很不是滋味。他下马来到农民屋里,只见百姓个个衣衫褴褛,面黄肌瘦,家家锅底朝天,不禁感慨万千。当即命令太监分赐宝钞,并亲自召集乡里老人询问疾苦。这时,山东布政使前来迎接。一见面,高炽便责怪他身为民牧,人民贫穷到如此地步,竟无动于衷。布政使辩解说凡是受灾的地方,都已经奏请减免今年秋税。高炽愤愤地说:"百姓都快饿死了,还征什么税!赶快发放官粟赈济,一刻也不准延误。"布政使准备每人发给三斗,高炽嫌太少,命令每人发给六斗。并说:"你别怕犯擅发仓廪的罪，见到皇上，我自会奏报。"

天灾是经常发生的，每遇自然灾害，百姓的生活就更加艰难。仁宗在位期间，凡是地方受灾，他都下令减免田赋，发放官粮赈灾。洪熙元年（1425）四月，山东、淮安、徐州等地受灾，百姓饥荒。但地方官不仅不想法救济百姓，反而加紧催逼赋税。这件事被仁宗知道后，他立即命令杨士奇起草诏书，减免上述地方夏税一半，罢免一切官买物料。杨士奇认为这件事应当按往常的程序，通过主管部门户部和工部去办。仁宗却认为，救民就像拯救落水的人，不能有片刻的迟延，户部和工部如果知道要减免税粮，肯定会因为怕影响国家收入而犹豫不决。所以，如果按常规办，就会误事。他当即命宦官取来笔纸，杨士奇立即草就了诏书，仁宗看后立即命人送出。这时他对杨士奇说，你可以告诉户部和工部了。

有人曾向仁宗建议，对庶民百姓不能过分仁慈。仁宗表示："体恤民众，我宁肯过于仁厚。作为天下之主，怎可与民较锱铢？"当时，户部尚书郭资刚毅而又非常廉洁，对任何人都从不徇一点私情。对此，仁宗十分赞赏。但郭资生性偏执，不能彻底执行仁宗减免灾荒租税的命令，有时甚至反其道而行之，让有司照旧依额征纳。因此，仁宗不得不忍痛割爱，解除了他的职务。在仁宗在位的短短十个月里，他先后对受灾的大名府、青州府等所辖的22个县或减免赋税，或开仓赈济。

（七）清太祖爱新觉罗·怒尔哈赤注重发展经济

努尔哈赤深知要建立国家必须有雄厚的物质基础，因此他着力发展农业、手工业和商业。

在农业方面，努尔哈赤采取的主要措施是组织屯田和扩大农耕范围。建州的谷地平原都被开垦，就连难以耕垦的山地也有许多地方种上了庄稼。每攻取一地，努尔哈赤便根据当地条件安排耕垦、放牧或屯田。攻取哈达后，他在这里大力提倡耕垦土地，放牧马牛。灭掉辉发后，他又当地安置了千余户居民进行屯垦。

建州地区的手工业本来很落后，铁制农具和布匹、丝绸等大量生活用品都要依赖从汉族地区输入。努尔哈赤力图改变这个局面。他很重视工匠，认为他们远比金银珠宝贵重，是真正的无价之宝。由于他的倡导，建州地区的手工业很快初具规模，能烘铁、采矿并制造精良的军械。赫图阿拉城就有连绵数里的作坊，专门制造各式各样的兵器。

努尔哈赤一方面积极发展建州地区的经济，一方面致力于发展与汉族地区的贸易，以此来弥补建州经济上的欠缺。他用当地出产的人参、貂皮、东珠、马匹等特产换回所需要的物品。为了解决湿人参容易腐烂的问题，努尔哈赤还创造煮晒法，即把人参煮熟晒干，然后保存起来待价而沽。由此

清太祖爱新觉罗·努尔哈赤

汉商故意拖延时间以便压价收买的企图便无法得逞了。由此一项，仅在抚顺一市，努尔哈赤每年就获利高达几万两。

创建八旗制度，也是努尔哈赤的一大功绩。八旗制度的雏形是女真氏族公社末期的狩猎组织。那时，每逢出师行猎，氏族成员便每人出一支箭，以 10 人为一单位，称"牛录"，是汉语箭或大箭的意思。10 人中立一总领，称"牛录颜真"。颜真，是主头领的意思。牛录颜真即大箭主。在女真社会生产不断发展的同时，牛录组织也日益扩大，并演变成奴隶主贵族发动掠夺战争和进行军事防御的工具，但它的突出特点是具有显著的临时性。努尔哈赤把它改造为常设的社会组织形式。1601 年，他把每个牛录扩充到 300 人，分别以黄白红蓝四色旗作为标志。由于兵力不断增加，1615 年努尔哈赤又在牛录之上设立甲喇和固山，以五牛录为一甲喇，五甲喇为一固山。甲喇设甲喇额真统领，固山由固山额真统辖。每个固山还设梅勒额真二人，作为固山额真的助手。这样，原来的四大牛录遂扩大为四大固山，仍以四色旗为标志，又称四旗。后来又增编镶黄、镶红、镶蓝、镶白四旗，与前面四旗合称八旗。八旗制度是"以旗统人，即以旗统兵"的兵民一体、军政合一的社会组织形式。八旗兵丁平时耕垦狩猎，战

时则披甲出征。八旗旗主即八个固山额真都由努尔哈赤的子孙担任,他们集军事统帅和政治首领的身份于一身。努尔哈赤则是八旗的家长和最高统帅,他为八旗军队制定了严格的纪律。八旗制度的实行,提高了女真的军事战斗力,也促进了满族社会的发展。

(八)清世祖爱新觉罗·福临的"必以国计民生为首务"

顺治深知"帝王临御天下,必以国计民生为首务",为了迅速改变国穷民匮的局面,他十分重视恢复正常的社会经济秩序。顺治十年(1653),他采纳了范文程等人的建议,设立兴屯道厅,在北方推行屯田开荒。在四川等地,则实行由政府贷给牛犋种银,会兵民开垦的鼓励政策。由于当时清政府自身财政困难,无力筹措大量牛种银两,因此收效不大,也未能推行全国。此后,他先后颁发了督垦荒地劝惩则例和官员垦荒考成则例等,鼓励垦荒。顺治十四年(1657),清王朝以明代万历年间的赋役额为准,免除天启、崇祯年间繁重的杂派,不久又编成《赋役全书》颁行天下。朝廷还向税户发放"易在单"作为缴纳赋税的凭据,以防止各级官吏的加征和私

清世祖爱新觉罗·福临

派。第二年,河南巡抚贾汉复奏上了清查垦荒地9万余顷、每年可增收赋银4.08亿余两的报告。鼓励垦荒的措施立见成效,使顺治十分喜悦,他对贾汉复大为称赞,并立即加以提拔重用。

圈地是多尔衮摄政时期一项很大的弊政。这一时期曾进行了两次大规模的圈地。开始声称只圈无主荒地和明朝勋贵的土地分给满族官兵,实际上随意将民地指为官庄,私人熟田硬说成是无主荒地,后来索性不论土地有主无主,一律圈占。田地一旦被圈,田主也马上被驱逐,家中一切财物

都被占有。许多百姓被搞得倾家荡产，无以为生。被圈的土地中只有少量分给了八旗旗丁，大部分落入皇室王公和八旗官员之手。由于兵役繁重，旗丁的土往往抛荒不能耕种，由此给生产造成了极大破坏。鉴于圈地所造成的严重后果，顺治亲政后便下了严禁圈地的谕令。他认为，田野小民全仰赖土地为生。听说各地都在圈占土地作为打猎、放鹰的往返住所，便迅速令地方官将以前所圈土地全部退还原主，使其抓住时机耕种。后来，他再三重申，永远不许圈占民间房屋和土地。以后，虽然零星圈占土地的行为时有发生，但在顺治期间再没有进行大规模的圈地，这种危及千家万户的滋扰总算暂时中止了。

（九）清圣祖爱新觉罗·玄烨鼓励垦荒

鼓励垦荒是康熙富国强兵的一项重要措施。明末农民战争期间，许多藩王的土地被农民耕种了。康熙承认了这一既成事实，下令各地督抚正式将这些土地给予原来耕种的农民，并禁止作价转让部分土地。这些被称为更名田的土地。计有16.6万多顷，而且多是肥沃的良田，一经承认属于农民，即大大激发了农民的生产积极性。康熙十二年（1673），为了鼓励在更大范围内垦荒，康熙宣布：各省今后开垦的土地，耕种10年后再交税。同时用授予官职的办法鼓励地主招民垦荒。规定开荒20顷以上，又通晓文义者，授予县丞，不通文义者，授予百总；开荒100顷以上，通晓文者，授予知县，不通者，授予守备。这些措施对地主和贫苦农民都很有吸引力，于是河南、山东、直隶的老百姓纷纷前往东北垦荒，湖广人民也踊跃去四川垦荒。垦荒农民的汗水不久便换来了丰硕的成果。到康熙三十年（1691）左右，清王朝田亩达到了明王朝的高峰，比清初更翻了近一倍。到了康熙五十一年（1712），边远省份的荒地大多已经变成良田。无怪康熙颇为自负地说："云南、贵州、广西、四川等省，人民渐增，开垦无遗……"此时，除了无法耕种的不毛之地，可以称得上是"四海无闲田"了。

蠲免地丁钱粮是康熙为了恢复生产采取的又一项重要措施。统一台湾后，康熙认为，国家已经安定，要使百姓安居乐业生活富裕，蠲免钱粮势在必行。康熙二十六年（1687），康熙下令免去江宁等七府及陕西全省600多万两钱粮，后来又先后蠲免过各省的钱粮。随着农业生产的发展，国库充裕了，蠲免钱粮的数额也随之增多。康熙四十一年（1702），因云、贵、川、粤四省没有经常得到蠲免，康熙下令宽免四省43年钱粮。以后康熙常下令全国各省轮免。据统计，自康熙元年（1662）到康熙四十四年（1705），蠲免钱粮的总额达9000多万两白银。尽管得到蠲免政策实惠最多的是钱多地广的富户，贫苦农民相比之下获利甚微，但是不能否认蠲免在一定程度上减轻农民的负担。这种与民休息的政策，对于全面恢复和发展农业生产起到了积极作用。

清初的赋役制度沿袭明制，随着农业生产的发展和人口的增多，已经不能适应实际情况。康熙先是下令修改赋役制度，于康熙二十六（1687）完成了《简明赋役全书》。到了康熙五十一年（1712），康熙又对赋役制度进行了重大改革，以清除旧赋役制度的弊端。康熙宣布：以康熙五十年（1711）的全国丁银数为标准，以后永不增减，此后到达成丁年龄的人一律不再承担丁银。这项被称作"滋生人丁，永不加赋"的措施成了清代地丁制度的基础。后来，康熙又在广东试行了"推丁入亩"的征税方法，即把全省丁税统统归入田赋，实行征收田赋带征丁银的方法。这样就在一定程度上改变了赋役不均的现象，使无地的逃亡农民免于丁银之苦，重新回到土地上来，也使负担向土地占有多者转移了一些。治河和漕运都是康熙十分重视的大事，而漕运的恢复又在于治河的成功，因此康熙在兴修水利上倾注了许多心血。康熙执政期间治理的河流主要是黄河、淮河和运河。由于频繁的战争，黄河长年失修，形成了严重的水患。在康熙继位后的最初16年中，黄河竟决口67次。当时黄河下游的部分河道与淮河、运河汇合，黄淮泛滥后，洪水便倒灌运河，切断南北漕运。为了根治黄河，变水害为水利，康熙任命水利专家靳辅为河道总督，另一位专家陈潢做他的助手，开始了大规模的治河工程。当时正是三藩之战进行得非常激烈的时候，足见康熙对治河是十分重视的。靳辅采用了明代潘季驯"以堤束水、借水攻沙"的方法，又用开中河、修堤坡等方法作辅助，一年之后，饱受水患之苦的7个州县的土地便能够重新耕种了。又经过十几年的努力，水归故道，漕运无阻。对治河取得的巨大成绩，康熙曾在第一次南巡时，赐诗给靳辅加以嘉奖。康熙的6次南巡都以巡视治河工程为重点，对治河是很大的推动。他对治河的具体措施认真研究，提出了一些很有见地的意见。第三次南巡时，他沿途亲自用水平仪进行测量，发现黄河河床高于两岸田地，指出这是产生灾害的根源，要根治水患，必须深挖河道。他提出用木制的立体治河模型代替平面图纸，以便制定更切合实际的治河方案。他乘坐小舟，不避风浪，亲自察看水情。康熙还亲自主持了浑河的修治工程。浑河素有"小黄河"之称，经常改道，危害沿岸百姓的生命安全，有时还直接威胁京城。康熙曾经13次巡视浑河，经过试验确定了治河方案。在康熙的督促下，浑河治理工程于康熙四十年（1701）竣工，浑河遂改名为永定河。治理后的浑河堤岸坚固，两岸是百姓新盖的房屋和茂盛的庄稼，出现了一派繁荣景象。对治河这件关系国计民生的大事，康熙抓得很有成效，他的名字，不仅作为治河的组织倡导者，而且作为一个颇有建树的水利专家被载入史册。

康熙采取的一系列措施促进了农业生产的恢复和发展。到康熙末年，耕地面积和人口都有了大幅度的增长。国库收入十分充裕，年年有余。国库存粮达到几千万石，京城的国库爆满，只得将漕粮截储在运河沿岸的苏杭等地。国库中有些粮食存放时间过长，竟然变质，只好用来做肥料。

五、削藩平叛　剪除权臣

（一）汉景帝刘启削藩平叛

西汉开国之初，分封了一些同姓诸侯王，这些诸侯王的封地和权力都很大。他们拥有军队，自置官职，政治力量和经济力量不断增长。到文帝时济北、淮南二王相继谋反，异藩汉室的诸侯王已经成为中央朝廷的严重威胁。当时，贾谊曾尖锐指出，藩王势力是汉朝的一大疾病，必须设法割除；晁错也提出相同的见解，主张削藩。但文帝没有彻底推行他们的主张。景帝继位之初首先面临的国家急务即是如何解除藩王势力对汉室的威胁问题。在此问题上，他充分采纳了晁错的主张。

晁错胸怀大志，博学多才，能言善辩，曾任太子家令。景帝继位以后，任命他为内史，旋又拜为御史大夫，位列三公。对于藩王的情况，他颇为熟稔。他以为，藩王中势力强大而又最危险的是吴王刘濞。刘濞是刘邦之侄，当初刘邦封他为吴王以后，就预计他日后可能反叛，颇有后悔之心，但业已分封，也只好静以观之。刘濞至国以后，即收买人心，发展势力，企图有朝一日夺取帝位。景帝为太子时，吴王太子入京，与其争夺道路，被景帝误伤而死，刘濞怀恨在心，更加紧了准备叛乱的步伐。到景帝继位，刘濞已经准备了40年，成为威胁最大的诸侯王。

故此，晁错主张先削吴王的封地。他对景帝说："过去吴王因太子死于陛下之手，对朝廷深怀怨恨，诈称有病，不来京朝拜天子，按照古法应当诛杀。文帝不忍加刑，赏赐几杖，允许他不来朝拜，恩德可谓宏厚。吴王不改过自新，反而越发放肆，开山铸钱，煮海制盐，招诱天下逃犯，谋图叛乱。现在削夺他的封地他会造反，不削夺也会造反。削夺，他仓促早反，祸会小些；不削，他益充分再反，祸患更大。"

晁错的主张遭到了外戚窦婴的反对，削吴的事只好暂时搁了下来。不过，此外的楚、赵、胶西三国分别以罪被削，楚王削了东海郡，赵王削了常山郡，胶西王削了6县，晁错又修改有关律令30章，一时诸侯喧哗，反响强烈。各藩王自然把晁错视为眼中钉，恨不能食肉寝皮。晁错的父亲也感到儿子大祸临头，特意从家乡颍川赶到京城，劝说儿子。晁错不听，其父服毒自尽。晁错不为所动，仍然力主削夺吴王。最后，景帝决定削吴会稽、豫章二郡。

吴王刘濞见朝廷削藩，就开始举行叛乱。他首先派人勾通了楚王刘戊，随后又扮成使者亲自前往楚国而见刘戊，达成叛乱盟约；接着，又以诛晁错、安社稷的名义，联合各地诸侯王起兵。景帝前元三年（前154）正月，削吴诏书一到，刘濞首先在广陵（今扬州）起兵，国内14岁至62岁的男子统统征发，共20余万人，西渡淮水，与楚兵合一，奔梁地而来；接着胶东、胶西、济南、淄川四国起兵，包围齐都临淄；赵国则把队伍集结在封地西界，拟与吴兵会合西进。如此以吴王为首，卷入叛乱的共有七个藩王，史称"吴楚七国之乱"。

当此之时，曾任吴相，与晁错有隙的袁盎在窦婴的引见之下，乘机以七国之乱"诛晁错，安发稷社"的幌子为由，说动景帝杀晁错以息叛乱，声称如此则可以兵不血刃，叛乱自平。景帝为人仁慈，听后沉默未语。他想到晁错与自己交情深厚，又是朝廷得力的栋梁大臣，感到心不忍，但又想到兵戈一起，将会杀人盈野，血流成河。权衡后，最后说："真的是这样，为了天下安定，我不爱惜一位大臣。"于是一面调兵遣将，一面诛杀晁错，并任袁盎为太常，派他与宗正刘通整装东行，去宣谕吴王息兵。

景帝杀晁错，自然让诸藩王快心如意，但他的停战诏谕却受到吴王无情的嘲笑："我已经是东方的皇帝了。还有谁配给我下诏？"此时，景帝方才明白了事情的真相，意识到了问题的严重。他一方面后悔杀了晁错，一方面，抛弃幻想，准备武力平叛。他派郦寄率领一支队伍击赵，派栾布率领一支队伍入齐，派太尉周亚夫率36将军计伐吴楚叛军，又召窦婴拜为大将军，屯兵荥阳，监视战局。

周亚夫率兵坚守昌邑，并派出一支奇兵出淮泗口，截断了叛军的粮道。叛军猛攻梁国，梁国向亚夫求救，亚夫拒不出兵。梁王又派使者请求景帝，景帝诏命亚夫出兵救梁，亚夫取孙子"将在外，君命有所不受"的态度，拒不奉诏。这样坚持了一段时间，形势变为对叛军不利。吴王打算西向，梁国守城，不敢冒进；进攻昌邑，亚夫高垒不战。叛军粮道断绝，士卒饥饿溃散。最后楚王自杀，吴王逃奔东越，后被东越人杀死。吴楚叛乱三个月就被平定了。栾布率军至齐，很快就打破了胶东、胶西、济南、淄川四国的联兵，四王全部伏诛。接着栾布回兵助郦寄攻赵，引水灌城，赵王自杀。至此，七国之乱全部平定。

七国之乱平定后，景帝把叛王封地做了一番调整，趁平叛的余威，于中元五年（前145）把王国的行政权和官吏任免权收归中央，并裁减王国官吏，降黜他们的秩位，王国的独立地位被取消。从此，诸侯王只能衣食王国的租税，不能过问行政，成为只有爵位而无实权的贵族，藩王对朝廷的威胁基本上得以解除。

（二）汉宣帝刘询镇压霍氏集团的叛乱

汉宣帝继位之初，朝政差不多全部掌握在霍光手里。当时，霍家权力极大，除霍光权倾朝野之外，他的儿子霍禹、侄孙霍云为统率宫卫郎官的中郎将；霍云的弟弟霍山官任奉车都尉侍中，统率禁卫部队胡越骑兵；两个女婿分别担任东宫和西宫的卫尉，掌管整个皇宫的警卫；堂兄弟、亲戚也都担任了朝廷的重要职位，形成了一个盘根错节、遍布西汉朝廷的庞大的势力网。至此，霍光已经成为当时实际上的最高统治者，他的权势和声望在废除了刘贺的帝位、拥立汉宣帝刘询之后，达到了无以复加、登峰造极的地步。

早在民间时，汉宣帝对霍光的权势和威风就有风闻。尤其在他一夜之间由一个平民变成了至高无上的皇帝之后，更领教了霍光的权威。他一继位，就明显地感觉到了朝廷内部来自霍光集团咄咄逼人的政治压力，所以在他登基之日谒见"高庙"时，霍光陪同他乘车前往，他觉得浑身上下都不自在，好像有芒刺在背。有着丰富的生活阅历的汉宣帝心里明白，自己初继位，力单势薄，仅凭着一个皇帝的称号是不能和羽翼丰满的霍光相抗衡的，只有保持最大的克制，逐渐发展自己的势力，寻求有利时机，才能夺回属于自己的最高统治权。所以在继位伊始，当霍光故作姿态表示要还政于他时，汉宣帝非常"诚恳"地回绝了，他明确表示非常信任霍光，欣赏霍光的才能，请霍光继续主持朝政，并当众宣布，事无大小，先报请霍光，然后再奏知他本人。事后他还专门下诏褒奖霍光的援立之功，益封七千户。每次上朝，汉宣帝都给予霍光极高的礼遇。汉宣帝的这一系列行为目的在于消除霍光对他的猜忌，缓和朝廷内部潜伏的政治危机，为他的统治创造一个良好政治气氛。

汉宣帝继位后的第六年，也就是地节二年（前68），霍光去世。宣帝亲临葬礼，按皇帝葬制的规格埋葬了霍光，并加封霍光的侄孙霍山为乐平侯，以奉车都尉的官职领尚书事。与此同时，汉宣帝认为时机已到，开始亲理朝政。他重用御史大夫魏相，让魏相以给事中的身份参与朝中的机密决策，后来又提拔魏相做了丞相。继而任命邴吉为御史大夫，又委以他的岳父平恩侯许广汉以重任，逐渐把权力收归己手。

汉宣帝深知，霍光虽然死了，但霍家的势力还很大，霍家的亲属和亲信还控制着中央政府的各个机要部门，兵权也掌握在他们手中。为此，汉宣帝首先采取行动，削夺霍家把持的权力。他先解除了霍光两女婿东宫、西宫卫尉的职务，剥夺了他们掌管的禁卫军权。又把霍光的两个侄女婿调离了中郎将和骑都尉的位置，让自己的亲信担任南北军和羽林军的统帅，最终把兵权掌握在自己手中。之后，他提拔霍光的儿子霍禹为大司马，明升暗降，剥夺了他掌握右将军屯兵的实权。还对上书制度进行了改革，下令吏民上书，直接呈皇帝审阅，不必经过尚书，把霍山、霍云领尚书事的职务架空起来。通过这一系列步骤，霍家掌握的权力剥夺殆尽，权力逐渐集中在汉宣帝的手中。面对汉宣帝全面夺权的行动，霍家集团内部惶恐不安，决定铤而走险，举行叛乱，推翻汉宣帝，保住他们的既得利益。但叛乱在严阵以待的汉宣帝面前很快瓦解了。汉宣帝大规模镇压了霍氏集团的叛乱，将参加叛乱的人都处以极刑，并废黜了霍皇后，在西汉朝廷中经营盘踞了十几年的霍家势力一朝覆灭，汉宣帝最终确立了他的绝对统治。

（三）北周武帝宇文邕计灭宇文护

宇文邕登基后，决定集中精力搞好内政，增加国力，消灭北齐，统一北方。当时北齐的政治十分昏暗，皇帝大臣们只顾淫乐，不理朝政，江河日下，渐渐失去了经济上和军事上的优势。老百姓更是苦不堪言，渴望统一，过上安稳的生活。宇文邕见消灭北齐时机已到，便派人用重金买通北齐境内的一些官民作为奸细，刺探北齐的军事情报。为了争取与突厥联兵伐齐，又派杨王庆去向突厥首领木杆可汗俟机联络，求木杆的女儿阿史那氏为皇后。北齐得知这一消息后非常恐惧，急忙派出使者携带重金也去向突厥求婚。木杆可汗贪图北齐的钱财，准备把杨荐和王庆扣押起来交给北齐处置。幸亏杨荐临危不惧，陈述利弊，说得木杆可汗理屈词穷，才改变了主张，答应与北周联合攻打北齐。保定三年（563）十月，北周杨忠率领1万骑兵与突厥联军从北路伐齐，大将军达奚武带领3万步骑从南路包抄，两军定于晋阳（今山西太原）会师。杨忠率领的北军英勇善战，所向披靡，接连攻克北齐20多城。可惜在攻打晋阳时，突厥军见齐军势盛，不肯交战，率先撤退，以致周军失利。南路周军闻讯后也只好退兵，第一次大规模的伐齐战争失败了。

这次败仗使宇文邕感到非常惋惜，他想立即组织兵力再伐北齐，可是，掌握国家实权的宇文护却不那么积极了。

为了便于自己施展抱负，宇文邕开始解决宇文护的问题。宇文护自宇文泰死后，一直大权在握，他自恃是皇兄、开国元勋，越来越飞扬跋扈。他相府的卫兵比皇宫还多，没有他的手令，皇上也调不动兵马。他的儿子和部下贪残骄横，引起民愤。他对宇文邕总是以兄长自居，以致宇文邕每次在宫中遇见宇文护时都要先行家弟之礼。宇文邕都看在眼里，记在心里，只因时机未到，只得装聋作哑，不加干预。天长日久，许多大臣也都觉着宇文护不大像话，连与他极其亲近的庾季才都劝他归政天子，回家养老。宇文护从此便疏远了庾季才。

宇文邕的亲弟卫公宇文直一向和宇文护关系密切，后来因为沌口之役打了败仗，被宇文护免职，也怀恨在心，力劝宇文邕诛杀宇文护，指望由自己来取代其大冢宰地位。宇文邕知道时机已经成熟，便秘密与卫公直及右宫伯大夫宇文神举、内史下大夫王轨、右侍上士宇文孝伯等谋划干掉宇文护。建德元年（572）三月的一天，宇文护从同州返回长安。宇文邕在文安殿见过之后，又准备带宇文护去拜见太后，并对他说："太后年纪大，喜欢喝酒，虽然我多次劝她戒酒，她都不听。兄长今天去朝见她，希望能再劝劝。"说着，从怀中拿出周成王劝人不要酿酒和酗酒的名篇《酒诰》，交给宇文护，让他"以此谏太后"。到含仁殿后，宇文护按照宇文邕的嘱咐，在太后面前念起《酒诰》。宇文邕趁其不备，在他身后抡起玉珽，对准其头部猛然一击，宇文护应声倒地。武帝随手拿出御刀让宦官何泉杀掉宇文护。何泉哪里经历过这种场面，惊恐之余，砍了几下也没伤着宇文护。这时隐藏在殿内的宇文直一跃而出，手起刀落，宇文护立时身首异处，成了刀下之鬼。宇文邕又令长孙览等火速行动，把宇文护的儿子、兄弟及亲信斩尽杀绝。从此，宇文邕开始亲揽朝政。

（四）唐宪宗李纯恩威并济平反叛

唐宪宗刚继位，就一反对藩镇迁就姑息的常态。西川节度使韦皋死了，其节度副使刘辟自为留后，并上疏朝廷，请求代韦皋为节度使。宪宗马上命袁滋为西川节度使，征刘辟入朝为给事中。

自唐中期以来，地方藩镇各拥强兵，表面上尊奉朝廷，但法令、官爵都自搞一套，赋税也不入中央。节度使的职位也往往父死子继，或由部下拥立，朝廷只能顺从，事后追认，而不能更改，否则便联兵反叛朝廷。朝中宰相杜黄裳分析这一形势，力主振举纲纪，制裁藩镇，宪宗十分赞同他的意见。刘辟未当上节度使，便发兵攻围梓州。宪宗力排众议，采取杜黄裳的建议，先拿刘辟开刀。

元和元年（806），宪宗命左神策军节度使高崇文等率军讨蜀。高崇文是唐将中名位较浅但有勇有谋的将领。他率军自斜谷出兵，一路严申军纪，斩关夺隘，所向披靡。正月出兵，至九月唐军便攻克成都，生擒刘辟，平定了叛乱。

就在宪宗讨蜀之际，夏绥节度使韩全义入朝致仕，留自己的外甥杨惠琳为知夏绥留后，不肯交出兵权，勒兵阻止朝廷派去接任的节度使。宪宗果断地命令河东、天德军出击杨惠琳，平息了杨惠琳的反叛，传首京师。这样，宪宗上台的当年就初试锋芒，取得了同藩镇斗争的初步胜利。

蜀、夏二地平定，产生了强大的震慑力量，许多藩镇纷纷请求入朝。镇海节度使李锜迫不得已，也请求入朝。宪宗应允，遣使慰抚，并讯问行期。李锜原只想随便表示一下，便一再推延。宪宗果断下诏，征李锜为左仆射，以御史大夫李元素为镇海节度使，李锜遂举兵反叛。宪宗早有准备，随即下诏削去李锜的官爵及其唐宗室的属籍，发兵平叛，不到一个月，叛乱就被平息了。

然而，平定藩镇势力的确不是件容易事。尤其是以河朔三镇为代表的河北藩镇，已有几十年不奉唐朝的诏令了。这次见朝廷的威信日益提高，他们都在寻找时机，再同朝廷一决胜负。

元和四年（809），成德节度使王士真死了，其子副大使王承宗自为留后。河北三镇纷纷仿效王士真，以自己的嫡长子为副大使，父死即代领军务。王承宗为了使朝廷册命他为节度使，假意献出德、棣二州，可当朝廷正式任命他为节度使之后，又将德、棣二州收归己有。宪宗遂决定出师征讨。

许多朝臣见宪宗西取蜀地刘辟，东取吴地李锜，不由得忘乎所以，纷纷劝宪宗举兵河北。宰相裴垍、翰林学士李绛头脑十分清醒，都力阻宪宗出兵。然而宪宗由于前几次平叛连连得手，急于平灭藩镇，低估了河朔势力，没有采纳李绛的意见。元和四年（809），宪宗下诏，削夺王承宗官爵，以宦官吐突承璀讨伐王承宗。

唐宪宗是由宦官的拥戴当上皇帝的，所以他对宦官颇有好感。轻率出兵已是失策，任命宦官为军事统帅则更不合事宜。以翰林学士白居易为代表的朝廷大臣都极力反对，但宪宗仍不以为然。

当时河北的形势是，成德王承宗在北，魏博节度使田季安在南，卢龙镇刘济又在成德之北，淄青李师道在东。他们都权衡利弊，或虚张声势，响应朝廷，实则逗留不前，或拥兵观望，看风使舵。刘济引全军攻乐寿（今河北献县），相持不攻，李师道、田季安均引军各攻一县，即停兵不进，表面上参加平叛，实则等待时机出手援救王承宗，袭击官军。

吐突承璀来到前线，威令不震，屡战屡败，损兵折将，连左神策军大将军郦定进都战死。郦定进曾参加过平定西川刘辟的战争，力擒刘辟，在军中以骁勇闻名。他一死，官军士气顿时低落。到这时候宪宗才明白，河北竟是这样错综复杂，强大难制，这场战争已不能自拔，无法再打下去了。宰相裴垍在危急时刻，设计擒灭卢从史，平定了昭义，清除了内患，才使形势稍有好转。王承宗见昭义覆灭，失去内应，上疏向朝廷请罪，假意表示愿输纳贡献，请派官吏。朝廷官军在河北旷日持久，早已力难支敌，宪宗正好趁坡下驴，赶忙下诏罢兵。

讨伐王承宗的失败，并没有使宪宗改变制服藩镇的决心，但他改变了以前一味出兵征讨的办法，转而使用恩威并济的策略。

元和七年（821），魏博节度使田季安死了，按照惯例，其11岁的幼子田怀谏为副大使，总揽军务。朝中宰相李吉甫等人力主宪宗再次出师征伐。宰相李绛却不主张出兵，他分析道：河北各镇节度使，恐慌部将权力太重，都分兵以隶诸将，互相牵制。当节度使为严明主帅时，能控制住这种局面。但田怀谏是个11岁的幼童，其军权必将由别人代理。分兵之策，是足为今日祸乱，田氏必为部下诸将所杀。因为其他藩镇也怕部将以灭自己，对杀主帅者绝不容忍。杀田怀谏代为主帅者，必遭邻道所攻。故杀田氏者如不归依朝廷为援，马上会被别的藩镇吃掉。所以，朝廷不需出兵，只需训练士马，以观其变。如有魏博部将来效命朝廷，当不吝啬爵禄，厚加赏赐，使其他藩镇得知，也怕部下效法，都惊恐不安，他们就会恭顺朝廷了。这一番切中要害的言语，说得宪宗心花怒放，连连点头称善。

后来事势的发展确如李绛所料。田季安的部将田兴举兵擒田怀谏，归附朝廷，并表示愿守朝廷法令，输纳贡赋，请中央委派官吏。宪宗派使者前去抚慰，以观其变。李绛劝宪宗直接下诏，封田兴为节度使。田兴感念宪宗的恩德，对朝廷忠心不二，河北各镇屡遣说客前来，要他背叛朝廷，遵河朔旧约，田兴终不为所动。终田兴之世，魏博镇一直是朝廷倚重的力量。河朔三镇终于打开了一个缺口。

元和九年（814），宪宗一朝最有成效的一次讨伐藩镇的斗争又开始了。原来，淮西镇（亦称彰仪）节度使吴少阳在蔡州（今河南汝南），一直积极蓄力量，准备谋反朝廷。宪宗早就有意征取蔡州，因忙于讨伐王承宗，一时抽不出手来。这年，吴少阳死，其子吴元济自领军务，更加跋扈，四出攻掠，关东为其驱掠者千余，甚至骚扰到东都洛阳附近。宪宗遂派严绶督诸道兵讨吴元济。

各藩镇都有守望相助、共抗朝廷之心。成德王承宗数次上疏为吴元济说情，均遭宪宗拒绝，后又派人游说朝中主持军事的宰相武元衡，被元衡叱退。遂又上疏诽谤元衡，并派兵四出攻掠，以向中央示威。淄青的李师道更是个阴险狡猾且又十分毒辣的家伙。他见上疏为吴元济求情无效，便施展阴谋诡计，暗助吴元济。本来朝廷征兵没有淄青，他也派将领率2000人去寿春，声言助官军讨元济，实则待机而动，支援淮西。又派刺客奸人在洛阳、长安四下活动，制造恐怖。于是，群盗并起，一件件触目惊心的事件不断发生。宰相武元衡在上朝途中被杀，宰相裴度被刺客击伤。一系列恐怖事件搞得朝野内外人心恐惶，草木皆兵。许多大臣劝宪宗罢兵。

还有个宣武镇节度使韩弘，依仗兵力，10年不入朝，宪宗以他为讨伐淮西诸军都统，他故意拖延。在讨淮西的诸军将领中，只有陈州刺史李光颜战功卓著。

前线统帅严绶懦弱无能，又有宦官做监军，对诸将加以监视，打了胜仗归功于自己，打了败仗过错全落在诸将头上，弄得将帅谁也不肯出力，军心涣散，士气低落，出师三年，仍不能奏效。

唐宪宗在这种复杂的局面下，表现了明断精神。他先撤掉严绶，以右羽林大将军高霞寓为唐、随、邓节度使，专事攻战。高霞寓大败于钱城，许多大臣都准备入劝宪宗，宪宗以讨好藩镇，坚决地说："若罢度官，使奸谋得逞，用度一人，足以破贼！"对前线作战不利的将帅，他坚决撤掉。高霞寓战败后，又以荆南节度使袁滋为彰仪节度使，申、光、蔡、随、邓等州观察使，后又以名将李愬为唐、随、邓州节度使，率军进讨淮西。

到元和十二年（817），讨伐淮西的战役已有四年之久，国家馈运疲弊，宰相裴度自请往前线督战。宪宗任他为淮西宣慰处置使，负责指挥全军，为了使裴度能顺利平定淮西。对裴度言听计从。裴度来到淮西前线，奏请取消了监军的宦官，使将领能够独立处理军事，很快扭转了被动局面。又信用李愬、李光颜等一批名将，整顿前线军务，改变了以前军令不统一的混乱局面。

元和十二年（817）冬，在一个风雪弥漫的夜里，唐将李愬率领9000士卒，空袭淮西镇治所蔡州城，一举活捉了叛乱头子吴元济。淮西自吴少诚以来，唐官军不至蔡州32年，宪宗经过四年的艰苦平叛，终于复将淮西收归中央。

吴元济的平定，使河北藩镇对朝廷刮目相看，纷纷上疏朝廷，表示愿意归顺。横海节度使程权，割据沧景三世，共传四任，此时举族入朝；成德王承宗一扫过去的嚣张气焰，也赶忙派使送二子入朝为质，并献德、棣二州图印至京师；卢龙镇刘济已死，其子刘综代之，亦专一归顺。

淄青镇的李师道在平定淮西时，为吴元济撑腰打气，闹得朝野不得安宁。淮西灭亡后，李师道仍负隅顽抗。元和十三年（818）五月，宪宗下诏征讨李师道。这次今非昔比了，李师道孤立无援，没有一个藩镇敢帮他的忙，只得孤军顽抗。在官军万众一心的攻击下，李师道很快就被剿灭了。

自安史之乱后，以河朔三镇为代表的地方割据势力，历经肃宗、代宗、德宗、顺宗、宪宗，曾同中央进行了反复激烈的较量，最后终于一一相继被平定，唐朝重新创造了一统天下的局面。

（五）明成祖朱棣刚柔并济定乱局

靖难之役告捷，朱棣终于登上皇帝宝座，是为明成祖。继位初，全国上下局势严峻，成祖审时度势，采取了镇压和怀柔并用的两手政策，以稳定动荡危急的政治局势，巩固皇位。

成祖将朱允炆时的旧臣陆续捕获后，稍有不屈，就备受残害。不是击齿，就是割舌。甚至截断手足，有的被杀死后，还要诛灭三族。

左金都御史景清，平时倜傥尚大节。成祖继位后，令他继续旧任，景清也受命不辞。有人见他这般行为，说他偷生怕死，有愧先帝。对此，他毫不介意。两月后的一天，他偷藏匕首上朝，刺杀成祖未成。成祖将他剥皮，悬于城门。事发后不仅景清全家被诛杀，而且株连左

明成祖朱棣

邻右舍，甚至连他出生的村子也都斩尽杀绝。这种空前绝后的大清洗，史书称之为"瓜蔓抄"，先后被杀的人达数万之多。

成祖在严厉镇压建文朝部分反抗的旧臣的同时，对跟随他"靖难"夺位的文武功臣，都给予提拔重用，并给予丰厚的奖赏。对战死的将士，也尽行追封。周、齐、代、岷四王，全予恢复原爵，各令归国。对朱允炆的故吏，只要能够真心归附新朝，成祖也有选择地量才使用。

郑赐原是建文朝燕王手下的北平参议。后被朱允炆调升为工部尚书，并曾任督师讨伐过朱棣，因此也被列入奸臣的名册而遭逮捕。成祖审问他："你到底为何背叛我呢？"郑赐回答："我不过是对皇上竭尽臣职罢了。"成祖闻言大喜，遂任命他为刑部尚书。这样一来，原先朱允炆的故吏就渐渐归附，一心一意帮助成祖治大明江山了。

为了尽快改变成祖继位初滥杀故臣所造成的恐怖紧张局面，在处理了

建文旧臣后，成祖多次叮嘱司法机关各大臣，办理案件一定要依法办事，宁缓勿急。有一次，刑部送上判处死刑的300多人名单，请他审批。他看后说："给这300多人所定的罪，恐怕未必个个都确实，你们再仔细地复审一遍，一定不能叫任何一个蒙冤受屈。"刑部按照成祖的旨令重新复审后，果然发现错案，有20多人无罪获得释放。

成祖是以藩王起兵"靖难"而夺取皇权的，他自然深知藩王拥兵过重对中央皇权所造成的威胁。他当了皇帝之后，为掩人耳目，稳定当时的局势，曾一度恢复了周、齐、代、岷四位亲王的封藩。但几个月之后，他就寻找罪名，首先削夺了代王和岷王的护卫军队。接着他又将齐王废为庶人。永乐十年（1412），辽王的护卫军队被削除。拥有护卫军队最多的宁王，也早于永乐二年（1404）被改封南昌。永乐十八年（1420），周王被指控企图谋反。成祖召他入京，把揭发他的纸状拿给他看。周王慌忙跪下请罪，并主动献出了自己的护卫兵。

这样经过几年的努力，威胁最大的几位藩王的护卫军全部都被解除了，如此进一步加强了中央集权的封建统治。

（六）清圣祖爱新觉罗·玄烨计擒鳌拜

康熙继位时，还不满8岁。他尽管在祖母悉心培育下大器早成，但担负管理国家的重任还为时过早。好在顺治在遗诏中已作安排，委托索尼、苏克萨哈、遏必隆和鳌拜辅政。四大臣在顺治帝的灵位前曾立下誓言：要竭尽忠诚，不谋私利，不结党羽，不受贿赂，忠心仰报皇恩，全力辅佐君主。四大臣中的索尼、鳌拜和遏必隆都是两黄旗人，是跟随清太宗南征北战的元老勋臣，后来又拥立年幼的顺治皇帝继位。多尔衮擅权时，由于他们忠于顺治，被视为眼中钉，先后被革职、削爵，并籍没家产。直到顺治亲政，他们才复了职，并且进一步受到重用。四大臣中的苏克萨哈虽是多尔衮属下的近侍，但他在多尔衮去世后，检举多尔衮殡葬服色违背祖制并企图谋反的罪行，深行顺治帝和太后的信赖。长期以来，他们对顺治和太后忠心耿耿，所以能以异姓臣子的身份位居宗室诸王贝勒之上，担起辅佐幼帝康熙的大任。

辅政之初,四大臣遇事协商,凡欲奏事,一同进谒皇帝或太后,待太后决策后,再由他们以皇帝或太后的名义发布谕旨。辅政大臣虽无决策权,但他们可以入值、票拟并代幼帝御批,后来鳌拜专权乱政就钻了这个空子。

玄烨计擒鳌拜线描

鳌拜是镶黄旗人,是清朝开国元勋费英东的侄子。显赫的门第和卓著的战功使他青云直上,位至公爵。鳌拜野心勃勃,善于玩弄权术,骄横跋扈,人多惮之。身为四朝元老的索尼尽管德高望重,这时已年老体弱,力不从心了。遏必隆为人怯懦,没有主见,又加上与鳌拜同属一旗,利害相关,所以总是随声附和。苏克哈萨虽然在四大臣中仅居索尼之次,但他资望浅,又与索尼素有嫌隙,与姻亲鳌拜也常反目,常常在辅臣中处于孤立无援的境地。这样,协商辅政的局面不久便被打破了,大权逐渐落到了一心独揽朝政的鳌拜手中。他任人唯亲,广置党羽,不断扩大自己的势力。大学士班布尔善、吏部尚书噶褚哈、工部尚书济世都是他安插在要害位置的亲信。遇到政事,他们常常私定对策,然后才上奏皇帝,甚至拦截奏章,阻塞康熙同臣下的直接联系,以便把持朝政,架空幼帝。

康熙六年(1666),鳌拜为对自己的正白旗有利,执意调圈已耕作了几十年的旗地,引起土地荒芜和民怨沸腾。户部尚书苏纳海、总督朱昌祚、巡抚王登陆艇联名上疏反对,鳌拜大怒,硬逼康熙同意处死三人,未能得逞后,竟矫旨将三人绞死。

索尼看到了鳌拜如此跋扈,深感愧对先帝的重托而又无能为力。因此在康熙14岁时就多次上疏要求康熙亲政,以削夺鳌拜的权力。

康熙得到祖母太皇太后的允许,按照祖制遂于康熙六年(1666)七月初七举行亲政大典。康熙亲政前,索尼已去世,鳌拜的野心进一步膨胀,想越过苏克萨哈和遏必隆,占据索尼的位置,进而成为宰相,更加大权独揽。于是,他拉拢苏克萨哈推荐他,遭到拒绝。旧恨新仇使鳌拜立意除掉苏克萨哈。苏克萨哈自知斗不过鳌拜一伙，为了免除杀之祸，欲急流勇退，故上疏请求去守先帝陵寝。康熙不理解苏克萨哈的行动，一面派人去询问原因，一面请议政王大臣会议议处。鳌拜怕苏克萨哈的要求一旦获准，自己也要效仿他交出辅政大权。便给苏克萨哈罗织了心有怨恨等24条罪状，必欲处以极刑。议政王大臣会议在鳌拜的操纵下，奏请将苏克萨哈凌迟处死。收到奏章，康熙十分震惊。他认为苏克萨洽是前朝重臣，又勤勤恳恳辅佐七载，理应酬报，又何罪之有？他当即诏见议政王杰书和鳌拜、遏必隆等人，指出复奏有误。鳌拜先发制人，强词夺理地说："我同苏克萨哈本来没有什么怨仇，只是他欺君罔上，才秉公而断，要对他重重治罪。不然，再有人学他的样子就不好办了。"康熙说："欺君罔上的人眼下不是没有，苏克萨哈还是守规矩的。"康熙不允鳌拜所请，鳌拜恼羞成怒，瞋目挥臂，连日在金殿上强奏，他的党羽们也亦步亦趋，为虎作伥，终于威逼年少的康熙下了绞死苏克萨哈的命令。面对鳌拜的步步进逼，康熙已经忍无可忍了。但康熙知鳌拜党羽众多，势力很大，加上他是武将出身，有一身好武艺，不是轻易能制伏的，如果稍有不堪就会祸及自身，因此，他在暗中加紧了除掉这个权奸的筹划。由于现有的侍卫大多受鳌拜控制，不甚可靠，康熙第一步先从各王府中挑选了上百名亲王子弟做他的侍卫，组成善扑营，整天让他们摔跤弄拳，不出一年，便个个练得武艺高强。鳌拜听说此事，以为皇帝年少贪玩，并未放在心上。第二步封鳌拜为一等公，鳌拜更觉得平安无事了。第三步任命索额图为一等侍卫。索额图是索尼的儿子、康熙的叔丈人，他同康熙以下棋为名，制定了擒拿鳌拜的整体方案。为了保证行动万无一失，康熙事前把鳌拜的党羽先后差遣出京办事，他又召集善扑营成员进行动员，康熙问大家："你们惧怕皇上还是鳌拜？"侍卫们齐声答道："独畏皇上！"康熙召鳌拜单独进宫议事，鳌拜像往常一样大摇大摆地走进宫内，只见康熙端坐中间，两旁是威风凛凛的少年侍卫。鳌拜见势不妙，还想故伎重演，大发淫威，不料康熙一声令下，侍卫们一拥而上，七手八脚便拿下了鳌拜。这个横行数年、权倾朝野的权奸顿时成了阶下囚。康亲王杰书奉康熙的命令审讯了鳌拜。不久，便公布了鳌拜结党专政的30条罪状。最后念其当年搭救清太宗皇太极有功。赦免了他的死罪，让他在监禁中度完了余生。康熙还依据罪行轻重惩处了鳌拜的党羽，罪大恶极的济世等人被处死，其他的被革职降级。与此同时，受鳌拜诬陷的苏纳海等人得到了昭雪。苏克萨哈的后人承袭了他的爵位和世职。康熙对各级官员进行了大规模调换，并下达了《圣谕十六条》，意在刷新朝政，彻底清除鳌拜的恶劣影响。

年仅16岁的康熙在战胜鳌拜集权的斗争中，显示出惊人的魄力和才智。从此，他便将朝政大权牢牢掌握在自己手中，开始充分施展自己的政治才能。

（七）清圣祖爱新觉罗·玄烨力平"三藩"

康熙亲政后，经过一番考虑，将当务之急的治国大事列出，然后亲自书写了"三藩、河务、漕运"的条幅悬挂在宫中柱子上，以随时提醒自己。由此可见解决三藩是康熙朝夕不忘的首要大事。三藩，是指明朝降将吴三桂、尚可喜、耿仲明三个藩王，他们分别盘踞在云南、广东、福建三个地区。三藩王在明末清初先后降清，为清兵入关立下了汗马功劳。吴三桂被封为平西王，尚可喜和耿仲明分别被授予平南王和靖南王的封号。

尚可喜因为年老多病，已把藩事交给儿子尚可信主持。尚可信残忍狂暴，酗酒嗜杀，连老子也不放在眼里。他曾经割下行人的肉喂狗，甚至无故刺死尚可喜派来送信的官监取乐。尚可喜担心儿子早晚会闹出事来，同时也不甘心受他的挟制，便在康熙十二年（1673）春上疏，请求回辽东老家养老，早已有撤藩打算的康熙遂命令撤掉尚藩，将其全部兵士撤回原籍。消息传来，吴三桂和已承袭靖南王爵号的耿精忠（耿仲明之孙）都惊恐不安，他们也上疏假意要求撤藩，来试探朝廷的动向。

康熙召集了众臣议定撤藩之事。大部分人持反对意见。他们提出了种种理由：有的认为撤藩后要派军队去原藩地镇守，劳费太大；有的为吴三桂说情，说他镇守边关，地方安定，没有谋乱的征兆。议政王贝勒大臣们也议论纷纷，莫衷一是。只有兵部尚书明珠、户部尚书米思翰、刑部尚书莫洛等少数人坚决主张撤藩。20岁的康熙皇帝力排众议，作出了最后裁决："从其所请，将三藩全部迁到山海关外。"他指出，三藩王手中都握有重兵，已形成了尾大不掉之势，吴三桂等人怀有野心，蓄谋已久，如果不及早除掉三藩，势必养虎成患，危害天下。于是，康熙派侍郎折尔肯、学士傅达礼赴云南，户部尚书梁清标赴广东，吏部侍郎陈一炳赴福建，催促办理撤藩事宜。

吴三桂当年为报家仇勾引清军入关屠杀农民起义军，使清兵得以长驱直入。他事明叛明，降清又心怀异志。镇守云南后，吴三桂利用独占一方的特权，招降纳叛，横征暴敛，不断扩充实力，在三藩中势力最大。他的野心也随之膨胀起来。他以藩府名义任命的官员，吏、兵二部不得干预，他推荐的被称为"西选"的官员遍及天下。凡要害地方，他都千方百计安插进自己的死党。他的儿了吴应熊被选为皇太极之女的额驸，从而成为吴三桂安插在京城的耳目。吴三桂属下有53佐领、士兵1.2万多人。每年朝廷向吴藩支付的俸饷就达900多万两白银。吴三桂还自行征税、开矿、铸钱，与西藏互市茶马，聚敛财富，秣马厉兵。诡计多端的吴三桂在加紧准备叛乱的同时怕露出马脚，遂大兴土木，搜罗美女，做出安于享乐、胸无大志的样子来麻痹朝廷，暗中加紧操练，伺机而动。

康熙十二年（1673）冬，吴三桂认为时机已到，遂自封为"天下都招讨兵马大元帅"，举起"兴明讨虏"的旗帜，公开叛乱。

吴三桂公开叛乱后，他分布在各地的党羽纷纷响应。各地的告急文书频频传至京城，举朝震惊。原来反对撤藩的人乘机诋毁，认为吴氏叛乱是撤藩引发的。大学士索额图竟要求杀主张撤藩的明珠等人以谢叛逆。年轻的康熙皇帝临危不惧，严厉驳斥了这些护藩的论调。他说："三藩势焰日炽，撤亦反，不撤亦反，因此决不仿效汉景帝诛晁错以平七国之乱的做法。"随后，康熙下达了武装平叛的命令。

这时其他两藩也举起了反旗，一时战火燃遍了大半个中国。康熙认为吴三桂是三藩之乱的祸首，灭掉吴三桂，其他叛军就会不打自散，于是他确定了重点打击吴三桂的策略。康熙任命勒尔锦为靖寇大将军，命令他由湖南进剿叛军，严防叛军东犯湖广；又派将军瓦尔洛进驻四川，断绝叛军入蜀之路；同时命莫洛率兵驻扎西安，阻止叛军进兵西北。

曾经嚣张一时的吴三桂在康熙周密的布置和接连打击之下，见大势已去，还想垂死挣扎，急急忙忙演出了登基称帝的丑剧。康熙十七年（1678）三月，吴三桂派人在衡阳草草修建了百余间庐舍，用黄漆涂刷房顶权作皇宫。三月十八日，吴三桂匆匆登上了临时搭成的祭坛祭祀天地，改国号为周，彻底扔掉"复明"的遮羞布，将自己的狼子野心大白于天下，处境不仅没有好转，反而更加孤立。此时，清军的攻势更加锐不可挡，吴氏小王朝日益陷入内外交困的境地。年已67岁的吴三桂惶惶不可终日，仅仅做了不到8个月的"皇帝"，突患中风噎嗝症死去。吴三桂死后，由儿子吴世璠即皇位。

康熙十九年（1680），康熙下令清军分三路进军吴三桂的老巢云南，向叛军发起总攻。不久清军攻入云南，将昆明包围得水泄不通，守军大都投降，吴世璠走投无路，最后只好穿戴着皇帝衣冠服毒自杀。康熙二十年（1681），历时8年、祸及大半个中国的三藩之乱终于被平定了。

六、整肃吏治　以法治国

（一）汉宣帝刘询的"为政之本在于选拔亲民之官"

在彻底消灭了霍家势力这后，汉宣帝开始掌握政权，"亲躬万机，励精图治"。

鉴于霍光专权的教训，汉宣帝亲政后首先加强君权。自汉武帝设置"中外朝"以来，尚书逐渐成为掌管机要的中枢机构，吏民的上书和诏令的发布都须经此处经办。所以领尚书事的霍光、霍山、霍云等人往往通过参与尚书事务，掌握了机要大权。汉宣帝为了把政权牢牢地掌握在自己的手中，对尚书制度进行改造，扩大了由宦官控制的中书的权限，下令无论是吏民上书，还是诏令的拟定发布，都由中书负责，不须经过尚书，首先从制度上保证了君权的独尊。

其次汉宣帝对吏治进行了整顿。汉宣帝曾生活在民间，深知要让老百姓安居乐业无冤屈愁苦之事，关键在于吏治的好坏。他特别重视刺史、郡守的选用，把它看成是整顿吏治的重要环节，每当朝廷要任命刺史、郡守时，他都要亲自过问。在新任刺史、郡守赴任之前，他要亲自接见，当面考察，要求这些新任的刺史、郡守写出任期责任状，以便以后对他们的政绩进行有针对性的考核,这就是史书上所说的"循名责实"。在此基础上,对不合格的官吏给以降职处分或者免职,对治绩优异的官吏及时给予表彰或给予破格提拔。和汉武帝专用"酷吏"的作法不同,汉宣帝在任用地方官时,不仅使用了一大批干练精明的能吏去镇压不法豪强,而且还任用了大量"上顺公法,下顺人情"的"循吏"去治理地方,由此大大改变了过去吏治苛严和败坏的现象,缓和了社会矛盾,安定了政治局势。

汉宣帝做的第三件事情是平理冤狱。在这个问题上,汉宣帝表现出自己的政治特色"霸王道杂之"。也就是一方面强调法制建设,主张执法严明,以惩治不法的官吏和豪强;另一方面又废除苛法,平理冤狱,缓和社会矛盾。汉宣帝亲政不久,针对刑狱审判不合理现象的存在,亲自参加了一些案件的审理。为执法公正作出表率。地节三年(前67),又下令增设了廷尉平一官,定员四人,专掌刑狱的评审和复核,从制度上保证了执法的严肃性。地节四年(前66),汉宣帝下诏令,认为"首匿连坐法"违反人之常情,又牵连无罪亲属,下令废除。之后,他又下令赦免所有因上书触犯他名讳的人的刑事责任。五凤四年(前54),又派遣丞相属官24人到全国各地巡查,平理冤狱,检举滥用刑罚的官员。汉宣帝在位25年,先后颁布了10次大赦令。

(二)唐宣宗李忱明察选任官吏

宣宗认为:"治理好国家一个重要方面,是君主能够明察慎断,正确地选拔和任用官吏。"他继位之初,就开始着手改革和完善选官制度。以往吏部选官,只凭家世资历,宣宗认为这不能够选拔出具有真实才能的人。为了改变这种情况,宣宗下诏规定:"允许观察使、刺史有奇才异政者加以试用,根据其在试用期间表现出来的实际能力,然后再决定正式任免。"同时,宣宗还把户口的增减也列为官员升迁的标准,规定观察使、刺史任期届满时,如果所管州县户口增添至1000户,则加以升迁,反之,如果逃亡至700户,不仅罢官免职,而且罢官后三年之内不再任职。大中元年(847)正月,宣宗又下诏指出:"为政之本,在于选拔亲民之官,作为皇帝顾问的中央各部官员,必须从地方官员中选拔,因为这些人了解民间的疾苦，有治民理政的经验。"宣宗要求宰相在拟议和推荐谏议大夫、给事中和中书舍人等中央高级官员时，首先要看其是否担任过刺史、县令，否则不予推荐。即使担任过刺史、县令，如果在任职时有贪污受贿等不法情况的，也不能推荐。同时，宣帝还针对当时地方官调动频繁的情况，对地方官员的任职时间作了明确的规定，县令在一个地方任职必须满三年，才能调任，以免当地百姓的迎送之劳。

唐宣宗李忱

不仅如此，宣帝还亲自掌握对州刺史的考核工作，规定州刺史在上任之前，都要由皇帝亲自进行考核，再决定任免。为了掌握各州的情况，以便对刺史进行考核，宣宗还特地令翰林学士韦澳秘密地编辑了一本关于各州户口田亩、山州境物、风俗人情的书籍，起名叫做《处分语》。一次，邓州刺史薛弘宗进京朝见宣宗，退朝后对韦澳说："皇帝对邓州的情况了解得如此详细，太令人惊讶了！"韦澳经过问问，才知道宣宗所说的原来都是《处分语》中记载的事情。

对于自己的亲属，宣宗要求也比较严格，宣宗生母郑太后的弟弟郑光进京朝见时，宣宗见他言语粗俗不堪，认为他不够治民的资格，便把他改任为京师中级别比较低的右羽林统军，不再担任地方官。郑太后多次要求宣宗给郑光安排一个好的官职，但宣宗对这位国舅只是厚赐金帛，始终不给好官做。

（三）明太祖朱元璋整肃纲纪

还是在明王朝建立的前夕，朱元璋将文武百官请到自己的身边，给大家出了个题目：元朝为什么会迅速土崩瓦解？不久将诞生的新王朝当务之急是什么？请大家各抒己见。高参刘基首先进言："宋元以来，宽纵日久，当使纲纪整肃，然后才能实施新政。"

朱元璋感到言之有理，也深感大明朝的当务之急应是制定法律，以法治国。根据朱元璋的命令，法律的制定工作加紧进行，到公元1397年正式颁布了几经修改的《大明律》。《大明律》简于《唐律》，严于《宋律》。《大明律》规定"谋反""谋大逆"者，不管主、从犯，一律凌迟，祖父、父、子、孙、兄弟及同族的人，只要年满16岁的都要处斩。对官吏贪污，处罚也特别重。犯有贪赃罪的官吏，一经查清，一律发配到北方荒漠中充军。官员若贪污赃银60两以上，将被处枭首示众、剥皮实草之刑。命在各府州县衙门左侧设皮场庙，就是剥皮的刑场，贪官被押到这里，砍下头颅，挂到竿子上示众，再剥下人皮，塞上稻草，摆到衙门公堂旁边，用以警告继任的官员。

朱元璋对自己制定的法律满怀信心，带头施行，而且执法是相当严格，这在中国古代封建皇帝中是少有的。他的女婿驸马都尉欧阳伦，凭着自己是马皇后亲生女儿安庆公主的丈夫，不顾朝廷的禁令，向陕西贩运私茶。后来河桥巡检司的一位小吏向朱元璋告发了此事。朱元璋立即下令赐死欧阳伦，同时还发了通敕令，表扬那位小吏不畏权贵的斗争精神。

朱元璋唯一的亲侄，开国功臣朱文正亦违法乱纪，他毫不留情废了他的官职。开国功臣汤和的姑夫，自以为有硬梆梆的靠山亲戚，就隐瞒常州的土地，不纳税粮，朱元璋也将他依法处死。

朱元璋还公开镇压了几起大贪污案，其中最大的是郭桓案。郭桓案发时为户部侍郎。洪武十八年（1385），御史余敏等告发北京承宣布政使司、提刑按察使司的官吏李彧、赵全德等人，伙同郭桓徇私舞弊，吞资官粮。朱元璋抓住线索，命令司法部门依法严加追查。这个案子后来又牵连到礼部尚书赵瑁、刑部尚书王惠迪、兵部侍郎王杰、工部侍郎麦志德等高级官员和许多布政使司的官员。贪污盗窃的钱折成粮食达2400多万石。案件查清后，朱元璋下令将赵瑁、王惠迪等人弃尸街头。郭桓等六侍郎及各地方布政使司以下的官员有上万人被处死。在牵连的官吏几万人被逮捕入狱，严加治罪。各地卷入这个案件的下级官吏、富豪，被抄家处死的不计其数。朱元璋的做法使明朝初期吏治严明。

（四）明仁宗朱高炽清除污吏

从做太子起，仁宗就对贪官污吏深恶痛绝。他经常对司法机构的官员说，国家要真正体恤平民百姓，使人民安居乐业，就一定要清除污吏。因而，一旦发现官吏贪赃害民，他都严厉惩办。有一个太监在四川采办木料时扰害百姓，仁宗让副都御史弋谦前去调查处理。并特意交代弋谦，不要有什么疑虑和畏惧，只管严处。最后，仁宗不仅严惩了这个太监，而且还停办了采木之役。针对一些地方官员不能领会执行他的恤民之意，仁宗在继位的第四个月，派遣御史14人分巡各地，考察官吏。临行，他要求出巡的人不要被小人所迷惑，不要屈服于权势，也不要徇私于亲朋好友，而要查明事实，秉公处断。同时还说，你们身为御史，是我信赖的人，必须明白自己身正方能正人，如果不顾廉耻，违犯礼法，我同样会严惩不贷。所有这些，使得仁宗时吏治较为肃明。

朱元璋时吏治十分严明。到永乐末年，官场贪浊之风渐起，到仁宗洪熙年间，由于生产的发展和承平日久，官吏贪风日盛。宣宗深知吏治是否清明，事关朝廷兴衰。因此，他十分注意提拔任用正直而又有才干的新人，罢黜无所作为的庸吏，惩治贪官污吏。

宣德三年（1428）六月，宣宗登上皇城远望，忽然发现远远的有一个地方正在大兴土木，规模十分宏壮，便询问这是什么人在搞什么建筑，然而左右官员均吱吱唔唔不肯回答，再三追问，才知道是工部尚书吴中私自动用官厂的木料、石头，让人为他盖私宅。宣宗勃然大怒，立即命人将吴中关进了监狱。

这件事再次使得宣宗感到必须加强督察力量。杨士奇、杨荣向他推荐了通政史顾佐。顾佐曾任应天尹，为人刚正不阿，公廉有威，时人比作包公。宣宗听了二杨的介绍，当即拍板，擢升顾佐为右都御史。

顾佐受命后，果然不负宣示重托。他一到都察院，首先对院内所有御史进行考察，将20位不称职的贬谪到辽东为官，另有8个被降了职，3人被罢了官。同时举荐了40多位清正有为的人担任御史。朝纲为之一振，宣宗对顾佐大刀阔斧的行动也极为赞赏。

任用了顾佐之后，宣宗又擢任福建按察使邵玘为南京都御史。邵玘一丝不苟，奏请宣宗罢免了20多名不称职的御史。至此，北有顾佐，南有邵玘，南北呼应，贪吏敛息，纲纪肃然。

对贪官污吏，宣宗严厉惩罚，对碌碌无为、无才无识的庸官，他也毫不留情。内阁大学士张瑛、陈山原是宣宗做太子时的东宫旧臣，情谊颇深，然而宣宗执政后渐渐发现他们二人才疏学浅，在职位上无所创建，待他的这一看法从杨士奇等人那里也得到了验证之后，宣宗并不因为他们曾是自己的旧人而加以偏袒，而是将他们调离内阁。陈山被派去教授小太监，张瑛则贬到南京做礼部尚书。

在宣宗的大力倡导下，蹇义、夏原吉及"三杨"等大臣向宣宗举荐了大批清廉正直的官员出任府、州长官。这些人中有许多人成为明史上的循吏清官。像传名后世的况钟就是宣德五年（1430）由蹇义等人推荐任苏州知府的。当时，苏州的赋役负担在全国是最重的。贪官污吏便趁此机会营私舞弊。况钟到任后，第一次升堂办公，面对群吏拿来一大堆公文，假装什么也不懂，左右请教，全部按照了他们说的处理。群吏大喜过望，以为又碰上了一个糊涂知府。三天之后，况钟召来群吏，把三天前办的事重新搬了出来，告诉群吏哪件事应该办而他们却阻止，哪件事本不该办而他们却硬逼着他办，并历数他们的种种舞弊勾当，当场捶杀了几个为首的奸吏。同时，把那些贪虐庸懦之辈全部斥退。这件事不仅震动了苏州府，也传到了朝中。况钟得到了宣宗信任，更得到了苏州百姓的拥戴。他的母亲去世了，按封建礼教他必须离职守孝三年，然而在百姓的强烈要求下，宣宗只好让他戴孝留任。后来他任满迁任，又有两万多百姓请求巡按御史让他再任。宣宗再次答应了百姓的要求。由于宣宗起用了一些像况钟这样的官员，使得宣德年间的政治较为清明。

宣宗经常向朝臣们讲述历史上那些注意与民休养生息、从而带来太平盛世的皇帝的事迹。如西汉的文帝、景帝，隋朝的文帝，唐朝的李世民，等等。他还特别注意汲取那些由于皇帝好大喜功、穷奢极欲、终臻祸乱丧国的历史教训。他曾把汉武帝和唐玄宗做了比较，认为，汉武帝虽然好大喜功，海内虚耗，但到了晚年尚能惩治前过。而唐玄宗初政之时有贞观之风，后来却贪名纵欲，终于酿成祸乱。这就是汉武帝比唐玄宗好的地方。

为了避免由盛而衰,由治而乱,他经常把隋炀帝、唐玄帝作为自己的鉴戒。他总结出这样一条经验:国家兴盛,在于与民休养生息;国家衰弱,必由土木兵戈所致。

(五)清圣祖爱新觉罗·玄烨的"民生安危视吏治,吏治贪廉视督抚"

康熙深知,贪官污吏的勒索和压榨是激起民变的直接原因。为了清王朝的长治久安,他十分重视整饬吏治。他采纳了"民生安危视吏治,吏治贪廉视督抚"的建议,特别注意处置腐败的高级官吏。

山西巡抚穆尔赛一贯贪酷不法,康熙对他的劣迹也时有所闻。一天,康熙向大学士勒满洪等人问询穆尔赛为官是否清正,他们竟徇私包庇,欺骗圣听,妄图掩盖穆尔赛的丑行。康熙对外官与京官相互勾结、贪赃枉法的现象早已深恶痛绝。所以在查明穆尔赛的罪行后,不仅将他革职收审,判处绞刑,还给勒满洪等人连降两级的处分。

湖广总督蔡毓荣在平定三藩时任绥远将军。接受攻打吴氏巢穴昆明的命令之后,他按兵不动。等他人攻破城池,他反而大肆抢掠本应充公的吴氏财物,然后对贵戚重臣广行重贿,将他人战功贪为己有,由此竟然升官进爵。蔡毓荣的罪行败露后,也受到了严惩。

在惩治贪官的同时,康熙多方扶持清官廉吏,大加褒扬,以起到移风易俗、扶正抑邪的作用。但在当时贪风盛行的官场上,为政清廉者实属凤毛麟角,因此康熙大树廉吏的榜样。被康熙誉为"天下廉吏第一"的于成龙就是一个受百姓爱戴的清官。早在顺治朝任广西罗城知县时,于成龙便插棘为门,累土为几,他清贫的生活和卓著的政绩一时传为佳话。康熙十四年(1675)秋天,黄州发生了严重的自然灾害,于成龙发放的赈济粮救活了几万灾民的性命。后来他离开黄州赴福建按察使任所时,几万黄州百姓送行到九江,哭声与江涛声连成一片。于成龙的廉能勤政深得康熙赞许。康熙二十年(1681),他特地在懋勤殿召于见于成龙,称他为"当今清官第一",还赏赐白金、良马、御诗等,勉励他始终如一,保持气节。于成龙自此为政更加勤勉,常常通宵达旦。他善于微服私访,升任两江总督后，属下官吏不敢为非作歹，不久江南风气大为改观。但是，深受康熙信任、政绩卓著的于成龙后来受挟私报复者陷害，被迫离任。康熙又特下诏令留任。他去世后，遗物只有一袭棉袍和一些盐豉。康熙始知于成龙的确一生廉洁，所谓后来变更素行的说法纯系欺罔之语。为官清正反遭非议，康熙感慨不已。为了使廉风发扬光大，他特地为于成龙题了"高行清粹"四个大字。

（六）清世祖爱新觉罗·胤禛的"火耗归公"

官吏的贪污有官僚队伍的素质问题，在清代还有具体客观原因，那就是官吏俸禄太薄。清朝一品官每年才180两银子，七品官45两。靠这一点俸禄连家口都养不活，还要送往迎来，年节应酬，打点上司。所以清朝官场上，地方官靠的是苛捐杂税，最主要的是征收赋税银两时加收"火耗"来充填私囊；上面的清寒的京官、省官靠的是下边各种名目的送礼来维持生活。这样一个官场，怎么能不腐败。

各级地方官员，贪污勒索的手段一般均以"火耗"为名。其所用名义是国家征收赋税为散银，上缴国库时要熔铸成银锭，因此要有损耗，应多征银两以补损，称为"火耗"。另外，征粮还有"省耗""鼠耗"等名目。"火耗"之征，各地不同，但都越来越重，有的地方一两正赋加四五钱"火耗"。雍正非常清楚，无限制地征"火耗"就是剥削民脂民膏，久而久之，非酿成大乱不可。可是如果禁止收"火耗"，各级官员又断了财路，断了生路。雍正很慎重地考虑这个问题。雍正三年（1725）五月，湖广总督杨宗仁提出"火耗"由国家规定征收数，统一征收。一部分归到省里作公用，一部分分给各级地方官。他的意见得到雍正的赞赏。

为了慎重起见，雍正命议政王大臣召集中央有关部门详加议处。讨论的结果，各执一说，雍正大为恼火，斥责他们目光短浅，不再听他们意见，雍正四年（1726）七月断然下令实行"火耗归公"。规定各地火耗征收比率依各地情况而定，只许比原数少，不许增加。所收"火耗"全部提解到省。拨出一部分作为官吏养廉银，其他用于地方公费，此法很快全国施行。各地"火耗"率皆比原额有所下降，多的由80%降到18%，如山东等省。全国各省"火耗"率普遍保持在20%以下。"火耗"归公后给各级官员发放养廉银,养廉银的数额很多,远远超过俸禄。如一品官养廉银每年有2万两,是其俸禄的100多倍;七品官养廉银亦达2000两左右,是其俸禄的40余倍。

清理亏空、火耗归公、实行养廉银三事同时进行,使官吏对小民任意加派、官场间收受规礼、贪污勒索的陋习有了很大改变,促使官僚队伍走向清廉。同时也使国库充实、地方公费充足,收到了一石二鸟的效果。

为了增加国家收入,打击不法地主官僚为逃避赋役而平均劳役、丁役,或将负担转到小农头上的情况,雍正三年(1725),雍正决定实行"摊丁入亩"制度。将丁役摊到土地上去,谁田多,谁出力役多,没田的少出役。这个办法当然是对小农有利的。自明朝张居正"一条鞭法"提出这个设想,百年来一直实行不下去,雍正决心完成它。他以明确的认识、坚强的毅力促成了这一赋役制度的大变革。从此后没有了丁役,小农负担减轻了,压抑了富户,扶植了贫民,彻底解决了丁役不均、放富差贫的弊端。从另一方面说,因土地是固定的,而人丁是流动变化的,因此丁粮合收,使清王朝的丁银收入有了保证,因此对国家亦是有利。所以这次赋税改革是一个有重大意义的历史事件。

(七)清仁宗爱新觉罗·颙琰的《义利辨》、《勤政爱民论》

长期以来,腐败堕落和吏治腐败犹如附在病体上的毒疽,蠹国害民,为患匪浅。能否使吏治改观,将是嘉庆能否扭转政局的一个关键。在整顿吏治方面,嘉庆下了不少功夫。他曾专门撰写了《义利辨》《勤政爱民论》等文章,颁示给群臣。他认为,百姓之所以敢于揭竿起来,大多是由于贪官污吏对百姓敲骨吸髓,为非作歹,官逼民反,民不得不反。有鉴于此,嘉庆在亲政之后对贪官采取了接连不断的惩治措施。湖北襄阳道员胡齐仑,在任期间经管湖北的军需供应,肆意侵蚀挥霍,亏空银两20多万,嘉庆断然将胡判处了极刑。嘉庆四年(1809),在一年的时间里,嘉庆就亲自过问处理了四五起大的贪污案件。江苏淮安府的知县王伸汉,谎报县里户口,侵吞大量赈灾银两,并毒死了要揭发其罪行的查赈官员李毓昌,然后又勾结知府王毂，狼狈为奸，掩饰劣迹。此案暴露后，王伸汉、王毂都被处死，两江总督铁保被革职流戍。这一年，总管内务大臣，广巡漕御史英纶因涉不法先后被嘉庆处以绞刑。工部书吏王书常，造假印、写假条，从户部冒领了数十万两白银，案发后被处死，有关大员禄康、费淳等人也遭到降黜。嘉庆坚持这样的原则：害民之官必宜去，爱民之言必宜用。一批为官清廉、勤勉称职的官员得到破格提拔重用，其中四川南充知县刘清就是受到嘉庆青睐的一位。嘉庆在审讯被俘的白莲教起义军首领王三槐时，得知刘清居官很得人心，百姓称之为"刘青天"。在对

清仁宗爱新觉罗·颙琰

刘清考察了一番之后，嘉庆决定将他提拔任用。刘清后来历任四川建昌道员、山西布政使等要职，并在镇压四川白莲教起义的过程中发挥了不小的作用。

怠惰偷安、萎靡不振是乾隆末期官场上普遍存在的现象。嘉庆把这点视为国家的隐忧，认为必须要加以整顿。他多次告诫臣子们应该勤于职守，克己奉公。有一次，内务府官员在处理膳房的一件小事时，敷衍塞责，拖了40天才解决了问题。嘉庆得知此事后厉声斥责这帮官员："几句话就可以了断的事情，奏折上也超不过百字，为何处理得如此拖沓？！"从嘉庆元年（1796）到嘉庆十一年（1806），直隶24个州县被侵吞白银30多万两，经过查核，发现司书王丽南等人在此期间串通舞弊，伪造印章、串票，盗取银两，活动得相当猖獗。嘉庆痛斥直隶历任督抚人员：发生了这样严重的事情，你们竟然憒然不知，形同木偶，在任期间你们都管了些什么事！最后，按照其在任期间虚收银两数目的多少，将直隶历任督抚颜检、瞻柱、胡季堂等人分别治罪。

（八）清宣宗爱新觉罗·旻宁的"澄清吏治则重于上层"

道光登基承继大统后，面对"四海秋色"的清王朝，在躬行节俭、力戒奢靡的同时，多方设法，孜孜求治，试图起弊振衰。因此，他朝思暮想并采取了一些措施整顿吏治，力图做个明君。有时也能顺应时势，支持进行些小改革。终生不忘严禁鸦片，以杜白银外流之源。但可惜的是，道光之世的大清王朝，整个官僚阶层腐朽堕落，寡廉鲜耻，大多苟安其位，以保身家利禄，极少有人顾及国家安危和百姓死活。神州大地，内里是"大乱将起，悲风骤至"，外部则西方列强乘坚船携利炮，频频叩关。终于破门而入。

中国历代封建王朝，自古就有所谓捐纳制度，即有钱便可买得官做，

清宣宗爱新觉罗·旻宁

小官则可花钱买大官。清袭古制，不过最初规定花钱买官者只给虚衔，不予实授，捐官者单有官之名号，并无官之职责，当然也无俸禄，其实是花钱买个荣誉虚衔。自嘉庆朝起，国库空虚日甚一日，而庞大的官僚机构、军需费用及治河、赈灾等处处需要开销，于是捐例大开，朝廷把卖官鬻爵看作是一大可靠财源，虚衔实缺兼卖，以广招徕。捐纳实缺和科甲出身为官者在职权、俸禄方面一般无二，只是出身不同而已。渐渐实缺不够，则又创出"候补"名号，每月在吏部抽签一次，分发到中央各部或各省听候委用。由是，凡有足够的钱，无论其人德行才智如何，均可买得官做。官既是花钱买来的，一旦走马上任，便如狼似虎，捞本赚利，加剧了清王朝吏治的败坏。道光身为皇子之时，对此就有所了解，认为官场贪污中饱，贿赂公行，皆与捐纳制度有关，称帝后即决心除此祸患。但是，在与朝廷重臣筹商废除捐纳制度时，朝臣皆以为"军需、河工、赈灾，处处需费浩

繁，时下国库收支赤字甚多，其捐纳一项，未便全废"。

面对朝廷诸臣的一致反对，道光只好作出让步，但废除捐纳的初衷未改，于道光二年（1822）颁诏谕令天下，要各地嗣后严格捐纳制度，毋得滥开捐例，"其现任官员，一概不准加捐职衔，永为定例"。道光对花钱买得官做的人，始终感到厌恶，总是放心不下。每当京官外放或地方官因故觐见，临行前他都不厌其烦地嘱令其要对捐纳出身的官员多加注意，谓"捐班之员，素不读书，将本求利，廉之一字，诚有难言。有钱不作他图，倾其所有以求为官者，居心可知。此等人物，朕实是放心不下，到任后务须从严究查，多加防范"。

在设法整顿吏治，企望起弊振衰的过程中，道光逐步认识到，"官官相护""贿赂公行"等官场之恶，在很大程度上与上头有关，因而警告官职显赫的重臣和宗室贵族，要他们时时记着乾隆朝的贪相和珅，晓谕鼓励天下臣民大胆告发侵公扰民之官，从重惩治上层不法官员。道光七年（1827），有人控告协办大学士、理藩院尚书英和的家人张天成依仗主人权势力，勾结地方官，私自抬高租息，欺压无辜百姓，肆意勒索民财。道光对此十分重视，认为张天成之所以敢横行不法，其根在英和，因此除对张天成及有关地方官依法惩处外，谕令将英和"革去协办大学士和理藩院尚书之职，夺回紫缰"（紫色的马缰系清代皇帝赏赐宗室和勋臣的一种特殊荣誉标志）。随后又令"交刑部严加议处"。对地方上一些官吏的违法行为，道光也往往追究其上司的责任。道光十五年（1835），湖南湘潭县知县灵秀，听说手下捕役有个女儿生得花容月貌，遂不择手段诱娶此女为妾，满足兽欲后，又复辗转售卖，捞获重利。后经人告发，道光大为震怒，谕令将灵秀革职，发往伊犁充当苦役，终生不许放还。此事本与省里大员无关，但道光怀疑属下不法，即是上司查审不力甚或有意包庇的结果，而上司所以如是，少不了是平时收受贿赂。于是，传谕将湖广总督、湖南巡抚及布政使、按察使，一并交刑部议处。

澄清吏治，侧重于上层，道光一直坚守不渝，即使宗室贵族、皇亲国戚亦不例外。他的这些做法虽然不能彻底挽回大清朝苟延残喘的形势，但起码也起到一些好的作用。

七、严于律己　虚心纳谏

（一）汉光武帝刘秀的洁身自爱

刘秀作为明君，从不恣意放纵、豪华奢侈。他不喜饮酒，不喜听音乐，手不持珠玉。他曾令太官（掌管膳食的官职）不要接受郡国奉献的珍馐美味。将远方异国进贡的名马宝剑，赐给骑士。汉朝自武帝以后，后宫掖庭人数达到3000之多，除皇后以外，有爵秩品级的就分婕妤、容华、充衣等14个等级。刘秀继位后，只有皇后、贵人有爵秩，贵人的待遇只有谷数十斛。此外有美人、宫人、采女三等，均无爵秩和规定的待遇。刘秀在世时要预建陵墓，名曰寿陵，特意叮嘱地面不要太大，不要起高坟，低洼处只要做到不积水就可以了，将来要像汉文帝那样，不随葬金宝珠玉。

汉光武帝刘秀

刘秀常常显示出一种恢廓大度、平易谦和的气貌。焚烧王郎文书以安人心，宽宥朱鲔以降洛阳，表示诚收以服铜马，都是常被称道的事例。建武四年（28），割据陇右的隗嚣正徘徊于公孙述和刘秀之间，到底归服哪方，犹豫未决，就派他的将军马援先后去成都和洛阳观察光景。马援自幼就被人们认为有大才，在西州很有名气，很受隗嚣敬重。但他被刘秀接见他时的气度深深打动。刘秀接见马援这样一个关系重大的使者，没有升堂坐殿，只是便衣便服，连帽子都没有戴，独自一人坐在洛阳宫宣德殿的廊庑下面，让一个宦官引导着马援去见他。他微笑着，开头就说："贵客遨游在两个皇帝之间，经多见广。今天见到贵客，深感惭愧了。"这一平易谦和的姿态，使马援感到了一种明君的魅力，他叩头说："当今的局势下，不仅是君主在选择臣下，臣下也在选择君主。"接着就说起公孙述接见他时戒备森严的情况，并说："我现在从远方来，陛下接见我连警卫都没有，就不提防我是间谍刺客吗？"刘秀又笑着说："你不会是刺客，只是个说客罢了。"这次会见，使马援觉得刘秀的恢弘大度与汉高祖刘邦十分相似，是真正的帝王之才。后来马援劝隗嚣归服刘秀。隗嚣不听，他就脱身自己归服了。刘秀恢廓大度的气概，还表现在他对待"逸民""隐士"、不驯的人物方面。太原郡（治晋阳，在今山西太原以南）多有春秋时晋国公族的后裔，他们对新的统治者常常保持一种对立情绪，或者寻机报仇，或者隐居不仕，王侯面前不肯称臣。至汉初，太原仍被称为"难化"之地。刘秀时，太原郡广武县（今山西代县南）有个叫周党的，在地方上很在名望，朝廷几次征他出去做官都不干。后来不得已，就穿着短布单衣，用树皮包着头去见朝廷大员，刘秀亲自召见了他。按礼节，士人被尊贵者召见，必须自报姓名，否则便是不尊重对方。周党见了刘秀，不通报姓名，只说自己的志趣就是不愿做官。刘秀允许了他。博士范升上书，说周党在皇帝面前骄悍无礼，却获得了清高的名声，应治"大不敬"罪。刘秀把范升的上书拿给公卿们传阅，并下诏书说："自古明王圣主都有不愿做臣的人，伯夷、叔齐就不食周粟。太原那个周党，不接受我的俸禄，这也是各自的志愿。赐给他40匹绸子吧。"

刘秀的老同学严光，字子陵，会稽余姚（今浙江余姚）人，自年轻就有高名，刘秀对他很有好感。刘秀当皇帝时，他隐姓埋名不愿相见。刘秀令人画了他的像，天下张贴寻找。后来发现他在齐国一个湖边钓鱼，三次派人才把他请到。刘秀很高兴，当天就亲自去看他，他躺在铺上不起来，也不说话。刘秀就和他躺在一起，摸着他的肚皮说："哎，哎，子陵，就不能帮帮我的忙？"还是不答应。过了好久，才睁开眼睛看着刘秀说："人各有志，何必勉强我呢？"然后又闭上了眼睛，刘秀失望，只好离开，并叹息说："子陵，决心不肯为我当臣下吗？"过后，刘秀又见他，只讲旧日的交往，不讲要他做官的事，叙谈了好几天。刘秀从容地问他："我比以前怎么样？"他回答说："陛下比以前有些长进。"刘秀和他同床共卧，他把脚压到刘秀的肚子上。刘秀坚持要他做谏议大夫，他仍不干，后隐居富春山（在今浙江桐庐）。

刘秀对于臣下的歌功颂德、阿谀奉承，常能持一种清醒的、有时是厌恶的态度，而表扬一些刚正不阿的官吏。在他的诏书中，经常说自己"德薄"，要上书者不要称赞他圣明。各郡县经常报告一些所谓"嘉瑞"事物，君臣要求史官将这些"嘉瑞"记载撰写成书，以传后世，刘秀一律不许。有一次，刘秀外出打猎深夜方归，要从洛阳城的东北门进城，掌管这个门的郅恽拒不开门。刘秀让人点起火把，并告诉说皇帝回来了，郅恽说："火光闪烁，又远远的，看不清楚。"仍是不开。刘秀没法，只好转到东城门进了城。第二天，郅恽上疏批评了刘秀一顿，说他游猎山林，夜以继日，将带领出一种不良风气，危害国家。刘秀赏了郅恽100匹布，把掌管东门的人贬为登封县尉。

（二）唐太宗李世民的以身作则

法律贯彻的好坏，关键在于皇帝的态度。贞观时期，唐太宗不但能够以身作则，遵守法律的约束，对自己的亲属和部属要求也非常严格，如触犯刑法者，严格依法处理，从不徇私枉法。

唐太宗以身作则，执法如山，在中央和地方政府中起了积极的影响和作用，使贞观初期逐渐形成了执法严肃、令行天下的好风气。社会环境安定，政府官吏都能够做到清正廉明，王公贵戚和豪族大姓都不敢违法乱纪，欺压百姓。由于法制严明，不但被判死刑的很少，犯法的也很少。在进行政治和法制建设的同时，唐太宗又致力于社会经济的恢复和发展。当时，由于长期战争的破坏和自然灾害的影响，经济破败、民户凋残。面对这种困境，唐太宗一方面大力提倡戒奢崇简，节省开支，另一方面又积极地推行轻徭薄赋、与民休养生息的政策，使农民得以逐步恢复生产，重建家园。

唐太宗提倡戒奢崇简，并以身作则。他继位后，住的宫殿还是隋朝建造的，大部分都已破旧。一般新王朝的君主都要大兴土木另建新的宫殿。但唐太宗为了节省开支，在贞观初年一直不允许修作。唐太宗还严格禁止厚葬，并要求五品以上的官员和勋亲贵族都要遵照执行。对于官员们的奢侈行为，唐太宗也严格禁止。因此贞观初年逐渐形成了一种崇尚节俭的风气，出现了一大批以节俭闻名的大臣。户部尚书戴胄，生前一直住在破旧的房子里，死后甚至连个祭祀的地方也没有。一代名臣魏徵为官一世，家里却连个正堂屋都没有。这种节俭风气的盛行，对减轻国家和人民的负担、促进社会经济的恢复和发展起了积极的作用。

在提倡戒奢崇简的同时，唐太宗又积极地推行他的轻徭薄赋、与民休养生息的政策，以促进农业生产的迅速恢复和发展。为了增强抵抗自然灾害的能力，唐太宗还大力倡导兴修水利。贞观初期，关中、河南等地原有的渠道都相继修复，并兴修了大量的排水和引水工程。这些水利工程的修建，对防旱排涝、尽快地恢复和发展农业生产起了重要的作用。

贞观初年，全国劳动力普遍缺乏，为了增加人口，唐太宗下诏规定：民间男20岁、女15岁结婚，以繁殖人口，并把婚姻和户口的增加列为考核地方官员政绩的一个标准。到贞观二十三年（649），全国户数增加到380万户，比唐高祖时代增加了180万户。

由于唐太宗采取了一系列有利于农业发展的积极措施，使社会经济很快得到了恢复。从贞观三年（629）开始，全国连续大丰收，粮价由原来一匹绢换一斗粮食，下跌到一匹绢换数十斗粮食。社会秩序迅速安定，以往成群结队的流浪灾民不见了，人民开始过上了安居乐业的生活，到贞观中期，迅速达到了昌盛阶段，出现了牛马遍野、丰衣足食、夜不闭户、道不拾遗的升平景象，成为被历代所称道的太平盛世。

贞观时期，强盛的唐王朝在当时的国际上获得了很高的声望。中国使者、僧侣和商人的足迹，遍布亚洲各国。

"唐家子"就是外国人对对中国人的统称。直至今天，西方国家的语言中，还留有以"唐人"称呼中国人的习惯。

（三）唐宣宗李忱的恭俭好善、平易近人

在历代皇帝中，唐宣宗算恭俭好善、平易近人的。宫中的侍役，他都能够叫得上名字，知道干什么差事。宫中有人生病，宣宗知道后，不但派御医前往诊视，而且还亲自前往去探望，并私下里赏赐给病人一些物品作为安慰。平时和大臣们在一起，宣宗总表现是恭恭敬敬，如同对待客人一样，但听大臣们奏事时，则严肃认真，一副威严的气势，从来没有显出过

烦躁和怠惰的神情。奏事结束后，宣宗便立刻恢复了平时那种和颜悦色、客客气气的样子，君臣之间谈些开心的玩笑，或者谈及宫中的游宴，无所不至，气氛融洽而又热烈。当大臣们退朝时，宣宗又语重心长地告诫大家说："希望你们善自为之，我常常担心你们辜负了我的期望，以至于我们君臣不能够再相见了。"宣宗这种平易近人，又威严不可冒犯的特点，使大臣们既尊敬他又害怕他。宰相令狐绚曾经对他的朋友说："我为相10年，可以称得上是皇帝最宠爱的人了，但每次上朝奏事，没有不流汗的时候。"

宣宗在位时期，很注意节俭，平时在宫中，经常穿着洗过的衣服，待上朝召见大臣时，才换上新衣服，有时甚至穿着洗过几次的衣服上朝，每天的饭菜也比较简单。以前皇帝出行，都要用龙脑（冰片）、郁金等珍贵药材铺撒地面，宣宗认为这太奢侈浪费，诏令撤掉。在宣宗的带领下，大臣们都很崇尚节俭，并在官场中形成了一种良好的风气。

宣宗在位13年，史官称他是明察慎断，用法无私，恭谨节俭，惠爱民物，具有贞观之风，可以和唐太宗李世民相媲美。从唐朝中后期的几代皇帝来看，宣宗可以称得上是一个较为贤明的君主。他在位时期，社会形势也确实有了一定程度的好转，国家安定，政治、经济等方面都得到了发展，尤其是社会经济的发展最为明显。据《新唐书》记载，大中十三年（859），国库充足，各种货物堆积如山，户部的钱币多的几乎无法计算。各州的情况也是如此，有的州积钱甚至多达300万缗。

（四）宋太祖赵匡胤意识到"吾为天下主"

在统一大局已定的情况下，宋太祖并没有志满意得、忘乎所以，更没有因此而骄逸放纵。平定南方诸国后，各国的金帛财宝源源不断地运至东京，宋太祖将其作为战备物资，全部收贮在内库，从不随意挥霍。宋太祖本来很喜欢射猎和蹴鞠，刚做皇帝那阵儿，他还常常技痒难忍，不时地邀手下的人玩上几次。这些游戏对宋太祖来说自然属于忙里偷闲，但有时玩到兴头，又难免误事。一次，他正在后苑射鸟，忽然有大臣称急事求见。可他接过奏章一看，里面说的并不是马上要办的事，不由得有些恼火，当即训斥了几句。那大臣却说:"这些事虽不是很急,但总比射鸟急些吧!"他愈加恼怒,随手抄起一把玉斧,朝那人撞去,撞掉了两颗牙齿。那人也不作声,跪在地上,将牙齿捡起来放在衣服里,宋太祖问:"你想拿这个来控告我吗?"那大臣说:"不敢!不过陛下既为天子,一言一行自然会由史官记录在案的。"这话算是说到了点子上,逼得宋太祖不得不赶紧地表示道歉。通过这件事,使宋太祖认识到"吾为天下主",一言一行至关重要,"畋游""蹴鞠"终究不是正经事,以后慢慢地就将这些嗜好戒除了。

去世前一年,宋太祖曾对臣下说:"自古为君者,很少有严于律己而无过失的。像唐太宗那虚心纳谏固然不错,但他若一直注意防止骄奢,克制自己,不犯过失,使臣下无从谏议,岂不更好!所以我自己是夙夜畏惧,防非窒欲,以防过失的。"

(五) 宋太宗赵光义的"朕决不以居尊自恃"

宋代的皇帝多注意从历史上汲取统治的经验教训,这可以说是从太宗开始。太平兴国八年(983)十一月,太宗对大臣说:"朕历览前代书籍,发现君臣之际,大抵情通则道合,所以有事皆无隐匿,言论都可采用。朕励精求治,卿等做朕股肱耳目,如果施政有缺失,应当悉心上言说明,朕决不以居尊自恃,使人不敢说话。"

太宗执政较为勤谨,为了巩固宋王朝的统治基础,他亲自挑选人才,甚至于忘了饥渴。通过召见临问以观其才,优秀者提拔重用。他对近臣说:"朕每看见布衣缙绅中有才志受推戴的,就替他的父母高兴。"太宗每天一早就到长春殿受朝,听完百官的政务汇报,就到崇政殿去处理政事。等中午,还来不及吃饭。

太宗所写的碑刻、匾额今日犹可见

宋太宗赵光义

到，他于书法旧有根底，又经名家指点，勤加练习，故有较深的功力造诣，并非单凭地位高而到处题字。有人荐举赵州隆平主簿王著在书法方面颇有家传，太宗乃召为卫尉寺丞、史馆祗候，令他详定韵篇，后又迁为著作郎，充翰林侍书。

太宗自言不喜游猎，确属事实。端拱元年（988）九月，他对侍臣说："朕每念古人禽荒之戒，自今除有司顺时行礼之外，更不于近甸游猎。"命将五坊中所饲养的鹰犬全数放生，并下诏令天下不要再来进献。淳化三年（992）十月大将折御卿进贡花鹰，太宗让人放生了。

太宗对宗教的态度基本上是宽容的。北宋开国后，为了争取南方各阶层的支持，对佛教采取保护政策，因为佛教在吴越、南唐、后蜀等南方割据小国中非常流行。太宗认为佛教"有裨政治"，因而有意提倡，在五台山、峨眉山、天台山等处修建寺庙，并在首都开封设译经院释译佛经。从太祖开宝年间开始在益州雕印《大藏经》，到太宗时雕版完成，印行了我国第一部佛经总集。宋朝建国时，各地僧徒不过6万多人，太宗时增加到24万人。太宗本人态度是重道教、轻佛教。

太宗执政总的方针是宽松敦厚。但是，为了有效地维护社会的安定，太宗在刑狱方面也亲自处理了一些案件。他下令在禁中设立审刑院。各地上奏案件，先由审刑院交付大理寺，刑部断复，再交审刑院详议裁决。审刑院不归宰相统领，直属于皇帝。太平兴国六年（981）夏四月，太宗下诏："诸州大案，长吏不亲自处理，往往胥吏旁缘为奸，拖延经年不能结案。自今长吏每五日处理一次案子，查证确实者即可决断。"为了不让全国有拖延不决的案子，于是规定办案的三种时限，大案40天，中案30天，小案10天，不须追捕而容易处理的不能超过3天。并规定，因犯如应讯问，则当聚集官属一同参与，不能委托胥吏拷掠。淳化四年（993），东京城郊有一农民到官府击登闻鼓，为的是丢失了一只猳猪，太宗听说，让人赐给那农民钱1000，偿还其猪钱。太宗对宰相说："如果像这样的小事也费气去断案，未免太可笑了。但是推此心以临天下，可以无冤民。"

太宗接受唐、五代以来宦官专权的教训，对宦官管制较严，不许他们干政。宦官王继恩曾作为剑南两川招安使，领兵平定王小波、李顺的起义，中书省建议让王继恩任宣徽使。太宗不许，说："朕读前代史书，宦官干预政事,乃国之大忌,所以历朝严禁宦官干预政事。宣徽使就是参政的开端。只能授以别的职衔。"宰相力言王继恩立有大功,非宣徽使不足以赏酬。太宗动怒,深责宰相,让别议官名,最后创了个宣政使的名目,授予王继恩。

太宗任用的几位宰相也比较正直。寇准生性刚直,有一次对太宗奏事,太宗不高兴,站起身要走,寇准拉住皇帝的衣袖,让他再坐下,等到事情议决以后才罢休。太宗感叹地说:"这人才是真宰相哩!"

(六) 清宣宗爱新觉罗·旻宁每天准令做四样菜

在饮食上,一般情况下皇帝照例每餐至少有二十几样菜肴,道光觉是这样过于靡费,常年每天多者准令做四样菜,有时则只要一碗豆腐烧猪肝,闹得管御膳房的官员们叫苦不迭,因为皇帝越是铺张,他们才越有机可乘,有油水可捞,只一碗豆腐烧猪肝,实在是无法虚报冒领。对于道光的节省,朝廷文武初时将信将疑。道光初年两次大宴群臣,凡赴宴文武官员,无不瞠目结舌,才始信其真。一次是皇后千秋节(生日),道光设宴赏赐内廷诸臣,赴宴文武都以为皇后生日,皇帝不会潦草行事,定可一饱口福。谁知道道光早已经谕令备宴官员,皇后千秋庆宴,只准宰猪两头,用打卤面招待群臣,其余概行裁减,搞得赴宴文武哭笑不得。另一次是大学士长龄平定回疆叛乱,监押叛乱首领张格尔班师回朝,道光亲至午门受俘,随后在万寿山玉澜堂摆宴庆功。此次文武百官以为平定回疆,皇上心里高兴,会好好庆祝一番。结果开宴后,群臣谁也不敢动筷,原来每张桌上只摆了几样小菜,质低量少,若一齐动手,立时就会菜光盘净,无奈只好陪着皇帝喝两盅酒了事。此后文武百官始信皇帝节俭不虚,上朝时个个都装出节俭的样子,以致颇受宠信的大学士曹振镛,当道光问其在家吃鸡蛋要花多少银子时,他竟谎称自幼患有腹胀气满的毛病,生平从未吃过鸡蛋!

道光服饰上的节俭,在历代君王中也属罕见。其改制罩衣和补缀套裤之事,为晚清士大夫广为传颂,影响颇大。清代皇帝冬季常穿珍贵毛皮罩衣,道光登基后,内务府上衣监为他准备了一件黑色狐皮罩衣。这种罩衣外皮内缎,用料内阔外狭,四周缎子衬里显露其外,称为"出风"。黑色的毛皮缀在上好的缎子面料上,显得雍容华贵,典雅庄重。道光以为狐皮是猎获野物所得,缎子为百姓辛勤制作而成,是缎子当比狐皮贵重,况且"出风"部分纯系装点好看,毫无实用。于是,他在见到那件狐皮罩衣后,即传令内务府改制,谕以四周不许显露多余缎面。清代内务府贪污中饱是尽人皆知的,道光的节俭使内务府的官员们无处下手,此次奉旨改制罩衣,以为可趁机捞点油水,遂上奏说:"改制罩衣,需银千两。"不料弄巧成拙,道光听说改制件罩衣竟要如许银子,当即改变主意,传谕谓:"改制花费既多,着暂免,此后新制,概勿出风。"随后又将此事谕知入值的军机大臣,致使京城大小官员,从此冬季穿着毛皮罩衣,十几年间不敢有"出风"者。

道光服饰不但不求华美,而且少穿新衣。特别是不显眼的衣物,更是多穿一日是一日。清人服饰以袍褂罩身,裤子极少外露。为了节省,道光长年多穿旧裤,久而膝盖处先行磨破,就令内务府差人补上一块圆形补丁。朝廷官员历经多次亲身所验,已深知皇帝节俭是实。于是,内廷大小臣工为了显示自己不负圣望,也在尽力"节俭",不管裤子真破了还是假破了,纷纷在膝盖处打起补丁来,一时套裤打掌之风大盛。

除饮食服饰外,道光在内廷后宫及外出一应所需用品方面,亦概行节省俭朴,力戒奢靡浮华。道光登基后,内务府按向来惯例为他准备了御用砚台40方,每方背面都镌刻"道光御用"四字。道光在见到内务府奏报所备御用品清单时,觉得一人如何能用40方砚台,放置不用,未免可惜,当即传谕留下两方,其余分赐内廷诸臣,并诏令此后有关地方无须再常年备制贡品砚台。笔砚为中国古代公务不可或缺之物,御用砚台有专门地方常年备制,御用毛笔也历来都是特制紫毫笔,笔管上均加镌"天章""云汉"等字样。所谓紫毫,即刚锐的紫色兔毛,为世所罕见。白居易有《紫毫笔》诗,曰:"江南石上有老兔,吃竹饮泉生紫毫。宣城工人采为笔,千万毛中选一毫。"极言紫毫之珍奇贵重。道光认为紫毫笔珍贵难得。即命此后不再征用,御用笔改换为普通臣民通用的纯羊毛或羊毛与一般兔毛相间合制而成的毛笔,同时以御用毛笔"笔杆镌字,每多虚饰",谕令以后也一律同民间毛笔一样,只据情标明其系"纯羊毫"或"兼毫"即可。如此俭朴,在历代封建帝王中，可谓如同笔中紫毫，"千万毛中选一毫"了。

道光躬行节俭，力戒奢靡，表面上也能在一定程度上影响统治阶级上层的一部分人，多少遏制了一下奢侈腐化之风的恶性发展，但终究难以实现其令满洲臣民"返本还淳"、归复祖宗盛世旧观的愿望。况且时势业已大变，传统节俭观丝毫无助于起弊振衰，大清王朝不可避免地在衰败的道路上越走越远。

八、发展文化　注重教育

（一）汉武帝刘彻的"独尊儒术"

汉初六七十年间，以"清静无为"为特点的黄老之说盛行全国，这对安定政局、约法省禁、休养生息、发展生产都起了有益的作用。但无为、放任却给诸侯王和富贾豪强以扩张势力、为非作恶的机会，从而加剧了社会的两级分化，激化了阶级矛盾。到汉武帝继位，地主阶级的统治已经巩固，社会经济有了新发展，无为而治的黄老思想已不能适应地主阶级的要求。汉武帝需要有一种进取精神较强的统治思想来代替黄老"无为"思想。而儒家学说恰恰适应了这种要求，它博大精深，具有包含政治、哲学、教育、文学、伦理各方面内容丰富，包罗万象的特点，其以"仁政"为核心的政治观和道德观，使它便于被统治阶级全面利用，尤其在升平时代以控制人民，更有适应性。

汉文帝刘彻

董仲舒适应时代的要求，提出"罢黜百家，独尊儒术"，成为这一时期新儒家的代表。他在建元元年（前140）贤良对策中提出了理论，主张：第一，罢黜百家，独尊儒术，统一思想；第二，强调大一统，加强中央集权；经三，提倡"君权神授"，把道家的道统变成封建的法统；第四，提倡儒家的仁政，同时强调法治。

董仲舒的这些主张，是从封建统治的长远利益出发提出的方案，为汉武帝集权中央、统一思想、一统天下提供了理论依据，而且有利于封建统治的长治久安，汉武帝实行"罢黜百家，独尊儒术"是很自然的。

汉武帝为独尊儒术，在全国范围内推行儒学教育体制，用儒家思想来培养封建地主阶级统治的接班人。元朔五年（前124），汉武帝接受董仲舒的建议，兴办太学。太学完全用儒家五经为课程，并设五经博士，太学生数逐年增加，到西汉末已有1万人。这些用儒家思想培养起来的人才，成为封建专制主义中央集权的最得力的维护者。除此之外，汉武帝还号召在郡国兴办地方学校。这样，儒学成为士人进身仕途阶梯，教育体制与用人制度和统一思想协调起来，天下士人为进入仕途，纷纷统一到儒家思想中来。

（二）汉光武帝刘秀的"好儒任文，以柔治国"

在总结前朝失政的基础上，刘秀确立了一套新的治国方略，其核心是好儒任文、以柔治国。

早在征战的时候，刘秀就认识到儒学的重要。所谓"未及下车，先访儒雅"。他想方设法把一些著名儒家学者拉到自己的身边，或任以官职，或冠以衔号。这样他身边很快就集中了如范升、陈元、郑兴、杜林、卫宏、刘昆、桓荣等一大批当时的著名学者。刘秀以礼相待，或听取他们的策谋，或利用他们的名望和学识从心理上威服僚属，抑制他们居功自傲、自觉无所不能的思想。

刘秀自己就是一个爱好儒学的人。当朝廷议事结束以后，经常与文武大臣一起讲论儒学经典，直到半夜才睡觉。太子刘庄劝他重视健康，保养精神，他说："我喜欢这样，不觉得疲劳。"刘秀有时亲自主持和裁决当时今文经学和古文经学的争论。自从平息隗嚣、公孙述以后，除非紧急时刻，刘秀从不讲军旅问题。皇太子曾向他问起有关攻战的事，他说："这个问题，不是你所应该涉足的。"有一次，有人上疏建议趁匈奴内部分裂而又遭到严重灾荒的机会，用几年的时间一举消灭匈奴，他坚决否定了这个建议。

刘秀如此倡导儒学，不言兵事，为的是改造他的官吏队伍，以适应由取天下向守天下转变的这一根本需要。他本来的官吏队伍多是在战争中凭军功提拔起来的。这批人善于斩将屠城，但也喜功放纵，不适用于治理地方、安集百姓。而且他们即使使用起来有些不顺手、不听使唤，甚或在某种程度上违背法纪，刘秀也不便对他们有过于严格的要求。随着战火的平息和儒学的活跃，刘秀逐渐改变了官吏队伍的素质和结构，用文吏职代功臣，功臣们交出手中的权力，离开官位，各自回到家中养尊处优。

刘秀少时生性温柔，缺少凌厉之气。即帝位以后，仍是如此。有一次刘秀回到家乡，同族的婶子大娘们见了他这个当了皇帝的侄子，接受着他的赏赐，吃喝着他设的酒宴，异常喜悦。叫着他的名字相互议论说，他小时候谨慎诚实，对人厚道，不计较小事，什么都好，只是太温柔了些。刘秀听了哈哈大笑，说："吾治天下亦欲以柔道行之。"刘秀并非说笑，他的确是要以"柔"作为治国之道。

刘秀的"柔道"，首先表现在征伐占领之后，注重安抚，不事屠戮。凡是投降的，只把他们的首领送到京城来，对小民百姓，遣散回家，让他们种地，拆掉他们的营垒，不让他们重新聚集。他主张征伐战争不一定攻地屠城，要点是安定秩序，召集流散的人口。

刘秀柔道的第二个内容是颁布了一些有利于奴婢的政令。建武十一年（35）下诏书宣布：天地之性人为贵。其杀奴婢，不是减罪；敢于用火烧烫奴婢的，按法律论罪；对被烧被烫的奴婢，恢复其平民身份；废除奴婢射伤人判死刑的法律。建武二年（26）诏书宣布：被卖的妻、子愿回到父亲身边去的，听其自便；敢拘留者，按法律论罪。建武十二年（36）及其之后的两年一再下诏宣布：自建武八年（32）以来被迫当了奴婢的，一律恢复平民身份；自卖的，不再交还赎金；敢拘留者，按《略人法》（针对当时青州、徐州一带豪强势力抢逼弱民为自己奴婢的法律）从事。

刘秀柔道的第三个内容是减刑轻税，并官省职。建武七年（31），下令京都地区及各郡国释放囚犯，除犯死罪之外一律不再追究，现有徒刑犯一律免罪恢复平民身份；应判两年徒刑而在逃的罪犯，由地方发布文告公布姓名，免治其罪，使其放心回家。建武六年（30）诏书宣布：因军队屯田，储粮状况好转，停止征收十分之一的田税制度，恢复汉景帝二年（前

155)实行的征收三十分之一的田税制度。

汉朝的官府及吏员设置在汉武帝时曾大为膨胀,庞大的官僚机构是造成汉武帝时期及以后民用匮乏的重要原因。刘秀继位后大量合并官府机构,减少吏员。在这个问题上,刘秀也表现得很有气魄,仅建武六年(30)对县及相当于县的封国进行调整,就"并省四百余县,吏职减损,十置其一"。这些措施使费用大为节省,减轻了人民的负担。

(三)北魏献文帝拓跋弘注重教育

拓跋弘自小接受汉文化的教育,对中原文明十分渴慕。也深知北魏若想在中原立足,稳固统治,就必须首先接受汉文化。因而在他继位之初,天兴元年(466)九月就下诏设置乡学,让贵族子弟及士望之流入学受业,学习儒学经典,进而培养经艺通明者,以为王府所用。后来,他又采纳了中书令高允等人的建议,让高允议定郡县学制,不仅对老师和学生有固定的名额配置,而且对师生均有资格和条件的具体规定。要求博士助教要选博通经典、忠正清廉的;学生要取在州郡中有清望、为人修谨、能循名教的。这样,就使北魏地方官学有了一套比

献文帝拓跋弘

较完善的办学体制。地方官学虽然从汉代就开始了,但一直到拓跋弘时才真正系统化。北魏设立郡县乡学,也是自拓跋弘才开始的。

由于拓跋弘采取了保境安民的宽简政策,黜贪尚廉,整肃纲纪,同时又减轻赋税,并大力兴办学校,任用汉族士人,推行教化,所以在皇兴年间,北魏出现了一个比较兴旺的局面。

(四)北魏孝文帝拓跋宏推广汉文化

拓跋宏从小就接触汉族文化,羡慕汉族文化,为人聪明,又能刻苦学

习，因而他的汉文化素养很高，他对古诗很有研究，文章也写得很好。据说他可以一边骑马一边作诗文，写成后可以一字不用改。他一生写了上百篇文章。亲政以后，他还经常和大臣们和歌作诗，并且亲自给别人改诗。有一次，他见到路旁有十几棵树，诗兴大发，立即写诗一首。然后，又让弟弟彭城王拓跋勰在离他十几步远的地方，一边向他走，一边作诗，拓跋勰果真写作出了一首诗，他非常高兴。

拓跋宏不仅自己喜爱汉族文化，还经常督导鲜卑贵族学习汉族文化。他为此还专门设置了皇子学，让王公贵族的子弟入学，学习儒家经典。在他的倡导下，鲜卑人在汉化上进步很快。有一次，拓跋宏对鲜卑大臣说："过去我们总说鲜卑人性格粗鲁，哪里读得了书呢？这句话看来是不对的。现在很多鲜卑人都能读书识字了，关键在于学不学。"由于拓跋宏积极兴办学校，征集天下书籍，进行研究和整理，使北方的文化开始出现了复兴的气象。

在拓跋宏统治时期，佛教有很大的发展。仅洛阳就有100多所寺院，和尚尼姑2000多人。整个北魏，寺院达6000多所，僧尼有7万余人。随着佛教的发展，建造了许多石窟，其中最著名的有敦煌、云冈、龙门三大石窟。敦煌、云冈石窟建立较早，龙门石窟是在太和十八年（495）开始建造的，以后历经东魏、西魏、北齐、北周、隋、唐等朝代，相继营造长达400多年。龙门石窟的窟顶及四壁都雕饰得十分精丽，佛像也塑造得非常优美。其中，宾阳中洞（也称宾阳洞）是孝文帝迁都洛阳后建造的石窟之一。洞前壁左右原有两幅大型浮雕《帝后礼佛图》，粗犷刚劲，局面宏大，是北魏风格的代表作。

在拓跋宏的重视和倡导下，北魏的书法达到极高水平，刻在墓碑上的字体，刚劲有力，气势雄厚，别具风格，后人称为"魏碑"体，直到现在还深受书法爱好者的重视和喜爱。

（五）后周世宗柴荣著作立说

柴荣的政绩不仅表现在政治方面，还表现在文化事业方面。在整理历法、刑律、音乐等方面他也做了有益的工作。柴荣曾请精通历数的王朴修订历法，制成《显德钦天历》，并颁行使用，取代了以前各种混乱不堪的历法。柴荣还命群臣编订名为《大周刑统》的新法律，颁布施行。柴荣又请窦俨考正雅乐，王朴也通音乐，柴荣时常亲自和王朴讨论有关问题，使失传多年的唐代音乐得以恢复，并流传到宋代。柴荣还开设史馆，显德三年（956），他命令史臣张昭等修编太祖郭威实录，并修编了后梁末帝朱友贞、后唐闵帝李从厚与末帝李从珂的实录，填补了多项空白。柴荣还下诏搜求遗书，使散落民间的典籍得以保存于国家史馆；组织文士校勘唐朝陆德明所著《经典释文》30卷，雕版印行于世。柴荣当皇帝的时间并不长，他在日理万机、戎马倥偬之际，尚能注意发展文化事业，这在五代皇帝中是极为罕见的。

（六）宋太祖赵匡胤的"乱世用武，治世用文"

宋太祖继位之初，就下令修复孔庙，开辟儒馆，延用耆学名儒，以劝励教化。针对五代时期文教不兴、学校荒废的情形，他下诏拨款增修国子监学舍，当国子监开学讲书之日，他很高兴地派人送去美酒、苹果以示祝贺。

随着文教的振兴和开科取士的增多，大批文人进入统治集团。宋太祖认为，乱世用武，治世用文，对这些文臣再也不能像五代时期那样只是当作点缀摆设，而应切实发挥他们的作用。

随着对文臣的重用，统治集团内部的那种畸形的文武关系得到了调整。原来那些骄横跋扈、视文臣为无用，甚至一言不合就要"砍杀"宰相的武将们不但见了宰相都要恭恭敬敬地唱诺问候，而且自己也在宋太祖的劝告鼓励下，学着文臣的样子读起书来。

宋太祖的"重文"是针对五代的"轻文"而言的，目的是要改变那种由武臣独擅政权的局面，进而扩大专制主义中央集权的统治基础。所以在"重文"的同时，他并不歧视武将。当然，在宋初君主专制极度强化这样一个大气候下，无论文臣也好，武将也好，其权力都不能不受到影响。

总之，尽管宋太祖的"重文"政策在以后曾被其子孙奉为"祖宗成规"而代代相传，以至形成了"重文轻武"的风气，但在宋太祖时，情况却并不如此。他"重文"但并不"轻武"，无论文臣武将，只要"有一材一行可取者"，都予以擢拔和使用，"天下无遗材，人思自效"，其专制统治的基础是广泛和稳固的。

这样，一方面是调整中央与地方、君主与臣下的关系，使地方的行政、财政、军事等等各方面的权力不断地向中央集中，最后又集中到皇帝一个人手中，形成了至高无上的君主集权制；另一方面又开科取士，重文用武，广罗人才，扩大了这一专制统治的基础。

（七）宋太宗赵光义喜好读书

宋太宗是自五代以来第一位非武人坐天下的皇帝。他继位之初也重武，是因为当时形势需要他继承太祖国的统一大业，既然武运不昌，遂转而重文。太宗在多次伐辽失败后，失去了往日的锐气，但文治方面，他的确有很多独到之外。他开创、修补、完善了宋朝的各项典章制度，使之在自己在位期间基本成为定制，为宋朝奠定了政治、军事、文化、经济各方面制度的基础，使其不至于像五代各朝那样短命。两宋之人多言"祖宗之法"，这"祖宗之法"即是指宋太祖宋太宗而言，其中太祖法度主要在于军事、政治方面，而太宗除了对太祖法度做了进一步完善外，又着重在文化、经济等方面建立了一整套法度规范。

科举制虽始于隋唐，但真正完善是在北宋。到宋初，门阀制度不复存在，科举向文人知识分子广泛开放，"家不尚谱牒，身不重乡贯"，只要文章、诗赋合格，都可录取。宋太宗扩大了取士的规模，每次科举考试录取的进士数额远远超过唐代及宋太祖时。太宗还促进科举取进士日趋严密、完善。宋太祖开宝六年（973）以后，殿试成为定制。太宗进一步规定，殿试后在殿前"唱名"，由皇帝分别赐予"进士及第""进士出身""同进士出身"的功名。太宗时实行考卷糊名弥封法，有效地防止了考官利用试卷作弊。宋太宗还严格科举考试，亲自复试。

太宗十分重视发展文化事业。五代以来，昭文馆、史馆、集贤院为三馆，在石长庆门东北，仅有小屋数十间，而且"湫隘卑庳，仅庇风雨，周庐徽道，出于其旁，卫士驺卒，嘈杂其旁"，条件很差，三馆每逢受诏撰述，都是移到其他地方。太祖时期，也没有什么改善。太宗继位的第二年，亲到三馆视察，看到这种状况，对左右侍从慨叹道："这哪里能够蓄天下图书，待天下贤俊？"当即下令另选左升龙门东北东府地为三馆新址。命中使督促工匠，晨夜兼作。三馆的栋宇殿阁，都是太宗亲自规划的，其精美壮观，可与皇宫的建筑媲美。一年后工程竣工，定名为崇文院。到太宗晚年，崇文院及秘阁的藏书已经十分丰富。太宗颇为"自负"地对大臣们说："朕继位之后，多方搜拾，抄写购求，今方乃数万卷，千古治乱之道，并在其中矣。"

在广泛搜求图书的同时，太宗先后组织一批文人编纂了几部大型类书。太平兴国二年（977）三月，刚刚继位几个月的太宗就命翰林学士李昉、扈蒙等10多人编纂《太平广记》与《太平御览》等书。由于年代久远和朝代的更替，宋太宗时期收集的绝大部分图书今已佚失，但当时编纂的《太平广记》《太平御览》和《文苑英华》这三大部书却留传下来，因而许多古代文献的内容赖以保存。宋太宗敕编纂的这三大部书，成为后人研究中国古代历史、文学的宝贵资料。

太宗好读书，这是五代以来帝王中少有的，这与太宗的父亲赵弘殷有关。赵弘殷和其长子赵匡胤都是介胄武人，然而这个军人家庭却希望日后有个读书知礼之人。赵弘殷当年总兵淮南时，攻破州县先不取财物，总是设法搜求古书，交给匡义，并不断督促他学习。匡义因此精于文业，而且多有艺能。他会作诗，通音律，擅书法，喜对弈。太宗到崇文院读书，常让亲王和宰相们一同翻阅，并亲自解答书中的疑难问题。有时还召降王李煜等前来参观。太宗指着汗牛充栋的图书对南唐后主李煜说："听说你在江南好读书，这里的简册，有许多是你的旧物。近来还读书吗？"李煜满怀亡国之痛，唯有顿首逊谢而已。淳化三年（992）九月，太宗想让武将见识一下文儒之盛，召马步军都虞候傅潜、殿前都指挥使戴兴等人到秘阁纵览群书。

（八）金太宗完颜阿骨打重视文化发展

阿骨打对于文化事业非常重视，他曾诏令创制了第一种女真文字。金建国前，女真人还没有文字，他们记事、传令、命名用"信牌"，作战时有专门的人从事口头传达命令，称作"闸剌"，非常不方便。立国后，阿骨打马上下令完颜希夷创制文字。完颜希夷是欢都的儿子，他仿照汉人的正楷字，结合本国语言，创制了女真文字，天辅三年（1119）八月，文字制成，阿骨打下令全国颁行，这种文字在历史上称为"女真大字"。阿骨打还注意学习汉族的先进文化，重用汉族知识分子。天辅二年（1118），就曾经下诏，凡是博学雄才的汉族知识分子，一定选送京师。阿骨打还注意收集各种书籍，天辅五年（1121），在完颜杲等进攻辽中京的前夕，阿骨打就指示他们，如果攻克中京，所得礼乐仪仗、图书文籍，一律运往京城。

金太祖完颜阿骨打

在长期的实践中，太宗渐渐体会到，金玉之利是有限的，而书籍之利则是无穷的。所以在他执政期间，特别重视科学文化事业的发展，注意文化典籍的搜集整理工作。

（九）明成祖朱棣授命编纂《永乐大典》

永乐元年（1403）七月，成祖授命解缙组织编纂《永乐大典》。他要求书的内容务求详备，凡有文字以来的经、史、子、集，以至于天文、地志、阴阳、医卜、僧道、技艺之言都要收罗进去，毋厌繁浩。根据成祖的旨令，解缙于永乐二年（1404）十一月将类书初稿编纂好。成祖审阅后，认为取材不够完备，下令重修。同时加派人员与解缙一起监修。同时降旨礼部，选拔内外官员、全国宿学老儒及著名学者充任纂修，选派生员充当缮抄员。这样，先后调集了3000多人，用了4年的时间，终于完成了这部拥有22937卷、约3.7亿字的当时世界最大的类书的编纂任务。成祖阅后十分满意，赐名《永乐大典》，并亲自作序，命人抄写了两部。惜1900年八国联军入侵北京时，此书大部遭焚毁，剩下的也多被劫走。

第二部 其亡也忽焉

衰必则有因。统揽千古历史，大凡一个王朝的衰亡必有主观、客观方面的其因。就主观方面而言，大概有：腐败亡国，淫乐伤身；残暴专横，众叛亲离；宠奸任佞，残害忠良；后宫干政，宦官猖獗；迷信仙道，亡国伤命等六个方面。现举例概述如下：

一、腐败亡国 淫乐伤身

（一）汉成帝刘骜纵色殃及子孙

汉成帝纵情声色，奢靡无度，生活相当腐化。早在为太子时，他就"耽于酒色"。继位后，更有很多荒唐之事。他在位的后期曾好为微行，经常带侍从10余人，便服出入市里。还曾置私田于民，蓄私奴车马于北宫。以至于许多大臣都为此感到痛心和失望。谷永等人曾数次进谏，但他一意孤行，根本不听。

成帝共立了两个皇后：一个是许皇后，一个是赵皇后。许皇后系元帝

汉成帝刘骜

时大司马车骑将军平恩侯许嘉之女。成帝为太子时，即由元帝选配成婚。许妃曾生有一男，后来夭折。成帝继位不久，许氏立为皇后，生一女，又夭折。这位许后其人聪慧，善史书，长期为成帝专宠。为使成帝早日能有继嗣，王太后及王氏诸舅对她这种专宠越来越表示不满，借机贬抑，使其渐渐失宠。到鸿嘉三年（前18），皇后的姐姐许谒为媚道，诅咒后宫怀孕的王美人及帝舅王凤，事发觉，许皇后受牵连被废处昭台宫，在位共15年。

许皇后被废后，赵皇后继位。赵皇后号"飞燕"，本长安宫人，后为阳阿公主家舞女，因身轻善舞，故号为"飞燕"。成帝微行，至阳阿公主家，被她婀娜多姿的舞姿所吸引，便召入宫中。以后听说其妹貌美，又召其妹入宫，二人均封为婕妤，贵倾后宫。这时许皇后已失宠，为了登上皇后宝座，赵氏姊妹参与了对许皇后的陷害。许皇后被废，飞燕立为皇后，其妹被立为昭仪。赵皇后姐妹以后10年间始终受宠于成帝，但也始终没有生子。为维护其专宠，她们对后宫有子的嫔妃极力摧残，以至"生子者辄杀，坠胎者无数"。成帝死后，赵皇后被尊称为皇太后。尽管当时大臣都要求废黜赵氏，但由于赵皇后曾力主策立哀帝为太子，于哀帝有私恩，因而只是迫令其妹赵昭仪自杀，哀帝仍然尊她为皇太后。一直到哀帝去世，王莽执政时，以太皇太后的名义废赵氏为庶人，才被迫自杀。

（二）汉灵帝刘宏卖官鬻爵，官逼民反

对于大夫集团与宦官集权的斗争，年少的灵帝有些茫然。宦官曹节等指控"党人"图谋不轨，皇上御览奏章，竟不知道何为"不轨"。后来，他年龄大了些，知道帝国的权柄把持在身边的宦官手里，自己不过是个傀儡，但他处之泰然。他常常对人说："张常侍是我爹，赵常侍是我妈。"张常侍者，宦官张让也，赵常侍者，宦官赵忠也。宦官竟成了皇帝老子的衣食父母！他对权柄不感兴趣，心甘情愿地交给宦官把握着。

谁都不会想到，这位荒唐皇帝喜欢的是买田宅。刘宏原是个侯爵，家境不丰。被迎立为皇帝后，富有天下，人、财、物全是他的。但他觉得还是应当像作解渎亭侯时那样，置买点田地房宅。于是，他把搜刮来的钱财

拿回河间老家去买田宅、起第观。还剩下一些，就分别寄存在宦官们的家里，一家存上几千万。有个叫吕强的宦官觉得堂堂天子还置买田宅，不成体统，就上疏劝谏说："天下的万物都是陛下的，陛下至尊。不宜置买私田、私宅。"灵帝看了吕强的奏疏后，扔在一边，不予理睬，依然故我。

除了置买田宅外，灵帝还想着法子玩：他用4匹白驴驾车，躬自操辔，在御苑驱驰。达官贵人竞相仿效，一时间驴子备受青睐，身价暴涨，驴价等于马价；他给狗戴上文臣戴的进贤冠，佩上绶带，逗它们玩；他又异想天开地在后宫中设置了一个市肆，让宫女们贩卖物品，互相盗窃争斗。他自己则脱去龙袍，换上商人的服装，在市肆中饮宴取乐。

汉灵帝刘宏

府库挥霍尽了，灵帝便在西园悬出卖官的公开价格：二千石官，交钱2000万文；四百石官，交钱400万文。县令、县长，当面议价。缺有好坏，价有高低。到富庶地方去的，交现款；贫穷地区，先议好价，到任以后加倍交纳。这是公开的。还有"黑市"交易：三公，1000万钱，卿，500万钱。除了皇帝这个位子不卖外，其他官位都可以拿钱买。有个名叫崔烈的人，是冀州名士，官至九卿，他通过灵帝的傅母交上500万钱，买得个司徒。在授他司徒那天，百官齐会。灵帝回头对他的一个宠臣小声说："这官卖亏了。当初该要他1000万！"

后官逼民反，引起黄巾大起义。灵帝34岁就结束他短暂而荒唐的一生。

（三）三国魏明帝曹叡贪色绝后

曹叡继位后，在治国平天下方面有点作为，但他作为帝王也有明显的缺点，这就是追求享乐，尤其是对建筑宫殿的狂热。他刚刚继位，就在邺城（今河北临漳西南）给母亲甄氏建筑墓园。以后又命令修建其他宫殿，并多次命司徒王朗前往视察工程进度，看到老百姓生活十分穷苦，又劳民伤财，王朗便上疏劝阻说："如果有远大的志向，就必须省略眼前的享受；全力对付外国的时候，就必须注意国内的节俭。而今，建始殿前面，足够容纳朝会时的文武百官；崇华殿后面，足够容纳宫廷妃妾；华林园、天渊池，也足够摆设宴席，游乐欢宴。现在应专心劝导耕田，重点发展农业，并加强军事训练，这样就会使人民富庶，兵力强大，敌人自然臣服。"明帝并不以为然，不仅不停原有工程，又下令在洛阳修建皇家祭庙。

太和六年（232）七月，明帝又整修许昌宫，兴建景福殿、承光殿。之后，又在洛阳兴建洛阳宫，造昭阳殿、太极殿，筑总章观。又命令马钧监造崇华殿、青霄阁、凤凰楼、九龙池。众多的民夫被征调到洛阳服役，使得土地无人耕种，大片荒芜。司空陈群上疏劝阻，明帝却说："帝王事业和帝王宫殿应该并行，等到把敌人消灭之后，工程也好了，天下就真太平了。"因此宫殿的兴建仍继续进行。百姓劳役不断，怨声载道。少府杨阜上疏说："陛下只管自己的快乐舒适，只关心自己的宫殿楼台，势必招来朝廷倾覆、国家灭亡的灾难。"中书侍郎王基、侍中高堂隆的上疏，措词也很激烈。明帝对这些忠直言论，虽然不能完全听从，但也能宽大包容。他曾下诏说："我最关切的就是宫殿能不能按时完成，督办这项事情的官员，一定要尽心尽力。"有时，因宫殿工程在时限内没有完工，明帝亲自召见监督宫殿工程的官员查问，官员们还未陈述完原因，便被卫士举刀砍死。可见明帝把宫殿的修建看成是最为重要的大事。

为了出游的方便，他又指使马钧造成指南车，他乘车随意游幸，遇到中意的美女，即叫上车，拉回宫中，致使宫中的美女有数千人之多。后宫的费用几乎与军费相等。明帝沉迷在美女阵中。选拔了读书识字的美女6人担任女尚书，授权给她她处理政府官员呈报的奏章，认为可行的，就代替皇帝批准。在他专宠郭夫人之后，整天在一起取乐。皇后毛氏有怨言，立即被他赐死。

由于他肆淫不已，虽到壮年，还未得子。廷尉高柔上疏说："这恐怕与皇宫里后妃姬妾数目太多有关。我愚昧地认为，只需要选择少数端庄贤淑的美女留在宫中，其他的都遣送回家。使陛下得以休息静养，清心寡欲。如此，才能多子多孙。"明帝回答说："你分析得很清楚，其他的事情，也望你进言！"但是，他并没有按照高柔说的去做。为使皇位有人接替。他于青龙三年（235）从宗室中领养两个儿子，一个名芳，被立为齐王，一个名询，被立为秦王。

由于明帝荒淫无度，虽只有30多岁，却已骨瘦如柴，疾病缠身。景初二年（238）十二月的一天夜里，听着屋外凛冽的北风，身患重病的明帝感到一阵恐惧。忽然，一阵冷风，吹灭了宫灯，从此，他病情日益加重，卧床不起。这时，明帝想到曹芳、曹询年纪还小，不能理政，十分为身后之事担忧。认为只有用靠得住的人辅政，才可以放心离去。经过一夜考虑，明帝决定命曹爽、司马懿共同辅政。

明帝令仆役拿着手令，前往征召司马懿。这时，司马懿正行进在前往关中的路上。燕王曹宇认为关中的防务极为重要，下令让司马懿平定辽东后再返回长安。司马懿先后接到两种不同的命令，怀疑京师发生了政变，于是，紧急上路，日夜兼程，赶回洛阳，当他入宫觐见时，明帝已是生命垂危了。他握着司马懿的手说："我强忍不死，就是等你。我把后事托付给你，由你跟曹爽辅佐幼儿，能够相见，虽死无憾。"接着，把曹芳、曹询叫到床前，拽着曹芳对司马懿说："就是他了，你要看清楚，不要弄错。"司马懿上前说道："陛下放心，先帝不是也将陛下托付给了我了吗？"明帝听后，放心地说道："你愿意辅佐他就好了。"于是，便让曹芳上去紧抱司马懿的脖子。这一幕动人的托孤场面，使在场的官员都掉下了眼泪，当天，明帝便离开了人世。他哪里知道这个司马懿就是曹魏王朝的掘墓人。

（四）三国吴乌程侯孙皓淫乱亡国

孙皓，字元宗。父孙和，祖孙权。吴景帝孙休时，被封为乌程侯。孙皓荒淫好色。当初，以张布女儿为美人，甚见宠爱。一天，孙皓故意问张美人："你父亲到哪儿去了？"因张布原被孙皓所杀，张美人愤而答道："被奸贼杀死。"皓大怒，命人以木棒将其捶死。后来，孙皓又思恋张美人美貌，命人刻制她的木像，整天放在座位旁边。有一次，皓追问左右："张布还有女儿吗？"有人报告，尚有一女儿已出嫁。皓马上命人将其抢夺入宫，对其大加宠爱，拜为左夫人，昼夜与她欢宴，不理朝政。皓又命工匠以金子制成各种首饰，数目以千计，命宫人戴着这些首饰摔跤相扑，孙皓等观以为乐。这些首饰往往早晨戴上，晚

吴末帝孙皓

上就坏，坏了马上更换另作，再加上工匠趁机偷盗，吴国库藏为之一空。

　　孙皓并未独钟于左夫人张氏。昭明宫内姬妾如云，人数不下数千，佩皇后印玺者也比比皆是。孙皓犹不厌足，又使宦官巡行各州郡，采择无已。孙皓规定二千石以上大臣女，都要每年报名，年龄在15岁以上者要一一挑选，不中方许出嫁。

　　孙皓整日沉湎于酒宴，长醉不醒。每次酒宴，孙皓都要令侍臣任意嘲弄公卿大臣，以为笑乐。皓又逼令参加酒宴的大臣必须喝个尽醉。他设立黄门郎10人，终日站立，专门检司众公卿酒后之过失。罢宴之后，黄门郎即刻禀报，哪怕酒后胡言乱语、或略有失礼之举者，无不一一禀报。甚至若有人平视孙皓，亦成大罪。原来，孙皓最恨别人看自己，所以群臣觐见，都不敢平视。而酣饮之后，谁能保证不看孙皓一眼？于是，因酒醉失态获罪的官员不少，重者大加威刑，轻者也以此获罪。

　　孙皓还命人将水流引入昭明宫内，后宫姬妾们若有不合意的，马上杀戮，用水冲走。孙皓杀性一起，或剥人的面皮，或凿人的眼睛，残酷之极，亘古未有，加上他宠信奸邪，残害忠良，屡兴劳役，众庶皆苦。所以，到了吴国末年，已是国无宁日、上下离心了，孙皓也已成为众叛亲离的孤家寡人。

　　吴天纪三年（279）冬，西晋派大军分六路向东吴进攻，而吴国朝廷

内早已人心涣散,军队又久未征战,一触即溃。晋军所至,吴军防线立刻土崩瓦解,几乎没有抵御之人。翌年三月,晋将王濬率军攻到建业。孙皓见大势已去,只得自缚双手,带着棺材,率百官到王濬大营中投降。晋军即派兵将孙皓一家押至晋都洛阳。晋武帝司马炎封孙皓为归命侯,赐田30顷,岁给谷5000斛,钱50万,绢500匹,绵500斤,孙皓便开始了亡国之君的屈辱生活。在吴将亡之前,孙皓曾给其舅何植一封信,承认:"现在国土不守。不守者,不是粮不足,城不固,乃是将士背战。将士背战,孤之罪也,并非天亡东吴,是孤所招也。"皓又给群臣书道:"我自继位以来,思虑失中,多所荒替,旁边有奸佞之人,残暴酷虐,朝廷有忠烈大臣,皆被杀害。我错暗不觉,倾覆社稷。"最后他哀叹道:"覆水不可收,我还有什么话可说呢?唯有投笔而已!"孙皓亡国之后,有何反思,史无明载,但即使悔悟也为时晚了!就这样,孙皓在洛阳过了将近4年苟安日子之后,终于病死,结束了一生。

(五)晋武帝司马炎穷尽奢侈,立痴儿

公元265年,在洛阳的一处宫殿里,一个新皇帝正在接受曹奂的禅让,这个新皇帝就是司马炎。本来以俭约清廉著称的司马炎,灭吴后生活上开始奢侈起来,日子不长,司马炎就完全成了一个被物欲、色欲所支配的昏君。他为了表达自己的孝心,开始大规模修建祖先的陵庙,12根巨大的铜柱皆镀以黄金,饰以明珠,所用石料都是从遥远的地方运到洛阳的,耗费的民力令人惊叹。司马炎为了满足自己的色欲,在灭吴这年,又收留了孙皓宫中5000多宫女,以至于后宫超过1万人,因为人数太多,他只能驾着羊车漫游,一些想接近皇帝、一睹天颜的后妃,便在门前插上竹叶,

晋武帝司马炎

并撒上盐巴，使贪吃的羊走过自己的门前时能够停下。

面对司马炎荒淫昏庸的行为，朝中有人感到不满。有一次，司马炎率群臣到洛阳南郊祭祀，礼毕，他问司隶校尉刘毅："我能和汉代的哪一个皇帝相比？"以他当时的想法，以为刘毅一定会说出一个响亮的名字，谁知得到的回答是"可以和桓帝、灵帝相比。"人人都知道桓灵之世乃是东汉王朝最墨暗的时候，司马炎不能不感到吃惊，因此问道："怎么会是如此地步？"刘毅毫不掩饰地说道："桓帝之世虽卖官鬻爵，但把钱留给官府，陛下如今卖官鬻爵，却中饱私囊。"面对这个耿直的臣下，司马炎只得自嘲说："桓灵之世听不到你这样大胆的言论，而现在我身边却有你这样的直臣，可见我比桓灵二帝贤明。"

本来自魏明帝后，社会风气就趋于奢侈，现在司马炎又推波助澜，于是，上行下效，西晋的朝野顿时掀起了一股奢侈之风。朝中的权贵自不必说。太尉何曾即以奢侈著名，他的帷帐车服穷极绮丽，厨膳滋味过于皇室，虽然在饮食上日费万钱，犹言无处下箸。而尚书任恺的奢侈更超过何曾，每顿饭就要花去万钱。有一次司马炎到女婿王济家做客，侍宴100多个婢女都穿着绫罗绸缎。菜肴中有一道乳猪，味道鲜美异常，司马炎向王济打听烹调的方法，王济悄悄对他说："这猪用人乳喂养，又用人乳烹制的。"司马炎听后很不舒服，没等终席就走了。在这种情形下，人人以夸富为荣，个个以斗富为乐。但令人触目惊心的是，有时这种豪奢还和残忍结合在一起，石崇是当时有名的富豪，他宴请客人时总让美女敬酒，如果客人饮酒不尽，便将美女斩首。有一次，他请王导、王敦兄弟赴宴，王导知道石崇的规矩，虽不能饮，但尽力支撑，而王敦却不以为然。石崇一连杀了三人，王敦还是神态自若，不为所动，王导责怪他，他却说："石崇杀自家人，于您何干？"就是这个石崇，他家的厕所也与众不同，建造得如闺阁一般，一次，散骑常侍在他家做客，需要解手，仆人把他带到一间挂着锦乡帐幔、布置豪华的房屋，见一些侍女捧着香囊站在两边，以为走进了内室，吓得退了出来，向石崇道歉，但石崇告诉他那就是厕所。前面说过的王敦也闹过个笑话，有一次他在公主的住处解手，发现旁边有一盆香枣，便吃了，事后才知道，那是为了除臭塞鼻用的，这位驸马因此遭到了宫女的哂笑。

当年雄姿英发的司马炎，由于纵欲纵乐，很快就体虚力亏，朝不保夕了，于是继承人的问题成了朝野瞩目的大事，各种政治力量为了不同的目的，再一次展开了角逐。按照封建时代立嫡以长的遗规，司马炎的长子司马衷在9岁，即泰始三年（267）时就被立为太子，但他天生就是一个白痴，言谈举止时常惹人嘲笑，立这么一个白痴儿子做太子，司马炎不是没有过顾虑。还在伐吴时，司马炎即已考虑这个问题，有一次他问张华："我的后事可以托付给谁？"张华毫不犹豫地回答："要论才华和亲属关系，当然是齐王司马攸。"张华的回签当然不会使司马炎满意。我们且不说他和司马攸那场争夺王位的斗争就足以使他把司马攸排除在外，就是出于亲缘关系，他也会在自己的后代中做出选择。司马炎终于发现了一个亮点，有一次，宫中失火，司马炎站在城楼上观望，这时，司马衷5岁的儿子拉着武帝说"夜间危急，不应让光亮照到皇帝的身上。"司马炎感很惊奇，本来近乎绝望的心中燃起一股希望，于是他把全部的赌注押在了这个尚在孩提时代的皇孙身上，最终还是选择了司马衷这个白痴做皇位继承人。太熙元年（290）三月，司马炎病笃，四月，这位风光一时的开国皇帝便与世长辞了，终年55岁，葬于峻阳陵，庙号"世祖"。他立的这位白痴皇帝其作为不言可知了。

（六）后燕昭文帝慕容熙贪色丧命

十六国后燕燕元元年（384），58岁的鲜卑族领袖慕容垂生下慕容熙，即后来的昭文帝。慕容熙与丁太后有私情，丁太后对他的继位有过帮助，刚继位时对丁太后感激不尽，经常与她共枕同欢。但仅过一年，慕容熙又看上了中山尹苻谟的两个女儿。苻谟的大女儿叫娥娥，小女儿叫训英，都是绝世美人。娥娥被立为贵人，训英被立为贵嫔。有了这两个美人，慕容熙自然冷落了丁太后。丁太后牢骚满腹，和侄儿丁信商量打算废掉慕容熙，改立慕容渊为皇帝。慕容熙听到风声后，对他们毫不留情，全部杀掉。

慕容熙是一个只爱美人不顾江山的昏君。光始三年（403），慕容熙为了讨新立的皇后训英的欢心，特意在龙腾苑为训英建造了逍遥宫、甘露殿，开凿了曲光海、清凉池，开挖了天河渠，引水入宫。时值盛夏，士兵们为了按时完工，在高温酷暑下也不得休息，一多半人活活热死。光始七年（407）三月，慕容熙又为训英建造了承华殿。为了建得高大，慕容熙命令民工从北门背土，由于路途远，土的价格很高，竟和谷价相等。典军杜静实在看不下去，拉着棺材去劝谏慕容熙，慕容熙还没听完，就把杜静杀掉。慕容熙对娥娥、训英百依百顺，言听计从。姐姐俩喜欢游玩，慕容熙就陪伴她们东游青岭，南览沧海；她们在夏天想吃冻鱼，冬天想吃只有二月、八月才能采摘的地黄，慕容熙也让人采办，如果找不到，就把办差的人通通杀掉。光始四年（404）七月，娥娥患病，慕容熙到处为她寻医找药。龙城人王荣自吹能为娥娥治好病，慕容熙便把他请到宫中，治了没有几天娥娥就一命呜呼。慕容熙悲痛欲绝，将王荣肢解后又点火焚尸泄恨。

训英在享尽了人间的富贵荣华之后，于光始七年（407）四月也跟着姐姐离开了人间。对于训英之死，慕容熙如丧考妣，一手抱住训英的腰，一手抚摸着训英的脸，泣不成声地说："皇后啊皇后！你的身体已经冷了，你的气也断了！"哭着哭着，突然昏倒在地上，过了许久才苏醒过来。苏醒过来时，大殓已毕，训英尸体已被绫罗绸缎紧紧裹住，慕容熙竟丧失理智，将尸体剥光奸淫。

正当慕容熙哭得死去活来，不知哪位大臣提醒他赶快为皇后营建陵墓。慕容熙如梦初醒，火速下令由公卿到平民全部出工建墓。慕容熙对监工的官吏有气无力地说："好好建着，以后我将随皇后到墓中去。"听到的人都认为这是不祥之兆。此墓叫徽平陵，周长达几里，耗资成百上万，墓内绘有朝官的画像。三个月后，陵墓完工，开始为训英送葬。灵车非常高大，从皇宫北门无法出去，慕容熙下令毁掉北门让车通过。老人、长者见状，十分惋惜地说："慕容氏自毁北门，这是后燕亡国的先兆。"

慕容熙对皇后确有感情，他光着脚，踩着碎石，披头散发，跟在灵车后面，泪流满面地向墓地走去。

就在慕容熙为皇后大办丧事的时候，受慕容熙通缉的原后燕中卫将军冯跋及其弟侍御郎冯素弗已从深山老林潜回龙城，密谋消灭慕容熙。待慕容熙出城为皇后送葬，冯跋说服慕容宝的养子高云关闭了龙城的所有城门。

中黄门赵洛生马上奔向墓地给慕容熙报信。慕容熙听完赵洛生的汇报后，漫不经心地说"这些都是鼠盗之辈，无须大惊小怪，看我回去摘下他们的脑袋！"说完，拢好头发，披上战甲，跨上战马就往龙城疾驰。傍晚时分慕容熙到达城下，见大门已经关闭，便集中力量攻打别门，结果怎么也攻不开，只好宿于门外。次日一早，高云在冯跋的拥戴下即天王位，慕容熙败退入龙腾苑躲起来，几天后被人抓获，送给了高云，当天就被高云杀死。

（七）刘宋前废帝刘子业荒淫亡命

早在继位之初，刘子业即纵欲玩乐。可是慑于太后和老臣的威严和诤谏，尚不太放肆。杀害刘义恭等顾命大臣后，刘子业放心大胆，恣情享乐。他常率领亲信出宫游玩，再也无人敢加以劝阻。沉庆之因告发柳元景等之功，成了刘子业的宠臣，得以同辇陪驾出玩。同车的还常有刘子业的姐姐山阴公主。山阴公主，名刘楚玉，与刘子业为同母所生，嫁给驸马都尉何戢。公主淫荡无度，对自己的生活很不满意。一次，她厚颜无耻地对刘子业说："妾与陛下虽说是男女不同，但俱是托体于先帝。陛下六宫万数，而妾唯有驸马一人，

前废帝刘子业

事情太不公平。"刘子业听了，哈哈大笑："区区小事，有什么不好办的！"于是下令，选取貌美风流的男子30人为公主的面首左右，又为其晋爵会稽郡长公主，秩同郡王，让她享受与皇子相同的待遇。公主犹不满足，她见吏部郎褚渊长得漂亮，遂起邪念，央求刘子业允许让褚渊为她的侍从。

褚渊侍奉公主 10 多日，多次遭其逼迫，万般无奈，只好苦苦哀求，誓死不从，方才得免。

刘子业比她的姐姐更荒唐。他的后宫里有位"谢夫人"，实际是他的姑姑，文帝刘义隆第十女刘英媚。刘英媚为新蔡长公主，嫁给宁朔将军何迈，后被刘子业偷偷纳于后宫，对外则荒称公主去世，将一宫中婢女的尸体送往何迈府第殡葬。刘子业自以为这一移花接木之术很高明，却哄骗不了何迈。何迈素豪侠，府中多养死士，他积极密谋，准备待刘子业出游时起兵将其废掉，另立刘骏第三子晋安王刘子勋为帝，但不幸事泄，刘子业亲自带兵诛杀了何迈。

刘子业观察自武帝刘裕以来的诸帝，太子皆未坐稳帝位，文帝太子刘义符被大臣废弑，文帝太子刘劭被孝武帝刘骏起兵杀死。而几位继承帝位的，文帝刘义隆是刘裕的第三子，孝武帝刘骏是刘义隆的第三子，他因此认为兄弟中排行老三的是皇位的最大威胁者。当时他的三弟晋安王刘子勋任江州刺史，驻守浔阳（今江西九江），便成了他的心头之患。他采纳大臣之谋，派人送药赐刘子勋死。刘子勋年幼，其部下长史邓琬等闻讯后，愤然而起，欲拥立刘子勋，起兵讨伐刘子业，并移檄远近。

此时的刘子业，却正在过着醉生梦死、荒淫无道的生活。一日，他下令召诸王妃、公主、郡主等入宫，在他面前列成一排，强令左右侮辱她们。南平王刘铄的王妃江氏誓死不从，刘子业大怒，下令杀死了她的三个儿子，又令人鞭打江氏百下。一次，刘子业率人在华林园后面的竹林堂游玩，忽发奇想，命宫人皆赤身裸体互相追逐以取笑，一人不从命，立被斩首。尽兴之后，刘子业夜宿竹林堂，梦见一女子骂他："帝悖虐不道，明年不到秋天就要身亡。"第二天醒来，刘子业回想所梦之事，非常气恼，在宫中找到一位相貌与梦中女子相似的宫女，将其斩首。夜里，他又梦见被杀的宫女骂他道："我已向上天控告你了！"刘子业从梦中惊醒，又恼又怕，命巫师为他占觋。巫师告诉他："竹林堂有鬼。"十一月二十九日夜里，刘子业屏退卫从，亲率群巫与数百名采女在竹林堂射鬼，一时间乌烟瘴气。

就在此时，宫中主衣阮佃夫、寿寂之，细铠将王敬则，中书舍人戴明宝等正秘密准备弑帝另立。刘子业率众射鬼完毕，正要奏乐时，突见他平时极厌恶的寿寂之抽刀冲进来,姜产之、淳于文祖等紧随其后,杀气腾腾,面目狰狞,不由大吃一惊,忙引弓搭箭向寿寂之射去,但惊慌之中没有射中。这时,竹林堂内一片混乱,采女们惶恐万状,尖叫着四散逃命。刘子业丢下弓箭,仓皇逃走,口中大叫几声"寂寂",被追赶上的寿寂之一刀刺死。刘子业死后的第二天,弃尸太医阁门口,无人照管。后来举行了简单的葬礼,将他葬于秣陵县南,没有庙号与谥号,史称"前废帝"。

(八)北齐文宣帝高洋暴虐伤身

高洋继位六七年后,随着四邻安定、大权统摄,意志开始松弛,由勤勉走向荒淫、暴虐。高洋常常涂脂抹粉,穿着妇女的衣服在大街上招摇过市。或者招纳一大批妇女进宫,供自己和亲信日夜放纵。宠妃薛嫔容貌倾国,姿色万千。高洋和她如胶似漆,整日厮守在一起。一天,高洋喝得酩酊大醉,忽然想起薛嫔曾和昭武王高岳有过暧昧关系,一时妒心大发,抽出匕首把薛嫔杀了,忽然把尸体揣在怀里,又醉醺醺地去找人喝酒,酒过三巡,高洋忽然从怀里把尸体掏出,然后若无若事地将尸体肢解,把薛嫔的髀骨做成一琵琶,自弹自唱起来。在座者个个毛骨悚然,全身战栗。

文宣帝高洋

天祐十年(559),高洋忽然问身边的大臣:"当年汉武帝为什么经吕后之乱后还能中兴?"大臣问答说:"那是因为当年吕后上台,没有将刘氏斩尽杀绝,所以后来刘氏又中兴了。"高洋深以为然,想起自己虽然代魏立齐,但北魏的皇族元氏还大量存在,是个隐患,便下诏将姓元的全部杀死。前后杀害721人,甚至连婴儿也不放过,尸体全都扔进漳河。

此后不久,高洋由于过于荒淫暴虐,身体虚亏,在当年十月得病死去。终年31岁，葬于武宁陵，庙号"显祖"，谥号"文宣帝"。

（九）北周宣帝宇文赟荒淫短命

宇文赟继位伊始，暴君面孔毕露。武帝的尸骨还没有殡葬，他便摸着身上被武帝打过的伤痕，恨恨地骂道："早该死了！"又将武帝的宫人不问年龄大小，长得美丑，全部接收去供他发泄兽欲。他的亲信郑译也一步登天，由吏部下大夫越级提拔为开府仪同大将军内史中大夫。把朝政完全交给这个奸佞小人去处理。六月二十三日将武帝安葬之后，宇文赟便开始清除异己，残害忠良。

继位以来，宇文赟带头败坏了法制，以刑法太重为名废除了武帝时制定的《刑书要制》，又多次实行赦免，不问罪恶轻重，将刑事犯统统释放。结果，犯罪分子立刻猖獗起来，社会治安大大恶化。对他倒行逆施进行劝谏和批评的人越来越多，也使他十分头疼。于是，为了显示威风，吓服臣民，他又另行制定了《刑经圣制》，比被他废除的《刑书要制》更加苛刻。他还经常秘密派亲信去监视群臣行动，稍有过失，便或打或杀，严加惩罚。

二月二十日，宇文赟忽然心血来潮，宣布传位于太子宇文阐，改元大象，自称天元皇帝。

宇文赟做了太上皇以后，更加肆无忌惮，为所欲为。他自比上帝，他的住处称为"天台"，对臣下自称为天，改"制"为"天制"，"敕"为"天敕"，大臣要去天台朝见，必须吃斋三天，净身一天。大臣都不许和他穿戴相同的衣服冠带，严禁别人使用"天""高""上""大"之类称呼，凡有以此类字为名者，一律改掉，姓高者改为姓姜，高祖改称长祖。又下令除宫人以外，天下妇女都不得涂脂抹粉。他每次召见大臣，不是要兴建新的楼堂饭所，便是想来点新花样，刻剥愚弄老百姓，从来不谈政事。他常常带着仪仗卫队，早出夜归，毫无节制地游戏取乐，搞得陪侍的官吏都疲于奔命，苦不堪言。稍有不如意，便要打人，公卿百官很少有没被鞭挞过的。每次打人，都要打120棍才算了事，美其名曰"天杖"，后来更加了一倍，要打240棍。连他所宠幸的皇后、妃嫔和宫女，也不免杖背。

在洛阳一直折腾到三月底，春暖花开，宇文赟才返回长安。到了十二月，他忽然又要去洛阳散心。他亲自御马叉马，冒着刺骨的寒风，日行300里，让4个皇后及文武百官侍卫随从几百人也都骑马跟着。到洛阳不几天，便又驰回长安。一路上，许多体质差些的人马，都被累得倒在地上，他却觉得非常有趣。

　　宇文赟的胡作非为，搞得内外恐惧，人人自危。他自己却并不满足。大象二年（580）二月，宇文赟的本家叔父西阳公宇文温的夫人尉迟繁炽进宫朝见，宇文赟见她长得如花似月，娇艳无比，立刻动了歹心，用酒将她灌醉后强行奸污。一个月后，宇文赟又杀了宇文温，将尉迟氏纳入后宫，当了第五个皇后。宣帝常常让5个皇后各坐一辆车，在车上挂着许多倒悬的活鸡和散瓦片，他自己率领左右侍卫步行跟在后面，车子一走动，碎瓦碰击声和鸡的扑腾号叫声此起彼伏，乱成一团，宇文赟见了便乐不可支。

　　在5个皇后中，隋公杨坚的长女杨丽华性情温和，人际关系最好，深受其他皇后、嫔妃和宫女们的尊敬和爱慕。可是宣帝却偏不喜欢她，经常要给她点颜色看。杨皇后虽然温和，却认死理，觉得自己没有过失，她便心安理得，并不卑躬屈膝，宇文赟哪里容得她如此，便逼着要她自杀。消息传到杨皇后母亲独孤氏那里，赶忙进宫，叩头流血，苦苦哀求，才算免于一死。

　　隋公杨坚屡建功勋，威望隆重，早已受到宇文赟猜忌。杨坚也有所觉察。宇文赟亲信郑译和杨坚是同学，见杨坚相貌不凡，德高望重，天下归心，前途不可限量，便拼命巴结他。杨坚也顺势托他在宇文赟跟前为自己多说好话。

　　后因杨皇后惹恼了宇文赟，宇文赟忿忿地说："一定要灭你全家！"接着便召见杨坚，事先吩咐左右："他要是神色慌张，即刻杀掉。"不料杨坚神色自若，丝毫没有破绽，加上郑译从旁帮忙，宣帝才消除了怀疑，没有动手。

　　十九日，宇文赟深更半夜兴师动众，去了天兴宫。不想他那纵欲过度的身体已经极其虚弱，不堪折腾，略感风寒，第二天就生起病来，赶紧打道回宫。自知性命难保，派人把亲信刘昉、颜之仪召到卧室，打算嘱咐后事。待二人赶到，这个暴君已经奄奄一息，不能说话，当天便呜呼哀哉了。终年 22 岁，葬于定陵。

（十）隋炀帝杨广穷奢极欲而亡国

隋炀帝为了夺得皇位曾经装出一副仁孝恭俭的面孔，一朝天下在握，便原形毕露。穷极华丽的苑囿宫室，羽仪千里的巡游，轻歌妙舞的宫廷，穷极奇珍的酒宴，陪伴了他的一生。

隋炀帝本来就一个好色之徒。只不过文帝在时他善于掩饰罢了。隋炀帝的后宫除了萧皇后和众多的贵人、美人外，还有在西苑的十六院夫人及宫女数千人。大业八年（612），又命江淮诸郡每年挑选姿质端丽的童女送入宫中。无论是在两都宫苑中，还是巡游的路上，炀帝都要携带她们寻欢作乐。

为了创造众多的游玩场所，隋炀帝几乎"无日不治宫室"。在京师长安和东都洛阳，本来就有许多苑囿宫殿，后来在洛阳又增修了富丽堂皇的显仁宫和广阔的西苑。但他仍不满足，经常让手下在各地寻找修宫室的理想之地。于是，一处处豪华的宫室拔地而起。

隋炀帝杨广

隋炀帝生性好动，享乐游玩的兴趣要经常变换。继位的第一年，即大业元年（605）八月，就坐船去游江都，第二年四月才回到洛阳。大业三年（607）又北巡榆林，至突厥启民可汗帐。大业四年（608），又到五原，出长城巡行到塞外。大业五年（609），西行到张掖，接见许多西域的使者。大业六年（610），再游江都。大业七年（611）到十年（614），三次亲征高丽。大业十一年（615），又北巡长城，被突厥始华可汗围困于雁门。解围回来的第二年,又三游江都。直至灭亡,几乎是马不停蹄地到处巡游,在京城的时间,通共不足一年。

炀帝出巡不但次数频繁,而且每次出巡的气派大得惊人。第一次游江都,造成大小船只数千艘。皇帝坐的叫龙舟,高45尺,宽50尺,长200尺。船有四层,上层有正殿和东西朝堂。中间二层有120房,皆以金玉为饰,雕刻奇丽,最下层为内侍宦官所居。皇后乘的叫翔螭舟,比龙舟稍小而装饰无异。嫔妃乘的是浮景舟,计有9艘,上下三层。贵人、美人和十六院夫人所乘的是漾彩舟,计有36艘。还有随行般只数千艘。一路上舳舻相接200余里,骑兵沿运河两岸而行,旌旗蔽野。所过州县,500里内都要贡献食物,多者一州至百车,都是水陆珍奇,佳肴美馔,吃不下就埋掉。

一路上各地方官竞相盘剥百姓以向炀帝贡献,求得升迁。致百姓陷入饥饿,不得已剥树皮、采树叶、挖野菜,或者煮土而食,及至人自相食。炀帝的游幸,给人民带来了何等的灾难和负担。

炀帝到其他地方巡游,不仅不比游江都有丝毫逊色,还要改换口味,翻新花样。他北巡时,又有一番派场。凿太行山通驰道于并州,又于榆林至涿郡修长3000里、宽百步的御道,又命宇文恺造可容数百人、下施轮轴、可以行走的飞行殿。随行甲士50万,旌旗辎重千里不绝。

因他的穷奢极欲,许多地方武装势力纷纷起兵自立。大业十四年(618)三月,他的末日来临,被他的部下宇文化及用巾带勒死,隋朝灭亡。

(十一)唐中宗李显奢靡身亡

中宗朝的奢靡之风,使唐帝国元气大伤,为一直虎视边塞的突厥和吐蕃提供了侵扰的最佳机会。

神龙二年(706)十二月,突厥默啜可汗对唐属地鸣沙(今宁夏灵武)发动了大规模入侵,突破唐军防线,直入唐境。与此同时,吐蕃又在青海和西域对唐展开了猛烈的军事行动,骚扰唐朝西境。神龙三年(707),中宗被迫将养女金城公主下嫁给吐蕃赞普,通过和亲暂时获得西部边境的安宁。

景龙二年（708），西部战事再起，已归顺唐朝的突厥突骑施部的酋长娑葛因与部将阿史那忠节不和，互相攻击，唐经略使周以悌不但不进行调解，反而教唆忠节到朝廷贿赂宰相宗楚客和纪处讷。宗楚客接受贿赂，按照忠节的要求，准备派兵消灭娑葛。娑葛得悉这一密谋，大为震怒，遂自立为可汗，发兵攻破安西，唐将或被擒，或被杀。接着，娑葛上表唐朝廷，索要宗楚客的首级，诛奸以谢百姓。中宗只得出来和事调解，宣告娑葛无罪，加封他为十四姓可汗。经过这些波折，自太宗以来在西域苦心树的大唐国威，一落千丈。

唐中宗韦氏弑夫李显

国势的衰微，并没能让中宗清醒，他仍然整日和韦后等沉湎于享乐侈靡之中。

从神龙到景龙年间，中宗再度当皇帝，兴起了大规模和建造佛寺的活动，造成了社会财富的巨大浪费，唐朝国库扩罄。这些负担又被强加到广大劳动人民身上。

武三思被重俊杀死后不久，韦后又特别提拔散骑常侍马秦客和光禄卿杨均二人，实际上是韦后养的两位男宠。马秦客善医术，杨均擅长烹饪，都受到韦后的青睐。这时的韦后急于要实现"武则天第二"的愿望。但中宗不除，她的愿望无法实现。而安乐公主想当皇太女的愿望也与日俱增，虽然多次向父皇提出要求，但都被拒绝了。这样韦后、安乐公主同时萌发出了共同的邪念：只要李显君不在人世，她们各自都能如愿。

景龙四年（710）六月，韦后、安乐公主假手马秦客、杨均，在中宗最喜欢吃的馅饼内放入毒药，将其毒杀。

（十二）唐穆宗李恒花花公子误国伤身

唐穆宗不仅是一个胸无大志的昏庸帝王，而且是一个不理政事、只知享乐腐化的花花公子。元和十五年（820），穆宗由宦官拥立上台，赏赐左右神策军每人钱50缗（1缗1000钱），六军、威远军每人30缗，左右金吾卫每人15缗，这种巨额的赏赐恶例一开，致使后来继位的皇帝不堪重负。

当时，宪宗尸骨未寒，安葬仪式还没有举行，穆宗丝毫没有丧父的悲哀，相反却沉浸在登基坐殿的得意之中。先是在丹凤楼观看倡优杂戏，又"不辞劳苦"到左神策军中观看手搏杂戏。至于如何巩固自己的统治、安定天下，他连想也不想。

安葬宪宗后，每月初一、十五穆宗即率领群臣到兴庆宫拜见太后，奉养太后的衣物服饰及食品极尽奢侈华丽。又发神策军2000人疏浚鱼藻池，以供自己游玩。

按照中国古代的礼制，父亲死了，儿子要服孝三载，不履官职，不近声色之娱。因为皇帝要治理天下，唐朝时可在27天后，脱孝服，改换公服，上朝处理政事，叫作"公除"。穆宗刚过公除，即纵情地游畋声色，大肆赏赐，又下令在九月重阳节择胜地大宴群臣。拾遗李珏与同僚劝阻，穆宗不听。

这年十月，党项族勾结吐蕃入侵泾州（今甘肃泾州），兵势浩大，连营50里，边境告急求救的急报频传，朝臣却找不到穆宗。谏议大夫郑覃等进言，劝他停止宴乐，以备四方之急，穆宗竟不知郑覃等人是何官职，问宰相说："此辈何人？"宰相告诉他是谏官，他才故作姿态地慰劳了一番，说"当依卿言"。实际上完全没听进去，依旧我行我素，对自己的行为还心安理得。

唐穆宗既然不留意天下安危，当然更不会注意认真选拔治国人才了。穆宗先后任命的宰相有萧俛、段文昌、杜元颖、王播、元稹等人。这些人不是专会阿谀奉承、滥搞阴谋权术的势利小人，就是目光短浅、才能低下的平庸之辈。

穆宗所信任的这些宰相，在国难当头时，既提不出有关国计民生的经济措施，又提不出治国安邦的战略决策，更没有以天下为己任、为朝廷排忧除患的政治抱负。相反，却都在为谋求自己的私利而谄媚皇帝，结党营私，排斥异己。皇帝昏庸无能，不理政事，宰相争权夺利，不干正事，使唐朝的统治由治到乱，江河日下。

穆宗时，朝臣中也并非没有人才，像裴度、崔群、白居易、韩愈等都是一代名臣，但穆宗既不信用他们，也不采纳他们的意见。

穆宗讨伐王庭凑，动用十几万人，逾半年而无功，虚费军资，仅供魏博一军，月计钱28万缗。中书舍人白居易指出，朝廷之所以师久无功，主要由于节将太众，其心不齐，而朝廷又赏罚不明而造成的。建议派李光颜率诸道精锐三四万人从东速进，裴度将河东全军从西面压境，成东西夹击之势，其余诸军悉遣归本镇，则众心齐一，必有成功。两道共留军6万，所费无多，度支供给也容易丰足。如果穆宗果真能采纳白居易的意见，平定河北指日可待。可白居易的上疏如石沉大海，始终没有回音。

长庆二年（822），穆宗与宦官在宫中击球，有一宦官失手落马，弱不禁风的穆宗竟因此受惊吓而得风疾。时李逢吉为相，与宦官王守澄互相勾结，控制朝政，权倾内外。穆宗自这次大病之后，也吃起方士所进的金石之药来。到长庆四年（824）初，终因风疾复发而死于长安宫中的清思殿，时年30岁。

（十三）唐僖宗李儇"我玩我的，你干你的"

李儇，本名李俨，唐懿宗的第五子，初封普王。咸通十四年（873）七月，懿宗病重，大宦官左神策军中尉刘行深和左神策军中尉韩文约杀死懿宗长子，主持立李俨为太子，改名李儇。是月，懿宗驾崩，李儇灵前继位。

唐僖宗李儇继位时只有11岁，不懂政事。宰相韦保衡名为托孤大臣，却不能主持政事，实际政权掌握在拥戴有功的刘、韩两个宦官手中。僖宗继位不到两个月，韦保衡便被贬为贺州刺史，逐出朝廷，不久又被令其自杀。但刘、韩的统治也未能长久，很快又被另一宦官田令孜取代。

田令孜本姓陈，在懿宗时代随义父田某入内侍省做太监，改为田姓。田令孜很聪明，也读过不少书，长于谋略，很快便从普通太监爬到左监门卫大将军的高位。僖宗在做普王时，就与田令孜很熟，

唐僖宗李儇与蹴鞠

并且对他很有感情。僖宗做了皇帝后，称田令孜为"阿父"，把政事全委其办理，只有田令孜才能真正影响他。从僖宗继位之日起，田令孜便在幕后操纵一切。韦保衡被贬死，接任的路岩也很快下台。朝廷重臣频繁更换，甚至刘行深和韩文约也先后被迫因"病"致仕，这都与田令孜的幕后操作有关。乾符二年（875）正月，田令孜接替韩文约出任右神策军中尉，标志着他正式成为宦官首领，而且可以决定对中央和地方重要官员的任免奖惩，成为名正言顺的实际执政人物。右补阙萧瑀只因在上疏中触及宦官，很快被贬为郴州司马。田令孜权势之显赫，使包括宰相在内的朝廷百官无不侧目。

僖宗爱好算术、音乐、下棋，并且都有相当高的水平。至于当时颇为流行的蹴鞠、骑驴击球、斗鸡、斗鹅等也无不精通。骑马射箭、舞枪弄棒也略知一二。有一天，僖宗自豪对人说："若现在的科举中设置击球科进士，我保准能考中状元。"那人正对皇帝的不务正业感到不满，便接口说："如果由尧、舜做吏部侍郎，负责录取，陛下肯定会被淘汰。"僖宗对此无动于衷，只是一笑了之。

当僖宗无忧无虑地做皇帝时，大规模的农民起义已经爆发。田令孜意识到京师长安处境危险，为寻求退路，他决定让自己的同胞兄弟陈敬瑄和心腹杨师立、牛勖、罗元杲等去控制四川，以便将来有避难场所。在分配4人的统治区域时，僖宗独出心裁，让他们站在球场上，自己坐在球门旁监督，宣布谁先射球入门，则去做西川节度使。陈敬瑄首先破门，获得这一职位，取代了在这一地区本来颇有政绩的崔安潜。杨师立出任东川节度使，牛勖被任命为山南西道节度使。

宦官专权只能控制朝廷，对地方藩镇却无可奈何。在僖宗期间，藩镇割据又有了比较明显的变化，即军人势力扩大了，他们已不满足于为藩镇卖命或拥立其后代，而是要直接干预藩镇。军人暴动频繁发生，唐朝的江山已岌岌可危。

（十四）宋宗赵佶的人生哲学"太平无事多欢乐"

"太平无事多欢乐"，这是徽宗的人生哲学，再加上蔡京、蔡攸父子俩，一个说："陛下当享天下之奉。"一个说："皇帝应当以四海为家，太平为娱。岁月蹉跎，韶华易失，何苦操劳忧勤，自寻烦恼？"徽宗更觉着应该及时行乐的好。

蔡京为徽宗提了个口号，叫作"丰亨豫大"，形容的是富足隆盛的太平安乐景象。徽宗认为要丰亨豫大，就必须先把朝廷、宫室以及其他各种场面都搞得富丽堂皇。于是，大内北拱宸门外的新延福宫首先开始破土兴建了。政和四年（1114），新延福宫正式竣工落成，因由五个小区组成，故称"延福五位"。此宫东西长，南北短，东到景龙门，西抵天波门，其间殿阁亭台错落相望，鹤庄鹿砦掩映在嘉花名木之间。凿池为湖，疏泉成溪，怪石堆山，小桥流水，花影移墙，峰峦安窗，浓荫蔽日，风送花香，鹤鹿翔跃，鸟鸣啁啾，清幽雅致，不类尘寰。徽宗置身其间，心旷神怡，亲自作文，以记其美。

皇帝既然应享天下之奉，就必须把天下所有美好的东西收罗到皇宫中来，供皇帝受用，徽宗是这样想的，也是这样做的。早在崇宁元年（1102）春天，他就派童贯在苏杭设置造作局，役使数千工匠，制作象牙、犀角、金银、玉器、藤竹、织绣等物，无不备极工妙，曲尽其巧妙。徽宗还嫌不够，崇宁四年（1105），他又派朱勔在苏州设应奉局，搞起了规模更大的"花石纲"之役。

除花石外，前代的书法名画、彝器、砚墨，但凡能取者，徽宗全都想法不惜重金搞到自己手上。他在宫中专门设立了一个御前书画所，由著名书法家米芾等人掌管，里面收藏了数以千万计的珍品。书法有晋二王的《破羌帖》《洛神帖》，更多的是唐代颜、欧、虞、褚、薛、李白、白居易的墨迹，化颜真卿的真迹就有800余幅。丹青名画有三国时曹不兴的《元女授黄帝兵府图》、曹髦的《卞庄子刺虎图》等，不胜枚举。

古代的钟鼎礼器徽宗收集了1万余件，全都是商周秦汉之物。徽宗擅长书画，砚墨自然是少不了的。在他贮藏文房四宝的大砚库中，光端砚就有3000余枚，著名墨工张滋制的墨不下10万斤。

和一般附庸风雅、徒有虚名的收藏家不同，徽宗倒是很能对古书画、彝器潜心研究一番的。为便于保存，他把收集到手的书法名画大多都重新装裱，亲自为之题写标签。装裱时有一定格式，后世称为"宣和装"，至今还可见到。他命人将历代著名书法家、画家的资料加以记录整理，并附上宫中所藏的各家作品的目录，编成《宣和书谱》和《宣和画谱》，为后世美术史研究留下了珍贵史籍。徽宗还对所藏古玩彝器进行考证、鉴定，亲自编撰了《宣和殿博古图》。

政和七年（1117），徽宗下令在京城东北部仿照杭州凤凰山的规模筑山。调拨上万名士兵、工匠累石积土，昼夜不停，耗资不可胜计，历时6载，至宣和四年（1122）方告落成，初名万岁山，后因地处汴京艮位而改名曰"艮岳"。看不完的飞楼杰观，说不尽的雄伟瑰丽。

徽宗性本轻浮，又正值风流年华，除了耽好花木竹石、鸟兽虫鱼、钟鼎书画、神仙道教外，还有两桩要紧的事，这便是女色和游戏。

徽宗是17岁那年正式大婚，娶的是德州刺史王藻的女儿，王氏比徽宗小一岁，相貌平平，又秉性恭俭，老实端庄，不会施展女人的手段取悦于丈夫。徽宗继位后虽顺理成章地将她立为皇后，却并不很喜欢她，这时，徽宗宠爱的是另外两个女子，一个姓郑，一个姓王，两人本是向太后的押班侍女，生得既美丽又聪慧，懂礼法，善言辞，郑氏兼能识字解文，颇有才气，秀外慧中，很为向太后所看重。对她们与皇帝的私情，向太后也看出些眉目，索性成人之美，将二人赐给了徽宗。徽宗如愿以偿，自然高兴非凡。徽宗自命儒雅，对才貌双全的女子也格外欣赏。郑氏好读书，太后给皇帝的章疏都是她捉刀命笔，字体绢秀，文辞藻丽，所以在郑、王二人中间，他更喜欢郑氏。他经常写些情词艳曲赐给郑氏，这些作品传到宫外，人们竞相吟唱。郑氏对徽宗更是顺承备至。大观二年（1108），王皇后去世。到政和元年（1111），徽宗遂册郑氏正位中宫。

除郑皇后和王氏之外，徽宗宠爱的嫔妃还有大小二刘贵妃、乔贵妃、韦贵妃等人，这几个人各领风骚，人人都擅一时之宠。政和二三年间，徽宗最偏爱的是大刘贵妃，她虽出身寒微，却容貌如花，徽宗每逢赏赐宴会，总要将她带在身边，才能食之有味。岂料好命不长，刘贵妃不幸在政和三年（1113）秋，突得急症，侍从奔告于徽宗，徽宗起先以为是小病，不很在意。等随后前往探视时，刘贵妃已香消玉殒了。徽宗后悔不迭，悲痛万分，特加谥号"明达懿文"，并亲自撰词记叙她的一生，命乐府谱曲奏唱，不久又追封为明达皇后。

正当徽宗因此而伤感寡欢之时，宦官杨戬引来一女，徽宗一见竟目迷心醉，瞬间就把丧妃的悲痛抛诸九霄云外了。此女便是小刘贵妃，她的出身和大刘贵妃一样卑贱，父亲刘宗元是个酒保。小刘贵妃天资颖悟，极善迎合徽宗的旨意，本来已生得仪态万方，轻盈袅娜，姿色动人，再加上每睡醒觉，粉脸之上总像刚喝过酒似的飘着两朵红云，不施脂粉，已赛桃花。她心灵手巧，大概是受了当酒保的父亲的影响，颇善烹饪，时常亲下御厨烧上几盘，无不合徽宗的口味。还极善涂饰，所着衣衫多是自己动手剪裁，标新立异，绮丽夺目，妆扮起来更似天仙一般。

然而刘妃毕竟不是神仙，经不起光阴的消磨，在接连生下三男一女四个孩子之后，徐娘半老，但难免风韵稍减，她渐渐维系不住徽宗那颗浮浪佻达的心了。

李师师，本姓王，染局匠的女儿，4岁丧父，流落街头，被隶属娼籍的李家收养，成了名动京华的歌妓。有一首诗称赞她："远山眉黛长，细柳腰肢袅。妆罢立春风，一笑千金少。归去凤城时，说与青楼道。看遍颍川花，不似师师好。"徽宗不知从哪里得知了李师师的艳名，自政和之后，经常溜出宫门，微服潜行，乘小轿子，由数名内侍导从，前往她家过夜。天子浪迹于青楼妓馆，总非光彩之事，徽宗对此很是忌讳，生怕被人发觉，闹得难堪。然而欲想人不知，除非己莫为。尽管徽宗行动诡秘，他的踪迹终于被人窥破了。秘书省正字曹辅上疏谏道："听说陛下厌居宫禁，不时乘小辇车去尘陌郊坰极尽游乐，臣没想到承担宗社重任的陛下，竟玩安忽危到这等地步！"第二天，曹辅就被发配到了郴州（今湖南郴州）。

正直敢言的人一个个被赶跑，剩下的全都是些奸佞媚谀之徒了。徽宗经常在宫中搞些花天酒地、放诞荒唐的秘戏,贵为宰相、执政的王黼、蔡攸就常来担任这些秘戏的主角,弄得昏天黑地,皇帝不像皇帝,大臣不像大臣。

微宗在位25年,生活的腐朽糜烂在历代皇帝中是少有其比的。有其君必有其臣,他最宠信、最重用的将相大臣、宦官嬖幸,如蔡京、王黼、童贯、朱勔等人,每一个都是奸贪残暴、无恶不作的家伙。蔡京当宰相后大肆贪污受贿尚嫌不够,还要一下拿好几份俸禄,竟连粟、豆、柴薪之类的东西也要从国库中支取。他经常在家大摆宴席,有一次请同僚吃饭,光蟹黄馒头一项就花掉1300余缗。他在汴京有两处豪华的府第,又在杭州凤山脚下建了座雄丽的别墅。宣和末年,他把大批家财用大船运到杭州别墅贮藏起来,把另外40余担金银宝货寄藏到浙江海盐的亲戚家,这些财宝不但使他的后代受用不尽,连这家也沾光成为当地的首富。王黼则公开卖官鬻爵,每个官都有定价,当时称讦"三千索,直秘阁;五百贯,擢通判"。

宋徽宗的"太平无事多欢乐"没有长久下去,最后被金兵押到大定府(今辽宁宁城西),葬身于异国他乡了。

(十五)明武宗朱厚照惰政误国

朱厚照的童年是无忧无虑,他唯一的弟弟朱厚炜3岁时就夭折了,因此他在当太子期间不像前几朝那样,宫廷中充满了争夺储位的尔虞我诈,刀光血影。

朱厚照刚入学时的表现还相当不错。诸儒臣更番进讲子史经籍,时间安排得也很紧,他常常一听就是一天,非常入迷。讲官下课时,他必要拱身致敬,作揖告别。次日,掩卷朗读所学功课甚为流畅。

出于对太子学业的关心,孝宗余暇也爱到学宫去走走看看,提一些问题让朱厚照回答。朱厚照每次听说父亲来了,都立即率宫僚趋前迎接,按照学过的礼节,恭恭敬敬地行事,用心回答父亲的提问。对此孝宗很满意。为了使这个嫡出独子增长见识,孝宗外出的时候,总爱将他带上。但谁知这一良好的愿望并没有带来良好的结果。频繁的外出给朱厚照提供了认识皇宫之外世界的机会，使他顿感学屋一方天地的狭小，慢慢书屋失去了往日的吸引力，讲官们的妙语连珠也变得枯燥无味。他就像飞出樊笼的小鸟，再也不愿回到笼中去了。朱厚照心猿意马，于学业上开始疏懒起来。本来太子的游戏时间和种类

明武宗朱厚照惰政误国

是不少的，像踢线球、斗蟋蟀、角抵、百戏这些，都是朱厚照熟悉的消遣方式，但这与置身于皇家林苑之中放鹰纵犬、泛舟逐流，个中滋味毕竟不大一样，况且朱厚照已经不是呀呀学语的孩子，他需要更多、更新鲜、更富刺激性的游戏方式。也许侍卫在孝宗身边的那些赳赳武夫给他的印象太深，朱厚照对兵器愈来愈感兴趣，进而发展到喜欢骑马弓射。在热心的太监们教习下，打马飞奔、挽弓疾射对朱厚照很快就不是一件难事了。有人将朱厚照的新变化告诉了张皇后，张皇后有些忧虑，但孝宗对此不以为然，说："他这是在学习军事知识，小小年纪就知居安思危，这是件好事，不要多加干预。"

弘治十八年（1505），一个没有经过很好教育、且心已玩疯了的孩子，陡然做了皇帝，是为武宗。终日跟繁复的朝廷礼仪、枯燥的群荐奏疏、繁乱如麻的国家大事打交道，自在惯了的朱厚照、哪里招架得了？于是每日早朝成了他一天最难捱过的时光。他向往做太子时期的欢乐，想念在东宫里陪他玩乐的太监们，心性变得浮躁起来。

武宗的身边，有个非常阴险的人物叫作刘瑾。这人生于陕西，早年自阉进宫，孝宗时，并没有得势，有次还因为犯了罪要被处死，后来被宽宥，入东宫服侍太子，直到武宗继位时，在太监中的地位也不高。刘瑾品性恶劣，狡诈多端，他善于揣摩武宗的心理，极力迎合主子的癖好。他知道武宗爱玩，因此千方百计经常弄来鹰犬、歌伎、角抵之类供武宗玩乐，还带他出宫兜风，因此取得了武宗的信任和宠爱。不久刘瑾收罗了马永成、高凤、罗祥、魏彬、丘聚、谷大用、张永7个太监，他们都有媚上欺

下的手段，他们几人相互勾结往来密切，恣意横行，人称"八党""八虎"。是武宗的"私爱"。

在刘瑾等人的引导下，武宗继位没多长时间，对朝事就由厌烦发展到不管不问。大臣们尽心写好的疏奏，他只是画上"闻知"两字，往下便没了结果。他常由持刀拖棍的太监簇拥着，拍马驰驱宫禁，整日泛舟南海。他还不顾皇帝的威仪追逐宫女，三天两头与张永溜出皇宫，或在秦楼楚馆中厮混，或于醉眼朦胧中误认良家妇女为娼妓，任意闯入民宅，纵情笑乐，丑态百出。为了掩饰淫荡行为，他先是吩咐专记皇上寝所、幸临宫妃的太监免于记注，后来干脆去掉了尚寝司这一官职。由于武宗纵欲胡为，造成精神困倦，所以早朝的时间往往是一拖再拖，经常要等到日高数丈。侍卫执役人及朝中大臣等不能久立，纵横坐卧、弃仗满地的景象屡屡可见，四方朝见官员、外国使臣疲于久候，皆苦不堪言。

武宗的肆意纵游，不仅影响国政，也伤害了自己，死时31岁。

（十六）明穆宗朱载垕纵性情色误国亡身

穆宗登位之初即打定主意，要当天下之主，而不是管家；要享主人的权威富贵，而不必付管家的操心经营之力。不是灾祸临头，无路可走，他是不甘心把时光用在治国上的。他认为他有的是卓越干练的大臣，为什么还要自讨苦吃地去操那份心呢？

穆宗的心思被善于察颜观色的太监们摸得一清二楚。掌司礼监大权的几位大太监滕祥、孟冲、陈洪乘机诱导穆宗玩乐，博得其欢心，以巩固自己的地位。当初穆宗未继位时，处境微妙，自己也处处小心，好玩之心一直被压抑着，不敢有稍微的放肆。如今，一切顾忌都没有了，哪能不加倍地补偿呢？滕祥等人要为他造宫殿，搭秋千，他欣喜得意；要陪他游玩射猎，他乐不可支。隆庆二年（1568）元宵节之夜，太监们在宫中张挂了成千上万的花灯。入夜，偌大皇宫彩灯齐放，千姿百态，美不胜收。穆宗高兴得赞不绝口。平时太监们也精心安排了无数酒宴，花样无穷的山珍海味，妖艳妩媚的宫女陪酒歌舞，使正逢壮年的穆宗一切欲望都得到满足。宫里玩腻了，太监们就陪他出城游玩。隆庆二年（1568）夏天，太监们告诉穆宗南海子如何杨柳清风,荷花掩映,无穷景致,勾起他游兴大发。太监们马上传令赶造龙凤舰,安排出游的巨细事项。

游幸南海子的计划遭到以徐阶为首的大臣们的竭力反对。他们担心皇帝玩乐之心日盛,为宦官所操纵,迟早累及国家,于是一次接一次上疏劝谏。吏科给事中石星的奏章写道:我看陛下陷入通宵酒宴之中,纵情声色,朝廷大事不过问了,

明穆宗朱载垕纵情误国

几个太监作威作福,天下如此便不可救药了。我请陛下注意六件事:一是养精蓄锐,保重身体;二是学习经典,效法圣贤;三是经常上朝,接见大臣;四是尽快批复臣子奏章;五是广开言路;六是明察秋毫,不近奸佞。石星的意见很中肯,却不对穆宗的心思。太监从中一挑拨,穆宗大发肝火,命令给石星廷杖60、罢官为民的处分。60大板打完,石星血肉模糊,昏死过去。消息很快传出宫外,石星的妻子郑氏误以为丈夫被打死,悲恸至极,一头撞到柱子上气绝身亡。京师官员百姓闻讯没有不难过的。不久,多次劝阻穆宗游南海子的内阁首辅徐阶失宠。太监们乘机说了徐阶不少坏话,穆宗烦恼之中就打发他回家养老去了。自此之后,他纵情声色更是无人敢于拦阻了。但只经短短几年时间,本来身体强健的穆宗由于纵欲享乐耗尽了精力。隆庆六年(1572)五月二十五日,穆宗正在坐朝,突然站起来走了几步,不知说了什么,只是嘴不断地歪动,显然是中风了,文武百官目瞪口呆,一派诚惶诚恐。司礼太监冯保和大学士张居正连忙赶上扶住。穆宗被扶入乾清宫。大学士高拱、张居正、高仪随即被宣入宫。只见穆宗斜倚在御榻上,已奄奄一息。三位大学士跪在御榻前,穆宗命冯保宣读诏书,命死后太子继位,期望三人能尽心辅佐。高拱等人泪流满面,叩头谢恩。第二天,36岁的穆宗皇帝就死去了。

(十七) 明神宗朱翊钧沉溺酒色，不理朝政

神宗洋洋自得地亲政了。照理，他应当珍惜自己以宫女之子而为帝王的机会，应当牢记自己儿时在母亲严教下的寒窗苦读，建功立业。然而他那种自小养成的懒散心性，从商人外祖父那里继承来的贪婪秉赋，以及狭隘的市井眼光，牢牢地束缚了他。他亲掌权柄后心里充满了狂喜，这么大的国家，这么多的财富，这么驯顺的臣民，都属于我了！作为真正的人主，该有一种与那挂名皇帝完全不同的生活。于是，在政局稍稍平定之后，他便着手恢复了被张居正革除的冗官冗费，一切对皇上、对政体有制约的戒律，统统废掉，他还亲自谋划自己的生活用度，以养帝王之尊。

明神宗朱翊钧沉溺酒色、不理朝政

醉梦一觉数十年。使这梦变得如此深沉的，不能不算上万历十一年（1583）晋居首辅的申时行。虽然在他离京后，终万历之朝的阁臣还有十五六人，但他却是继张居正之后，对神宗产生极大影响的最后一人。

申时行对神宗的最大影响，是教会了他如何偷懒。申时行嘉靖四十一年（1562）状元出身，为人为政十分聪明乖巧，又有侍历三朝的经验，很会揣摸神宗的心理。神宗亲政之初，言官因其奢侈铺张，抗劝之声满天下，扰得神宗非常头疼。他就常向申时行抱怨。申时行就趁机教他，说皇上就不会交奏疏"留中"吗？出示外廷，反而平添许多麻烦，不如扣下，上疏的人还以为您在考虑呢，自然也不会马上再闹事，岂不两全其美？神宗听后十分高兴，试了几次，果然没出什么乱子，又落得清净。此后奏疏多起来时，君臣二人又将这"留中"法做了改进，规定御史、给事中等言

官，要各自管好本职事务，不得越科言事。如此奏疏自然少了许多，再加上"留中"，神宗所要处理的章奏也就十分有限了。空余时间多了，更可以纵情酒色。

神宗到了20岁亲政时，后宫已有美女数以千计，他日夜纵酒作乐，动辄大醉，醉后必怒，怒了则要胡乱打人，宫女、中官稍有不留意，就要遭杖责，重的常被打死。他还逐渐学会了抽大烟，玩花鸟。

由于迷上了这些玩物，神宗渐渐觉得，光是章奏少了还不够，日讲、经筵和早期那些拼命攻习的玩艺儿也该停了才是。最初是试探地逃一天学，晚一点赴早朝，见也并没人敢把他怎样，逐渐干脆就常以"圣体违和"为由，辍日讲，免早朝。阁臣们有事，长时间不能面奏，很焦急，就央求他，哪怕是每月能临朝三四次也行。神宗听后感到十分可笑，他心想天下是朕的天下，朕都不急着治理，你们却急个什么？一切还是照旧。当时，有个叫雒于仁的言官，任职一年多了，只见过皇上三次，看到皇上的荒怠，甚感不安，于是上疏《酒色财气四箴》，历数神宗日夜饮酒、耽于女色、贪财好货、乱伐无辜等劣迹，希望神宗能明察猛省。神宗见到此疏，气恼得恨不能立毙雒于仁。他将此事告知申时行，一面为自己辩解，一面主张判雒于仁死罪。申时行以恐慌招致物议，劝说神宗令其归家为好。神宗怒气难消，立即将其削职为民。从此，神宗索性公然不理朝政，自万历十八年（1590）起不再临朝，大臣的章奏，他的批示、谕旨，全靠内监传达。甚至连郊祀等礼仪，也不亲自参加，而让别人恭代。直到万历四十三年（1615）发生了"梃击案"，他才召见过一次群臣，满朝文武经过20余年，才极其"幸运"地得瞻天颜。而自那以后他直到死再也没上过朝。

（十八）明熹宗朱由校是"木匠皇帝"

熹宗生性活泼好动，对什么事情都怀有浓厚的兴趣。他追求新奇、刺激、喜欢名马，爱好骑马射猎，魏忠贤以他在御马监学到的知识，搞了许多名马送给他，熹宗为之逐匹命名。他经常跃马挥鞭满宫乱跑，为了跑马的方便，宫内的许多几百年的大松树都被砍掉，窄小的门洞被拆除。熹宗爱打猎,尤其爱亲手杀死野兔、獐狼之类。他喜欢亲手砍掉野兽的头后看它的眼睛转动,从鲜血淋漓中追求刺激。熹宗在宫中像一个顽皮的农家小子,常常上树去掏鸟巢,下水去抓鱼。有一次,他掏鸟从高高的树上摔下来,衣服被扯烂,摔得头破血流。魏忠贤还时常带他去北海泛舟。熹宗为了好玩,并不安分地坐在船上,他要亲手划船。经常是魏忠贤等太监坐船,皇上划船。有一次,熹宗与两个小太监在一小船上,熹宗衣袖高挽,非常卖力地划桨。突然,湖上风起,将小船

明熹宗朱由校

打翻,两个小太监不会游泳,熹宗也不会游泳,三人眼见就要淹死,正好一个会游泳的太监从湖边经过,将熹宗救起,两个小太监被淹死了。这时,魏忠贤、客氏在远处的画舫上喝酒,还不知道发生的事故。这类事情很多,熹宗玩起来根本不顾危险与否,魏忠贤也不以此为意。最危险的一次是熹宗在宫内大阅兵。他披坚执锐看施放铳的表演。一个叫王进的小太监就在熹宗面前装药点火,结果"轰"的一声,发生爆炸。王进的手被炸飞一个,还险些伤及熹宗,熹宗只"哈哈"一笑,并不介意。

　　熹宗还喜欢蹴球、舞剑、射箭。永寿宫是魏忠贤与熹宗日常蹴球之所,乾清宫前丹陛是他舞剑的地方,常常在月下可以见他舞剑的身影。熹宗箭射得极准,有一次,魏忠贤骑马从他眼前驰过,他一箭便将那马射翻。

　　除了这些武的,熹宗最爱看戏。宫内钟鼓司准备有各种戏。熹宗几乎每晚必看,而且很开心。熹宗看戏每天必至极晚,冬天更是通宵达旦。

　　熹宗爱忘事,过去的事情转眼就忘得一干二净。但他人聪明,手也很巧。他最喜欢土木建筑、木工制作。全套木工活他样样精通,油漆一行亦极工巧。凡是他见过的木器用具、亭台楼阁,一看便能制作,宫中原有十作,即十个作坊,由太监管辖,负责宫中土木营造。熹宗在宫中就成了十

作的头。他爱好营建,常在宫中亲自动手建造回廊曲室,手操斧锯,兴趣盎然。但他喜厌不恒,造成了,看看哪里不顺眼就毁掉重造。常常是造了毁、毁了造,把他忙得不亦乐乎,顾不得吃饭喝水。熹宗不但造大的亭阁,而且擅长细致的雕刻,他做的砚床、梳匣皆是自己油漆,五彩绚烂,工巧妙丽,出人意料。他雕刻的八幅屏,在不盈尺的天地里雕刻的花鸟虫鱼、人物走兽都栩栩如生。他令太监将这八幅屏拿出去,每套卖1万两银子。太监为讨他高兴,第二天就拿1万两银子给他,使熹宗大为兴奋。

一切时间都花在玩上,熹宗哪还顾得上朝政。为了玩他可以不读书、不上朝、不看奏章、不批军机。魏忠贤充分利用了熹宗的昏庸。他要谋私害人就在熹宗忙于设计制作时去请示事情。每次,熹宗都是不耐烦地挥挥手说:"我都知道,你们去办吧!"于是,魏忠贤盗取了批奏之权,口衔天宪,威压群臣。不利己的事以皇上的名义批驳,谋私害政的事情以皇上的旨意传令执行,外廷之臣无可奈何。

熹宗声色犬马,误政伤身,年仅23岁就撒手离开了尘世。

二、残暴专横众判亲离

(一)秦始皇嬴政横征暴敛,致秦王朝昙花一现

成为"皇帝"的秦始皇踌躇满志,不可一世,严刑峻法,横征暴敛,无所不用其极。

秦始皇在兼并六国时,每灭一国,就命人把该国营殿绘制图样,在咸阳仿造。统一后,他曾打算扩建苑囿,西起雍、陈仓(今陕西凤翔、宝鸡一带),东至函谷关(今河南灵宝东北),面积广阔,东西千里,秦始皇身边的侏儒优旃爱开玩笑,他说:"好极了!这么大的苑囿,多放凶禽猛兽,有强盗从东方进犯,让麋鹿出动就把他们顶跑了。"秦始皇听后大笑,这才作罢。他虽然没有扩建这一苑囿,却到处建造离宫别馆,仅首都咸阳四周200里内就有宫殿270座,关中有行宫300座,关外400多座。

在秦始皇兴修的宫殿中,规模最大的宫殿是阿房宫。阿房宫究竟有多

大是难以确估的。据载，阿房宫的前殿东西宽 500 步（约合今 700 米），南北长 50 丈（约合今 115 米），上面可坐万人，下面可树五丈大旗。殿门以磁石做成，以防刺客暗携兵器入殿。殿门前排列没收民间武器铸成的 12 尊金人，各重千石。这项宏大的工程，常年用工 70 余万人，还没有等到建成，秦始皇就去世了。后来项羽入关放火焚烧，一连三月还没有全部烧毁。

骊山墓是秦始皇的另一项宏大工程。秦始皇刚继位，就开始在骊山为自己修造坟墓，统一后扩大规模修造，常年使用刑徒 72 万人，一直修到他死。

阿房宫和骊山墓两项宏大工程，就用去了精壮劳力 140 余万人，加上北筑长城，南戍五岭，修驰道，造离宫，以及其他兵役杂役，常年动用民力多达 300 余万。丁男全被征发服役，部分丁女也纳入服役队伍。沉重的兵役徭役压得人民喘不过气来，又加以苛捐杂税，于是海内虚耗，民穷财尽。秦自孝公以来行法家学说，法家急法尚刑，六国皆称秦为虎狼之国。秦始皇继位后继续推崇法家，他为人苛薄寡恩，用刑残酷，杀人如麻，使秦政的残暴达到高峰。人民扬手犯法，举足触律，无所措手足，大批无辜者被罗为刑徒去服苦役，路上行人半数都是囚犯。长城脚下、阿房宫中、骊山墓旁以及五岭路上，处处如此，秦帝国成了一座人间大地狱，百姓生活在恐怖之中。

秦始皇的残暴统治，引起了社会的普遍不满。一直对秦恨之入骨的六国贵族，多次采用暗杀方式行刺秦始皇；士人得不到信用，纷纷指责秦的统治政策；广大百姓刚刚脱离战争之苦，本来拥护统一，但秦的暴政又引起了他们对故国的怀念，转而诅咒秦始皇早死，秦朝快亡。

（二）三国吴乌程侯孙皓骄暴淫逸致国亡

孙皓继位之后，颇有振兴之象。他发布优诏，开仓放粮，赈济贫民，又将后宫宫女放出以配无妻之人。于是朝野一片赞誉之声，人们暗自庆幸：吴国又得到了明君。

谁知好景不长。孙皓继位不久，即暴露出骄暴淫逸的本性，整日沉湎于酒色之中,不问政事。这样,连阳兴和张布也后悔了。有人趁机对二人加以谮毁,而孙皓也忘记了二人的迎立之恩,借机诛杀了他们,并夷其三族。

东吴甘露元年(265)七月,孙皓又遣人诛杀朱太后。朱太后死后,孙皓不让在正殿停灵,却让人将尸体停放在花园里的小屋中。本来,在迎立孙皓为帝事上,朱太后同意了张布等人的意见,孙皓才得以登基为帝。现在孙皓却恩将仇报。治丧之时,众大臣知道朱太后死于非命,既为她惋惜,

三国吴末帝孙皓

又痛恨孙皓的暴虐。不久,孙皓又将孙休的4个儿子遣送到一偏远小城,旋即杀害其中两个稍长者。

第二年夏六月,孙皓命工匠营建昭明宫。造宫殿需要大量巨木,孙皓下令官吏中二千石以下者都入山中,督率民工伐木。冬十二月,宫殿竣工,孙皓满意得地搬入宫中居住。昭明宫豪华壮丽,穷极技巧,方500丈,宫内陈设富丽堂皇,连宫外也有许多假山楼观,整个工程花费数以万亿计。

这期间,奸臣何定秽声远闻,却备受重用。何定善于谄上欺下,曲意媚主,虽仅为殿中列将,但对孙皓百般讨好,不久即获得了孙皓的信任,不断地委托他办各种事情。何定由此弄权作威作福。何定曾为其子求少府李勖女为妻,李勖根本瞧不起何定这种奸佞小人,坚决不许。何定大为恼恨,于是挟私怨在孙皓面前谮毁李勖。孙皓不分青红皂白,将李勖一家大小全部诛杀,还焚烧了李勖之尸。何定性好饲犬,常以搜求御犬名义让诸将为他寻求好狗。诸将一来惧怕何定的权势,二来又想讨好何定,纷纷远至千里之外,不惜重金拼命网罗搜寻好狗。狗价因而大涨,有的狗一条竟值数千匹绢。仅御犬佩戴的璎珞之类,就值一万。何定规定一条御犬配一名士兵,专门捕捉野兔来喂养犬只,群臣为之哗然,而孙皓却以为何定忠

为勤谨，竟赐爵列侯。后来何定劣迹昭昭，秽声远扬，朝野一片谴责之声。孙皓见众怒难犯，才不得不下令诛杀了他。

这一年又发生了一件使百官瞠目结舌的事。孙皓的爱妾经常命人去市场公然抢掠百姓财物，百姓敢怒而不敢言。司市中郎将陈声，也是孙皓的幸臣之一，凭借着孙皓的宠幸，又想树立自己执法严刚正不阿的形象，就把抢掠者绳之以法。爱妾哭着告诉了孙皓，孙皓听说此事后勃然大怒，找借口将陈声抓获，残酷地命人把陈声的头锯断，又把他的身子扔在别处，以让爱妾解恨。

吴天册元年（275），会稽郡一带大旱，民众获粮甚少，饥民不得已联名要求朝廷给予赈济。会稽太守车浚，素来为政清廉，忠直不阿，见此时民情可悯，遂命开仓赈灾。孙皓昏暴之极，却说车浚欲树私恩，遣人将车浚斩首，并传首京师。尚书熊睦见孙皓暴虐太甚，微有谏词，孙皓即遣人以刀环等撞杀之。熊睦死后，体无完肤。

孙皓性情忌刻，昏庸猜疑，经常滥杀忠良大臣和胜于己者。侍郎张尚，因多才，言语敏捷，每使孙皓忌恨，终因言语忤皓而被杀，中常侍楼玄以身作则，奉公守法，经常仗义执言，切谏孙皓，名声极佳。皓素忌楼玄名声，后来因他人诬告楼玄诽谤时政，皓遂借机下诏责问，送付广州。楼玄不久被迫自杀而死。中书令贺邵，奉公贞正，为皓亲近小人后悝。后来群小共谮，孙皓便将其革职。以后贺邵又得以复职，可不巧又患风疾，口不能言。孙皓疑他装病，令人百般拷问，邵始终未发一言，卒被杀害。

吴天册三年（279），晋国进攻吴，吴国朝内已人心涣散，一触即溃。孙皓只得自缚双手，带着棺材，率百官投降。开始了他亡国屈辱的生活，在洛阳过了4年苟安日子之后，结束一生。

（三）前秦厉王苻生是个杀人不眨眼的暴君

苻健做梦也没有想到，妻子强氏生下的第三个儿子竟是个独眼龙，可遗憾归遗憾，毕竟也是自己的亲骨肉，于是起名叫苻生。

苻生到了青年时期，长得出奇的壮实，力大无穷，能赤手空拳与猛兽格斗。苻生还喜欢长跑，竟能追上奔跑的烈马。刀枪骑射，没有人能胜过他。前秦皇始四年（354），太子苻苌在与东晋作战时中流矢而死，苻生手擎战旗单枪匹马冲入敌阵，亲手杀死了十几个东晋将领。战争结束后，苻生被立为太子。

前秦皇始五年（355），苻健染病卧床不起，临终时对苻生说："酋帅、大臣如不听从你的命令，可以逐渐地把他们收拾掉。"苻健死后。苻生继承帝位，改元寿光。

苻生继位时年仅22岁，这本是一个风华正茂大有作为的年龄。遗憾的是苻生天性残酷，在儿童、少年时期根本没有受过良好教育，缺乏家教，又常因生理的缺陷受到周围人的嘲弄，加上苻健的临终教导，苻生继位后成了一个杀人不眨眼的暴君。苻生会见大臣时总是弓箭拉紧，佩刀出鞘，把锤子、钳子、锯条、凿子放在跟前，看着谁不顺眼就拿起身边的这些东西把此人杀死。如果哪位大臣对他劝谏几句，他就瞪起眼睛，说："你这是诽谤，拉出去杀掉。"如果有哪位大臣拍他的马屁，说几句奉承话，他就把嘴一歪，说："你这是向我献媚。"也拉出去杀掉。苻生的妻妾稍不顺他的心意，也照杀不误，还要把尸体扔到渭水中去。更为惨无人道的是，苻生经常把囚徒的脸皮剥掉，让他们在宫中唱歌跳舞，以此寻求刺激，大臣们连看都不敢看，而苻生却一边看一边大笑。苻生杀人的形式也是多种多样，有的截胫，有的挖胎，有的锯头，有的拉碎。苻生因自己是个独眼，就忌讳人们说不足、不具、少、无、缺、伤、残、毁、偏、双等字眼。一次，苻生让太医令程延调药，苻生问程延用了多少人参，程延只顾忙于弄药，忘了苻生的忌讳，回答说用了"两支"，苻生以为程延是在嘲笑自己一只眼，亲手挖出了程延的眼睛，然后把他杀掉。就这样，不知有多少人因触犯了苻生的忌讳而被杀头。

苻生还是一个酒鬼，天天喝得酩酊大醉。前秦寿光二年（356），苻生在太极前殿举行宴会，让尚书令辛牢负责斟酒。喝了一会儿，苻生突然站起来对辛牢说："为什么斟酒这么不尽职，现在还有坐着的。"还没等辛牢弄明白苻生这句话的意思，就被苻生一箭射死。其他人见状吓得心惊肉跳，急忙倒满杯仰头喝酒，直到醉得不省人事为止。苻生看着烂醉如泥，这才露出了笑脸。

苻生不仅自己荒淫无耻到了极点，还让宫女与男子在殿前赤裸裸地交媾，他以此取乐。苻生在出巡的途中，见到兄妹二人赶路，便令人拦住他们，逼他们当着众人的面性交，妹妹羞得抬不起头，哥哥怒不可遏，怎么也不肯干这种伤风败俗、伤天害理的事，苻生见他们不干，恼羞成怒，把兄妹二人全都杀掉。

越是暴君越怕别人夺去自己的位子。苻生继位不久，他的中书监胡文、中书令王鱼说："近来经常出现克星。据我们推测，不出三年国家就会发生大的灾难，大臣就会被杀。如果陛下能够修德，重用大臣，宗法观念就会自然消除。"胡文、王鱼本来是想用天象来吓唬苻生，让他改邪归正，但苻生不吃这一套，错误地认为大臣对王位有非分之想，于是便对胡、王说："这没有什么值得大惊小怪的，皇后和我足以应付灾难。太傅毛贵、尚书令梁楞、左仆射梁安都是大臣，现在把他们杀掉不就行了吗？"毛贵、梁楞、梁安就这么稀里糊涂地掉了脑袋。没过多久，苻生又把屠刀指向了丞相雷弱儿和他的9个儿子及27个孙子。就这样，苻生以各种荒谬的罪名把宗室、功臣、亲戚几乎杀得一干二净。此后，幸存的王公百官担心横祸随时飞来，纷纷以身体多病为借口辞官回家。

据说，当时虎豹豺狼也和苻生遥相呼应，白天出来拦路伤人，晚上破坏民居，而且这些野兽只吃人不伤牲畜，一年之内就吃掉700多人，害得老百姓不敢出门耕作，只能聚居在一起。大臣们如实向苻生作了汇报，希望引起苻生的恻隐之心。苻生不仅没有可怜百姓之苦，反而说："野兽饿了才会吃人，它们吃饱了自然会停止吃人，总不会常年累月地吃个不停。再说，百姓受害正是因为他们犯罪惹怒了苍天，只要平时不犯罪总不会受害。所以，无论如何不要怨天尤人。"恐怕世界上只有苻生这样的昏君才会说出这种荒谬绝伦的话。

就在苻生胡作非为的时候，苻健之弟、苻雄的儿子苻坚正在寻找时机干掉苻生。寿光三年（357）六月的一天深夜，苻生突然莫名其妙地对身边的婢女说："阿法弟兄也不可靠，明天我就干掉他们。"婢女把苻生的话悄悄告诉了苻坚和苻坚的哥哥苻法。苻坚弟兄一听，当机立断，马上行动，苻法带着几百名大力士潜入云龙门，苻坚和吕婆楼率领300多名士卒随后出发。苻生的卫兵早就恨透了苻生，见苻坚的人马到来，都主动放下武器。苻坚到苻生的寝室时，苻生睡得正香，被士兵的喧闹声吵醒后问：

"都是什么人？"他的亲信回签："全是贼。"苻生厉声说："为什么不下拜！"苻坚的士兵听完都哈哈大笑起来。苻生听到笑声，气急败坏地说："还不赶快下拜，不下拜的一律斩杀。"苻生刚说完就被苻坚的士兵杀掉。

（四）刘宋前废帝刘子业看惯仇杀，杀人如麻

刘子业诛杀了几位顾命大臣后，胆壮气粗，改元"景和"，开始亲理政务。此时，他仍有一事放心不下：刘义恭9岁的世子伯禽为湘州刺史，不杀恐留下后患。于是，他派人前去杀害了伯禽。从此以后，刘子业便肆无忌惮施行暴政，视朝廷公卿大臣皆如奴隶，随意捶打折磨。

亲安王刘子鸾当年因其生母殷妃而得父亲刘骏宠爱，引得刘子业切齿痛恨。刘子业得势之后，马上派人去赐刘子鸾死。年仅7岁的刘子鸾临死时，悲愤地对左右说："愿我来世不要再生于帝王之家。"刘子鸾的同母弟，6岁的南海王刘子师和同母妹也同时遭害。刘子鸾兄妹三人死后，刘子业犹觉不解恨，命人掘殷贵妃墓，又要掘埋葬刘骏的景宁陵，太史以掘景宁陵于他不利为由加以劝阻，方才罢休。当初殷贵妃死后，谢庄为其作诔文，其中有"赞轨尧门"之句，刘子业认为是谢庄有意将殷贵妃比为汉朝中钩弋夫人，欲下令将其杀害。有人劝道："死对于所有人来说，都是一样的，痛苦也只是瞬间之事。谢庄生而享尽富贵，不知天下之甚苦，今将他关在尚方，使他尝尝天下之苦，然后再杀他也不晚。"刘子业听从了这番话，谢庄直到刘子业被杀后才获释放。

因为想霸占自己的姑母新蔡长公主，刘子业杀了她的丈夫宁朔将军何迈。诛杀何迈之后，料定沈庆之必来入谏，便先派人关闭青溪上的几座桥，不让沈庆之进宫。沈庆之听说何迈之事后，果然前去请求面见刘子业，但多处碰壁，只好失望而归。为了彻底堵住这位好谏诤的老臣的嘴，刘子业派沈庆之的堂侄沈攸之赐给他毒药，让他自尽。沈庆之拒绝饮酒，沈攸之将他杀死。他的儿子、侍中沈文叔对弟弟中书郎沈文季说："我死，你要报仇！"说完拿起赐给沈庆之的药一饮而尽，当场死亡。沈庆之的另一个儿子秘书郎沈昭明也自缢而死。沈文季见父兄转眼之间相继丧命，大吼一声，挥刀跃马冲出包围，脱身而去。为掩人耳目，刘子业对外诈称沈

庆之年老病亡，赠侍中、太尉，谥曰"忠武公"，又为他举行了隆重的葬礼。

领军将军王玄谟也是三世老臣，孝武帝刘骏临终前留下遗诏，要他统领外监。他见刘子业暴戾无常，刑杀过度，便多次流涕谏阻。刘子业大怒，气势汹汹地大声呵斥，王玄谟吓得一声不敢吭，弯腰低头退出。从此，王玄谟终日心惊胆战，神情恍惚，常惊慌地喊："抓我的兵已到门前了！"这时，外监也风传王玄谟被杀害。蔡兴宗见到王玄谟派来的典签包法荣劝王玄谟举事。王玄谟不敢依蔡兴宗之言而行，只是派包法荣转告他："如此大事不易可行，但也请君放心，我决不会泄露君言。"

王公大臣从自危，整日担惊受怕，而处境最危险的则是刘子业的几个叔叔。刘子业的弟弟均年幼，对他的皇位威胁不大，几位叔叔年富力强，成了他的一块心病。为了防备叔叔们为乱，他把他们调入京城，拘于殿内，并百般侮辱虐待。他常让三位最年长的皇叔随身边，不离左右。他欲杀害三王，前后达 10 次。建安王刘休仁多有心计，每当刘子业起了杀念，便机智地谈笑佞谀取悦于刘子业，才一次次使刘子业打消了杀害三王的念头。三王之中，又数湘东王处境最惨。刘子业曾派人挖一大坑，里面装上泥与水，让他脱光衣服，赤身裸体在坑内爬行，像猪一样用嘴吃槽子里的食物，自己在边上看得甚是开心，不住哈哈大笑。一次，湘东王不慎得罪刘子业，他马上下令，将他的衣服剥光，手脚绑起，像抬猪一样抬到太宫处，并对左右说："今日屠猪！"建安王刘休仁情急之下，想起刘子业将少府卿刘朦之妾藏于宫中，准备待她生下儿子后立为皇子，于是，便连忙对刘子业笑着说："猪不应死。"刘子业瞪了他一眼，问："为什么？"刘休仁笑嘻嘻地说："待皇子生下后，杀猪取其肝肺。"刘子业听了，下令："暂付廷尉。"第二天，又将他释放。

刘子业的所作所为引起了大臣的强烈愤恨，被杀死，横尸荒野。

（五）刘宋明帝刘彧滥杀大臣

当了几年皇帝的刘彧，已不像继位初那样励精图治，以国事为重，而是变得贪图享乐，迷信鬼神，猜忌杀戮大臣了。

一次刘彧令百官献物，大臣们纷纷献上珍器异宝和大量钱币以取悦他，只有始兴太守孙奉伯不识相，仅献琴书而已。刘彧大怒，封药赐其死，幸而片刻又消了气，孙奉伯才免于横死。

刘彧统治末年特别迷信鬼神，忌讳很多，说话和文书用词都极讲究，凡祸败病丧及与此相似应回避的禁语，有数百千种，若有犯者必严加惩罚。皇宫内外常虑触犯忌讳，人人担惊受怕，朝不保夕。

民间称"宣阳门"为"白门"，刘彧认为"白门"不吉利，特别忌讳。一次，尚书右丞江谧不慎说出了"白门"二字，刘彧马上变了脸色，厉声呵斥道："白你家门！"吓得江谧跪在地上，一个劲磕头谢罪，过了好久刘彧才算稍解怒气，令他离去。

皇宫内的禁忌尤其多，移动一下床、整修一下墙壁这样的小事，刘彧都要先祭祀土神，让文士作文词祝贺，像搞大型祭祀一样。

由于多年对北魏作战，国库空竭，内外百官的俸禄都成了问题，而刘彧却过着花天酒地的生活。他所需的物品，务求精美华丽，每一件都要造正御30副，御次30副，副又30副，加起来是90副。百姓负担不起，苦不堪言。

预感到将不久于人世的刘彧加紧安排后事，清除那些有可能危害或威胁幼子的人，并安插好自己信任的人。

那个勇健凶狠的寿寂之，就是杀掉刘子业使刘彧即皇位的人，这样的人虽有功但不能信用，尤其不能留用下一代。正好，有司奏寿寂之擅杀逻尉，刘彧令将其徙往越州，在半道上将其杀掉。

吴喜骁勇善战，又能体恤民情，联络朝臣，故刘彧下诏：吴喜于宅中赐死。

一次，刘彧梦到有人告发豫章太守刘愔欲反。醒来后，刘彧不分青红皂白，马上命人到豫章郡去杀死刘愔。

皇后之兄王景文知刘彧对自己不放心，忙上表请求解除扬州刺史一职，言辞恳切，但刘彧并不批准。泰豫元年（472）二月的一天，刘彧派人带毒药到王景文处，赐其死。当时，王景文正和人下棋，打开来人所带的刘彧手书敕令，只见上面有赐死之语，还有刘彧的解释："与卿周旋，欲保全卿门户，故有此处分。"看罢敕书，王景文神色不变，继续与客人下棋。一局棋罢，又有条不紊地将棋子全敛在棋盒中，这才徐徐说出一句话："奉敕被赐死。"并把敕书拿给客人看。因赐死只是王景文一人死，并不株连整个家族，故王景文还坐下亲自写信向刘彧致谢，后然饮鸩而亡。

不信任的全杀了，信任的是谁呢？

褚渊在刘彧继位前曾跟随刘彧，他风度温文尔雅，学识渊博，处事稳重，但又胆小怕事。刘彧很看重他，病重时，将他从吴郡太守位上急召回京。二人见面后，刘彧流泪说道："吾已近危笃，故召卿人，欲使卿著黄罗。"所谓黄罗，即乳母之服，刘彧借言托孤之意。褚渊闻言，忙下拜令命。刘彧曾与褚商讨诛建安王刘休仁之事，褚渊以为不可，刘彧很生气，斥责他说："卿疾人！不足以计事！"褚淡见刘彧动怒，很害怕，不敢再劝，连忙同意诛杀刘休仁，刘彧才高兴起来。后任命他为尚书左仆射。

尚书令袁粲为人正直，性情恬静，不慕功名权力，刘彧对他极为信任，也准备托孤于他。

四月，刘彧病危之际，下诏以十八弟桂阳王刘休范为司空，尚书右仆射褚淡为护军将军，中将军刘缅加右仆射，并诏命褚渊、刘缅、袁粲、蔡兴宗、沈攸之为顾命大臣，辅佐幼主。褚渊平常与萧道成很好，又向刘彧推荐，于是又命萧道成为右卫将军，领卫尉，与袁粲等共掌机事。

任命好顾命大臣的当天晚上，刘彧逝世，终年 34 岁。

（六）萧梁汉帝侯景浩劫江南

侯景为了建立和巩固自己的统治，采取了一系列措施。他下令把原无罪没为奴隶的北方人统统释放为身份自由的平民，并且提拔他们担任各种官职。朱异家中有个脸刺字的奴隶带着同伴前来投奔，侯景封他为仪同，并把朱异家产全部赏赐给他。这一下轰动了建康内外，三天之内，就有成千个奴隶前来参加侯景的队伍，侯景一一给以优厚的待遇，使他们个个感恩戴德，愿意为之效命。

侯景还重用逃到南朝来的北方人，利用他们来统治江南人民，光北魏宗室元氏就有 10 多人被封王。

侯景对于江南人民的反抗，加以残酷的镇压。他攻破东府城时，把守城将卒3000人全部杀死。在他的督导下，诸将每次胜仗之后，便专以焚掠为能事，视杀人如儿戏。他进入建康后，在石头城立了一个大舂椎，谁敢于反抗，便将其放进捣杀。又造了个大咀碓，把犯人由脚到头，寸寸斩断。还逼建康市民围观，以此威吓百姓。又严禁二人以上交谈，违者不仅本族受罚，连妻子一族也要受株连。

建康盛时曾是一个拥有28万余户、上百万人的繁华城市，经过这次战乱，存留下来的人连百分之一二都不到。本来最富庶的东土会稽一带，经过侯景的攻掠破坏，在大宝元年（550）也出现了从未有过的大饥荒，十之七八的人被饿死，连草根树叶都被扒光吃净。繁华的江南大地竟出现了千里绝烟、人迹罕见、白骨成堆的惨景。南朝的社会经济遭到了严重的破坏。

迁居江南的北方士族也遭到严重的打击。据北齐颜之推记载，晋初南下的百余家北方士族，凡是在建康的，经过侯景之乱，已经覆灭略尽。而那些散处各地的高门士族，因为骨脆肤柔、体羸气弱、不堪地走、不耐寒暑，在战乱中死去的为数也不少。江南士族势力的进一步衰落和侯景之乱是有一定关系的。

侯景虽然占据了建康，却并未能征服整个江南。在向各地扩张过程中，他遇到了梁军和各地地主武装的强烈抵抗。大宝二年（551），侯景攻陷江州、郢州之后，乘胜西进，水军号称20万，旌旗千里，声势之盛为南朝所未见。可是进至巴陵，便被萧绎大将王僧辩击败，侯景得力猛将宋子仙等被杀，会约等被俘。侯景从此一蹶不振。

大宝三年（552）二月，王僧辩与陈霸先在白茅湾会盟，誓师东下。三月，在姑熟的江中水战，侯景大将侯子鉴部被歼，梁军进抵建康。侯景亲率万余人拼死抵抗，亦被击败。

侯景在晋陵收得部分残兵后，前往吴郡，在松江被梁将侯瑱追上，所将战船200艘、兵卒数千人全部消灭。侯景无法，把两个儿子推到江中溺死，带着心腹数十人坐一条船，打算沿江东下入海逃命。途中，跟随他东走的羊侃之子羊鹍乘其入睡之时，令舵工调转船头，将船驶回京口。船至胡豆州（今江苏镇江北），侯景一觉醒来，询问岸上之人，得知旧部郭元建还在广陵，便命船直驶广陵，企图依托郭元建之兵东山再起。这时，羊鹖已拔刀在手，一面叱令船工继续驶往京口，一面用长矛将侯景刺杀。其尸送至建康，王僧辩命人将首级传送江陵，截其手送往北齐，又暴尸于市。

（七）北齐后主高纬吃喝玩乐成了亡国之君

天统元年（565）四月，年仅10岁的高纬继位。父祖昏暴、奢靡的恶习在他身上得到了"发扬光大"。

高纬小时候有个奶妈，叫陆令萱。她的丈夫因犯谋叛罪被判死刑，陆令萱也就沦为皇宫女仆，负责喂养高纬。陆令萱为人巧黠，善于谄媚，因而得到胡太后宠爱，结党营私。高纬上台后，封陆令萱为女侍中。陆令萱等佞幸小人把持了朝政，勾引亲党，贿赂公行，狱讼不公、官爵滥施，一时之间，奴婢、太监、倡优等人都被封官晋爵。天下开府一职的官员达到1000多人，仪同官职难以计数。仅领军就增加到20人，由于人员庞杂、职权不明，中央下达的诏令、文书，20个领军都只在文书照葫芦画瓢写个"依"字便扔到一边，没有执行。

自幼在奸臣弄权、奢侈暴淫环境中长大的高纬，久而久之认为皇帝就该如此。皇宫中有500个宫女，高纬把每个宫女都为郡官。每个宫女都被赏赐给一条价值万金的裙子和价值连城的镜台。除在首都邺城大兴土木工程外，他又在晋阳广建12座宫殿，丹青雅刻，巧夺天工，比邺城宫廷更为华丽。宫内的珍宝往往是早上爱不释手，晚上便视如敝屣，随意扔弃。高纬曾在晋阳的两座山上凿两座大佛，叫工匠们夜以继日，晚上则用油作照明燃料，一夜之间数万盏油同时燃烧，几十里内光照如昼。高纬豢养的牛马狗鸡的地位和大臣们一样，他的爱马封为赤彪仪同、逍遥郡君、凌霄郡君，斗鸡的爵号有开府斗鸡、郡君斗鸡等。

定州刺史南阳王高绰残暴狠毒。有一次，他看见一个妇女抱着孩子在路上行走，一时兽性大发，把孩子从妇女怀中一把夺走，扔给狼犬活活吞吃。妇女号啕大哭，高绰反而勃然大怒，将小孩子的血涂在妇女身上，然后叫狼犬去咬住这位妇女。高绰沾沾自喜地对身边的侍从说："我这是向文宣伯（高洋）学习哩！"高纬知道这事后，下令把高绰带到朝廷来。刑狱官以为是要处治高绰，便用囚车把高绰押到首都。没想一到邺下，高纬便热情地招待他，宴会间，高纬问高绰："你在外地什么事最快活？"高绰说："看人和蝎子相斗最过瘾。"高纬马上派人连夜去抓蝎子，第二天拂晓，忙碌了一整夜的侍从们好歹逮到了二三斗蝎子，高纬把蝎子放在一个又大又深的盆里，然后叫一个奴隶赤身裸体走进盆里。蝎子蜂拥而上，奴隶哀声动天。人越号叫，高纬越高兴，一边还责怪高绰："这样痛快的事，怎么也不早点告诉我！"由于高绰推荐"人蝎相斗"有功，高纬封他为大将军，日夜陪高纬在宫中寻欢作乐。

北齐到高纬时期已是朝纲紊乱、民力凋尽、徭役繁重、国力空殚。高纬根本不把这一切放在心上，他常常谱曲，自称为"无愁天子"，拿起琵琶，自弹自唱。宫内近千名太监、奴隶一齐伴唱，整个皇宫歌声缭绕，一片太平盛世景象。

武平七年（576）十月，北周武帝亲自率领三路大军，大举向北齐进攻。第一个目标是北齐黄河沿岸的重要军事重镇晋州（今山西临汾）。10万大军把晋州围得水泄不通，晋州守将侯子钦、崔京嵩一看大军围城，胆战心惊，连忙向北周投降。晋州城内士兵虽在行台仆射尉相贵指挥下浴血苦战，毕竟寡不敌众。第二天一早，北周大将段文振率领十几个人首先登上城垛，接着北周士兵冲入晋州。尉相贵和战士8000多人被俘，晋州陷落。

而与此同时，高纬和他新近宠爱的冯淑妃正在邺下郊外打猎。晋州告急的文书从早上到中午络绎不绝，右丞相高阿那肱扬手把文书扔到一边，若无其事地说："皇上正在兴头上，边境交兵是日常小事，何必大惊小怪！"黄昏，驿使带了坏消息：晋州陷落。高纬有点心慌，想马上回皇宫，冯淑妃撒娇，要高纬陪她再玩一会，高纬欣然应允，把国难暂时抛到脑后。

面对强敌，军队尚在奋勇顽抗，高纬却想逃，安吐根等大将坚决反对。众太监怂恿高纬把护城河填平，与北周军队一决死战。高纬竟听从此计，让北齐大军向北周发起反攻。北周拼力相抗，北齐大军往后退了半里。这时战争根本还没有决出胜负，高纬和冯淑妃骑着马在后面观战。冯淑妃一看将士后退，害怕起来，对高纬说："我们败了，快逃吧！"奸臣穆提婆在旁边推波助澜："皇上快走，情况不妙。"大将奚长拦住高纬的马说："进进退退是兵家技法，现在我们全军并没有受到损害，陛下应该留下来督战，若是陛下马蹄一动，军心便会如山倒，不可收拾，望陛下三思。"前线大臣们全都乞求高纬以国事为重，勿逃离战场。穆提婆碰了碰高纬的手肘，悄悄地说："这话不可信，陛下还是早走的好。"胆小如鸡的高纬此时魂早已掉了八分，哪里还顾得了什么国事，听穆提婆这么一说，打定主意，仓皇弃战北逃。北齐将士一看皇上已逃，顿时溃散大败。高纬当夜就要逃走，被群臣谏止，第二天实在不敢继续留在前线，趁夜打破城门狂奔而去。

高纬逃后，安德王高延宗在晋阳自立为帝，率众拒守，一度战胜和周军，终因麻痹轻敌，城破被俘。和周军移师攻邺，逃回邺城的高纬在城内坐立不安，问大臣们该如何是好。大家说应该重赏将士，振奋士气。高纬马上下了一道赏赐诏令，但根本不赏赐什么东西。大臣斛律卿请高纬亲自去安抚士兵，并且为他撰写好了发言稿，告诉高纬发言时要慷慨悲壮，声泪俱下，这样才能激励士气。高纬从皇宫中走出，正要说话，一下记不清该讲什么了，只是傻乎乎地笑，左右侍从也跟着笑。将士们见高纬如此昏庸、轻薄，心已凉了一半："国难当头，皇上都不急，我们还急什么！"北齐士气到此完全涣散。

高纬一看大势已去，也想逃避责任，学他父亲高湛的样，于承光元年（577）正月匆匆禅位给他8岁的长子高恒，高纬自称太上皇。高纬禅让皇位没几日，周武帝对邺下发起进攻。北周纵火烧毁城门，10万大军洪水般冲入邺城。邺城陷落。

高纬父子听说首都陷落，吓得屁滚尿流。高恒也不敢当皇帝了，匆匆宣布禅位给大丞相高谐，自称守国天王，高纬称太上皇。高纬派侍中斛律孝卿把禅文和玺绂送给远在瀛洲（今河北河间）的高谐。斛律卿早已看透高氏政权的昏聩，他不但没有把这些珍贵的东西送给高谐，反而作为见面礼，送给了周武帝。

北周占据邺下后，立即向东追捕高纬父子。高纬父子又匆匆逃往青州（今山东益都）。第三天，北周部队赶到青州，高纬父子等10多人被俘。自高欢创业以来的北齐王朝，就这样结束了。

承光元年（577）四月，周武帝在太庙前举行隆重的荐献仪式，把高纬父子连同俘虏来的车舆、旗帜和器物一道荐献给列祖列宗。仪式完后，北周举行规模浩大的欢庆宴会。为了给节日增添热闹的气氛，周武帝叫高纬父子"翩翩起舞，共享快乐"。高纬为了苟安偷生，而从命。

6个月之后，周武帝借口高纬父子想和北齐残余乱党谋叛，把高纬、高恒等全部杀死。高氏的其余亲属都被流放到西部沙漠一带，无人生还。

（八）明神宗朱翊钧横征暴敛，激起民变

万历十一年（1583）一个风和日丽的日子，皇宫朱红的大门里，走出一支由文武官员、术士、钦天监各色人等组成的不伦不类的队伍。队伍簇拥着一顶8人抬黄盖大轿直奔京郊天寿山明皇陵。在那山上，队伍停住。21岁的神宗皇帝，从轿中钻了出来，然后即率领众人寻找"吉壤"，开始筹划营建自己的陵墓。建造了后世所称的"定陵"。

定陵的建造，前后用了大约6年的时间，建陵标准很高。所用杉木，一定要西南云、贵等地深山老林里的上好木材，迢迢数千里，光运费就相当可观；所用大砖，必定是千里之外的山东临清专门烧造；所用的巨大汉白玉石料，则是从百里以外的房山大石窝开采而来。浩大的工程，每天都动用工匠、民夫多达3万余人，不分酷暑严寒，日夜紧张施工。定陵竣工，神宗站在这耗费白银800多万两的豪华建筑上心满意足。但他根本就没有想到，它的花费相当于当时约两年的全国田赋收入总和，约折合当时1000万贫苦农民一年的口粮！

自那以后神宗将注意力移向现实的享受。16世纪末、17世纪初的中国，封建经济的汪洋大海中，已零星地出现了资本主义生产关系的萌芽。商品经济有了新的发展，城市更加繁华，市镇迅速兴起，物产日益丰富，贸易往来也急剧增加。这就给贪财好货、纵情酒色的神宗提供了"大显身手"的"广阔天地"，一切均极尽铺张浪费之能事。皇长子及其他皇子办冠、婚礼，他从国库支走白银934万两，外加袍服费270多万两，挥霍一空。平时，他也很会挖空心思向朝廷各部门勒索钱财。生一个女儿，要户部、光禄寺各进奉白银10万两；公主出嫁，也要讨取数十万两银子作嫁

妆费。万历中期，为了买到称心的珠宝，一次就花掉白银2400万两。在神宗的带动下，宫廷费用日益增大，每年仅脂粉费便高达白银40万两，织造龙袍的布料达15万匹。渐渐地，国库让神宗给掏空了。这时神宗记起了当年张居正开源节流的做法，"节流"当然没有必要，而"开源"则是个好办法。于是，他以空前的"热情"，开始了敛聚钱财的活动。

神宗最初想到的"开源"的点子，后来连他自己也觉得可笑，但当时却做得一本正经。他大力提倡官吏向他"进奉"，把进奉财物的多少作为衡量官吏是否效忠皇上的标准。官员们迫于无奈，只好纷纷进奉。此外，他还想出一种更令人称奇的办法，平白无故地把太监拖来拷问，兜一阵圈子后，就要他们献金银珠宝。头脑灵活立即献上的，当即释放；"执迷不悟"的，加倍杖打。像这样以武力和恫吓强行索取钱财的做法，以后也时有发生，但已不再是"开源"的主要手段了。在此之后，神宗发现这样未免有点小家子气，也很难发什么大财。于是，万历二十四年（1596），他借口乾清、坤宁两宫被烧需要大笔款子修缮，抽调大批太监，充当"矿监""税使"，分派到全国各地，搜刮民脂民膏。这就是十分有名的"采榷之祸"。采榷用太监，而不用士大夫，是煞费了神宗一番苦心的。太监大多不知法纪，又有些心理变态，可以尽搜刮之能事。为了这个特殊目的，神宗还特别授予矿监、税使们节制有司、专折密奏的权力。让他们充当耳目，监督地方，听其诬陷告密，甚至勾结当地流氓恶棍、土豪劣绅，大肆作恶。对于他们的劾奏，神宗十分重视和轻信，朝入夕传，不问青红皂白，就立即派人将被劾者逮捕下狱，严刑拷打，或削籍贬官，或干脆折磨处死。当时，各地都慑于矿监税使的淫威，好好侍奉，原想早日将"神"送走。谁知此类衙门全国共有20处，专门奉行神宗的旨意，为他敛财。无怪有人惊叹，万历皇帝对钱财的奇贪，前无古人。

那时候，税使到处都是，遍及160多个州县。他们多设关卡，巧立名目，税收的数额自然就大。据说，最初他们倒是有过设想，征税主要在商人、土地所有者中进行。但后来觉得太累太麻烦，干脆"税不必商"，连官吏、农工等也都成了征税的对象，凡是涉及房屋、车船、米、麦、鸡、猪、牛、马，等等，没有一样不纳税。这160多个州县，每年征税银数以千万计。有人形容那情景真似蝗灾，税使过处，"百用乏绝""十室九空"。

但是，若同矿监比起来，税使还显得有点心慈手软。矿监们最要命的是凶横。他们名为开矿增加税收，其实并不打算这么做。因为他们根本不搞什么勘探，也不组织力量开采，而是不论田园房屋，只要看好了可以敲榨一笔，就随心所欲地指地为矿。被指中的人家，于是灾祸临头，有金银珠玉献上的还罢，若是没有，矿监便指使卒役们强行拆房毁屋，掘地翻圃，抢掠家产，甚至借机侮辱妇女，胡乱杀人。有的借口找矿，到处挖掘坟墓，搜取金银陪葬品。这种明火执仗掠夺来的财宝，上缴充公的不足1/10，只是肥了神宗和矿监们，所以神宗十分喜爱并偏袒他们。

由于他的横征暴敛，搞得老百姓怨声载道，公元1627年陕西灾民暴动，揭开了明末农民大起义的序幕。

三、宠奸任佞　残害忠良

（一）汉元帝刘奭宠信奸佞，国势衰

元帝尊师重儒的同时，也宠奸任佞，一批奸佞小人密集于朝廷要枢，石显是其中最主要的一个，他依靠元帝宠信，以中书令官职专权十几年，一直到成帝继位。

石显出身于世代书香的大地主家庭，年少犯法受宫刑，入宫为宦官，宣帝末年任中书仆射，与中书令弘恭结为党友。元帝继位时，石显已经是一个饱览宦海沉浮和官场世故的钻营利禄的老手了。他口齿伶俐，头脑狡黠，内心歹毒，不但精通朝务，左右逢源，而且能用心计和语言探测出皇帝尚未明讲或难于言传的深意，凭着这套本领，很快就赢得了元帝的欢心和宠信。随着宠信加深，中书的权力日益增大，石显等人以久典枢机、熟悉朝务为优势，常常非议、抵制甚至推翻领尚书事的萧望之、周堪的意见，引起萧、周等正直派官员的反对。于是朝中形成了以弘、石为首的中书势力和以萧、周为首的正直势力的对立局面。双方明争暗斗，越演越烈。

萧、周向元帝提出废除中书机构，试图根除石显等一伙奸佞势力。元

帝性格柔弱，采取折中态度，对废除中书之议久置不决。而石显、弘恭则及时行动，数次设计，先是逼萧望之自杀，后又气死了周堪。从此正直派官员失去了首领，更处于被动和困难境地。

正直派失败后，朝中有一名郎官，名京房，他见石显专权，吏治败坏，就制定了一套清明吏治的奖惩方案，名曰"考功课吏法"。元帝很赏识这套方案。但京房深知要推行其法，必须首先除掉石。在一次宴见时，京房向元帝提出一连串问题，做了一次深入透彻的进谏。京房问："周幽王、厉王为何危身亡位？他们任用的什么人？"元帝说："君主糊涂，用的是巧佞人。"房接着问："知道巧佞而任用呢，还是以为他们贤明？"元帝说："当然是认为他们贤明。"京房接着问："那么后人为何知道他们不贤明？"元帝说："后人看到乱世亡君的恶果，所以知道不贤明。"京房说："这么说来，是任贤必治，任佞必乱。那么幽、厉为何不觉悟，为何一直任用佞臣，以致国破身亡？"元帝回答："面临乱亡的君主都自以为任用的臣是贤臣，若都觉悟，天下哪里还会有昏君呢！"京房把话锋一转，问："那么陛下观当今天下是治世还是乱世？"元帝毫不隐讳地说："也算是极其混乱了，还有什么说的。"京房又问："那么当今陛下任用的是何人？"元帝支吾其词："……话不能这么讲，今天虽然混乱，比幽、厉时还算好些，况且这与用人没有关系。"京房感慨地指出："陛下，前代君主就是这样看待他那个时代的，臣恐怕后人评论今天，也像我们今天评论前代一样啊。"元帝沉默了。好一会儿才说话，他问："那么，你说今天为奸行佞的乱臣是谁？"京房回答："明主自己应该知道。"元帝说："朕不知道。如果知道，朕为何还要用他？"京房说："臣所说的，就是陛下最信任、共同在帷幄中密图大事、掌握天下用人权的那个人。"元帝明白京房指的是石显，于是说："朕已知晓。"

京房这番忠谏，可谓语重心长，发人深思，但京房退后，元帝信用石显一如既往。因为石显已经用各种狡诈手段骗得了元帝对他牢不可破的宠信，石信对元帝骗得越深，元帝对石显越信任，后来干脆把朝政一股脑推予石显。事无大小，都由石显汇报，也多由石显裁决。石显贵幸倾朝，文武百官都敬畏他。继萧望之、周堪、张猛死后，石显为排除异己，又陆续害死京房、郑弘、张博、贾捐之、苏建等人，并迫害陈咸、朱云、王章等多人。由于元帝过于宠信石显，石显总以中书权力掌权，渐使汉代尚书机构权力重起来。石显凭借尚书权，不断清除政敌，入狱的入狱，服刑的服刑，有的免官归野，有的合家流放，不少人被推上断头台。上至公卿权贵下至失大臣群吏，无不畏惧以石显为首的势力，处处小心谨慎，甚至连走路时抬腿落足也不敢稍有疏忽大意。

由于积重难返，振兴乏力，加上宠信佞臣，朝纲不整，以致贪官暴敛，酷吏横行，哀鸿遍野，民不聊生，西汉王朝从此走上了下坡路。

（二）三国孙权晚年刚愎自用，信用奸佞

孙权在三国时可算是一位有作为的君主，但是到了晚年，刚愎自用，猜忌群臣，信用奸佞，排斥忠良，与前期英明作为相比，简直判若两人。

吴嘉禾二年（223），割据辽东的公孙渊突然遣使向东吴上表称臣。孙权大喜过望，为之大赦天下，并欲派遣太常张弥、执金吾许晏、将军贺达等为使，将兵万人，携带金银珠宝，漂洋过海，授公孙渊为燕王，并赐九锡。满朝文武以张昭、顾雍为首，都痛切谏止，认为公孙渊乃反复小人，不必对他宠遇过厚，只需派兵吏护其使者归返即可。张昭说："公孙渊背叛曹魏，担心招致讨伐，故远来求援，归顺并非本意。如果他重又投靠曹魏，我国派出的使节不能返回，岂不贻笑于天下？"孙权不听。张昭再三谏争，孙权恨张昭不从己命，命人用土将张昭家门堵住。张昭一见，来了个针锋相对，又将门从内用土封住，再也不出门。

后来，公孙渊果然斩杀吴国使臣，重新倒向曹魏。孙权听说后，勃然大怒，不仅不检讨自己处事不当，反而迁怒于公孙渊，说道："我已年届60，世界之事，无所不知。近来却为鼠辈所骗，真令人气愤！若不斩截这鼠子之头掷于海，还有什么面目当皇帝！就算长途跋涉，我也要亲征鼠辈，以雪心头之恨！"说着，就要带兵亲征，幸亏众臣谏止。

随着猜忌心的日益加重，孙权专门设置了校事、察战两职，用以监视文武百官。中书校事吕壹，诋毁大臣，罗织罪名，构陷无辜，使无罪有功之臣，互相纠举，横受大刑，而孙权对他却十分宠信。丞相顾雍无故被诬陷，遭到软禁。江夏太守刁嘉被陷害，险些受诛。太子孙登数次劝谏孙

权，不听。大将军陆逊见吕壹窃柄弄权，擅作威福，而无人可禁，与太常等人同心忧思，以至于泪流满面。骠骑将军步骘多次上疏，揭露吕壹罪行，请求孙权改变虽有大臣而不能用的状况，重新任用顾雍、陆逊等忠贞股肱之臣，孙权却置若罔闻。潘濬见孙权如此不纳忠言，百般无奈，竟想铤而走险，借宴会之机袭杀吕壹。后壹虽因陷害左将军朱据之事泄露被杀，但校事等官仍然不废。至此以后，吴国国势日衰。

（三）晋废帝司马奕宠奸丢皇位

东晋废帝司马奕，字延龄，为哀帝司马丕同母弟。两岁封为东海王，12岁拜散骑常侍、镇军将军。此后，又改封琅邪王，历任车骑将军、侍中、骠骑大将军、开府仪同三司。兴宁三年（365）二月，哀帝司马丕死去，无子嗣。皇太后下诏，以司马奕继承帝位。

司马奕虽为皇帝，但只是一个傀儡，实权操纵在权臣桓温手中。此时的桓温已身兼多种要职：征西大将军、侍中、大司马、都督中外诸军、录尚书事、荆州刺史、扬州牧。不过，他并没有满足，为了提高威望，实现代晋称帝的梦想，他要再次北伐。

太和四年（369）四月，桓温率步骑5万，从姑熟出发，进行第三次北伐，进攻前燕。此次缺乏统筹安排，造成桓温孤军深入，而且粮储已尽，又听说前秦的军队将援救前燕，桓温遂匆忙退兵。

桓温早有政治野心，曾抚枕叹道："男子汉不能流芳百世，便当遗臭万年。"他本想通过北伐建立威名，取东晋而代之。但第三次北伐之败使其名声一落千丈。桓温为此垂头丧气，无计可施。他的亲信郗超阴险狡诈，为他设好一条毒计。某夜，他俩同住在一起，郗超说："明公权倾天下，大举北伐而一朝兵败。不干一件惊天动地的大事，是难以挽回影响的。只有学伊尹、霍光，废立皇帝，方可重振雄威。"桓温早有此心，闻计大喜。两人在夜深人静的黑暗角落里，密商了推翻废帝司马奕的阴谋。

司马奕从登基为帝起，就是大司马桓温的傀儡，一直为自己的安危忧心忡忡。他循规蹈矩，谨小慎微，对国家大政，更不敢自作主张，唯恐越雷池一步，招致祸殃。桓温和郗超因找不到皇帝的劣迹，怕贸然废掉他，人心不服。他俩苦思冥想，忽然计上心来。宫闱禁秘，性事易诬，可以任意造谣，而真相难明，于是，他们捏造谎言说，皇帝早有阳痿症，不能过夫妻生活。他的三个儿子，是嬖幸之人侍奉内寝时与皇帝的美人田氏、孟氏通奸所生。皇帝放纵美人淫乱，浊乱后宫，理应为国人所不齿。桓温命人将虚构的宫廷秘闻广为散布，使尽人皆知。然后，他便可以此为借口，行商伊尹、汉霍光废立之事。咸安元年（371）十一月，桓温气势汹汹地来到首都建康，向褚太后呈交急奏和早已写好的太后令。太后正在宫中佛堂烧香，内侍禀道："外有急奏。"太后出来，接奏在手，倚户刚看数行即大惊失色。桓温在急奏中请废掉皇帝司马奕，而立丞相、会稽王司马昱为帝。在写好的太后令中说："穆帝、哀帝不幸短寿，又无后嗣，故以琅邪王入即大位。没想到他竟如此昏聩，违背礼法，有此三孽，不知为谁人之子。人伦丧尽，丑声远扬，还有何颜面为皇帝。再者，孽子长大，便要封王为藩。这简直是欺诬祖宗，倾移皇基。是可忍，孰不可忍。为此，废司马奕为东海王。"太后悲切难禁，看了一半就看不下去了。她知桓温之意难违，事已无可奈何，命人拿笔墨来，在太后令末尾加上如下的话："我身为未亡人，不幸罹此忧患，感念存没，心痛如割。"

桓温召集百官于朝堂。人们已得知要废掉皇帝，个个面色惊恐，呆若木鸡。因已数代无废皇帝之事，不知礼仪，只得找来《汉书》，按《霍光传》上所述霍光废昌邑王的程序礼仪，以太后令，宣布废皇帝为东海王。桓温命督护竺瑶、散骑侍郎刘亨强行没收皇帝的玺绶。惊恐和羞辱，使司马奕面如死灰，手足无措。他穿着白布单衣，踉踉跄跄地步下西堂，乘着一辆低规格的犊车离开了神虎门。群臣含着泪水，拥到车前，与被废的皇帝告别。但没有人敢说一句同情或惜别的话，只有一片唏嘘啜泣之声。侍御史、殿中监奉桓温之命，领兵百人，名为护送，实为押解，将司马奕送到东海王府。当天，桓温率百官迎会稽王司马昱即皇位。废立皇帝闹剧的导演和主角桓温忙得不亦乐乎，但他没有忘记残酷地处置司马奕的后代。为了斩草除根，他派人将司马奕的三个儿子及他们的生母田氏、孟氏全部杀死。十二月，桓温又奏道："废放之人，必置之偏远之地。而且不能再管理黎民百姓。东海王应按汉朝昌邑王的先例，加以放逐，安置于吴郡。"太后下诏说："贬为庶民百姓，实在情有不忍。还是作为例外，仍封他为王吧！"桓温却蛮横地不允，又奏道："只可封为海西县侯。"于是，降封司马奕为海西县公。

东晋咸安二年（372）四月，降封为海西县公的司马奕被迁徙到吴县。朝廷命吴国内史刁彝着意防卫，又专派御史顾允前往监视。司马奕深知身处险境，言行稍有不慎，即随时有被杀害的危险。于是，表现出安于屈辱、愚钝无知、乐天知命、无所事事的样子。耽于内宠，终日酣饮，恣意声色。甚至生子溺死不养，以示心无远志。桓温知其敬宠于命，无意东山再起，也就不再加害他。

（四）南燕末主慕容超任用权臣乱国政

慕容超继位后，自觉根基浅薄，最初不得不依靠那些宗室元老，故而以慕容钟为都督中外诸军事、录尚书事，慕容法为征南将军、都督徐、兖、扬、南四州诸军事。但不久便把慕容钟打发出去当了青州牧（治东莱，今山东莱州），段宏当了徐州刺史（治莒城），而以自己的亲信，新贵公孙五楼为武卫将军，领屯骑校尉，参与军国政事。元老封孚进谏说："慕容钟乃宗室重臣，国家栋梁，段宏为外戚，德高望重。应当让他们辅佐国家大政。如今叫他们出镇在外，而让公孙五楼这样低微之人在内辅佐，臣深感不安。"慕容超去找五楼商议，五楼早想把慕容钟等人赶出去，由自己来专断朝政，乘机进些谗言，于是，封孚的话就算是白说了。

慕容钟、段宏心中都忿忿不平，私下说："看来黄犬之皮真的要补到狐皮大衣上去了。"公孙五楼听说以后，恨得咬牙切齿，双方又种下嫌隙。因受排挤，慕容钟、慕容法和段宏等渐渐有了夺权之心。左仆射封嵩去做太后段氏的工作，说："皇上非太后所生，恐怕会发生永康元年那种事情（指慕容宝逼杀太后段氏）。"段氏让慕容法想办法，慕容法等便积极准备，密谋政变。慕容超得到消息，下令召慕容钟进京，慕容钟称病不去。慕容超便逮捕其党羽，将侍中慕容统、右卫将军慕容根、散骑常侍段封等全部诛杀。征南司马卜珍告发封嵩常与慕容法来往，有同谋之嫌，遂把封嵩交付廷尉审讯。段太后听说审讯封嵩，心中害怕，便原原本本把密谋过程全部向慕容超交代了出来，慕容超见封嵩乃是主谋之一，便将他处以酷刑，车裂于东门之外。封嵩之弟西中郎将封融闻讯后，立即投奔了北魏。

慕容超又派慕容镇攻青州，慕容昱攻徐州，慕容凝和韩范攻兖州。徐州刺史段宏弃城投了北魏。这时封融又募集一批人马袭杀了驻在石塞城（今山东长清）的南燕大将余郁，使南燕全国震惊，人心不稳。慕容凝企图杀死韩范，然后倒戈袭击广固，韩范先发制人将其击败，慕容凝投奔兖州，韩范接着又攻克了兖州，慕容凝投往后秦姚兴，慕容法投了北魏。这时，慕容镇也攻克了青州，慕容钟逃往后秦。这次内部大动乱、大残杀虽然平息了下去，但南燕的统治力量也大大削弱了。

宗室元勋谋反被镇压下去以后，慕容超以为大权在握，便专事寻欢作乐，不理朝政，不断加重赋税徭役，又好随意更改制度，搞得朝野上下一片非议之声。仆射韩范和元老封孚屡次进谏，他都不听。南燕太上二年（406），有一天慕容超问封孚："朕可以和过去的哪个皇帝相比？""桀纣之主！"封孚毫不留情地说。慕容超又羞又怒，封孚却面不改色，踱着方步走了出去。站在一边的司空鞠仲早已吓得面如白纸，出了一身冷汗，出来后对封孚说："对皇上说话，怎么可以这样严厉？你最好马上回去向皇上谢罪。"封孚说："我行年70，坟墓和棺材都已预备好了，只求死得其所而已。"竟不去谢罪。第二年，这个老人就得病死去，从此，再也没有人敢直言进谏了。

此时，公孙五楼已经当了侍中、尚书，领右卫将军，专断朝政。他的兄长公孙归封为常山公、冠军将军，叔父公孙颓也任武卫将军、兴乐公。五楼的宗族亲戚全都在慕容超左右身居要职，兴风作浪，为非作歹，搞得朝廷内外王公百官无不对他们惧怕三分。一些奸佞小人乘机阿谀奉承，指望捞个一官半职。有个小吏王俨，本是尚书都令史，便靠这种办法得了五楼欢心，被连升三级，提为尚书郎，后来又当了尚书左丞。当时民间编了两句谣谚来讽刺此事："欲得侯，事五楼。"

几年后，南燕灭亡，慕容超被晋军斩首。南燕这个一度兴盛的国家随即倾颓。

（五）唐玄宗李隆基宠信奸佞致"安史之乱"

歌舞升平的太平景象，逐渐使唐玄宗陶醉了，锐意进取的治国精神丧失殆尽。到天宝元年（742），玄宗已做了30年皇帝，渐恣奢欲，纵情声色，怠于政事，已不能如开元时期那样听取忠言直谏了。"尚直"的韩休、张九龄相继罢相，奸佞便嬖的李林甫任中书令独秉大权。从这时起，邪恶势力在朝廷中开始占了上风。天宝十一载（752），李林甫病死，杨国忠做宰相，政治更加黑暗，国家形势也自此由盛而衰。

李林甫善于迎合玄宗的旨意。开元二十四载（736）十月，玄宗想从洛阳回长安，宰相张九龄、裴耀卿认为秋收未毕，恐怕沿路扰民，建议改期。但李林甫待二相退出后却对玄宗说："长安、洛阳是陛下的东西宫，随时可以往来行幸，何须择时日？"即使妨碍了农民收获，只要免去他们的赋税就可以了。"玄宗听了很高兴，就听从了。张九龄遇事敢于力争，玄宗就讨厌他。李林甫乘机进谗言，终于取代他做了宰相。从此，"容身保位，无复直言"的风气便统治了朝廷。谏官言事，须先告诉李林甫，而后上报皇帝。朝廷官员不附和他的，都遭到阴谋陷害。他杜绝言路，妒贤嫉能，口头上说话好听，背地里专门害人，因此，人们说他是"口有蜜，腹有剑"。

李林甫的权势日炽一日，而朝政的败坏日甚一日。玄宗不识其奸，反以为能，甚至想委国政给林甫。

开元二十四年（736），玄宗因所宠爱的武惠妃死去，整日郁郁寡欢。宫中数千红颜，无一当意者。这时有人说寿王妃杨氏体态丰艳，绝世无双，他即令太监将其接进宫来侍酒。寿王妃性聪颖，晓音律，长歌舞，尤善逢迎。玄宗如获至宝，愁怀顿开，遂寻欢作乐，无所顾及。

寿王李瑁是玄宗的儿子，武惠妃的亲生子。56岁的皇帝同22岁的儿媳的这种私情，显然悖于伦理，是一大丑闻。玄宗遂让寿王妃自请为女道士，入居南宫，赐号太真，南宫改名为太真宫。玄宗夺了儿媳，又给儿子聚了个韦姓的姑娘做妃子，以示慰藉。

杨太真入得宫来，恩宠与日俱增，不到一年，盛势已过于皇后。玄宗有美人相伴，从此无心于政事。天宝四年（745），杨太真被册封为贵妃，此时后宫并没有皇后，杨贵妃就是实际上的皇后了。玄宗视贵妃为心肝，赞其为"解语之花"，更对她的家族慷慨封赏，毫不吝惜。

贵妃善治装，专为她服务的织绣之工就达700人之多。贵妃乘马，权宦高力士亲为之执辔授鞍。贵妃生长在南国，喜食鲜荔枝。荔枝易败，离枝四五日则色味俱变。为了快速贡奉新鲜荔枝，玄宗下令特开辟了从岭南通往长安的数千里贡道，沿途设有驿站，备有快马，荔枝运至长安，色味不变。

君王宠幸，朝臣官吏也无不倍加逢迎，向贵妃争献奇馐异味、器物珍玩。有时一次送的美食就达几千盘，一般的价值抵得过十户中等人家的财产。宫中还特设检查食品的官员，评比各种食品的精美程度，真是"精益求精"。岭南军政长官的贡献得到贵妃的欢心，遂连升三级。广陵的长官起而仿效，也被擢为朝廷大臣。由是文臣武将无不瞩目后宫，以讨好贵妃为事。

一人得道，鸡犬升天。杨氏一门因一女得宠而飞黄腾达。贵妃的大姐封韩国夫人，二姐封虢国夫人，三姐封秦国夫人，从兄杨铦被封为位当四品的朝中高官，杨锜娶了公主，杨国忠官至宰相，领40余职，权倾天下。

李林甫死后，杨国忠得以独揽大权。他和李林甫一样，顺着玄宗的心思行事。玄宗好战，他即发动征伐南诏的战争，丧师20万。一年大雨成灾，玄宗查问灾情，他叫人弄了一些大的粟穗给玄宗看，说雨虽大，收成却好。玄宗竟也相信。杨国忠不准下面报灾，扶风太守房管报灾求救，他大怒，下令将其交司法机关惩处。除做宰相外，杨国忠还兼领40余使，又专判度支、吏部，整天发号施令，胡乱处理政事，选任官吏都在私第暗定，结党营私，贿赂公行。因此，唐朝的政治更加昏暗。

从开元二十四年（736）到天宝年间，奸相专权，贵妃专宠，玄宗日益昏聩，政治愈加腐败，繁荣背后的危机也就加剧了。首先是均田制瓦解，负担租赋的民户在缩减，而朝廷的费用却在加大，财政赤字日甚一日。朝廷就派员横征暴敛，甚至一次预征30年的租赋，加剧了人民的贫困，唐王朝赖以生存的社会基础动摇了。其次是府兵制破坏后，募兵制也愈加腐败。中原承平已久，社会风尚耻于当兵，京师所募之兵多是无赖子弟、市井小贩，毫无战斗力。

尽管如此，玄宗却发动了一系列不义的战争。边将权奸为了升官加爵也不惜推波助澜，挑起事端。这些战争造成了大量各族人口的伤亡，消耗了大量的社会财富，大大加深了阶级矛盾和民族矛盾。最终诱发了"安史之乱"。

（六）宋真宗赵恒信用佞臣，排忠臣

澶渊之盟后，真宗所担忧的外部威胁暂时缓解，但朝廷内部矛盾却日益激化。

战后不久，真宗把主和派王钦若召回京城，给以资政殿学士的宠遇。王钦若伺机进谗真宗，说前日澶渊之盟是城下之盟，城下之盟古来为耻。寇准主张皇上亲征，是拿皇上作"孤注"，而"孤注一掷"也是皇帝的奇耻大辱，云云。这些话使真宗的心头罩上了一层阴影，竟使他接连几天闷闷不乐，寝食不安。

真宗本不喜欢寇准的耿直，起用寇准，主要是让他帮自己渡过难关。听了王钦若的话后，真宗便在景德三年（1006）二月，以寇准"过求虚誉，无大臣礼"为借口。罢其相，出知陕州（今河南三门峡）。擢参知政事王旦为相，王钦若知枢密院事。并加王钦若资政殿大学士之号，位居诸臣之首。

景德五年（1008）正月初三，宰相王旦率群臣入宫早朝，当诸臣奏事完毕，皇城司来人报说，在宫城左承天门南角，发现像书卷一样的黄帛两丈多，黄帛上面隐约有字。真宗于是对众臣说："去年十一月，我曾梦见神人，说今年正月当降《大中祥符》三篇，想必正是天书下降了。"宰相王旦等即跪拜称贺，说是"天书"降临，应去奉迎。真宗君臣一行便步至承天门，焚香望拜，取回"天书"，由知枢密院陈尧叟启读。大意是说，真宗能以至孝至德诏承先业，治理天下，今后更应清静简俭，善始善终，永保宋祚。读毕，真宗再拜，接过"天书"，藏于金匮。然后大宴文武群臣，京朝官并加恩升爵，令改元大中祥符，改左承天门为左承天祥符门。其后，"天书"不断出现，真宗也忙忙碌碌奉迎"天书"。

真宗崇奉祥瑞，沉湎于封祀，朝内一班大臣也极意屈奉迎合，希求加官进爵，以固权位。首倡祥瑞封祀之说的王钦若竭尽精思，挟符瑞以邀恩宠，大中祥符五年（1012）被拜为相，兼枢密使。王钦若状貌短小，项有附疣，被人讥讽为"瘿相"，为人又十分阴险，一味迎合帝意，与其他几个奸臣一道被称为"五鬼"。

不过，这么多的"祥瑞"并未给赵恒和他的帝国带来多少好处，反倒天灾人祸不断。

从大中祥符九年（1016）的夏季起，京畿、河北、陕西、京西、京东以至于江淮、两浙、荆湖的大片地区发生旱蝗，各地关于蝗情的奏报不断送进皇宫。为此真宗忧心忡忡，几次或亲自或遣官分赴各道观，建道场祈祷上天，祈求保佑。又几次下诏灭蝗。但灾情不仅没有减轻，反继续扩大。这年七月的一天，真宗正坐便殿，左右报告有飞蝗经过京城。他出门景轩观望，但见飞蝗遮天掩日，不见首尾。真宗忧形于色，意甚不怿，命撤膳应灾。自此，忧郁成疾。

久任相位的王旦，自"天书"、封祀之事起，对真宗多加迎合，少有谏诤，凡事若少忤真宗之意，便蹙促不安，处事决政"务遵法守度，重改作"，洁身自好。此时朝政衰败，灾异严重，他于天禧元年（1017）七月称疾辞去相位。真宗即擢王钦若为相。

王钦若拜相后，首以排除异己为首务。参知政事王曾因为与他有前隙，便无故被排挤出朝。参知政事张知白因与他议事多不合，复被排挤，罢知天雄军（今河北大名）。连三司使李士衡因之前任河北转运使时，屡献金帛助祀而一直得真宗青睐，也被王钦若视为眼中钉，暗进谗言，阻其晋用。王钦若的专横引起朝野的不满，遭谏官连章弹劾。复有人上疏揭露他卖官鬻爵，王钦若面见真宗自辩，求让御史台为他辩诬。真宗以"国家置御史台，非为人辩虚实"为辞，不允。接着，又有人揭露他家藏禁书，被真宗召问，始不自安，遂罢相，出判杭州。

王钦若罢相后，真宗想起王旦的举荐，召拜久在朝外的寇准为相，以丁谓为参知政事。丁谓善于揣摩人意，靠对真宗的逢迎，青云直上。寇准素恶其人，他也对寇准衔恨在心。丁谓由此串联早就对寇准心怀不满的曹利用等，合谋伺机排挤寇准。

真宗自患病后日益迷信。他虽曾经说过："古人多言祷神可以延福，恐未必如此。"这时却不断幸谒宫观，拜神求佛，祈求神祇保佑。天禧二年（1018）三月，永兴军巡检使朱能奏掖"天书"降于乾祐（今山西柞水）山中，赴京城恭献。赵恒仍崇信不疑，备列仪仗，亲到琼林苑，奉接"天书"入宫，大赦天下，普度道释童行，广建道场祭祀天地。复在天安殿召见来自京城及各地庙观寺院的道尼僧１3000余人，赐以药银大钱，让他们为自己祈福延寿。这年八月，立皇子赵祯为皇太子。从此援引每三五单日监轩听政的旧制，对诸臣所奏军国大政敷衍了事，余则避居深宫，丹鼎之事。皇后刘氏渐渐专权于政。

寇准于是奏请真宗："皇太子渐已成人，众望所属，愿陛下思社稷之重，付以神器，以固万世根本。丁谓为人奸佞，不可以辅佐少主，请择方正大臣以为羽翼。"真宗点头答应。不料此事为丁谓侦知，丁谓急找钱惟演等，通谋刘皇后，向真宗进谗言，说寇准专权，图谋不轨。真宗患病后，事多健忘，这时竟不记得与寇准的前番谈话，轻信丁谓等所言，将寇准罢相，擢参知政事李迪为相。

继之，丁谓又与真宗的亲信宦官，入内副都知周怀政发生矛盾。周怀政与客省使（掌契丹、高丽国信使见辞宴赐及四方进奉、四夷朝觐之事）杨崇勋等人合谋，欲杀掉丁谓，复相寇准，废刘皇后，奉真宗为太上皇，传位太子。并商定于天禧四年（1020）七月二十五日起事。就在政变发生的前一天晚上，杨崇勋临战畏惧，向丁谓告发。丁谓闻变，身穿便服，乘坐妇人轿急找枢密使曹利用商量对策。次日天亮，曹利用即进宫入奏真宗。周怀政正欲布置起事，突然闯进一队卫士，将他逮捕，与此同时，周怀政的同谋者也一一被抓。刘皇后亲自审问了周怀政等人，奏告真宗，将他们斩杀于城西普安寺。丁谓借此大兴冤狱，排除异己。与周怀政有过联系并献"天书"的永兴军巡检使朱能闻丁谓派兵抓他，自缢而死。寇准也被贬为道州（今湖南道县）司马。

此后，丁谓更加专权，凡不阿附自己的人，即被指斥为"寇党"，轻者贬官，重者流放。真宗的病也日渐危重，不仅喜怒无常，且更健忘，语言错乱。寇准被贬后，他还问左右说："我为什么久不见寇准？"左右慑于丁谓权势，都不敢应答。李迪罢相后，真宗欲相王钦若。丁谓却矫旨除王钦若使相、西京留守，出判河南府。真宗只听说了王钦若已除授新官，但任的什么官，他却没有再问。天禧四年（1020）十一月，真宗的病更加严重，不得不命皇太子监国，刘皇后与太子同莅国政。又命在京城景灵宫中建万寿殿，让道尼、僧徒日夜为自己祈祷。不久病死。

（七）宋徽宗赵佶重用奸臣蔡京

建中靖国元年（1101）正月，同太后死后，赵佶的"绍述先圣"的重行变法意向更加明朗。不久，将奸臣蔡京召回朝廷，担任了翰林学士承旨。蔡京首先建议，重修神宗朝的历史，为变法张本，恢复绍圣年间根究元祐大臣罪状的安惇、蹇序辰的名誉，为其翻案。公元1102年，徽宗改元"崇宁"，即崇尚熙宁之意，正式打出了绍述的旗号。韩忠彦罢相，曾布也被蔡京排挤出朝。七月，徽宗任命蔡京为宰相。

徽宗衡量官员好坏的准则只有一条，就是看他的言行是否顺承符合自己的旨意。尽管他也偶尔对臣下的吹牛拍马有过清醒的认识，觉着不一定一味说好话的就是忠臣。大观元年（1107），赵水使者赵霖从黄河中捕得一只长有两个头的乌龟，献给徽宗说是祥瑞之物。蔡京说："这正是齐桓公小白所说的'象罔'，见之可以成就霸业。"资政殿学士郑居中唱反调说："头岂能有二！别人看了都觉害怕，只有蔡京称庆，其心真不可测！"徽宗命人将龟抛弃，说是"居中爱我"，遂提拔郑居中为同知枢密院事。然而毕竟还是好话听起来顺耳，蔡京就因为会说好话，会顺着徽宗的意愿办事，才得到格外宠信。徽宗在位25年，蔡京任相24年。中间虽曾三次被罢，但旋罢即复，表明徽宗离不开这个马屁精。

徽宗倚为股肱的童贯、王黼、朱勔、梁师成等人无一不是极善谀媚的奸佞之徒。奸臣档道，忠臣遭殃，国势日衰，徽宗被金所俘与此不无关系。

（八）明世宗朱厚熜重用奸相严嵩

严嵩本是礼部右侍郎，嘉靖七年（1528）曾奉世宗之命去安陆祭告兴诣帝陵墓，事毕献媚说："我走了一路，先祖家乡处处应时细雨霏霏，当载神主的船过河时，连河水都陡然高涨，真是天意啊。"世宗因此对他很赏识。这以后严嵩一边巴结当时的内阁首辅夏言，一边又在世宗面前讲夏言的坏话，终于博得了世宗对他的充分信任，渐渐地铺平了进主内阁的道路。

严嵩入阁前，大权由夏言执掌，夏言得宠的原因是由于祭醮青词写得好，祷祀的事情肯卖力气。但是夏言以后逐渐厌倦此事，并时有抵牾，世宗对此甚为不满。如世宗常常戴香叶道冠，打扮成道士模样，还命人刻制了五顶香冠赐给夏言、严嵩等5位大臣。夏言不肯戴，还对他密疏讽劝，而严嵩则在世宗召对时，每每戴上，世宗自然更对夏言不满。世宗经常派太监到臣府第宣诏达事，夏言自恃位高，说话从不客气，待之如奴仆，严嵩则必敛手请坐，塞给来人黄金若干，于是这些人回来后争着向世宗说严嵩的好话。世宗觉得这样还不能说明两人的高下，又专门派人趁晚上到两人家里察看，结果发觉夏言往往是在家中睡觉，而严嵩却在灯下审看自己写的青词。世宗几次将两人送来的青词做了比较，发现夏言的多为僚属代写，有时还把用过的又拿来充数，而严嵩写的却越来越精彩。世宗心里对夏言的印象直落千丈。他多次将夏言送入西苑的青词掷于地上，愤愤地说："你就用这种玩意儿来糊弄我，真是有负我的重用！"有负重用的人自然不能久留，嘉靖二十三年（1544）夏言下了台，代之以严嵩主政。到嘉靖二十五年（1546），在严嵩的挑拨下，夏言最终被砍了头。

世宗把内阁首辅换成了严嵩，但他并不认为严嵩有治世之才，而又赏识严嵩的顺从。世宗在西苑修炼，不想与朝臣见面，严嵩就住在西苑内，朝夕相伴，随时等候召见，连洗沐都顾不上。世宗对他的评价是"忠勤敏达"。正当世宗做着成仙的梦时，无能的严嵩内阁却没能守住朝廷。多年松弛的边防在崛起的北方民族的冲击下，终于溃散开来，蒙古彪悍的马队长啸着疾驰直入，京师宫阙为之震撼。

（九）清高宗爱新觉罗·弘历宠信贪官和珅

和珅是乾隆朝第一权臣，从后来被查抄的财产来看，也是有史以来第一号大贪污犯。他之所以能骄横跋扈，自然是深受乾隆帝宠信所致。但是，乾隆是一个非常老练刚毅的皇帝，怎么能对和珅的奸贪毫无觉察呢？更何况，即使不算和珅当侍卫小官的年月，仅从进入权力核心算起，和珅弄权亦有20余年，如果说乾隆帝毫无觉察，那是不可能的。奇怪的是，乾隆帝对和珅却一直宠信不衰，其中必有极深的原因。

据某些野史记载，原来，雍正帝有一个妃子，长得十分娇艳美貌。那时，乾隆帝是个年近20的皇子，一次因事进宫，从这个妃子身边经过。这个妃子正在对着镜子梳发，乾隆帝忽地从后面将她的头抱住，用两手捂住她的两眼。其实，乾隆帝只是与她开玩笑，说不上有什么邪念。这个妃子不知道是乾隆帝，一时惊慌，用梳子向后击去，正打在乾隆帝的额头上，还留下了一个小伤痕。第二天，乾隆帝进宫去看她的母亲。他母亲即雍正帝的皇后，见他额头上有伤痕，问是怎么回事，乾隆帝支支吾吾地不想说，但经不住皇后的再三盘问，就把事情的经过说了出来，皇后一听大怒，怀疑这个妃子调戏皇子，立命将妃子赐死。乾隆帝十分惊慌，想坦白承认是自己的过错，不能责怪这个妃子，但又未敢直说。踌躇了半天，未想出好法。当他跑到妃子住所的时候，这个妃子已经悬梁自尽。乾隆帝非常悲痛，用手指在妃子颈上按上朱印，默默地说："是我害了你，魂如有灵，等20年以后再来与我相聚。"说罢，满怀悲痛回到自己的住所。

乾隆中期，出身于满洲正红旗的和珅在銮仪卫当差役，即为乾隆帝抬轿子，地位很低。有一天，乾隆帝到圆明园中去闲逛，起初天气有些阴，不觉得炎热。但是到了中午，云开日出，遍地阳光，顿感炎热起来，仓促间却找不到黄盖。乾隆很生气。正在这时有人马上送上了黄盖。乾隆一看来人是个美貌少年，就问："你是何人？"来人应道："奴才名叫和珅，是满洲官学生，现充銮仪卫差役。"乾隆觉得此人面熟，似乎在什么地方见过，但又一时记不起来。回宫以后还一直惦念着这件事。他忽然想到，和珅的面貌与那个妃子相似。于是，便密召和珅入宫，领跪在跟前，反复端详，果然相似。再看和珅的颈上，也有一个痣，宛如手指的印痕。这时，乾隆帝便认定和珅是那妃子转世，倍加怜爱。经询问，知道和珅颇通文墨，于是立即提升他为宫中总管。

和珅骤升要职，自然十分感激，侍奉乾隆帝十分尽心。乾隆帝常令他跟在身边，有问必答，句句称旨，乾隆帝心里也格外高兴。和珅日受宠信，乾隆帝似乎片刻少他不得，乾隆帝似乎感到，对和珅宠爱一分，就能减轻一分自己对那位妃子的负罪感。原来，身为皇帝的乾隆帝信奉佛教，很迷信佛家生死轮回的学说。他觉得既然和珅是那妃子后身，那么在和珅身上多施恩德，就等于是对那妃子的报答。在这种心理的支配下，乾隆听任和珅直步青云，为所欲为。

和珅本来只是一侍卫，乾隆帝不久就把他提为户部侍郎。和珅口齿伶俐，办事干练，处处合乾隆帝的意，只是贪才成性，要他去掌管户部，侵渔货财十分方便，所以不久就遭到御史们的弹劾。你一本，我一本，说和珅如何贪赃，如何欺君，但乾隆帝全当成耳边风。乾隆帝甚至还对和珅说："你我是一家人，你喜欢多要几个钱，也无妨，那些御史们说，就让他们说去。"得了乾隆帝这话，和珅的胆子就更大了。外廷臣僚见和珅被参劾不但毫发无损，反而和皇帝越发亲热，甚至晚上还陪乾隆帝在御书房睡觉，也就没人敢弹劾他了。

和珅很快被提升为军机大臣，在乾隆后期执政达20余年，封官至文华殿大学士，封一等公。和珅的弟弟和琳也迅速飞黄腾达，由一个生员升为兵部侍郎，不久又升为工部尚书，乾隆末年还曾代福康安为主帅。在外人眼中，和珅一家与乾隆皇帝简直就是一家人，由此谁还敢再对他们说半个不字。

乾隆帝无论到哪里去，总要把和珅带在身边。后来，乾隆帝把自己的第十个女儿和孝公主嫁给和珅的儿子丰绅殷德。和孝公主最受乾隆帝喜爱，乾隆帝出猎或微行时，常把和孝公主带上。和孝公主好穿男子的服装，骑马射箭也是好样的，又伶牙俐齿，遇到乾隆帝有什么烦恼事，她三言两语就使乾隆帝转愁为喜。乾隆帝把自己最喜爱的女儿嫁到和珅家，使和珅更加有恃无恐。有一次他们同行市中，衣铺中挂着一件大红呢夹衣，和孝公主很喜欢，说了一句好，和珅便立即买了下来，花了28两银子，双手捧给和孝公主。乾隆帝微微一笑说："你又要大人破费了。"和孝公主高兴，和珅比皇上还高兴。

和珅与乾隆做了儿女亲家，更加横行无忌。朝中大臣多是和珅党羽。他家中的积蓄比皇帝家里还多。他的一些家奴在京师横冲直撞，无人敢惹。有一个叫刘全的家奴，仗着和珅的威势四处勒索，家资万贯。御史曹锡宝上了一本，未敢直接弹劾和珅，只是弹劾他的这个家奴。乾隆帝命廷臣勘查，廷臣怕得罪和珅，也不仔细查问，就说曹锡宝风闻无据，反而加给他一个妄言的罪名。和的一个家奴尚参劾不倒，谁还敢对和珅怎么样呢！

直到乾隆晚年，和珅一直受宠不衰。乾隆六十年（1795），乾隆帝要禅位给嘉亲王颙琰，这使和珅吃了一惊。他极力劝阻说："内禅的大礼，前史上虽有所闻，但也并没有多少荣誉。现在皇上精神矍铄，身体康健，再过上一二十年禅位不迟。皇上多在位一日，百姓也多感戴一天，我等奴才也愿皇上永远庇护。"话说得面面俱到，十分恳切。以前，和珅怎么说，乾隆帝便怎么行，但这次却坚执不从。乾隆帝对他说："我这次决心已定，不用再多说了，我和你有缘分，所以能这样长久相处。如果换别的人，恐怕就不许你这样了。以后你检点一些为好。"在乾隆帝当太上皇的4年间，嘉庆未处治和珅。等乾隆帝一死，嘉庆帝立即将和珅抄家，和珅被赐死，被抄家产达8亿多两白银，包括嘉庆帝在内，朝野上下无不吃惊。所以当时流行一句谚语说："和珅跌倒，嘉庆吃饱。"

四、后宫干政　宦官猖獗

（一）秦二世胡亥宠信宦官赵高

秦始皇巡游天下的那年，胡亥已20岁。可他玩性正盛，极力请求随行。秦始皇宠爱这位少公子，便答应了他的请求。不巧的是，秦始皇尚未巡游多少地方，便一病不起。他深知自己来日不多，而当时朝中未立太子，长公子扶苏还在北部边郡监兵，便及时留下了皇位继承问题的遗嘱。遗嘱命扶苏把兵事移交将军蒙恬，急赴咸阳主办丧事，并继承皇位。遗嘱加盖玉玺密封后，存在中车府令赵高处，还没来得及交予使者送出，秦始皇便与世长辞了。

丞相李斯决定密不发表，只有李斯、胡亥、赵高和几个亲近宦官知道内情。乘舆还在返回咸阳的途中,居心叵测的赵高乘机策动了一场篡改遗诏、扶立胡亥的政变。

赵高首先游说胡亥:"皇帝驾崩,没有留下分封诸位公子的诏书,却单独赐给了长公子一封玺书。长公子一到咸阳就是皇帝了,你怎么办呢?"

胡亥不是长子,又胸无大志,听了赵高的话,就说:"这是理所当然的啊。父亲死去,他不分封自己的儿子,还会怎么样呢?"

赵高说:"不对!现在如何安排天下,关键在于你、我和丞相三人。望你早作打算。别人对自己称臣和自己向别人称臣,控制别人和受别人控制,难道可以同日而语吗?"

胡亥明白赵高的意图,可是人伦孝悌在他头脑中还有一定影响,他认为夺取兄长的继承权是不义,违背父亲的遗嘱是不孝,才能浅薄而勉强靠别人取胜是不够格,不义、不孝、不够格都不道德,即使做了皇帝,天下人也不服气,自身性命会有危险,连祖宗也要断绝祭祀香火。

赵高见胡亥并非不想做皇帝,只是担心道义上的谴责,就旁征博引,讲了一套黑白混淆的歪道理。胡亥经赵高一番蛊惑,终于动了夺位之心。

说通了胡亥,还必须有李斯的配合才成。于是赵高又去游说李斯。李斯一听赵高的来意,大吃一惊,他认为谁继承皇位是大臣不应当议论的,赵高议论此事,纯属"亡国之言",表示坚决反对。

赵高冷笑一声,说:"丞相啊,您自己想一下吧:您的才能比得上蒙恬吗?您的功劳比得上蒙恬吗?您的谋略超得过蒙恬吗?论长子对大臣的信任程度,您又赶得上蒙恬吗?这五点您都远远落后于蒙恬,长公子一继位,必然用蒙恬为丞相,那时丞相您是不可能佩戴侯爵印绶荣归故里的。而且受罢丞相的命运相当悲惨,都是掉了脑袋。听我的话,可以永远封侯,世代称孤否则要祸及子孙,令人寒心。丞相选择哪条路呢?"

在赵高这番威胁利诱和蛊惑煽动下,李斯经过激烈的思想斗争,因害怕丢失荣华富贵,落到赵高说的那种悲惨下场,终于向赵高屈服,同意支持胡亥继承皇位。

于是,胡亥、赵高、李斯毁掉原来的遗嘱,诈为始皇帝遗诏丞相,立胡亥太子,又伪造一封遗书给扶苏和蒙恬,这封假遗诏称扶苏和将军蒙恬率领几十万军队屯边10多年,耗费巨大,没有功劳,不但不能开拓疆土,反而几次上疏诽谤，又因为不能回京做太子而日夜怨恨，实为不孝，故赐剑自裁。将军蒙恬不事规劝，实为不忠，命把兵权移交偏将王离，然后自杀。假遗诏加盖皇帝玉玺后，派胡亥的亲信为使者，日夜兼程，前往北边送交扶苏。

扶苏拜读诏书，泪如泉涌，当即进入内舍，打算自杀。蒙恬恐其中有诈，劝扶苏先不要自杀，核实属实再死也不算晚。使者站在旁边不断催促，扶苏为人仁义，见此情景，对蒙恬说："父亲命儿子死，还何必再请示呢？"说罢，含冤自刎。蒙恬深疑其中有诈，想拖延时日，看个水落石出。使者见蒙恬不肯死，便把他关进阳周（今陕西子长北）的监狱，向胡亥复命。

胡亥、赵高、李斯听说扶苏已死，急忙返回咸阳，发布秦始皇逝世的消息。接着，胡亥举行继位大典，是为秦二世。赵高升任郎中令，全面掌管宫中警卫，并成为二世宠臣。

胡亥虽然登上了帝位，但他心中明白自己名不正言不顺，必须首先剪除异己，方可高枕无忧。宠臣赵高更是清楚这一点，就此，赵高向秦二世献出了一套"铁血政策"，其内容是：变换刑法，使法律更苛刻更严酷，让犯罪的人连坐受诛，乃至灭族；消灭大臣，疏远骨肉；使贫困的人豪富起来，使卑贱的人高贵起来；统统除掉始皇帝任命的大臣，换上二世的亲信。这条铁血政策得到了秦二世的认可，一场血腥屠杀随之展开。

首先遭到杀害的是蒙恬、蒙毅兄弟。原本秦二世本想仍用蒙氏兄弟为将，可是赵高因早年犯罪受过蒙毅制裁，怀恨在心，捏造说先帝早就想立胡亥为太子，只是因蒙毅谏阻才未立成，于是二世就打消了释放蒙恬的念头，并把蒙毅囚在了代郡（今河北蔚县东北）狱中。铁血政策确定之后，二世遂决定先拿蒙氏兄弟开刀。他派御史曲宫到代郡监狱宣布蒙毅"罪状"，令蒙毅自杀。蒙毅据理力争，曲宫知道二世用意，不听蒙毅申辩，逼杀了蒙毅。二世又派使者到阳周逼蒙恬自杀，蒙恬希望进谏后再死，不允，最后仰天长叹，服药自杀。

蒙氏兄弟死后，秦二世让赵高主管办案。赵高罗织罪名，大批朝臣被杀，右丞相冯去疾和将军冯劫认为"将相不辱"，相继自尽。每位大臣含屈而死，往往还要连及一串亲友，就是担任宫廷警卫的亲近侍臣与郎官也有不少人无辜受害。屠戮中，赵高乘机安插亲信，兄弟赵成任中车府令，女婿阎乐为咸阳县令，其他如御史、谒者、侍中等要职，多更换为赵氏人。秦二世毫无心计，以为赵高安置的亲信，就是自己的亲信了，因此，赵高如何安排，他根本心不在焉。

在这一场屠戮当中，最惨死的要算秦二世的骨肉兄弟和同胞姐妹了。一次，在咸阳市上，二世的12个兄弟同时被砍头，腔血喷射，触目惊心。又一次，在杜邮（今陕西咸阳东）的刑场上，二世的6个兄弟和10个姐妹同时被活活碾死，血肉狼藉，惨不忍睹。公子将闾三人，平时行为十分谨慎，一时编造不出罪名，就把他们囚在内宫，诸公子大都被杀以后，赵高派使者对这三个人说："你们不像臣子，论处死刑，行刑官马上就来执行。"将闾说："宫廷之礼，我们未敢失仪；廊庙次位，我们未敢失节；受命应对，我们未敢胡说。什么叫不像臣子？愿听清楚再死。"使者回答："我没时与尔论罪，无可奉告，仅执行命令而已。"将闾仰首呼天三遍："天啊！我没有罪！"兄弟三人抱头痛哭，拔剑自杀。在诸兄妹中，最幸运的要算公子高了。看到兄弟姐妹们都惨遭毒手，自知难免一死，想逃走又怕连累亲人，为了保存亲友，就上疏一封，向二世提出为父皇殉葬于骊山脚下的请求。二世见疏大喜，批准他的请求，赏赐10万钱殉葬骊山。在二世众多的骨肉兄弟中，公子高可谓一个"善终"者了。

宫中的骨肉、朝中的老臣杀得差不多了，秦二世又在赵高的唆使下大批地杀戮地方官吏。为了威胁海内、显示尊贵，二世在继位的次年即公元前209年初，即效法秦始皇巡游天下。这次出巡南到会稽（今江苏苏州），北至碣石（今河北昌黎北），然后由辽东（今辽宁辽阳）而返，四月回到咸阳。巡途中，赵高对二世说："现在陛下出巡，应该趁机诛杀一批郡县官吏，这样既可排除异己，又可威震天下。"二世说："好！"于是法令日急，诛杀累累，群臣人人自危，官吏个个不安，老百姓更是手足无措，整个秦帝国几乎成了大屠宰场。

在这一场大屠戮中，对胡亥夺位有功的李斯也不能幸免。曾经写下义正词严的《谏逐客书》的李斯良心不泯，总想找个机会进谏。惯弄权术的赵高还真给他提供一个机会，实际上却是设下圈套使二世对李斯不悦，并乘机罗织三项罪名：第一，沙丘之谋丞相是参与的，现在陛下做了皇帝，而丞相的富贵却没增多,他的意思是想分土为王;第二,丞相的长子李由任三川郡守,楚地群盗陈胜等人都是睥邻县之党,所以楚盗公开行动,经过三川郡,李由闭门不肯出击,据说李由还与他们有书信来往;第三,丞相居外治事,权力大于陛下。三个方面加在一起,李斯怎么能不危险呢?二世一听,就想逮捕李斯,但又怕情况不实,把消息透出了给他。赵高又乘机进言诽谤,终使二世下令逮捕李斯,并交赵高审察治罪。把李斯看作眼中钉的赵高当然不会放过这个机会。他严刑逼供,李斯被屈打成招。赵高上报,二世下令判李斯族刑,夷灭三族。二世二年(前208),李斯被押赴咸阳市受刑,先黥面、割鼻、断去左右脚趾,再拦腰斩为两段,最后剁成肉酱,合家灭门,无一得生。

(二) 汉惠帝刘盈时期的吕后乱政

汉惠帝继位后虽说有着万人之上的尊崇,生活摆脱了颠沛流离、惊恐不安,但却也抑郁寡欢,很是不幸。

惠帝为太子时,因年幼,没有娶妃。继位以后,在汉惠帝四年(前191)由吕后做主选立皇后张氏。其婚礼很是隆重,史载仅聘金额就用黄金两万斤。但这是一桩十分荒唐的婚姻,皇后张氏是惠帝的亲外甥女,吕后为了亲上加亲,就把她嫁给惠帝。张氏被立为皇后,吕后曾想方设法让她生子,但张氏却始终没有怀孕。无奈,吕后就让她谎称怀孕,取后宫美人之子做儿子,杀其生母,立为太子。后惠帝去世,此儿即立为皇帝,由吕后临朝听制。吕后八年(前180)诸吕叛乱被平定后,张皇后因与吕氏为党,被废处北宫,死于汉文帝后元元年(前163)。

惠帝继位后,尊母亲吕后为皇太后。他此时便希望母亲能和睦亲族,但吕后并未能如其所愿,而是变本加厉地加害别人。高祖在世时,诸姬多幸,而她受到冷落,此时便对高祖嫔妃极力迫害。诸子封王者除史载代王母薄姬以希见允许随王就藩,其他王母皆不准随子。对宠姬戚夫人的残杀更是令人发指。她下令把戚夫人囚禁在永巷中,拔掉头发,戴枷具,穿着红色囚衣舂米。为了斩草除根,她下令把赵王如意骗至京师,用药酒毒死。然后斩断戚夫人四肢,挖眼熏耳,让她吃药致哑,扔在厕所里,称为

"人彘"。吕后的所作所为使为人"仁弱"的惠帝在精神上受到强烈刺激。他看到所谓"人彘",知道是戚夫人后,大哭不止,生病有一年之久,从此不理朝政,每日饮酒淫乐。汉惠帝七年(前188),在位7年的惠帝英年早逝,时年22岁。死后葬安陵(位于今陕西长安),谥号"孝惠",因"孝子善述父之志",在惠帝以后除光武帝有"中兴"之功外,其余汉代皇帝谥号均有"孝"字;又谥法称"柔质慈民曰惠"。真乃荒谬之至。

(三)汉东汉安帝刘祜被宦官左右

建光元年(121),邓太后去世,安帝亲政。这时,在安帝周围已经形成了乳母王圣,中黄门李闰、江京为首的宦官集团。安帝长期不满受制于邓太后,太后的死对他来讲无疑是一次政治上的解放。太后死后不久,有几个以前受过太后惩罚的宫人诬告太后兄弟邓悝、邓弘、邓阊阴谋废安帝,另立平原王为帝。这一诬告正中安帝下怀,邓悝等被判为谋反罪处死。邓骘因不知情,被免官归郡,受郡县官吏的逼迫而死。因邓骘无罪遇害,大臣们不服。大司农朱宠等仗义执言,为其鸣冤叫屈。为平息官员们的怨气,安帝又假惺惺地谴责州郡官员,并命令妥善安葬了邓骘。

在外戚与宦官的斗争中,宦官集团又一次得势。安帝封江京为都乡侯,封李闰为雍乡侯。安帝乳母王圣及其女儿伯荣更加受到宠爱,生活奢侈,贪污受贿,随便出入宫廷,干预政事,无恶不作。伯荣有一次到甘陵去,沿途前呼后拥,郡县官员夹道迎送。甚至有的郡守和王侯迎着伯荣的车子叩首行礼。

这时侯,官僚集团与宦官也产生了尖锐的矛盾。以杨震为代表的朝臣多次上疏要求安帝约束、惩戒飞扬跋扈的宦官,但安帝总是置之不理。而被揭发的宦官们则乘机诬告,最终整死了正直的杨震。

就在内忧外患四起之时,皇宫为争夺帝位继承权又开始了殊死的斗争。安帝的阎皇后多年不育,永宁元年(120),安帝立宫人李氏所生之子刘保为皇太子。李氏在此以前已被阎皇后鸩杀。阎皇后怕太子继位以后会追究杀母之仇,处心积虑地要将刘保除去。阎皇后与樊丰等宦官串通一气,先将太子乳母王男、厨监邴吉定成死罪,除去太子的羽翼,然后又向安帝进谗言，说刘保行为过恶，不宜处太子之位。安帝宠爱阎皇后，于是有废立之心。太子的废立要经大臣们讨论，大将军耿宝秉承阎皇后意旨，力主废黜刘保。太常桓焉、廷尉张皓反驳说："人生年未满十五，过恶尚未及身。望陛下为太子选良好操行的师傅，辅导以礼义，自然行为有方。"只是安帝并不觉悟，竟废黜了刘保，另封他为济阴王。

延光四年（125），安帝在南巡途中去世，在位20年，终年32岁。当年，葬于恭陵，庙号"恭宗"，谥号"安帝"。他若死后有灵，其人生旅途岂能安哉！

（四）汉灵帝刘宏任用宦官，引来"党锢之祸"

自从汉和帝以来，东汉帝国的权柄轮流操持于外戚和宦官手中，堂堂天子，傀儡而已。到桓帝朝的后期，宦官集团独霸朝政，气焰嚣张。灵帝君临天下，桓帝窦皇后之父窦武以迎立之功被任命为大将军辅政，海内名士陈蕃为太傅，胡广为司徒，参录尚书事。陈蕃嫉恶宦官弄权，得到窦大将军赞同，引志同道合的尹勋为尚书令，刘瑜为侍中，冯述为屯骑校尉，又起用曾被禁锢的"党人"李膺、杜密等。一时间，文人学士欢呼雀跃。

士大夫集团开始动手，先拿一些权位较微而恶行昭著的宦官开刀，奏诛了管霸、苏康等人。接着，窦武奏报太后，请诛曹节等大太监。窦太后犹豫不决，事情便拖下来。八月，窦武逮捕宦官郑飒拷问。郑飒的供词中牵连到曹节等人。窦武决定趁此机会，铲除宦官。他命人写好奏章送与太后。曹节听说窦武要杀他们，慌忙跑进灵帝的寝宫，说："外面闹哄哄的，出事了，请陛下出御德阳前殿。"他还叫小皇帝拿上宝剑，一帮人前呼后拥，出了寝宫。曹节下令关闭宫门，收缴传令用的印信符节，把尚书台的官员都叫来，刀架脖上，逼其起草诏令，派大宦官王甫带圣旨营救郑飒，劫持太后，夺取印玺。郑飒出来后，马上带人去捉拿窦武。窦武跑进兵营，传令："宦官造反了，尽力杀敌的，重赏！"集合了几千人，把抓他的宦官杀了。王甫等听说窦武拒捕逃跑，便集合1000多禁卫军出屯皇城南门。

结果窦武见大势已去，纵马而逃，王甫催兵紧追。窦武走投无路，自杀。在王甫发兵攻打窦武时，陈蕃才得到事变的消息，带领80多人闯进皇宫的承明门，正好碰上王甫。王甫下令逮捕陈蕃，把他拿下杀了。宦官们大获全胜。

建宁二年（169），宦官侯览指使爪牙诬告山阳人张俭谋反，曹节乘机奏捕"党人"，李膺、杜密等数千名士皆死狱中。三年后，窦太后死，有人在洛阳朱雀阙上书写反宦官的标语，宦官们又一次四处搜捕"党人"，抓了1000多人。过了4年，宦官集团又下令：凡是"党人"的门生故吏、父子兄弟及五服以内的亲属，一律免官禁锢。这是继桓帝延熹九年（166）第一次"党锢"之后的第二次"党锢"。从此，朝纲败坏。

（五）晋惠帝司马衷时的"三杨"乱政

公元290年四月，武帝驾崩。当天，32岁的太子，白痴司马衷继位登基，称为晋惠帝，改元永熙。

武帝在世时，皇后娘家杨氏权势很大，武帝死后，杨后成为皇太后，由于惠帝无能，杨氏家族更加尊贵起来。

杨皇后的父亲有三个兄弟，杨骏是老大，论名望、才能和器量，比不上老二杨珧和老三杨济，论野心，却数他最大。女儿一进宫，他便交了好运，从小小的将军府司马一下升为镇军将军。女儿立为皇后，他又迁为车骑将军，封了临晋侯，成为朝中要员。对于这位外戚的扶摇直上，许多人深感不安。有些人私下议论说："封建诸侯是为了藩卫王室。皇后的父亲一封侯便以临晋为名，这可不吉利，恐怕是天下大乱的征兆。"有些人则提醒武帝："杨骏器量很小，不可委以社稷重任。"武帝却不加理睬，反而越来越加以重用。

杨氏三兄弟开始在朝用事，拉关系，走后门，朝廷内外，到处伸手，排斥忠直旧臣，任用阿附新贵，营私弄权，无所不为。天下的人，无不知道"三杨"乃当朝权臣。尚书仆射山涛是个分管选官工作十几年的老臣，多次劝武帝注意这个问题，武帝虽然明白他的好意，却并不采取有力措施。

到太康十一年（290）三月，武帝病重，这时，勋旧之臣多已不在他身旁，亡故的亡故，退休的退休，被挤走的挤走，身边只剩下杨骏和他的那帮亲信。武帝发现身边尽是杨骏所用新贵，这才觉得问题严得，厉声斥责杨骏："怎么可以这么干法！"又让中书拟写诏令，命汝南王司马亮与杨骏共同辅政，还准备逃选几个有名望的大臣帮助料理政事。然而为时已晚了。朝廷内外上下已为杨骏所控制。诏令尚未发出，杨骏便从中书省借来观看，而且把诏令藏了起来，中书监亲自去索要，杨骏也不还。恰好武帝又神志不清起来，此事也就无人追究，不了了之。过了几天，武帝稍一清醒，便问："汝南王来了没有？"打算托付后事。他当然不知道在昏迷期间发生的那些事情。左右回答说没有来。武帝大概知道事情已经无可挽回，精神受到打击，病势突然转危，旋即死去。于是，白痴继位，杨骏成了唯一的顾命大臣。

杨骏大摇大摆地住进了太极殿，在昔日武帝上朝的地方办起公来，还配备了上百名虎贲卫队。五月中旬，武帝遗体安葬完毕，杨骏便以辅佐皇帝名义，给自己加了太傅、大都督的头衔，并且赋以假黄钺、录朝政等，使百官听命于他一人的权力。傅咸劝他："圣上谦恭，把政事委托给你，可是天下人都不以为然，恐怕你的这个差使不容易干吧！周公那样的大圣人辅政，尚且有流言蜚语，何况当今圣上已经32岁，远非周成王那么年幼。我看丧事既然处理完毕，你也该认真考虑一下自己的进退问题了。"杨骏不听。傅咸又再三劝谏，杨骏听烦了，便想打发傅咸出朝去当个郡守，外甥李斌忙劝他："斥逐正派人，会失去人心的！"杨骏才勉强留下傅咸。

杨骏自知一向名声不好，便想用封赏来收买人心。左军将军傅祇写信给他说："从来没有帝王刚死，臣下便论功行赏的。"杨骏不听，还是以惠帝名义下诏：中外群臣一律加爵位一等，参与办理武帝丧事的加位二等，二千石以上全封关中侯，免征租调一年。尽管如此，似乎也没有人出来赞扬他。

杨骏唯恐政令不行，威名不立，因而事无巨细，都要过问，而且刚愎自用，好用严刑。他本来没有多大才能，也没有多少学问，又不想费神去熟悉已有的典章制度，因此，许多措施都违背成法。如此无知，不免遭到天下人的耻笑。

杨骏的所作所为，很快为朝廷内外大多数人所不齿，人人都看得很清楚，灭顶之灾正在向他一步步逼近。连他的一些亲朋好友也纷纷说他，和他保持距离，害怕日后受到牵连。一向和杨骏交情很深的冯翊太守孙楚劝他说："从来没有外姓专权而有好结果的，当今宗室强盛，你不和他们共同掌政，反而内怀猜忌，外树私党，我看大祸就要临头了。"杨骏不信。弘训宫少府蒯钦是杨骏姑姑的儿子，从小和杨骏亲密无间，他为人正直，多次直言冒犯杨骏，连杨珧、杨济都为他担心，蒯钦却说："杨骏虽然昏昧，还知道不可妄杀无罪之人，不过是对我疏远而已。我能和他疏远，才可以免受牵连。否则，不久就会与他一起被灭族了。"大家都明白，只有杨骏自己还蒙在鼓里，不知末日将临。一年后被皇后贾氏派禁军杀死。

（六）汉前赵昭武帝刘聪重用宦官，害忠良

刘聪到了晚年，几乎对任何大臣都不信任，但他本人又懒地处理政务，于是便让那些在他看来没有野心、非常信得过的宦官王沉等去处理。这些宦官大都是小肚鸡肠，深知自己为大臣们所不齿，于是便借能与皇帝常见面的机会，在刘聪面前喋喋不休地诽谤、谗毁大臣。麟嘉元年（316），刘聪在王沉等人的挑拨、煽动下，签发了诛杀太中大夫，尚书王琰、田歆，少府陈休，左卫卜崇，大司农朱诞等人的命令。太宰刘易、大将军刘敷、御史大夫陈元达、金紫光禄大夫王延等人闻讯，不约而同地来到了阙下求见刘聪。刘易等人上表进谏，慷慨激昂地说："王沉等人身居要职，欺上瞒下，欺侮国家，受贿索贿，结党营私，握有生杀予夺大权，肆意残害忠臣良将，长此以往，国家将会变成什么样子！现在晋朝仍在兴风作浪，巴蜀的李雄正在窥测时机，以求一逞，石勒准备占据赵魏，这对我们是极大的威胁！陛下不顾隐患，却恣惠王沉等小人为非作歹，如此下去，恐怕国家就不可挽救了，为此，恳求陛下罢免王沉等人，将他们按法治罪。"刘聪却把表给了王沉等人，笑着说："这些家伙都让陈元达带坏了。"没过几天，刘聪又把王沉等人封为列侯。消息传出去，舆论大哗，刘易再次劝谏，刘聪根本不予理睬。刘易积愤成疾，很快离开了人世。陈元达在为刘易送葬时，悲痛欲绝，凄惨地说："刘易一死，国家也不会存

在几天了。刘聪既然听不进我们的话,我活着还有什么用呢!"回家后就愤然自杀。

刘易、陈元达死后,刘聪与王沉等更加为所欲为。其国势亦渐倾颓。

(七)"武周圣神皇帝"武则天的执政

皇后的位置,对封建社会的一般女性来说,应是至高的地位,然而,当上了皇后的武则天并不满足。高宗懦弱庸碌,使她有机会参与朝政,这逐渐增强了她的权势欲,对行使最高统治者的权力食髓知味。她要打破惯例,当女皇帝。

此时,以长孙无忌为首的仇视武则天的朝臣,仍控制着朝廷,随时随地都可使其颠覆。因此,她一当上皇后,便着手——清除她的政敌,为登上皇位扫清道路。

长孙无忌集团是武则天首先要清除的对象。显庆四年(659)春,武则天授意许敬宗编造朋党案,把长孙无忌牵扯了进去。长孙无忌被削官流放,许敬宗等遣同党逼令长孙无忌自杀。同案株连的长孙无忌集团成员或杀或流或贬,这一政治势力被彻底摧毁。

武则天

与此同时,李义府、许敬宗被擢为宰相,逐渐成为武则天的亲信。

麟德元年(664),高宗因不满武则天的专横牵制,乃与宰相上官仪密谋废后,上官仪极力附和,并受命起草废后诏书。武则天安插在皇帝身边的亲信马上向武则天报告,武则天慌忙赶到皇帝身边,一番悲愤交加的哭诉竟把皇帝说软了,高宗把责任都推给了上官仪。武则天立即指导许敬宗诬告上官仪与废太子李忠图谋不轨,将上官仪及其子上官庭芝下狱处死，家属籍没。

上官仪被杀后，朝廷中再没有敢与武则天作对的了。从此，她的政治权力迅速膨胀起来。早在显庆五年（660），高宗就因病休养，让武后决百司奏事，她几乎取代了皇帝。上官仪伏诛后，武则天于垂帘后协助高宗理政，已形成"天下大权悉归中宫，天子拱手而已"的局面，朝廷内外称帝、后为"二圣"。

武则天受命辅政，中心工作便是不断提高自己的政治实力，所做的最重要的一件事即是修订《姓氏录》。贞观中，唐太宗命高士廉等依照官位定族姓的原则，修撰《氏族志》。但是《氏族志》并没有跳出魏晋以来重门阀的旧例，所列9等293姓中仍有许多官职很低但门第很高的旧士族，特别是它把武姓家族排斥在外，这当然是武则天所不能容忍的。显庆四年（659），长孙无忌被贬出京城两个月后，许敬宗、李义府等立刻奏请修订《姓氏录》，列后族武姓为第一等，其余按官品高下分为九等。这就彻底打破了士族大姓排在首位的框框。

乾封元年（666），唐高宗决定封禅泰山，武则天充分利用这次机会，请求皇帝让她率内外命妇参加这次大规模的礼仪活动，从而取得了以皇后身份继皇帝之后升禅坛主持三献礼中亚献的空前殊荣。礼毕，文武百官皆赐官加爵，极尽优容。这些受赐之臣均对武后感恩戴德。

武则天为实现政治抱负，用各种手段扩大自己对官僚阶层的影响，不断培植和更新拥戴自己的官僚队伍，奠定了她一生成功的基础。隋唐以来，九品中正制逐渐失去对知识分子的吸引力，到武则天时期，科举制度进一步发展，大批新成长起来的庶族地主知识分子拥入官场，武则天为他们广开门路。这样，在唐高宗在世时，武则天便在一定程度上造就了一支有相当势力的亲信队伍，其核心是始于乾封年间的北门学士。北门学士是武则天以修撰为名召入禁中的文人学士，他们不仅进行修撰工作，而且依仗武后的权势，直接参与朝政，分割宰相的权力，从而成为控制外廷的重要御用力量。在此后的20多年里，武则天由皇后到临朝称制，进而逐步造成改唐为周的形势，这些文人学士智囊班子起到了不可小视的作用。

上元元年（674），武则天进号天后，发布所谓"建言十二事"，包括了劝农桑、薄赋徭、息兵、广言路等内容，涉及了国家政治、经济、军事、社会等各方面，作为她执政的政治纲领，由皇帝诏令施行。

自显庆四年（559）武则天以皇后参政以来，通过上述提高武姓本家和在职群臣的社会地位、扩大亲信队伍、提出政治纲领等一系列工作，逐步发展了自己的实力，扩大了影响，充分体现出一个政治家的谋略。

武则天亲生的有四个儿子，长子李弘、次子李贤、三子李显（又名哲）、四子李旦（又名轮）。显庆元年（656），废太子李忠，立李弘为皇太子。李弘性情仁厚、谦虚谨让，深得父皇的厚爱和大臣的信赖。屡次实习朝政，也表现出了良好的治国才能和品行。因此当高宗身体越来越差时，便想着把皇位传给太子李弘。

这使武则天忧心忡忡，眼看着自己将要丧失辅政的权力，女皇的理想也可能将化为泡影，儿子对自己又很不顺从，屡次违背旨意。为了除掉绊脚石，上元二年（675）四月，武则天终于用药酒毒死24岁的皇太子李弘。

李弘的死，对体弱多病的唐高宗无疑是沉重打击。他感到再也没有精力为国事操劳了，便打算把宝座交给已咄咄逼人的皇后。虽然在朝臣反对下这次"逊位"流产，但高宗的提议对武则天蓄谋已久的野心是一个很大的激励。

李弘死后一个月，立次子雍王李贤为太子。兄弟四人中，李贤天分最高，聪明好学，为父皇钟爱。高宗一度想逊位于皇后的念头打消后，就全力培养这个儿子，屡次命他监国。李贤处理政务颇为能干，加上唐高宗安排的宰相班子基本上是太子李贤的人，反武则天的力量有一定的优势，武则天又一次面临失去权力的危机。

武则天立即指使人搜罗罪状，告发太子好声色、怀逆谋，兴师动众搜查东宫。调露二年（680）八月，太子李贤被废为庶人，不久被迁往巴州。文明元年（684）二月，在废中宗之后第三天，武则天派人去巴州杀死了李贤。李贤一案牵连了很多宗室子孙和朝廷大臣。

李贤被废翌日，三子李显继为皇太子。弘道元年（683）十二月，56岁的唐高宗死去，遗嘱以皇太子即帝位，军国大事听从天后处理。这又为武则天上台铺下坦途。李显即帝位，庙号中宗，尊武则天为皇太后，以裴炎为中书令。

武则天能够容忍李显即帝位，是由于李显不及他两个哥哥聪敏，即使称了帝，也容易控制。而且此时外廷尚未完全控制住，她称帝的时机还不成熟。

嗣圣元年（684）二月，武则天又借故将继位不到两个月的唐中宗废为庐陵王，幽禁于深宫。再立四子李旦即皇位，是为唐睿宗。

武则天虽让李旦继承皇位，但不准他参与政事处理，自己临朝专政，圣衷独断。由此开始了改朝换代的准备。

据说因为恐惧王皇后和萧淑妃的冤魂，武则天不愿意待在长安宫廷，故她把东都洛阳改称神都，以便作为未来的京师。她追赠武氏家族的五世祖先，显耀门庭。更改唐百官名称：尚书省改为文昌台，左、右仆射改为左、右相；门下省改称鸾台，侍中为纳言；中书省改称凤阁，中书令为内史；宰相称同凤阁鸾台三品。尚书六部也更改了名称：吏部称天官，户部称地官，礼部称春官，兵部称夏官，刑部称秋官，工部称冬官。御史台分为左肃政、右肃政两台，左台纠察朝廷，右台纠察郡县。百官改名，是女皇帝准备登基的一个步骤。

然则，这一系列改朝换代的行动，却惹恼了一伙政治失意分子。文明元年（684）九月，先前被武则天贬黜的柳州司马徐敬业等人起兵扬州，公开打出反武旗号。旬日间聚集起10余万人的队伍。初唐四杰之一的诗人骆宾王作《讨武曌檄》，为叛乱大造舆论。

武则天首次面临这样重大的军事危机，虽然表面上镇定自若，但内心还是恐慌的。她紧急调动30万大军，任命李孝逸为扬州道大总管，率军从洛阳出发，沿运河汴水南下平叛。又任命著名将帅，左鹰扬大将军黑齿常之为江南道大总管，协同作战。在强大军事攻势下，徐敬业、骆宾王接连败退，为部将所杀。仅40余天，10万叛军便烟消云散。武则天有惊无险地度过了这场最大危机。

渡在扬州平叛战争最紧张之际，宰相裴炎不但没有积极组织平叛，反而乘机要挟武则天还政于睿宗，结果被武则天杀掉。裴炎死后，武则天开始对控制外廷的宰相班子进行调整。刘景先、韦弘敏、郭待举先后被罢黜，增补李景谌为宰相。李当月又被降为司宾少卿，又补沈君谅、韦方质、武承嗣、韦思谦等为相。不久，武、崔又被免去宰相职务。光宅元年

（684）和垂拱元年（685）这两年内，宰相的任免剧烈变化。这是因为武则天鉴于过去与李贤的斗争中外廷失控的教训，着力权衡、调整宰相班子，重新树立自己的亲信辅臣。

随后，她又为登基大造舆论，竭力渲染秉承天意的神秘气氛。垂拱四年（688），武则天的侄子武承嗣派雍州人康同泰献给武则天一块白石头，上刻有"圣母临人，永昌帝业"的字样，诡称得自洛水。武则天大喜。

武则天又迫使睿宗皇帝率群臣上尊号"圣母神皇"，并制作了作为执掌国柄象征的神皇三玺。翌年，改年号永昌。武则天在位15年，临朝专制21年，前后18次改元，有时一年三次改年号，大都由类似事件引起。以此大肆渲染君权神授。

在武则天之前，古代帝王都是死后才上庙号、谥号，除了太上皇，没有生前上尊号的先例。武则天开创先例，而且尊号花样不断翻新，后世帝王纷纷效仿。

"圣母神皇"之号不过是作为由皇后到女王的过渡而已，名正言顺地戴上皇冠统御天下迫在眉睫。但是就在这时，李唐宗室不甘沉默了。唐高祖第十一子韩王李元嘉首谋起兵，打出了"举兵唱天下，迎还中宗"的旗号。越王李贞、琅邪王李冲父子分别在豫州、博州先行发难。

武则天有上次平叛的经验和这时地位的巩固，因而显得十分镇静。她派出清平道大总管丘神勣和中军大总管麴崇裕率两路兵马，没费多大气力就镇压了这次宗室起兵。

扬州和豫、博两次反武起兵被平定，可以与武则天抗衡的力量基本被消除了。永昌元年（689）元旦，在万象神宫举行盛大的祭典活动，武则天"服衮冕，搢大圭，执镇圭为初献"，皇帝和皇太子悄悄跟在后面为亚献、终献。正式改朝换代只是个时间的问题了。

唐代明堂又名万象神宫，是武则天的男宠薛怀义主持修建的。薛怀义，原名冯小宝，鄂人。他自幼闯荡江湖，练就了健壮的身体，粗犷中不失几分清俊。

唐高祖之女千金公主偶然发现了冯小宝，马上派人把召他到宫中，亲自为他沐浴更衣，留待数日，把他献给寡居深宫多年的武则天。小宝刚过30岁，侍寝有术，深得则天宠爱。为了能让薛怀义合乎情理地往来于后宫，武则天接受千金公计策，把冯小宝变为僧人，将洛阳的名刹白马寺修一新葺，让他出任主持，并让他学习佛教经典，既掩饰身份，又可陶冶性情，培养参政的能力。又改名为怀义，赐给薛姓，让太平公主的丈夫驸马都尉薛绍以叔父之礼相待。

薛怀义不满足于仅仅做一个男宠，他聪明过人。垂拱四年（688），薛怀义受命督建明堂，耗资巨万，建筑物雄伟华美，令人瞠目。薛怀义因功被擢为正三品左武卫大将军，封梁国公。他还多次担任大总管，统率军队，远征突厥。他利用当时流行的弥勒信仰，和僧法明等僧人杜撰了《大云经》四卷，献给武则天，称武则天是弥勒佛下生，应当取代李姓成为天子，从而为武则天提供了对抗儒家男尊女卑理论的思想武器，更助于她名正言顺地登上皇位。

后来御医沈南璆成为武则天新的男宠，薛怀义受到冷落，这使他妒火中烧，一把火烧掉了自己督造的耗资巨万的明堂。大臣们纷纷要求严惩薛怀义，武则天不忍加以追究。薛怀义却日益骄横，武则天终于忍无可忍指使人将其暗杀。

天授元年（690）的重阳之日，67岁高龄的武则天正式登基，实现了她的女皇梦，自号"圣神皇帝"，以十一月为岁首，改旗帜尚赤，改元天授，建立了大周王朝。皇帝睿宗李旦降为皇嗣，皇太子李成器也降为皇太孙。又在神都洛阳立武氏七庙为太庙，追尊周文王姬发为始祖文皇帝，以周平王少子姬武为睿祖康皇帝。其下五世祖武克已尊为严祖成皇帝，高祖武居常为肃恭章敬皇帝，曾祖武俭为烈祖昭安皇帝，祖父武华为显祖文穆皇帝，父亲武士彟为太祖孝明高皇帝。封异母兄武元爽之子武承嗣、武元庆之子武三思为王，堂侄武懿宗等10余人封郡王。武则天的一生所为，为我国历史上增添了绚丽的一页，也被世人争论了千余年，乾陵"无字碑"至今仍立，世人的评说还在继续。

（八）唐中宗李显受外戚挟持

唐中宗虽然是一个昏昧懦弱的君主，但由于有以张柬之为首的一批贤臣的辅佐，新朝廷很快走上了轨道。然而武则天当政的余波，使得唐室复兴的前途风云变幻。在那个政治权力仅许男性掌控的时代，武则天"异军突起"，一跃登上政治权力的顶峰，这对后世的影响太大了，太具诱惑力了，使得后世有野心有条件的女性都渴望成为武则天第二！

一般说来，皇帝孱弱愚昧，也易于导致皇后干政，外戚势力强大，中宗朝韦皇后的活跃正是如此。韦后本来就是个争强好胜的女人，只是武则天的存在抑制了她的野心。在长期的幽禁生涯中，她成为一家的精神支柱，在忍耐中磨炼出了坚强阴狠的性格。她憎恨婆婆武则天，但对武则天的巨大能力又十分崇拜和敬畏。她自忖武则天可以以女性当上女皇，自己为什么就不能呢？现在，这一天终于到来了。她要中宗和她共同处理国家大事，恰似武后垂帘听政的重现。由于性格和共同经历，中宗对韦后的话总是坚信不移。

这种情形使拥护李唐的政变集团成员们十分吃惊、恐惧，但又无可奈何。中宗的懦弱为韦后的专权大开方便之门。她千方百计地扩大韦氏家族的势力，企图造成韦氏家天下的形势。首先追亡父韦玄贞为上洛王，又改为邦王，建庙称为"褒德陵"，对这种僭越行为，朝臣敢怒不敢言。随后，韦后借中宗之手，封兄韦温为鲁国公、礼部尚书，韦温的弟弟韦胥为曹国公、左羽林将军，又将成安公主嫁给韦胥之子韦捷。外戚韦氏一族的势力开始膨胀起来。

但是，韦后并不因此满足。在获得权力的同时，她更渴望着女人身心欲望的满足。中宗无力满足韦后的要求，她便寻求外欢，迅速与武三思勾搭成奸。此后，韦后便如鱼得水，对政治的干预也更加猖狂。

尽管韦后仿效武则天，也有想当女皇的野心，但她却缺乏武则天所具有的政治才干、执政者应具备的器量及令外界神秘莫测的心思，韦后所有的只是昏暴，而且不讲手段。

武三思因与韦后的关系，进而成为操纵中宗的"真天子"。而以武三思为首的武氏一族的再度"崛起"，令政变集团成员们感到恐惧和万分惶悔，当初的政变，对以武三思为首的诸武竟没有丝毫的损伤。

张柬之等人很清楚，这时中宗的制命，实际上都是武三思在背后操纵。在无可奈何之下，他们秘密觐见中宗，请求诛杀武三思及诸武。然而每次觐见，中宗皆以缄默的态度予以回应。

在中宗看来，武三思是他和韦后最亲密、最信赖的知己。中宗不仅不下令诛杀诸武，反而将张柬之等人的密奏透露给了武三思。武三思便和韦后一起对付这几位大臣，他们双管齐下，在中宗面前，对张柬之等人屡进谗言。武三思献计策，架空五位功臣，剥夺了他们执政权力，最后终于将其杀害。中宗又根据武三思的要求，诏令文武百官恢复武则天执政时代的政治形式，排斥反对武氏的人，以前被张柬之流放的官员被全部召回。这样，唐朝大权完掌握在武三思手中。

武三思等之所以会赢得中宗和韦后的信任而再度猖獗，主要是由于后宫的才女上官婉儿的在旁助阵。上官婉儿长期担任武则天的心腹，中宗继位后，敬佩婉儿的才华，继续留她担任秘书工作，但对这位美人他是不敢觊觎的，唯恐引起韦后的责骂。而武三思为了取得中宗和韦后的完全信任，也想到了婉儿。他们频繁幽会于后宫。后宫淫乱之风由此兴起。不久，婉儿便要求在宫外建立私宅，进宫侍奉帝后如同朝廷官员上朝一般，早出晚归。此项先例一开，仿效者接踵而至。

中宗对武三思的信赖不亚于对韦后的信赖。常常有这种情况。韦后和中宗并排听政后回到后宫，韦后便和武三思在皇帝的龙床上下棋，中宗在一旁观战，与他们一起嬉戏调笑。

中宗朝另一独特的现象，是公主们的空前"活跃"。中宗共有四男八女。四位皇子都很不争气，而诸位皇女却是另一番情形，一切待遇例同皇子亲王。神龙二年（706）闰正月，中宗把诸位皇女从郡主升为公主，接着又分别设府置官。在中宗的公主之中，韦后亲生的长宁（第四女）、安乐（第七女）公主最为活跃，安乐公主甚至要开创"皇太女"的先例。

景龙二年（708），安乐公主开始用中宗的墨敕，纳贿卖官。长宁公主也仿效安乐公主。她们把大量贿金用于广建宅第山庄，纵情淫乐。两位公主的大肆挥霍刺激了其他公主和后宫的贵夫人，她们通过韦后的帮忙，也利用墨敕卖官，获得巨额贿款。

中宗统治之下，韦后、武三思把持朝政，韦后、武三思、安乐公主、上官婉儿以及宰相宗楚客等相勾结，沆瀣一气，造成了中宗朝政治的极度腐败。

面对这种情况，一度颓废的太子重俊猛然醒悟过来。神龙二年（706）

七月，中宗迁都长安之前，册立卫王李重俊为太子。但是，韦后、武三思、安乐公主等对新太子既蔑视又愤恨，安乐公主依仗韦后的势力，一直想取代皇太子而成为皇太女。重俊感到形势的发展对自己极为不利，必须采取先下手为强的策略。神龙三年（707）七月，重俊请求右羽林大将军李多祚帮助，率千骑兵发动了政变，武三思、武崇训及部分同党被杀。接着攻入后宫，追杀韦后、安乐公主。韦后与婉儿挟持中宗躲到玄武门楼上。婉儿向中宗献计，让中宗在楼上向政变军队喊话，悬赏诛杀太子和李多祚。太子、李多祚被反戈的乱军斩杀。中宗立10岁的幺子重茂为太子。

（九）唐代宗李豫任用宦官引起地方起义

代宗受宦官李辅国、程元振的拥立才得以称帝，继位后对宦官李辅国、程元振十分宠信。李、程自恃定策有功，越加专横，对代宗的统治构成了威胁。

代宗继位后，李辅国自命为定策功臣，专权用事，甚至不把代宗放在眼里，他竟对代宗说："你但居禁中，外事自有老奴处分。"意谓要独专大权。代宗听后，很不高兴，但因李辅国握有兵权，只好表面上以礼相待，尊其为尚父，未几，又加司空、中书令。宦官程元振也任为左监门卫将军。李、程二人在朝廷上专权用事，排斥异己，代宗对此一筹莫展，无可奈何。

李、程二人同在朝廷，也不免勾心斗角。程元振暗中向代宗提出惩治李辅国，正中代宗下怀，解除了辅国的行军司马职，迁居外第。代宗又与元振商议，密派牙门将杜济刺杀李辅国。

李辅国被杀，程元振任骠骑大将军，独揽大权，专政自恣。当时，安史之乱已经平息，代宗论功行赏，奖掖群臣，正副元帅及各节度使，悉赠官阶。唯山南东道节度使来瑱，因与程元振有隙，不但没有受赏，反而被流放播州，不久赐死。其部将大为不平，共推梁崇义为统帅，要求为来瑱讼冤，代宗无力讨伐，不得不下诏以功臣礼节改葬来瑱。

广德元年（763）秋，吐蕃引兵入大震关，尽取河西陇右之地。地方官吏连连上疏告急，俱被程元振阻匿。直到吐蕃攻取泾州，代宗才有所察觉，不得不起用郭子仪镇守咸阳。子仪遣使入奏，请求援兵。因元振嫉妒子仪，不让来使入见，致使吐蕃大军直入，攻进京师。唐代宗只得出奔陕州。

代宗出奔陕州，多次发诏征诸道兵马，各节度使都痛恨元振，无一应诏，连李光弼也勒兵不赴。而扈驾大臣又惧怕元振，不敢弹劾，只有太常博士柳伉上疏，请斩杀元振，以谢天下。代宗得疏，因感念元振有拥立之功，仅削夺官爵，放归乡里。后元振又私入京师，不久，被放逐到江陵，直到病死。

代宗时专权用事的宦官还有鱼朝恩。鱼朝恩，泸州泸川（今四川泸县）人，肃宗时任禁卫军指挥，代宗时，任天下观军容处置宣慰使等职。代宗奔陕时，官吏逃散，士卒冻馁，只有鱼朝恩从陕州率领神策军前来迎驾，解了代宗一时之难，从此深受代宗宠信。仆固怀恩部将范志诚率叛军进攻泾阳，唐代宗下制亲征，鱼朝恩以平叛为名，大索士民私马，弄得人心惶惶，争相逃匿。

鱼朝恩专权，势倾朝野，十分骄横，甚至连代宗也不看在眼里。鱼朝恩有一养子任内给使，曾与同事发生纷争，回家后告之朝恩，朝恩即带养子入见代宗，要求代宗赐给紫衣以提高养子身份，话音未落，有司竟已将紫衣拿来给鱼的养子穿上，代宗强作欢颜，隐而不发，心里对鱼朝恩已是十分不满。宰相元载看准时机，要求皇帝铲除朝恩，代宗许诺。他们趁三月寒食节宫中置酒，鱼朝恩赴宴之机，将他秘密缢杀。

李辅国、程元振、鱼朝恩都是宦官，他们得以恃宠横行，干预政事，其原因在于代宗优柔寡断。当宦官势倾朝野，危及代宗的统治时，代宗又利用朝官与宦官的矛盾和斗争除掉宦官。这种朝官、宦官勾心争宠固位的斗争，为唐后期重要的政治特征之一。

安史之乱后，北方经济遭到严重破坏。原先比较发达的黄河流域土地荒芜，又加上连年不断的自然灾害，致使许多人流离他乡，转死沟壑，出现了人烟断绝、千里萧条的景象，曾经为中国经济发展中心的北方地区，开始萎靡不振，走向衰落。与此同时，江淮地区由于战乱较少而迅速发展起来。又由于北方的许多为蕃镇所占据，中央在北方统治的区域越来越小，所以江淮地区就成了唐王朝剥削搜刮的主要区域。

唐王朝对江淮地区的剥削十分沉重。宝应元年（762），租庸使元载在江淮追征天宝末年以来人民积欠的8年租调，不管是谁，只要发觉家中有财物粮食，就夺取一半，有的甚至十取八九。诸道节度使也往往妄加征科，州县官吏更是巧立名目，盘剥百姓。在这种残酷的剥削和压迫下，人民忍无可忍，奋起反抗，仅见于史书记载的义军就有10余支，人数达数十万。其中规模最大的是代宗时期爆发的袁晁起义和方清起义。

（十）唐敬宗李湛宠用宦官

朝臣权重或自己皇室势微时期，皇帝一般都比较宠信宦官，敬宗亦是如此。敬宗时期的宦官首领是王守澄。尽管当时朋党纷争激烈，但无论哪一派政治势力要取得胜利，都要得到王守澄的支持。牛李（牛僧孺、李德裕）党争持续40年，宦官一直是举足轻重的力量。唐代中后期皇帝的废立几乎全被他们一手操纵。大宦官控制朝政，小宦官也无法无天。

一次，鄠（今陕西户县）令崔发听说有人打老百姓，就抓了起来。因为天黑没有看清，盘问了一番，才知是宫中太监。敬宗听说太监遭捆绑审讯，不问青红皂白，便令人把崔发一干人囚禁起来。在听候发落时，宫中50余个宦官乘机手持棍棒，对崔发一顿毒打，打得昏死了好长时间才苏醒过来，被投入监狱。后来众臣上疏呼冤，敬宗仍是一概不听。等崔发出狱时，还要他给太监们赔礼道歉。

朝廷如此，地方更是变本加厉。许多地方官以权谋私，巧立名目，鱼肉百姓。农历六月九日是敬宗的生日，徐泗观察使王智兴提前半年建议在泗州设置戒坛，广召僧尼，为皇帝祝求福寿。大批群众为逃避赋役，竞相剃度出家。剃度者每人交纳两缗钱，领到一张和尚证书，便可免除徭役负担，王智兴借此大发一笔。实际上，王智兴不过是借皇帝生日，把本应属于国家的财政收入塞进自己的腰包。当时任浙西观察使的李德裕估计：若剃度延续到皇帝生日，仅两浙、福建地区就会有60万人出家，而国家失去60万人的赋税收入。

敬宗为皇帝时，正是读书的年龄。他连军国大事都懒于去问，当然更不愿枯坐听讲。侍讲学士崔郾负责给皇帝讲解答疑儒家经典，时间过去了半年多，却从未有机会给皇帝念过一次书，敬宗自己更提不出任何问题。离任之际，崔郾感到愧对圣恩，希望能为皇帝服务一次，敬宗却说："等我有空闲的时候，一定去向你请教。"崔郾仍不甘心，回去编纂一本书，名为《诸经纂要》，献给敬宗，希望能给皇帝治国提供一些有益的道理，敬宗自然又将它束之高阁。

敬宗人小，可对床笫之事倒很是贪恋，以致"天天君王不早朝"。敬宗从开始做皇帝，早晨就不愿起床，经大臣们屡次上疏，敬宗才在朝堂会见百官，但每个月一般只有两三次。即使如此难得的朝会，敬宗也不愿痛快地从床上起来，往往太阳升起老高，大臣们仍在宫门外等候。左拾遗刘栖楚慷慨陈词，用国家兴亡的大道理批评皇帝好色贪睡，建议早朝，说完后趴在地上叩头不止，血流一片，声闻宫外。敬宗当时也颇为感动，升了刘栖楚的官，又赏赐财物。但早朝状况并没有因此有任何改变。

敬宗颇贪玩，不论是传统的角抵、龙舟竞渡，还是兴起不久的马球，他都相当热衷，或观战或参战，哪里热闹哪里就可以见到他。有一次，敬宗专门组织大规模的体育盛会，活动竞争非常激烈，伤亡事故频发，皇帝却在宫楼上看得异常兴奋。宫廷中又有专门戏班，看戏也是他的经常活动。敬宗又好在晚上带人出外捕捉狐狸，当时宫中称为"打夜狐"。实在没有活动，他还让千余人在池中捕鱼，把大鱼放进新开挖的水池。

敬宗虽然年幼，却已经在追求长生不老之术。他的皇宫里经常有和尚或道士进出。道士赵归真对他说世上确有修炼神仙之术，敬宗便派他普天之下去访求异人，求取长生不老之术；道士刘从政也宣扬此道，敬宗也让他四处去找灵药，并授予他一个光禄少卿的官衔，后来又赐给他两万贯钱兴修兴唐观。有人说牛头山上有仙人李龙迁祠，非常灵验，敬宗便派人去查看，使者回来说山脉曾在武则天时被挖断，敬宗下令立即修复。当时正值天寒地冻的季节，役夫数万人不得不冒着刺骨的寒风，在悬崖峭壁上劳作。

太监们虽是敬宗所倚重的，但有时惩罚起来也相当严厉。对国家政务的事特别宽容，而对关于他个人玩乐的事则十分计较。如果不真正卖力满足他的玩兴，便会遭到流配，至少也会遭受一顿毒打。所以，宦官中也有不少人对他不满意。宝历二年（826）十二月初八，敬宗在夜里出去打猎回来以后，又与宦官刘克明、田务澄、许文端和专以打球为业的军将苏佐明等28人喝起酒来。突然，酒场上的灯全部熄灭，敬宗在黑暗中被这伙已有预谋的人所杀死，时不满18岁，共做了三年差一个月的皇帝。

（十一）宋哲宗赵煦初期太后垂帘

哲宗在位的头一个年号称作"元祐"，这是因为他的祖母宣仁高太后与他一起"权同听政"的缘故，军国政事的一切最高决策权全掌握在高太后手上。

高太后，乳名滔滔，祖籍亳州蒙城，出身门第和她的姓一样异常高贵。她的曾祖是宋太宗赵光义时就以军功起家的高琼，她的母亲乃北宋开国元勋大将曹彬的孙女，而她的小姨就是仁宗的慈圣光献曹皇后，后来她由仁宗和曹皇后亲自主婚，嫁给了英宗。当时宫中谓"天子娶儿媳，皇后嫁闺女"，为一时盛事。英宗继位后，她被册在为皇后，英宗病死，她的儿子赵顼继位，她又成了太后。

神宗赵顼任用王安石变法，皇亲贵族群起反对，高太后就是他们的首领。位居太皇太后以后，她以恢复祖宗法度为先务，立即起用了大批守旧派人物，对于反对变法最卖力的司马光、吕公著、文彦博等人更加重用。而对于变法派的重要分子和奉行新法的官员如吕惠卿、蔡确、吕嘉问等则坚决予以排挤和打击，对于神宗在位时推行的一系列新法全盘否定，逐个废除。一时间，朝野上下掀起了一阵清算新法之风，史称"元祐更化"。

哲宗继位之初，虽然年龄幼冲，没有经受过激烈政治斗争的历练，然而10岁的孩子毕竟懂事了，他头脑里已很有了一些分辨是非的能力。他登上皇位不久，需要接见契丹派来参加神宗吊唁活动的吊哀使，宰相蔡确觉得契丹使者的衣冠装束和汉人不同，怕哲宗幼小，猛然见到会害怕，就在事先详细讲述契丹人的样子，请皇上不要惊异。蔡确絮絮叨叨重复了好几遍，哲宗没哼一声，等他啰唆完了，哲宗忽然板起面孔问："这契丹也是人吗？"蔡确一愣，说："当然是人，只是属于别的民族。"哲宗说："既然是人，怕他做甚？"蔡确悚然而退。

哲宗是很反感别人依旧拿他当小娃娃看待的，然而无论是祖母高太后还是当时的大臣，偏偏要把他看成个不懂事体的小孩，常常动不动就教训上几句，对此他怎能服气和高兴呢？此后接连出现的种种事端更加深了他对高太后的怨恨和对元祐大臣的厌恶。

当时的皇帝除勤政外还得勉学，哲宗年龄小，读经讲史更是少不了。高太后和大臣们都想通过教育使他成为一个能恪守祖宗法度、通经史、有行义、忠信孝悌、淳茂老成的人。哲宗起初还是很愿意念书的，平时在宫中除了留心典籍外，不很喜欢玩耍。他涉猎较广，尤其喜欢唐人律诗，常把自己亲手朱录的唐诗分赐给大臣。

长期以来，朝廷大权被高太后一人所独揽，大臣们居然也很势利，凡有奏事，都只向高太后请示禀报，哲宗后来就对人讲："元祐垂帘之时，朕看到的只是大臣的脊背和屁股，他们的脸全转到太后那边去了！"有时哲宗偶尔问件事，大臣们竟连回应的都没有。他的自尊心被深深刺痛了。所有大臣在哲宗面前表现出来的不恭敬行为，使哲宗耿耿于怀，加深了对他们的怨恨。

元祐二年（1069）八月，哲宗生了一场麻疹，好几天没有上朝，也没去迩英阁听读，对此执政大臣们没有一个过问的，倒是程颐站出来问宰相吕公著："皇上没上朝坐殿，什么原因你知道吧？"吕公著回答："不知道。"程颐说："二圣（即哲宗和高太后）临朝，皇上不坐殿，太皇太后就不应该自己坐在那里，而且皇上生病宰相居然不知道，行吗？"第二天，吕公著等人才去向哲宗问疾，而程颐却因这番多嘴得罪了人，不几天就被弹劾罢官，赶回洛阳老家去了。

哲宗对元祐大臣的印象越来越坏，他和高太后的感情危机也越来越深。哲宗原有的日常生活是由老宦官刘惟简等几个内侍照料的，继位后，高太后把刘惟简等人全调走，另外派给他20个宫嫔。这些宫女年纪都不小了，大多四五十岁，小皇帝整天和这样一些老态龙钟的婆婆们待在一些，难免索然寡味，他很想找个年轻的女子陪伴自己，可又不敢直接向高太后表白，就秘密派人外出查访，说是宫中要找一个乳婢。不知怎地这件事竟在民间传开了，接着就有大臣呈上了谏章，礼部侍郎兼侍讲范祖禹上疏说：皇上年方14岁，不应当是亲近女色的时候，望皇上进德爱身。又请求高太后保护好皇帝，言辞十分激烈。高太后就把哲宗的宫女轮番叫去审问，哲宗见回来的宫女一个个都红肿着眼睛，像曾经哭过一样，吓得更不敢作声了。

过了两年，哲宗逐渐成长起来，高太后觉得这时该正式给他立个皇后了，就物色了百余名世家少女入宫备选。眉州防御使兼马军都虞侯孟元的孙女，端淑幽娴，高太后很喜欢她，还亲自教她女仪，连拉着走、侧着行都手把手地教，元祐七年（1092），赵煦年已17岁，孟氏年方16岁，高太后对大臣说："孟家闺女能执妇礼，可以正位中宫。"命翰林起草制词，还因近世礼仪简略，命有司议定立后六礼。五月十六日，哲宗御文德殿册立孟氏为皇后。这一切全是高太后一手包办，哲宗是没有发言权的。

果然，新婚不久，皇帝和皇后不太融洽的关系就公开化了。当年十一月，哲宗前往南郊祭祀天地，苏轼担任卤簿使，车驾正要入太庙，前边的路上突然出现了10余辆红伞青盖的牛车，不避仪仗挡住了去路，哲宗一行只好停了下来。苏轼派御营巡检使上去查问，看看是谁如此大胆无礼，原来是皇后和高太后的女儿韩魏国大长公主。苏轼就在车中草拟了一道奏疏，奏曰："妇女不当与斋祠之间也。"哲宗见皇后和大长公主居然不把他放在眼里，胆敢争道，很是气愤，连忙派人骑马把奏疏送给了高太后。第二天，还下诏整肃仪卫，凡皇帝出行，自皇后以下皆不得"迎谒"。

高太后虽在垂帘之初表明说："我性本好静，只因皇帝幼小，权同听政实在是出于不得已，况且母后临朝也非国家盛事。"然而哲宗大婚之后已不算小了，高太后仍丝毫没有还政退位的意思。她的权力欲是如此强烈，这就不能不和哲宗的自尊心形成尖锐的冲突。哲宗决意要用沉默以示抗议。继位以后，他就很少讲话，年龄渐长，话却变得更少了。高太后有一次问他："大臣们奏事的时候，你心里是如何想的，怎么连句话都不说？"哲宗答曰："娘娘已处理过了，叫臣又说什么呢？"高太后及其他大臣并非傻瓜，他们也看出了哲宗的不满，为防止他日后翻案清算，高太后等人一面加劲打击变法派，一面继续训导哲宗，向他灌输所谓祖宗之法。对哲宗的教育，元祐大臣一直抓得很紧，范祖禹曾要求高太后把天下之勤劳、万民之疾苦、群臣之邪正、路事之得失，每天都讲给哲宗听，使他耳濡目染，潜移默化。以便众说不能惑，小人不能进。吕大防还在迩英阁讲读时读了一大通祖宗之法的妙处，说只要尽行祖宗之法就能致天下太平。

但无论他们怎样做,怎样说,哲宗一直保持沉默,他准备在沉默中等待着亲政的那一天。

(十二)明英宗朱祁镇任用宦官被俘

朱祁镇虽然做了皇帝,但仍是一个顽童。宣宗也知道,9岁的儿子即便登上皇位,也没有能力行使皇权、管理国家,因而他在临终前留下了一道遗诏,命令大臣,凡是国家的一切大事,都必须请示他的母亲太后张氏。根据遗诏,有人请太皇太后垂帘听政,遭到了她的拒绝。但实际上,凡是朝廷大事,都要先告知张氏,再送往内阁议决实行。由于张氏的把持,再加上大学士杨士奇、杨荣、杨溥等一班仁宣时期富有经验的老臣主持着政务,正统初期,基本上继承了仁宣时期的各项政策,保持了社会的稳定,朝政在以往的轨道上正常运行。

明英宗朱祁镇任用宦官被俘

然而,在这平静的表面之下,宦官王振却在悄悄地窃取权力,干预朝政,并终于酿成大祸,导致英宗为北方的瓦剌所俘。

王振是河北蔚州(今蔚县)人。他非常善于逢迎,因而深得朱祁镇的欢心,两人几乎形影不离。朱祁镇登上了皇位,便把王振提拔为司礼监太监。司礼监是明朝宫廷中24个宦官衙门中最重要的一个。它掌管皇城里的一切礼仪、刑事和各种杂役,更为重要的是替皇帝管理奏章,代皇帝批答大小臣子上奏的一切公文。皇帝口述的命令也由司礼监的秉笔太监用朱笔记录,再交内阁撰成诏谕颁发。野心勃勃的王振掌握了这样重要的部门,便处心积虑地加以利用,以图达到自己的目的。

明朝从朱元璋开国一直到宣宗,对宦官的管束都十分严厉,这一点王振十分清楚。因此，为了巩固自己的地位，他一面讨好英宗，一面故作姿态，骗取阁臣的好感。王振每次到内阁传旨，都装出毕恭毕敬的样子。但暗地里却拼命拉邦结派。朱祁镇当皇帝不久，太皇太后命王振偕文武大臣在朝阳门外阅兵。隆庆右卫指挥佥事纪广与王振交往甚密，王振竟欺骗所有大臣，谎报纪广为骑射第一，并越级提拔他为都督佥事。

随着权势的增大。渐渐地，王振便有些放肆了。太皇太后常派他到内阁问事。有几次杨士奇尚未决断，王振便自作主张，杨士奇甚恼怒，一连三日不上朝。太皇太后张氏知道后，立即召人到便殿，指着5个大臣对英宗说："他们都是历经几朝的重臣、忠臣，所有的政策法令都必须与他们商议，如非5人赞成，便不可施行。"她又命人传来了王振，历数了他的种种不规行为，下令赐死。话还没落音，几个女官的刀已经搁在了王振的脖子上。王振立刻面如土灰，浑身发颤。英宗也没见过这样的阵势，他又惊又怕以怜，赶忙跪下为王振求情。5位大臣虽然对王振的所作所为不满，但知道王振得宠于幼帝，为了取悦于皇帝、为了自己的后路，也都跪了下去。太后经众人求情才缓和脸色，沉痛地说：皇帝年少，绝不可用这样的人祸国，今天看在你们的面上先饶了他。从此，每隔几天，张太后都要派人到内阁查问王振有没有不通过内阁而自作主张的行为，一旦发现，即加痛责。

英宗并不把张太后的话放在心上，对王振更加宠信。朝内外的一些人见此情景，或畏服于王振，或趋炎附势，投靠他的门下，使得王振权势日重。

正统七年（1442），太皇太后张氏病故。宣宗皇后，英宗之母孙氏无从管教，而在这之前，杨荣也已去世，杨士奇则受儿子杀子连累，早已不理朝事。"三杨"中只剩下一个杨溥，但已年老势孤。王振再也没有什么可顾忌的了。

明初，朱元璋见历代都有宦官利用亲近皇帝的有利地位干预朝政，酿成祸乱的先例，便对宦官立了许多规矩，诸如不许读书识字，不许兼外臣，不许超过四品等等，并在宫门挂了一块铁匾，上写"内臣（即宦官）不得干预政事，预者斩"。王振每当看见这块铁牌，总觉得后背冷嗖嗖的。张太后一死，王振便立即打着英宗的旗号摘去了这块牌子，破了明朝的戒律，去了他的一块心病。

张太后死后英宗也更加无拘束了。他在王振的怂恿下只管游玩享乐，哪里还管什么铁牌、什么祖宗训戒，朝事全交给了王振。一旦大权独揽，王振便明目张胆地广植私党，打击异己。他的两个侄子，一个升为锦衣卫指挥同知，一个升为锦衣卫指挥佥事。凡是触犯他、不尊奉他的，就横加迫害。御史李铎碰到王振不跪，被贬谪铁岭。驸马都尉石璟仅仅因为骂了自己家里的阉人，王振便恨他伤害自己的同类，把他逮入狱中。在王振的淫威之下，公侯勋戚常呼王振为翁父，畏惧灾祸的也都争相攀附于他。有的甚至将胡须剃去，拜王振为父，并发誓要学王振终身不蓄胡须。而王振这时不过30多岁。

王振的专横、擅权，英宗不仅视而不见，反而认为王振忠心耿耿，是难得的人才，于是对他宠眷益深。正统十一年（1446）英宗赏给王振白金、珍宝等物品，作为对他的奖励，并特赐敕一道，称王振"性资忠孝，度量弘深"，"夙夜在侧，寝食弗违，保护赞辅，克尽乃心，正言忠告，裨益实至"，为王振唱了一曲"赞歌"。

英宗的昏庸终于酿成了一场大祸。这就是历史上的"土木堡之变"。

（十三）明宪宗朱见深任用宦官险些断子绝孙

在宪宗第二次当上太子第四年的时候，他身边出现了一个叫万贞儿的女人。万贞儿是孙太后宫中的使女，因其父亲犯罪，她在4岁时被没入宫中，长大后颇有几分姿色。孙太后爱她伶俐勤快，召入仁寿宫，让她掌管衣服、首饰。朱见深常去孙太后那里，万贞儿与他逐渐地熟悉起来，继而发展到亲昵无间。孙太后崩逝之后，朱见深向母亲请求，让这个年长自己17岁的万贞儿入侍东宫，服侍自己，两人很快就到了形影不离的地步。宪宗登基后，照例要册立皇后。正宫皇太后钱氏和皇太后周氏选中了吴氏，于是宪宗遂于天顺八年（1464）七月成婚。成婚之后，还要选妃。宪宗没有忘记万贞儿，向母亲提及此人，太后同意封为贵妃。万贞儿出于对吴后的嫉妒，对其语言多有不恭。吴后难以忍耐，两人闹到争论不能解决问题的时候，吴后令宫女杖对贵万贵妃。宪宗知道后，次日就入禀两太后，说吴氏脾气太坏，举止轻佻，定要废易。太后们起初不同意，阁臣也力劝他放弃此念，他坚决不听。于是，吴后被缴还宝册，贬入冷宫，另选了王妃做皇后。这时，吴后正位正宫，只不过32天。吴后被废掉后，万贵妃更加有恃无恐，而皇后王氏秉性恬淡，凡事退让，不过名义上的皇后而已。宪宗对万贵妃的宠爱，成为宫中的太监风向标，他们纷纷投靠在万贵妃门下，挖空心思地为她进献美珠珍宝，并且假托圣上的旨意，到民间搜刮采办，苛扰百姓。作为回报，万贵妃对这些太监有求必应，使他们得以青云直上，有机会干预朝政，形成了很大的势力。一些在各省的"镇守中官"，也都因朝中有人，颐指气使，位居总督和总兵官之上。宪宗对此时有所闻，却毫不在意，为了使万贵妃合意，无论什么事情，都可听她所欲。

耽于享乐，宪宗对朝事的兴致大减，初临丹墀时的朝气很快就消磨掉了。在万贵妃的影响下，他一掷千金，大肆挥霍，建造了大量祠庙宫观，小心翼翼地陪万贵妃拜佛炼丹，尽情欣赏歌舞，做种种消磨时光的游戏。早朝已经成为负担，动辄就被取消，即便升朝，也是摆摆样子，礼成而退，疏奏大都扔给太监去批复。大臣们耳闻目睹宪宗的变化，痛心疾首，一些人纷纷上疏，劝他励精图治。彭时一针见血地说："万贵妃已过生育之期，毛病甚多，不可专宠。希望陛下分恩宠于众妃。"宪宗对此不加理睬。由于万贵妃横行六宫，宪宗日思暮想的皇子一直没有出生。成化七年（1470）柏贤妃曾经生下一个儿子，被立为皇太子，但不到一岁，就被万贵妃害死。直到成化十一年（1475），才有太监张敏告诉他，一个来自广西的宫女纪氏，已经替他生了一个儿子，藏在后宫的安乐堂内。

（十四）明熹宗朱由校重用宦官魏忠贤

依靠高压和滥杀，魏忠贤建立起他至高无上的权威，内外大权抓于一手，内廷除宦官王体乾外有李朝钦、王朝辅等30多人为左右死党。外廷文臣则崔呈秀、田吉、吴淳夫、李夔龙、倪文焕主谋议，号为"五虎"。武臣则田尔耕、许显纯、孙云鹤、杨寰、崔应元主惨杀，号为"五彪"。吏部尚书周应秋、太仆少卿曹钦程等十人号为"十狗"。其他又有"十孩儿""四十孙"等名号。崔呈秀等人门下的义子、义孙又不知凡几。内阁六部以至于四方总督、封疆大吏，遍是忠贤死党，客、魏两家更是满门公侯，当时北京城人有云"真皇帝是魏忠贤"。明王朝在客魏把持下，卖官鬻爵、滥封滥荫、贪污贿赂、献媚取宠、排斥异己、高压专制，吏治坏到了极点，明朝政治一塌糊涂。

魏忠贤把持的东厂成为最恐怖的特务机关，东厂番役到处横行，官民偶有不慎便遭横祸。甚至东厂番役故意设下圈套诬陷无辜，京城内外人们对东厂畏之如虎。一次，有两个人在酒馆喝酒。其中一个喝醉了，大骂魏忠贤，旁边一人制止他，怕他得祸。这时候，门外进来一个人，故意挑逗那个醉者，说魏忠贤好生厉害，让他听到可不得了。那醉者乘着酒劲说："他能奈何得我？能剥了我的皮吗？"那人冷笑一声，亮出了东厂番役的身份，将那醉者绑去，活活剥了皮。

阉党对东林党人采取斩尽杀绝的政策。天启六年（1626）尽毁天下讲学书院，以绝党根。又仿宋元党禁之例，立东林党人碑，将东林党人永远禁锢。天启六年（1626）顾秉谦修成《三朝要典》，将东林党人描述成专权乱政、结党营私、危害国家的小人、丧失封疆的罪人，宣布永远禁锢。

魏忠贤尝到了权力的滋味，他的党羽们亦从中取得了好处。为了长保荣华富贵，这些人对魏中忠贤献媚取宠，无所不用。魏忠贤俨然是太上皇帝。阉党分子想尽办法为他歌功颂德。天启六年（1626）六月，浙江巡抚潘汝桢上疏，请"建魏忠贤生祠，用致祝福"。熹宗马上降旨同意。为表影魏忠贤心勤体国，钦赐祠名为"普德"。生祠很快在美丽的西子湖建立起来，坐落在关公与岳飞庙之间，极其壮丽。有一位提学副使黄汝亨从门前经过，微微叹息一声，结果被守祠的太监当场打死，地方不敢过问。杭州生祠一建，建祠之风迅速吹遍全国。各地督抚大员纷纷效法，唯恐落后，规模也越来越大，越来越华丽。到处都有拆民房、拆庙宇，甚至拆学宫建生祠的事情发生。建造费用起初各官捐献，后来皆是动用国库银两。每个生祠都请皇上命名。其名歌功颂德，调门越来越高。如"广恩""崇德""仰德""旌功""德芳""威仁""嘉猷""降勋""报功""感恩""存仁"，不一而足。一年时间，全国从京城到各省，从通都大邑到边荒蛮地，生祠遍布，对建造生祠不热心者立即逮捕治罪。各地生祠建好后都举行盛大的迎喜容仪式，文武百官皆行五拜三叩头之礼。像对皇上一样，只差没呼"万岁爷"。

五、迷信仙道　亡国伤命

（一）秦始皇嬴政信巫丧命

秦始皇统一全国之后，他自忖功盖三皇五帝，而且也确实有些政绩，所以一方面是为了解下情，炫耀威风，一方面是寻访仙山、希求长生，他总是接连不断地出巡。

早在统一之前，随着兼并战争的胜利步伐，他就先后到过洛阳、邯郸以及楚国曾经的都城郢、陈等地。统一的第二年，出于防御匈奴的需要，他巡视西北边郡陇西和北地二郡，越过鸡头山（位于今六盘山中段），由回中（今甘肃华亭南）返回咸阳。从统一的第三年起，他开始了全国性的大巡游。共巡游4次，跋涉名山大川，足迹几乎遍及了全

秦始皇与巫术

国各地。在巡游途中，他到处刻石，如《泰山刻石》、《琅邪刻石》、《芝罘刻石》、《东观刻石》、《碣石刻石》、《会稽刻石》，其内容主要是歌颂秦始皇的功德，宣扬结束战争、统一天下、制定国策以及革除旧俗的正义性和优越性。他总以为神仙就在东海，要见神仙，只有多去海滨，所以他四次大巡游，都是到沿海地区，一临碣石（今河北昌黎北），两登成山（今山东成山角），三次来到琅邪和芝罘，这些地方是传说中的神仙登岸点。在巡游途中，秦始皇每到一地，便派遣大量的方士去寻找神仙，求取长生仙药。也服过不少"仙丹"。

始皇三十一年（前210），秦始皇进行他的最后一次巡游。他从咸阳出发，首先来到南方的云梦（今洪湖、洞庭湖一带），在九疑山祭祀了虞舜。然后顺江东下，由丹阳（今安徽当涂东）登陆，来到钱塘（今浙江杭州），绕道向西120里渡江登上会稽山，在山上祭祀了大禹。祭罢大禹，秦始皇在会稽山刻石留念，然后下山，经吴中（今江苏吴县）北上。秦始皇一行从江乘（今江苏镇江）渡江，一直沿着海边向北，又来到琅邪。他总想能在海边有所收获，遇见仙人或得到仙药，所以一直靠着海岸走，然而仍一无所获。看看求仙无望，便决定返回咸阳。连日的旅途劳累，加上天气炎热、心情沮丧，到平原津（今山东平原附近）就病倒了。死于途中，终年50岁。

（二）汉武帝刘彻信巫自悔

随着岁月的流逝，汉武帝感到日渐衰老，便千方百计地寻求长生不老仙药。元鼎五年（前112），方士栾大来到长安，说自己往来海上，见到过仙人，找到长生不老的仙药。汉武帝信以为真，先后封他为五利将军、天士将军、地士将军、大通将军、乐通侯，赐黄金万斤，并把自己的女儿卫长公主嫁给他。最后还专门刻一方玉印，以对待宾客的礼仪封他为天道将军，表示不把他作为臣属，元封元年（前110），骗局败露，汉武帝腰斩了栾大。但他仍不断派人到海上求仙，幻想有人能够成功。

汉武帝晚年多病，疑神疑鬼，有一次梦见数千木人打他，醒后病倒，他认为是臣下吏民诅咒造成的，于是出现"巫蛊之祸"。他派江充去调查，先后害死数万人，其中包括丞相公孙贺父子，武帝亲女诸邑公主、阳石公主，卫皇后的侄儿长平侯卫亻元等显贵人物。后来有人告发太子宫中有木偶人，诬他诅咒武帝，征和二年（前91）七月，皇太子被迫假传圣旨捕斩江充，发兵攻占长安各要害部门，武帝大怒，令丞相刘屈氂发兵逮捕太子，两军在长安大战数日，皇太子兵败自杀，卫皇后也自杀了。这一案件到第二年被认为是冤狱，太子得以昭雪。后来，刘屈氂和贰师将军李广利也被指控从事巫蛊活动诅咒皇帝，刘屈氂被杀，李广利投降匈奴，所统帅的7万大军全军覆没。武帝一生多次大胜匈奴，最后却由于非军事原因而遭此惨败，引起他思想上巨大的震动，后来他觉察到所谓巫蛊活动多无实证，纯属江充等人制造的冤案，他诛灭了江充全家，终止了这一惨祸的继续。

一连串的挫折使汉武帝反思自己一生的所作所为，他开始检讨自己的过错，征和四年（前89）汉武帝最后一次出巡到山东海边，想到海岛上寻找神仙，在东莱海边等了十多天，看到大浪淘沙，无边无际，无法行船，只有绝望回程，他边走边回顾往事，心中有无限感慨，走到钜定县（今山东广饶北）时，看到农民正忙着春耕，他便拿起耒耜，亲自到田里参加劳动。他到泰山明堂里祭祀时，对着天地神灵和大臣们自我检讨。不久，大鸿胪田千秋请求斥退方士，汉武帝遣散了所有的方士。六月，搜粟都尉桑弘羊又请求汉武帝派人到轮台修筑堡垒，驻扎军队时，汉武帝下轮台罪己之诏，说明此前有人要求按人口增加30钱的赋税作为边用，这是加重老弱孤独者的痛苦，现在又请求到轮台驻军开田的作法是"扰劳天下"的行为，"朕不忍闻"，宣布"当今务在禁苛暴，止擅赋，力本农"，与民休息。"轮台悔过"说明汉武帝毕竟是一位具有远见卓识的政治家，在自己统治的最后时期，能看到自己过去政策中失误；它也标志着汉武帝一生政策的一大转折，以后他采取了与民休息、思富养民的政策，任命田秋为丞相，并封为"富民侯"，任命大农学家赵过为搜粟都尉，让他在全国范围内推广先进的"代田法"和先进农具，经过两年的努力，社会又趋于安定了，开启了后来的"昭宣中兴"这一媲美文景之治的西汉盛世。

不过，此时的汉武帝已经步入暮年。为了汉家天下的延续，征和四年（前89），他在甘泉宫避暑时让人画了一张周公背成王朝见大臣图，把它赐给奉车都尉霍光，托付他辅佐自己的小儿子刘弗陵继位，并且逼迫刘弗陵的母亲赵婕妤自杀于云阳宫，以免太后干政。后元二年（前87），汉武帝在五柞宫一病不起，他知道自己命在旦夕，便在床前立刘弗陵为太子，同时封霍光为大司马大将军，金日䃅为车骑将军，上官桀为左将军，桑弘羊为御史大夫，嘱咐他们同心协力辅佐皇太子。次日，汉武帝去世。葬茂陵（位于今陕西西安西北），其陵东北有霍去病墓、卫青墓，东南有霍光墓。

（三）三国吴景帝孙休信神短命

孙休颇信卜巫之术。时孙休患病，便令人找来一名巫师看病。孙休想试一试巫师法术如何，就命人先杀了一只鹅埋在宫中后花园里，上面又架起一座小屋，屋中摆设床榻等物，又把些妇人所用的衣物鞋袜之类放置其上，然后命巫师来看。先传话给巫师说："如果能说出这坟墓中鬼妇人形象，当场有赏，并让他给皇帝看病。"那巫师围着小屋转来转去，从早到晚，整整一天未发一言。孙休命人追问，也许这巫师早已买通宫人，了解了内情，只听他说："实不相瞒，我真的并没看见鬼，只见一只白鹅立在坟墓上，之所以没有马上报告，因我怀疑是鬼神故意变成这个模样，等它露出真形我再报告，可是从早到晚，这白鹅竟然毫无改变，我不知何故，所以不敢据实以报。"孙休一听，连声说："高明！高明！快请大师进来给我看病。"这巫师应召进来，胡乱看了看，随口编了几句，哄得孙休信以为真，便吩咐左右厚赏巫师，巫师大喜而去。

孙休继位之时，东吴国力已开始衰落。统治阶级内部，各个势力集团争权夺利的斗争日益激烈，这就大大削弱了中央集权的力量。孙休继位之后，魏国不断寇略边境，交趾郡（位于今越南北部）吕兴等人也起来造反，沿海一带又有海贼骚扰，内外交困。孙休想行惠政，重农桑，整顿吏治，增强国力，本意原是不错，他派使者四巡，察看民情，整饬吏属，又多次下诏劝重农桑，但终因继位日短，权力过小，整个统治日益腐败而收效甚微。

孙休富有学识，眼光过人，往往能言人所不能言之事。继位之始，有人请求朝廷为故元辅诸葛恪立碑，以彰其功勋。孙休说："诸葛恪刚愎自用，不听众人之言，盛夏出军，士卒伤损，无尺寸之功，不能谓之能；恪居于元辅之位，受托孤之任，死于逆臣竖子之手，不能谓之智。为何还要立碑？"众人都叹服其过人之见。

东吴永安七年（264）七月，孙休突发重病，神智虽清，但口不能言。左右人慌了手脚，连忙将其安置内宫，一边寻医觅药，一边安排后事。其知自己死期将近，便手写诏书命丞相濮阳兴入宫。濮阳兴到时，孙休命太子出来拜见。把着濮阳兴的手臂，指着太子，双目含泪，将太子托给濮阳兴。濮阳兴与太子痛哭流涕，拜于御床之下，不一会儿，孙休双目一闭，溘然而逝。

孙休在位7年，死时仅30岁。死后谥号曰"景帝"。

（四）前秦宣昭帝苻坚信童谣遭害

苻坚和慕容冲在长安城西经过一场激烈厮杀，将慕容冲追赶到阿房城。当时，众将都要求乘胜打进阿房城内，但苻坚害怕中计，不声不响地回到长安，让儿子苻晖和慕容冲交战。但是，苻晖根本不是慕容冲的对手，结果多次被慕容冲打得人仰马翻。

恰在这时，长安城内传出了"帝入五将方长久""坚入五将山长得"的谣言。苻坚平时很讨厌此类童谣，但接二连三的失败，又使他想求助这些谣言摆脱困境，于是对太子苻宏说："苍天有意给我指出了一条活路，我准备到五将山躲避一下灾难，你先留在长安，好好防守，不要和叛贼相争。"

苻坚怎么也不会想到，自己和张夫人，儿子苻诜，女儿苻宝、苻锦进了五将山后，即被姚苌所包围，随从的士兵见势不妙，纷纷逃跑。苻坚似乎已经意识到大难将至，变得异常镇静，一动不动地坐在那里。一会儿，姚苌的部下吴忠赶来，把苻坚捆绑起来押送到新平，关进佛寺。

姚苌厚颜无耻地向苻坚索要玉玺，苻坚瞪大眼睛，骂道："怎么也没想到你这个小儿竟然敢逼迫天子。你也不想想自己在五胡中算老几。玉玺已送给了东晋，有能耐你自己去向他们要。"姚苌很有耐心，遭到苻坚臭骂后又派尹纬劝说苻坚，把帝位让给自己，苻坚怒不可遏，把姚苌再次痛骂一顿，不久就被姚苌杀害。

（五）梁武帝萧衍信佛伤国

萧衍为梁帝，初雅重儒术，设国子监，增广生员，立五馆，设五经博士。萧衍本人虽日理万机，犹手不释卷，燃烛侧光，一看就是半夜。亲撰

《春秋答问》《尚书大义》《中庸讲疏》《孔子正言》等计200余卷，王侯朝臣有疑问之处，萧衍皆亲为解释。于是四方郡国趋学向儒，云集于京师者不可胜数。但当萧衍进入暮年，思想有所变化，尤经萧宏、萧综两次事件打击，竟逐渐看破红尘，转入佛门，成为中国古代皇帝中唯一的在位的"和尚皇帝"。为便于祭拜佛祖，萧衍令于宫城附近修筑同泰寺，寺中供奉莲座，宝相巍峨，殿宇弘敞。为来往便当，又令于宫城中开大通门直对寺门，萧衍早晚即可由此门入寺拜佛参禅。

普通八年（527）三月，萧衍亲临同泰寺，为表忠心事佛，竟舍身入寺，做了三天的住持和尚，然后才返回宫中，并下令改元为大通。萧衍信佛之后，不仅自己断绝女色，不食荤腥，而且下诏全国，今后祭祀宗庙神灵不许再用牛羊猪等，只能用蔬菜水果。此令一下，朝野为之震动。人们都认为，连祭祀尚不可杀生，那么肉也不可再吃了，无法接受。如此群情汹汹，竟引动朝廷商议，拟用大脯代牛。报与萧衍，萧衍坚决拒绝用牲。最后经再三请求，才许用面粉捏成牲像祭祀。

当时有南印度僧菩提达摩闻听梁朝重佛，不远万里，由海路乘船至广州。萧衍听有远方高僧到来，立即命令地方官吏马上将其护送入都，亲自于内殿召见，谈论佛理。然而没过多久，达摩见话不投机即告辞而去，后来渡江至嵩山少林寺传经授徒，竟成为中国禅宗第一世祖。

萧衍礼遇高僧不成，于是转尊俗僧慧约为师，亲自受戒，并令太子王公以下，皆以慧约为师。此令一下，朝官权贵受戒者竟达5万人之多。萧衍又将佛经精心研读，这样一来遂使朝纲废弛，宵小弄权。此时贤相周舍、徐勉已相继逝世。只有尚书令何敬容与寒士出身的侍中朱异表里用事。何敬容久处台阁，详悉旧闻且聪明识治，虽然趋势信佛，但也未妨碍政务。朱异则善窥人主旨意，能阿谀以承上旨，任官30年，广纳货贿，蒙蔽朝廷，萧衍偏独信用，以致朝政更加昏暗。

大通三年（529）九月，萧衍再幸同泰寺。他脱支衣衮服，于寺中沐浴完毕即换上法衣袈裟，宛如一位入寺多年的老僧，当晚即在寺中僧房居住，素床瓦器私人执役，与寺中主持相似。次日天明，设四部无遮大会，萧衍着法衣亲自开讲堂法座，为四部大坐（僧、尼）讲经。讲毕即再次将肉身舍入寺中，自号三宝奴。如此过了10年，王公大臣聚钱1亿万，请求赎回皇帝菩萨。众僧两头不能得罪，实在不好说什么，只有木然无语，算是做了答复。又过了一天，文武百官集于同泰寺东门，奉表请皇帝还宫。萧衍答书语意恳切，竟对群臣用"顿首"之辞，声称既已舍身入寺就无返俗之意。群臣连上三表，萧衍才好不情愿地回到宫中。

大同三年（537），萧衍令修长干寺阿育王塔，发现佛爪发舍利，萧衍以为佛家盛事，亲赴该寺再做法事，并诏令大赦天下。中大同元年（546）春天，萧衍再至同泰寺设四部无遮大会，开讲《金额字三慧经》，又舍身寺中，并许以所王境土供养三宝。过了一月，王室公卿以钱2亿万奉赎。萧衍又推辞一番才停讲经义，下诏改元并大赦天下。萧衍回宫当晚，同泰寺发生火灾，浮图被毁。萧衍闻报说："这是妖魔所为，应广做法事祈禳。"乃下诏："道高魔盛，行善鄣生，应大兴土木，重建浮图倍盛往日！"遂兴造十二级浮图，后因侯景之乱而止。

距上次舍身同泰寺仅一年，萧衍因西魏大将侯景来降，认为是佛祖保佑，于是又演出一场历时37天的舍身闹剧。不仅如此，年逾古稀的萧衍还变得刚愎自用，不知纳谏。当时有散骑常侍贺琛上谏疏一篇。陈述当时士风奢靡而君不察的流弊。竟致萧衍大怒，责其空作漫语，徒沽直名，其实他只是恨贺琛说出了他无法改变的现实。在这种政治形势下，其败亡之势是可想而知的。果然就在萧衍做皇帝后的第47个年头，发生了著名的侯景之乱。

（六）北魏献文帝拓跋弘弃国禅位为修行

拓跋弘虽然刚毅果决，继位几年就把国事处理得井井有条，使北魏出现了一个比较安定的局面，但他自少喜好黄老、浮屠之学，在位的时候便常常与朝士及僧人一起谈论玄学佛理，不屑于富贵权势，希望能摆脱俗务，出世独修，做了几年皇帝，早已不耐烦了。皇兴三年（469），他就将尚在襁褓中的皇长子拓跋宏册封为储君，定好了继承人。等到皇兴五年（471），又觉皇太子拓跋宏年仅5岁，难以接班，便想把帝位禅让给叔父京兆王子推，自己抽身出来修身养性，参悟禅理。于是便召集公卿大臣，讨论禅位之事。大臣们一听都目瞪口呆，不知皇帝意欲何为，没有一个敢先开口的。只有子推的弟弟任城王子云抗言进谏道："皇上现在坐致太平，君临四海，怎么能够对上违背祖宗传下的重任，对下丢弃亿万百姓而不顾呢？而且皇帝之位父子相传，这是自古以来的定制。若一定要摒弃俗务，专门静修，也应该让皇太子继承正统。如果随意转授旁支，恐怕会引起祸乱。"太尉源贺也相继应声道："任城王所说的很对，希望陛下能够采纳！这是国家兴亡祸福的大事，皇上不可不慎重考虑。"拓跋弘不禁变色，似有怒意。中书令高允等也都劝阻禅位。拓跋弘见群臣都反对，便慢慢说道："按照你们的奏议是宁可立太子的，不过太子现在还幼弱，全依仗你们扶持了。"拓跋弘辞位之心已坚，唯恐大臣再反对，所以不等大臣们发话，便又接着说道："陆香发素来忠信正直，必能保全我子。你们也不必再说了。"众人见事情既已无可挽回，都默然无语。拓跋弘便马上任命陆香发为太保，让他与太尉源贺一起准备禅位诸事。

皇太子拓跋宏虽然年幼，却很有孝心，前一年拓跋弘生病，身上长了一个痈疮，疼痛难忍，拓跋宏亲自用嘴为父亲吮脓拔毒。现在听到父皇要禅位的消息，悲泣不止，进宫向父亲推辞。拓跋弘问他为何如此？拓跋宏回答说："我现在还很幼弱，怎么能够替代父皇承接王统，担当大任呢？心中十分忧切，故此泪下。"拓跋弘感叹地说："你既然现在就能如此懂事，一定能够统治好天下，我的主意已经定了！"皇兴五年（471）八月，遂正式下诏传位于太子拓跋宏，改元延兴。拓跋弘为太上皇帝。

退位以后，拓跋弘搬到崇光宫中，房屋住所一切简朴自然，不加修饰，连房子的梁椽也不施斧凿，门前的阶梯也是土阶，很有太古遗风。另外，又仿效西印度的定俗，特定在宫苑中建造鹿野浮屠，与禅僧一起居住在里面，研究佛学义理，参悟禅机。只有国家大事，才让上报知闻。

冯太后与李奕私情甚密，突然间事发，情人被斩，不由痛恨交加，对拓跋弘怀恨在心，不久便找到了一个机会，让自己的心腹在拓跋弘的饮食中暗下鸩毒。拓跋弘毫不知晓，吃下后须臾毒发而亡。死时才23岁，追谥为"献文皇"，庙号"显祖"，葬在云中金陵。

（七）隋文帝杨坚崇尚迷信潜危机

杨坚非常迷信，佛道、符瑞、阴阳五行及各种鬼怪，都在杨坚的崇信之列。北周武帝灭佛之后，佛学在北方衰微。杨坚初任丞相，便下令对原来的和尚、道士进行挑选，让他们各操旧业。杨坚称帝之年，更下令听任天下百姓出家做和尚、道士，在全国范围内按人口征钱，在各地营建佛寺，修塑佛像，缮写佛经；大都市则由国家拨专款修复寺庙。佛道之学再度复兴，并很快风靡全国，当时民间所藏的佛经比儒家的五经还要多几十倍。隋唐佛教的繁荣与杨坚的大力提倡是分不开的。

杨坚做皇帝，是通过和平政变的方式取代了北周宇文氏。新朝官僚大多是北周旧臣，在功绩、实力和其他方面杨坚都并不比他们有资格，要有效地控制他们，除镇压、提疑和苛察外，还需要从心理上征服他们。和所有心理没底的篡权者一样，他把他将皇帝的废立看作上帝的旨意。王劭本是一个学者，靠赞美杨坚有帝王之相做了著作郎。他看准了杨坚的心思，广泛搜集能为杨坚做皇帝充当理论根据的材料，任意曲解附会，把北周的灭亡、杨坚由专政到称帝以及隋的国号都说成是上帝的安排。这是杨坚最希望得到的，王劭因此得到优厚的赏赐。

杨坚不仅提倡佛、道，对当时民间流行的各种迷信他都相信，包括山神、土地、河海龙王，等等，甚至对各种妖怪也不怀疑。杨坚的妻子独孤氏和杨坚的宠臣杨素的妻子郑氏都得了病，医生认为这是有人故意利用猫妖作怪，杨坚对此还专门下了诏书：凡有意饲养、培训并利用猫妖等怪物而害人者，一律流放边境。

杨坚被后世讥为不学无术，他自己也承认，并且看不起那些咬文嚼字的读书人。如杨坚要对北周宗室宇文氏斩尽杀绝，李德林劝他不要这样做，因为这样显得皇帝过于残忍。杨坚回答说："像你这样的一介书生，没有资格参与这种政治大事。"不听劝告，实施了自己的计划。杨坚认为文化无用，便认为不需要建立学校。仁寿元年（601），杨坚下令全国只保留供王公贵族子弟读书的国子监，废除天下郡县的所有学校。

杨坚做皇帝的第二年，便嫌旧长安城规模太小，且宫中又常闹鬼，下令在旧城西北修筑新都城，同年底完工。因杨坚最早的封国是大兴郡公，新城便被命名为大兴城，皇宫称大兴宫，主要宫殿称大兴殿。

开皇十三年（593），杨坚对大兴城又失去了兴趣，便以杨素为总管，宇文恺为主要设计者，在岐州（今陕西凤翔南）营造仁寿宫。开山填谷，建成了楼台亭阁宛转相连的豪华宫殿。为讨好杨坚，杨素对民夫督促得非常紧，死者数万人，杨素随便地把他们埋进了宫殿的地基里。用了整整两年的时间，仁寿宫终于在民夫的白骨上面完成。开皇十八年（598），杨坚又在仁寿宫和大兴城之间修筑行宫12座，在往返途中也有了可以娱乐的地方。

杨坚的猜疑和严刑使他失去了大批可以利用的臣僚，崇尚迷信又招来许多专事拍马屁的小人，大兴土木开奢侈之多，刻意"节俭"则苦了老百姓。杨坚的晚年仍是隋朝盛世，但潜在的危机已露出端倪。

（八）唐宪宗李纯服"金丹"亡命

唐宪宗自以为功成名就，也就失去了那种信任群臣、从谏如流的作风。转而喜欢那些取媚阿谀自己的佞臣，对指责自己失误的忠直之言越来越感到不顺耳了。自引皇甫镈、程异入相后，裴度、崔群等正臣逐渐被疏远，最后被排挤出朝。皇甫镈得宪宗宠信，更加肆无忌惮地为非作歹。裴、崔二人是宪宗后期的名相，宪宗依靠其平定淮西，补偏救弊，成就了自己的功业。自二人去后，一班奸佞群小围绕在宪宗周围，政事日坏，

唐宪宗 李纯服金丹身亡

朝廷黑暗，朝野上下对奸臣所作所为人情汹汹，个个切齿。而宪宗本人已听不进臣民的呼声了。

宪宗晚年，也喜欢起神仙长生之术来。有功德史奏报，陕西扶风法门寺有一块"佛骨"，宪宗派宦官率众佛生迎至禁中，供奉三日，然后在京

师诸佛寺巡回供奉。在他的带动下，掀起了一股迎佛骨的佛教热潮。王公士民解衣散钱，争相供奉施舍，至有倾家荡产者。刑部侍郎韩愈上疏表示反对如此推崇佛教，被贬为潮州刺史。

宗正卿李道古与皇甫镈勾结，说山人柳泌能制长生药，宪宗大感兴趣，把泌召来炼药。柳泌又进言说天台山有神仙，多灵草。宪宗信以为真，任他为台州刺史。群臣劝阻无效。

到元和十五（820）年，宪宗因服金丹，性情日加躁怒，左右宦官稍有不顺意，即遭责打，至有因此而死者。宦官人人自危，朝不保夕。宦官陈弘志发难，宪宗被弑，宦官将其死因隐讳，对外宣称药发。从此，唐朝皇帝的废立都由宦官操纵。宪宗葬于景陵，谥"神圣章武孝"，庙号"宪宗"。

（九）唐武宗李炎服"仙丹"成"仙"

武宗在强行灭佛的同时，却又企图恢复国教（道教）的权威，用道教压制佛教，因而大力提倡道教。

早在未执政前武宗就颇好道术修炼之事。继位后，即召道士赵归真等81人来朝廷，向他们询求道术，并在三殿修建金箓道场，武宗亲临九天坛接受法箓。当时谏官上疏谏止，武宗置之不理。六月，又封衡山道士刘玄靖为银青光禄大夫，充崇文馆学士，赐号"广成先生"，与道士赵归真住在宫廷，撰修法箓。赵、刘两位道士在武宗面前极力诋毁佛教，这正中武宗下怀，因此，灭佛运动愈演愈烈。

自此而后，武宗对道士倍加崇信，渴望赵归真、刘玄靖等道士能够炼出长生不老的仙丹，服后成仙。对这种愚蠢的行为，当时谏官刘彦谟曾上疏

唐宪宗李炎服金丹

切谏，反被武宗贬出朝廷。

会昌三年（843）五月，正值昭义镇发动叛乱之际，武宗竟在禁中建造望仙楼，企望步入仙境。会昌五年（845）正月，又在南郊建造望仙台，并诏令神策军重修望仙楼及廊舍539间。

会昌六年（846）三月，丹药炼成，武宗迫不及待地吞服而下。药服下后，武宗顿感不适，继而狂躁不安，喜怒失常，旬日间便丧失了说话能力。二十三日，武宗在长安大明宫驾崩，终年33岁。八月，葬于端陵，谥"至道昭肃孝"，庙号为"武宗"。

（十）宋徽宗赵佶的"神仙梦"一做到死

徽宗还非常迷信道教，他在藩第时经常翻阅些道教神仙鬼怪的书籍，对神仙的生活十分向往。先是道士郭天信说他将来当有天下，果然不久他就继位；继位之初，他曾因生儿子太少而烦恼，有个茅山老道士刘混康对他说，京城东北角风水太低，只要稍微垫高些，便是多子之象，他照刘老道的话一做，果然不长时间连得数子。从此在他眼里道士简直成了活神仙。他下令道士、女冠的地位在和尚、尼姑之上。政和四年（1114），还在他出生的福宁殿东侧建玉清和阳宫，供奉道教祖师。

当皇帝的一推崇什么，什么就会立刻应运而兴，一些能呼风唤雨、"先知先觉"的"活神仙"先后出场。先是王老志，接下来就是大名鼎鼎的林灵素。徽宗一见林灵素，竟觉着十分面熟，像在哪儿见过的。他把这想法和林灵素一说，林灵素灵机一动，信口胡诌起来："天有九霄，以神霄为最高，其治所叫作府。神霄玉清王乃是上帝的长子，主管南方，号称长生大帝君，后来降生人世，就是陛下。长生大帝君有个弟弟，称作青华帝君，主管东方。还有仙官800余名，如蔡京本是左元仙伯，王黼乃文化使，蔡攸乃园苑宝华使，童贯等人也是仙官成员。我林灵素本是仙卿褚慧，和众仙官一道降临，辅佐陛下求治的，所以才让陛下看了眼熟。"徽宗原是作为人去膜拜神的，这下子自己竟也变成了神仙！连自己宠爱的小刘贵妃据林灵素说也是九华玉真安妃下凡，怎能不喜？遂封林灵素为"通真达灵先生"，厚加赏赐，还把林灵素的老家温州改名为应道军。后来又进封其为"通真达灵玄妙先生",授予中大夫和冲和殿侍晨的官职。

政和六年(1116),徽宗手捧玉册、玉宝来到玉清和阳宫,上玉帝尊号曰"太上开天执符御历含真体道昊天玉皇上帝"。并大赦天下,令各地的所谓洞天福地全都修建宫观,塑造玉帝圣像,又铸神霄九鼎,安放到了上清和阳宫的神霄殿。

政和七年(1117),徽宗执导的崇道之戏演到了高潮。他先和林灵素商量编出了清华帝君白昼显灵于宣和殿、火龙神剑夜间降临内宫的故事,编造出了所谓的帝诰、天书、云篆等物,诏示百官,刻石立碑,以记其事。还集合道士两千余人在上清和阳宫由林灵素讲述帝君显灵的过程。接着定期在上清和阳宫举办大规模的斋醮,谓之"千道会"。

政和七年(1117)四月,徽宗向道箓院发了一道密诏:"册立朕为教主道君皇帝"。于是群臣和道箓院遂遵诏上表册立徽宗为"教主道君皇帝。"蔡京、童贯等朝廷大臣也都兼任了道教官职。就连朝廷要提拔侍从以上的官员,也得先由算卦的道士推算他的一行休咎,然后再正式任命。一时之间,朝野上下,乌烟瘴气,鬼影憧憧,几乎成了道士的世界。

宣和三年(1121)五月,汴京连遭暴雨,积水成灾,城外积水深达10余丈。徽宗很害怕,忙命林灵素前往作法祛邪。林灵素率领道徒在城上刚刚迈开虚步,防汛的民夫竞相举起锹镢押将上去向他猛砸,吓得林灵素屁滚尿流,顾不上呼风唤雨,逃了回来,徽宗见自己装神弄鬼的把戏非但不能服人心,反而惹起民怨,很是不乐。正巧太子赵桓来向他告状,说林灵素横行无礼,路上碰到他连躲都不躲。徽宗一气之下,将林灵素赶回了老家。此后徽宗的佞道活动稍有收敛,但其神仙之梦却做到死才算结束。

(十一)明宪宗朱见深求仙炼丹,荒废朝政

本来在打击了汪直势力之后,满朝文武欢欣鼓舞,宪宗有了一次重振朝纲的机会。但谁知这时的宪宗不仅没有振作,又沉溺于两件事上。一是求道炼丹,以此来延长他的寿命,本来宫中已经有一些祀求仙道的斋坛,他对此仍不满足,经常令人加盖翻新,炼丹也到了着迷的地步,宁肯为此

废寝忘食。再就是与妃嫔耳鬓厮磨，终日沉溺于床笫。太监梁芳见宪宗如此迷恋歪门邪道，就向他推荐了一个僧人，名叫继晓。继晓对房中之术很有研究，不断地对宪宗加以指导，并自制了一些春药，供其使用。宪宗按照继晓所嘱咐行事，很有成效，于是就将继晓留在京城，在西市建了大永昌寺，耗费了白银数十万两。从这往后，六部尚书和九卿科道大臣基本就见不到他的面了，就连内阁大学士，一年当中被召见也是数得过来的几次。

这时的宪宗偶尔还有点兴趣的朝事，是任命官吏。祖制规定，皇帝任命大臣要经过廷推，提升小官要经过吏部铨选，而且各衙门有一定的员额。宪宗不管这些，随意让太监传旨任命人为官，出身资格一概不拘。被任命者大多是江湖术士，和尚、道士、番僧、优伶、工匠。这些官全是不合格的人员，因此被称为"传奉官"，总数多达3000余人。

成化二十年（1484），为了使宪宗能摆脱梁芳、继晓的控制，刑部员外朗林俊满怀愤懑地上疏，要求宪宗把梁芳、继晓正法。宪宗十分恼怒，下令将林俊捕入诏狱。司礼太监怀恩对林俊深表同情，面奏宪宗，请予释放。宪宗大发雷霆，提起桌上的端砚，向怀恩用力掷去，随后拍案大骂道："你竟敢帮助林俊诽谤我啊！"事后，由于怀恩对镇抚司施加压力，镇抚司才没敢对林俊治罪，只是将其降职使用，林俊敢于直言上疏的勇气，极大地鼓舞了朝中的言官，于是，不久因此而引发了又一场上疏行动。

成化二十一年（1485）元旦，宪宗受贺退朝之后，刚刚吃罢午饭，突然晴空炸响霹雳，听后不禁为之悚惧。在一宿心神不安之后，宪宗在早朝上向群臣询问阙失。吏部给事中李俊立即陈言，说了时弊的六个方面，语气极为沉痛。宪宗听后，不禁心有所动，下诏将已封为国师的继晓革职为民，斥罢传奉官500余人。一些给事中、御史见李俊入奏有效，喜出望外，也纷纷上疏。不料，宪宗能够改正一些缺点，并非出于自愿，他对这些疏奏根本就不想批阅，反而对进谏者都耿耿于怀，令吏部尚书尹旻将奏章所署的名字一一记录下来，以后寻找机会一一给以远调或者罢免。

成化二十三年（1487）八月，宪宗染上了重病，并一病不起，很快就结束了自己碌碌无为的一生，死时41岁。

（十二）明世宗朱厚熜服"元性纯红丹"伤命

嘉靖二年（1523），天公不作美，夏季西北大旱，秋季南方大水，反常的气象变化搅得世宗心神不定，寝食不安。这种不安，是因为他过于迷信，认为老天反复无常，大概要有灾难降临。太监崔文瞅准这个谄媚的机会，告诉他修斋建醮祭告上天可以避祸。世宗对这番鬼话深信不移，于是下令在宫中设立醮坛。他亲自选了年轻的太监20人，穿上道服，诵经忏悔，乾清宫、坤宁宫、汉经厂、五花宫、西暖阁等次第建醮，自此皇宫内香花灯烛，日夕不绝，锣钹幢幡，沸沸扬扬，把紫禁城变作了修真道院。当时的内阁首辅杨廷和与吏部尚书乔宇实在看不下去这种闹剧，苦苦劝谏世宗停止建醮，远离僧道，但世宗先是置若罔闻，后是疏远他们，对其他劝阻的职位较低官员则分别给予处罚。在杨廷和等一批重臣被罢免后，世宗崇奉僧道更是肆无忌惮，尤其登位几年后更是一心只想长寿，从此终日礼佛拜道，而将朝政几乎全部搁到一边。

嘉靖三年（1524）冬，世宗听说江西道士邵元节有长生之术，下诏将他召进皇宫，交谈后大加宠信，敕封其为"至一真人"，为他在京城中建了真人府，总领道教。邵元节将宫中原设的斋醮，重新整理了一番，上上下下跟着这个方士，忙得一塌糊涂。

斋醮仪式上，需用写给"天神"的奏章表文，一般为骈俪体，因用朱笔写在青藤纸上，故称为"青词"。世宗把能否写好青词作为衡量文臣学识高下的标准，许多大臣为了取得他的青睐，终日琢磨青词的写法。醮事不断，青词也就花样翻新，满朝之中，形成了攀比撰写青词高下之风。

嘉靖十八年（1539）邵元节病死，世宗这时正在安陆谒墓，听到这一消息，哀恸不已，亲书手谕，派太监及锦衣卫护丧归籍。邵元节死前曾给世宗介绍了方士陶仲文。陶仲文教唆世宗用童女初潮的经血做原料，制作"元性纯红丹"，说服后可以长生不老。世示信以为真，传谕各处的地方官，挑选了300余童女入宫，为制药做准备。在不太长的时间里，陶仲文又赢得了世宗的宠信，平步青云，官至少保、礼部尚书，又兼少傅，食一品俸，总领道教之事，后来，又加封为少师。陶仲文的子孙、徒弟也被大批录用在朝廷做官。

世宗信奉道教，努力尝试各种成仙之术，自我感觉不错，从中获得了极大的乐趣。但他并没有遵循道家"清心寡欲"的教规，而是频频派人到民间挑选淑女数千。进宫的女子兼有供他淫乐和驱使的双重身份，备受欺凌侮辱，于是奋起反抗。嘉靖二十一年（1542）十月二十一日，世宗在端妃处寻欢作乐，过后精神不支，倒头大睡。趁端妃不在的当儿，宫女杨金英招呼了十几个姐妹，一拥而上，一个人用黄绫抹布蒙住世宗的脸，余下的将他捺住。然后，杨金英用绳子系住他的脖子，由两个宫女各执一端，使劲地拉。但杨金英在结绳时误拴成死扣，因此几个宫女勒了半天只是把他勒昏，并没勒死。皇后方氏得到消息带了太监火急赶到，从宫女手中抢出了他。造反的宫女第二天就被处死，端妃曹氏和宁嫔王氏因受牵涉，也在宫中被处死。

宫婢造反给世宗敲了一记警钟，不过他并未觉悟，甚至认为大难不死也是尊崇天神的结果。但从此以后，他再也不敢住在乾清宫，并宣称自己是尘世外的人，郊庙不亲，朝讲尽废，专心奉玄修道，不与任何妃子和宫女见面，也不跟大臣们见面。满朝文武也就是知道有这么一位皇帝罢了。

世宗服食的丹药，有不少是用水银制成的剧毒品，吃下去之后造成的后果十分可怕。世宗的身体本来就不健康，长期的慢性中毒使他四肢麻木，脸上呈暗灰色，走路摇摇晃晃，说话也变得相当困难。大臣们见到他，莫不从内心替他感到担忧，特别是徐阶。为了让方士们有所收敛，徐阶杀掉了自称要向世宗献剧毒丹药的方士蓝田玉，并力劝世宗不要服食水银。世宗对徐阶没有责备，但也没听徐阶的苦劝。嘉靖四十四年（1565）正月，陕西方士王金等人伪造了《诸品仙方》《养老新书》，与炮制的金石药一起献给世宗。这些药成份不明，世宗吃下之后，顿时感到头晕目眩，鼻孔中流出鲜血，很快就不省人事了。经太医的救治，世宗才苏醒过来。此后，他一直卧床不起。嘉靖四十五年（1566）十二月二十四日清晨，世宗突然变得精神饱满，周身不再觉得疼痛。日夜守候在他身边的徐阶感到大事不好，边忙下令将他从西苑搬出，抬回乾清宫。没有多久，世宗就咽了气。

第三部 五百年必有王者兴

孟子说:"五百年必有王者兴。"中国有文字记载的历史3000多年,在3000多年的历史长河里,不乏励精图治而兴旺的王朝,也不乏荒废政务而灭亡的王朝。下边简述的10个王朝兴衰和成败过程,只不过是这个长河里的几朵浪花。从这几朵浪花里我们可以看到,没有无缘无故的兴,也没有无缘无故的衰,兴旺有源,衰败有因,并且兴衰之原因大致相类相仿,大同小异,"民之所欲,天必从之"。《太誓》这一现象形成了一个时隐时现的周期率。这个周期率的时间虽不是固定的,但却是有规律的涌涌暗流。它以不同的表现形式主宰着每个王朝的命运。

一、夏是禹开创的中国第一个王朝

170万年以前中华大地出现了我国最早的人类,经过漫长的发展过程,到前21世纪的时候,我们的祖先酝酿了一场脱离蒙昧、进入文明的历史大变革。

当时,我国大地上分布着几个著名的部落联盟,黄河流域有炎帝部落联盟和黄帝部落联盟,南方有三苗部落联盟,东方淮河流域有少嗥——蚩尤部落联盟。这几个部落联盟发展水平大致相当,彼此之间

大禹

进行着激烈的经济竞争和军事斗争。据传先后发生过三次大的战争:第一

次是炎帝部落联盟成员共工氏与少嗥——蚩尤部落联盟成员的战争，以蚩尤胜利告终；第二次是黄帝部落联盟与蚩尤部落联盟战于涿鹿，以黄帝部落联盟胜利告终；第三次黄帝部落联盟与炎帝部落联盟的阪泉之战，以黄帝部落联盟胜利而告终。

就在这几个部落联盟，相持不下的时候，也就是尧舜时期，黄河流域发生了一场罕见的大洪水，据《孟子·滕文公》记载，时"洪水横流，氾滥天下。草木畅茂，禽兽繁殖，五谷不登，禽兽逼人，兽蹄鸟迹之道交于中国"，致使黄河流域"民无所定，下者为巢，上者为营窟"。涛天的洪水给黄河流域的人民带来了严重的灾难，他们的耕地变成汪洋或荒地，无以为生，他们的房屋倒塌，无以御暑寒。面对严重的水患，部落联盟首领尧召开部落首领"四岳"会议，选派治理洪水的负责人。众部落首领，决定由雄踞黄河南崖嵩山下的崇部落首领鲧负责治理洪水。鲧的观念狭隘，只考虑一时一地的效果，雍防百川，堕高堙卑，以邻为壑，结果治水"九年而水不息，功用不成"，被流放到羽山。

鲧治水失败后，尧的后继者舜经过多方考察，认为鲧的儿子禹与鲧不同，他既有治水的经验，又有宽阔的胸怀，于是"舜举鲧子禹，而使续鲧之业"。禹接受治水重任之后，认真总结了其父失败的教训，觉悟到以前所用的办法不合乎根治洪水的要求，只有大规模的疏导，使水道畅通，才是根本的办法。在这个治水方针的指导下，禹带领黄河流域各部落的人民"疏九河，瀹济、漯而注诸海，决汝、泗汉，排淮、泗而注之江"。经过13年的努力，治服了洪水，"鸟兽之害人者消，然后人得平土而居之"，"中国可得食也"。

禹在治水过程中，表现出极为高尚的品质。首先，禹的治水方针打破了陕隘的氏族、部落以及部落联盟的界限，以治水大局为重，联合所有遭受水害的人民，进行综合治理。《墨子·廉爱》记载：禹治水时，"凿龙门，以利燕代胡、貊与西河之民。东分漏之陆，防孟诸之泽，洒为九浍以楗东土之水，以利冀州之民"。南为"汉、淮、汝，东流之注五湖之处，以利荆楚，干、越南夷之民"。在禹治水时期，社会组织的基本单位是氏族，最大的单位是部落联盟，血缘关系是人际间的最主要关系。禹能超越氏族，部落、部落联盟和血缘关系，不以它们为限制，以根治洪水为己任,这在当时确实是难能可贵的。因为这需要有对历史发展客观而深刻认识和巨大勇气。但这一代表社会发展方向的治水活动,遭到三苗和共工氏的强烈反对,禹毅然带兵讨伐了这批顽固势力,从而避免了重蹈鲧治水失败的覆辙。禹的父亲鲧治水九年不能成功,很大程度上是因为冲不破氏族、部落和部落联盟的限制,没有一个通观全局、根治洪水的正确方针。

其次,禹廉洁奉公,勤于治水事业。为了集中人力、物力治水,禹带头节衣缩食,《论语·泰伯》说:"禹非饮食而致孝乎鬼神,恶衣服而致美乎黻冕,卑宫室而尽力乎沟洫。"由于历史条件的制约,禹时期敬鬼神、祭祖先是非常重要的事情,尽管用现代人的观点来看两者都是迷信,但在当时确能起到一种组织大家同心协力治水的作用。因此,"致孝乎鬼神"和"致美乎黻冕"都应视为一种正当的行为。禹在外治水13年,没有回过家,甚至有三次从家门过也没有进家门。这也是历史常说的"三过其门而不入"。在治水的艰苦的劳动中,禹总是手执工具干在最前面。长年劳动把他腿上的汗毛都磨掉了。《韩非子·五蠹》记载,禹"身执耒锸以为民先,股无胈,而胫不生毛,虽臣虏之劳不苦于此"。在禹治水时期,阶级分化已相当严重,禹本人不但是部落联盟的首领,而且应该是一个拥有包括奴隶等大量财产在内的贵族,完全可以过着富裕而不参加或少参加劳动的生活,但他为了治水,为了受水患危害的人民,不辞艰辛,公而忘私。禹在治水过程中表现出来的崇高品质,是当时社会先进意识与传统美德的结晶。

前21世纪夏王朝建立之前,社会生产力和社会关系都有了新的发展和变化。耜耕农业亦进一步发展,以轮制陶器为代表的手工业生产技术不断提高,冶铜业的出现、农业和手工业的分离、交换关系的扩大,等等,使社会财富增加,出现了私有财产和贫富分化。贫富分化的加剧和私有财产的发展,社会上就出现了最初的阶级,并使社会分化越来越深刻。与此相应,原始的血缘关系日益淡薄,地域关系和阶级关系渐占上风,以血缘关系为纽带的氏族制度已成为社会继续发展的障碍,社会需要一种超越氏族血缘关系的制度来保证社会的继续发展。在这种背景下,禹勇敢地站在了时代的前列,不受氏族制度的束缚,代表整个黄河流域的人民,担负起根治洪水的历史重任。禹的这种反映时代要求的先进意识,是他取得治水成功的根本原因。

禹作为一个部落联盟首领和一个氏族贵族，依然保持着无私、公正、刚毅和勇敢的传统美德，能够在治水的艰苦劳动中身先士卒，"以民为先"。虽然由于生产力和社会关系的变化，当时的社会观念也会有一些变化，但传统的美德仍受到人们的称颂。禹为政作风赢得了民心，受到了爱戴，是他治水成功的重要原因。

禹的功绩不仅仅是治水，他在治水过程中还做了许多有利于历史发展的重要事情，成为开中华文明的第一人。

第一是兴修水利发展农业生产。在排洪水的同时，禹因势利导，致力于田间灌溉渠道的修建，减少旱涝灾害，以利于农作物的良好生长。正如《楚辞·天问》所说："咸播秬黍，莆灌是营。"后人王逸注释这句话说："言禹平治水土，万民皆得耕种黑黍于灌蒲之地，尽为良田也。"农业生产的发展，不仅推动我国原始农业进了一个新的阶段，而且还为夏王朝的最终诞生创造了经济条件。

第二是手工业生产，使手工业成为一个独立的部门。由于社会生产和治水需要，据文献记载，禹时期的手工业有了长足的发展。如"禹穴之时，以铜为兵"，"禹收九牧之金，铸九鼎"，"禹以历山之金铸币"。手工业的发展不仅有利于治水和农业的发展，而且急剧地瓦解着原始的氏族血缘关系，从而为夏王朝的最终诞生注射了一支催生剂。

第三是征三苗。居于南方的三苗部落联盟自恃强大，对禹治水采取不合作态度，也就是《尚书·益稷》所说的"苗顽弗即工"。在这种情况下，禹不得不动用武力，联合其他部落联盟讨伐三苗。征伐三苗是为了治水，但在客观上却有利于打破旧的氏族制度和导致血缘关系的松弛。

第四是把当时的中国"画为九州"。禹在治水过程中，鉴于地区间的各种联系不断加强，血缘关系日益松弛，就根据地理形势和经济文化的同异，把他所了解的全部土地划为九个行政区域，也就是文献记载的："茫茫禹迹，画为九州，经启九道。"禹画九州是中国古代一件意义重大的事情，它标志着人们的社会实践活动范围已突破了以血缘关系为基础的氏族、部落界限，开始以地域来划分全体居民。按地域划分居民是国家和氏族制度的重要区别之一，是国家形成的重要标志。

第五是加速国家权力的建设。在治水中，由于涉及范围广泛，工程浩大，必须联合其他部落或部落联盟来共同完成，原来的氏族，部落以及部落联盟等社会管理机构过于狭窄，难以适应新的需要，客观上要有一个凌驾于整个社会之上、适应新形势需要的公共权力机构——国家。在这种情况下，禹对原来的氏族，部落以及部落联盟管理机构进行了改革和发展，设立了六卿三正，作为禹的左右大臣，辅佐他掌握九州的最高军事权力、经济权力和行政权力。恩格斯认为，"公共权力的设立"是国家和氏族制度不同的第二个要点（《马克思恩格斯选集》第四卷第167页）。

第六是"任土作贡"。为了治水的需要和夏王朝的财政开支，增加各地区之间的经济联系，禹制定了赋税制度。《尚书·禹贡》记载："禹别九州，随山浚川，任土作贡。"各个地区每年都要按有关规定交纳一定的贡赋。这里的"贡"实质上就是税收，而税收则是"以前氏族社会完全没有的"（《马克斯恩格斯选集》第四卷167页）。

第七是联合诸侯于涂山。禹的治水功绩和他在治水中表现出来的崇高品质极大地提高了他的威信。同时，治水实践活动又加强了各氏族、部落以及部落联盟之间的关系，逐步形成以华夏族为中心，包括各兄弟民族的聚合，画九州，任土作贡，设公共权力机构等使国家产生的条件已经具备。在这个基础上，"禹合诸侯于涂出，执玉帛者万国"（《左传·哀公七年》）。夷夏诸部的邦国首领完全臣服于禹，至此禹顺应历史潮流成为中国历史上的第一个王朝的开国之君。

作为中国古代的治水英雄，夏王朝的开国之君和开创中华文明的失祖，禹因其崇高品质，数千年来倍受人民赞颂。前人虽不懂历史唯物主义，可是他们尊重历史事实，对禹的评价和赞颂是中肯的。百万余年劳动人民伟大的实践为夏王朝建立、中华文明诞生提供了基本条件，而禹的崇高品行则是他成功的主观因素。禹的父亲鲧的治水活动与禹的治水活动仅相差十几年，具有大致相同的社会背景，鲧之所以失败，禹之所以成功，恐怕在很大程度上来自两人品质的差异。《国语·周语下》说："有崇伯鲧，播其淫心。"这里"淫"字意为邪恶。简单一句话足以见鲧父子在品质方面的天壤之别。禹的崇高品质在客观条件已定的前提下，是具有决定意义的。从这个意义上说，禹以克己奉公开中华文明是恰当的。

前21世纪禹建立夏王朝时，条件非常困难，最严重的是夏王朝处于各种保守势力的包围中。夏初前几十年经历了太康失国和少康复国的复杂斗争，少康以后夏王朝才逐渐巩固下来。遗憾的是经过400余年的发展，在奴隶制度进一步发展的时候，夏王朝灭亡了。这一历史悲剧是由夏王朝统治集团，特别是最后一个国王桀的为政作风造成的。夏王朝的第十二王孔甲"好方鬼神，事淫乱"（《史记·夏本纪》）。夏桀"不务德，而武伤百姓，百姓弗堪"（《史记·夏本纪》）。关于桀的荒淫无道，文献多有记载，例如《竹书纪年》说："夏桀作倾宫，瑶台，殚百姓之财。""夏桀之时，为长夜宫于深谷之中，男妇杂处，十旬不出听政。"桀的胡作非为，失去了民心，激起了愤恨，人民喊出"时日曷丧，予及汝皆亡"（《尚书·汤誓》）的口号，诅咒夏桀何日灭亡，大家宁愿与他同归于尽。在外部，周围诸部族各国分离叛乱，如"诸侯昆吾氏为乱"（《史记·殷本纪》），"有缗判之"（《左传·昭公四年》）。在这种内交外困的情况下，前16世纪商汤起兵伐夏，鸣条（今河南封丘东）一战，夏桀惨败；禹以开明政治开创的夏王朝经过400余年的发展，在客观条件好转，奴隶制勃勃发展的时候，毁于荒淫无道的夏王朝后期统治集团之手，确实是一个沉痛的历史教训。

二、商王朝的亡国之因

前16世纪鸣条一战，商汤灭了夏桀，建立了商王朝，在商王朝统治的600年中，奴隶制度取得了较大的发展。农业生产发展到相当高的水平，成为当时具有决定性的生产部门。手工业的发展比农业更为突出，青铜器铸造技术的规模之大、技术水平之高、分工之细为当时世界所罕见。在生产发展的基础上，科学文化也有了较大的进步，如商代的甲骨文有单字4000多字，具备了汉字的基本结构和较严密完整的语修辞。商王朝的国家机器远比夏王朝严密复杂，中央有商王，辅佐商王的师尹或冢宰，地位稍次的有司徒、司马、司空、司寇等卿士，下有多尹、百僚、小臣、多宰等官吏。商王朝的军队庞大，常备军有左、中、右三师，遇有战事还常征发临时性军队。商王朝的统治区域远远超过夏，整个兖豫大平原是商王朝统治的中心地带；中心地带之外，西起关中，东到山东沿海，南起淮上，北到河北是商王朝统治的基本地区。商王朝的政治势力和文化影响则更为广阔，西到陕西、山西，南到湘赣、汉中，北到辽西。总而言之，商代的发展水平和国力，超过夏代，强于周边各邦国，不亚于当时世界上其他国家。但是，这样一个先进强大的王朝，却在前11世纪被兴起于陕西的小邦国周给灭掉了。

前11世纪，周武王率戎车300乘，虎贲3000，甲士4 5000，及庸、蜀、羌、微、卢、彭、濮等部

商王朝奴隶起义

落组成的军队，从今河南孟津渡黄河，直捣朝歌（今河南淇县），在牧野（今河南卫辉）与商纣王的军队展开了决战。《史记·周本纪》记载："帝纣闻武王来，亦发兵七十万人距武王。武王使倘父与百夫致师，以大卒驰帝纣师。纣师虽众，皆无战之心，心欲武王亟入。纣师皆倒兵以战，以开武王。武王驰之，纣兵崩畔纣。纣走，反入登于鹿台之上，蒙衣其殊玉，自燔于火而死。"牧野之战，前徒倒戈，赫赫的"大邑商"亡于一个小邦国，这确实是一个耐人寻味的问题。就制度而言，商王朝后期，中国的奴隶制度仍然处于上升发展时期，显然不能从奴隶制度本身寻找答案；就力量对比而言，商的国力强于周，显然也不能从这个方面得到令人信服的回答。商王朝灭亡的原因，在于商王朝统治集团的为政作风。

奴隶制度是一种非常野蛮的制度。奴隶主视奴隶为一种会说话的工具和财产，对奴隶有生杀予夺、买卖转让的权力，但是，在正常的情况下，因为奴隶是奴隶主的财产，他们是不愿轻易杀害的，只是尽最大的可能性来榨取奴隶的膏血。与正常情况相比较，商代的实际情况却有些异常。《礼记·表记》总结商王朝统治集团的政治思想时说："殷人尊神，率民以事神，先鬼而后礼，先罚而后赏，尊而不亲。"在这种思想指导下，商王朝奉行了一套极其残暴的统治政策。

商王朝为了讨得鬼神的保佑与欢心，大量杀害奴隶来作为敬事鬼神的牺牲。商王朝杀害奴隶的名目繁多，例如，奴隶主贵族祭祖先和神灵时，要杀害奴隶作人祭，最多时达数百人。在安阳小屯宗庙宫寝遗址南部的一座祭坛上及周围，发现了许多个以人、畜为牺牲的遗迹。奴隶主要贵族建筑宗庙时要杀害奴隶祭奠和祭祀。在安阳小屯的一座宗庙内部及周围，发现了600多个被杀害的奴隶，其中包括儿童。奴隶主贵族死后下葬时，要杀害奴隶作为殉葬。在安阳侯家庄西北岗的王陵中及其周围，发现150多个被作为人殉的奴隶。上行下效，杀害奴隶作为牺牲并不只局限于商的都城北蒙。殷墟之外各地都有奴隶主杀害奴隶为人祭人殉的风气，今郑州、辉县、洛阳、芮城、平谷，以及江苏省各地发现的商代墓葬，都有殉葬或祭祀的奴隶。商王朝的奴隶主贵族杀害奴隶的方法多种多样：有俎（在特制的架子上砍头）、伐（砍头）、姣（火焚）、沉（水溺）、陷（活埋），等等，其残忍程度无能与之相比。

王朝的残暴统治还表现在它的刑罚方面。《左传·昭公六年》记载："商有乱政，而作汤弄。"由于资料有限，汤刑在夏代已不得而知，但根据文献和考古中的少许资料可知，汤刑在夏代禹刑的基础上趋于严密完备。例如："殷之法，弃灰于公道者斩其手。"（《韩非子·内储说》）到商五朝后期，设置了更残酷的炮烙和醢脯之刑。《史记·殷本纪》记载："百姓怨望而诸侯有畔者，于是乃重刑辟，有炮烙之法。……而醢九侯。……并脯鄂侯。"炮烙是把铜柱烧红，涂上膏油，令人在铜柱上行走；醢是把人杀死后，乱刀剁成肉酱；脯是把人杀以后尸体砍碎，晒成肉干。

商王朝统治者的残暴统治带来了两个非常严重的社会后果：

第一个是直接破坏了社会生产力。社会生产力由生产工具、户品成，而人是生产力的首要因素。商代贵族大规模屠杀奴隶，不但使奴隶的数量减少，而且会使活的奴隶产生强烈的反抗情绪。商代的青铜制造技术高度发达，但在考古发掘中却一直没有发现过使用非常广泛的青铜工具，实际生产中，以石器、蚌器、骨器为主。有学者推断，这是因为奴隶反抗情绪强烈，经常以破坏生产工具为反抗手段。

第二个是激起了奴隶和平民的强烈反抗。商王朝建立以来，奴隶反抗残暴统治的斗争一直没有中断过。奴隶逃亡是当时奴隶反抗斗争的主要形式之一。甲骨文中屡见卜问奴隶逃亡的记录。据甲骨文记载，武丁时期王室奴隶大批逃亡，武丁亲自带兵追捕，为此事做了两次占卜，预言三天就能抓回来。但由于奴隶的强烈反抗，用了半个月时间才把这批逃亡奴隶抓回来。牧野之战，前徒倒戈，实质上也是一次大规模的起义。

商代早中期，商王朝的最高统治者重视政权组织建设，任人唯贤，这种用人政策，对商早中期的发展起到了积极作用。

商王朝的开国之君汤与有莘氏通婚，陪嫁来一个叫伊尹的男奴隶，伊尹来到商后纪"负鼎俎，以滋味说汤，致于王道"（《史记·殷本纪》）。意思即伊尹带着鼎和俎这种最常用的炊具，借论烹调的道理与汤谈论政治上如何成功。汤发现伊尹是一位难得的政治家，就毅然"举任以国政"（《史记·殷本纪》），擢他为右相。在灭夏的过程中，许多决策都来自伊尹。灭夏之后很长一段时间，伊尹作为一个决策者，对商王朝的巩固作出了很大贡献。汤的长孙太甲即王位后"不明，暴虐，不遵汤法，乱德"（《史记·殷本纪》），使社会矛盾尖锐，为了商王朝的巩固，伊尹把太甲流放到桐宫（今河南虞城东北）自己代理国政。三年之后，太甲"悔过自责，反善"（《史记·殷本纪》），伊尹迎太甲回朝，还政于他。此后"帝太甲修德，诸侯咸归殷，百姓以宁"（《史记·殷本纪》）。太甲之后，商王朝时盛时衰，商的第二十国君盘庚为了摆脱困境，从奄（山东曲阜）迁都于殷（今河南安阳）。盘庚又三传到武丁。武丁继位后，决心重振商王朝的国威，但苦于无贤良相佐，他"三年不言，政事决定于冢宰。以观国风"（《史记·殷本纪》）。后来他从土木建造工人中发现了傅说，就举以为相。傅说来自民间，贤而有才且又了解国情民情。武丁在傅说的辅佐下，"修改行德，殷道复兴"（《史记·殷本纪》）。商汤善于用人，使商以一个小邦国家，灭了赫赫的夏，并把胜利成果迅速巩固下来；使殷从衰败中振兴。

与汤、武丁相反，商的最后一个国君纣，任用邪佞人，加速了商王朝的灭亡。《尚书·牧誓》记载：纣"乃惟四方之多罪逋逃，是崇是长，是信是使，是以为大夫卿士，俾暴虐于百姓，以奸宄于商邑"。这是说纣广罗天下渣滓，封官加爵，委以重任，纵容他们为非作歹于商王朝的内外。纣重用善阿谀奉承、好利小人费中，使殷统治集团产生了裂痕。而后又重用善进谗言的恶来，使诸侯方国与商日益疏远。纣在邪佞人的包围和支持下，淫乱不止，打击贤良。纣的庶兄微子数次向纣进谏无效，被迫出走；纣的叔父太师箕子劝谏纣改弦易章，纣非但不听，反把他囚禁起来；纣的另一位叔父少师比干以死相谏，"纣怒曰：'吾闻圣人心有七窍。'剖比干，观其心"（《史记·殷本纪》）。

　　纣与商汤、武丁相反的用人政策，带来了截然相反的效果。看到了纣如此打击贤良，重用奸恶之人，不少贵族官吏"持其祭器、乐器奔周、周武王于是率诸侯伐纣"（《史记·殷本纪》）。

　　在商代农业生产发展的基础上，酿酒业发达，饮酒风特盛，出土的商代青铜器，酒器占有很大的比重，其酒器种类繁多，居世界之首。常见的酒器有尊、爵、角、觚、觯、觥、壶等。《尚书·酒诰》说商中后期统治集团"庶群自酒，腥闻在上"，大盂鼎铭文也说："惟殷边侯甸雩殷正百辟，率肆于酒。"到商王纣的统治时期，嗜酒达到疯狂的程度，他率领群臣玩戏于沙丘，以酒为池，悬肉为林，使男女裸身相逐其间，"为长夜之饮"（《史记·殷本纪》）。正常的饮酒，无可非议，但像商王朝统治集团这样的饮酒，必然带来严重的恶果。

　　商王朝后朝，统治集团的奢侈荒淫远不止嗜酒一个方面。商的第二十八王武乙别出心裁用土木做成天神的样子，进行侮辱性杀戮。又用皮囊盛动物血，用弓箭射之，说是射天。纣时，淫乐达到了登峰造极。他令人"作新淫声，北里之舞，靡靡之乐，厚赋税以实鹿台之钱，而盈钜桥之粟。益收狗马奇物，充牣宫室。益广沙丘苑台，多取野兽鸟置其中"（《史记·殷本纪》）。

　　商王朝统治集团醉心于淫乐，荒疏了国家政务。"国之大事，在祀与戎。"当时，祭祀是国家政治活动的重要部分，但他们却"慢于鬼神"（《史记·殷本纪》），"昏弃厥祀"（《尚书·牧誓》），视祭祀为累赘，弃而不举行或敷衍了事，对祭祀尚且如此，其他政事就更不用说了。

商统治集团的无度荒淫，耗费了大量的人力、物力，严重地侵蚀了统治集团的肌体，使其迅速地糜烂下去。商王朝统治集团的残暴统治加剧了当时的阶级矛盾；后期的用人政策带来了政治上的失误，从而消弱了统治阶级的力量；后期醉心于淫乐的为政作风，使统治集团腐烂，国内统治秩序混乱，从多方面消弱了国力。商王朝后期，社会动荡不安，一片混乱。《诗经·大雅·荡》记载当时的社会状况说："咨汝殷商，如蜩如螗，如沸如羹。大小近丧，人尚利由行。覃及鬼方。"这段话非常形象地描写了当时的社会状况，说社会的不满声音像群蝉齐鸣一样震耳欲聋；整个社会像沸腾的汤一样上下翻滚不止；大大小小的官僚逃的逃，藏的藏；暂时仍在职位的官僚不遵循礼法，肆意胡作非为；国内的人民奋起反抗，拼死斗争；以鬼方为代表的少数民族深受殷商暴虐之苦，也要挺身而起。由商统治集团自身所作所为造成的这种局势，"使它走上了悬崖，外力只要轻轻一击，即刻就会坠崖身亡。如此的暴虐，如此的腐化，在任何时候，任何地方都是必然要灭亡的。因而也可以说，牧野之战，前徒倒戈是必然的，它的根本原因在于商统治集团的自身，而不在于周族"。

三、西周的兴与衰

前 11 世纪周在牧野之战中一举灭了"大邑商"。对于周来说，这固然是一个空前的伟大胜利，但同时却又提出了一个尖锐的、必须立刻解决的问题——偏居于陕西、落后于商的周如何统治从没统治过的广土众民。这个问题确实太尖锐了，致使一代名君、灭商的英雄周武王发"征九牧之君，以望商邑"（《史记·周本纪》），与其臣僚商讨新的统治策略。回到周后，武王"日夜不寐"，周公关切地问他为什么失眠，武王坦率地说："我未定天保，何暇寐。"（《史记·周本纪》）灭商后二年正在加紧新政权建设时，武王不幸病逝，武王的儿子成王继位，但成王年幼不能亲政，由周公代理成王处理政务。这样，建设和巩固新政权的任务就落在以周公为代表的统治集团身上。周公是一位品质高尚而又有雄才大略的政治家。据《尚书大传》，周王摄政六年中，"一年救乱，二年克殷，三年践奄，四年建侯卫，五年营成周，六年制礼乐，七年还政于成王"。周公摄政六年，精心治国，完成了巩固政权的任务。与此同时，周公鉴于周统治集团的长远利益，锐意于治国经验的总结和思想建设，形成了一套完整的行之有效的治国思想，并在西周早中期的治国实践中得到了切实奉行。

殷人迷信上帝、鬼神，相信天命。商王处理政务，事无巨细，均要占卜。在周文王灭黎国之后，祖伊感到有亡国的危险，问纣怎么办，纣回答说："呜呼！我生不有命在天。"（《尚书·西伯戡黎》）纣相信，他的权力是上帝授予的，有鬼神相佐，周文王是无可奈何的。事实的结果却相反，牧野一战纣兵败身亡。这个事实，教育了周公和其他老臣，使他们明白天命是靠不住的。周公说："天降丧于殷，殷既坠厥命，我有周既受，我不敢知厥基永孚于休。若天棐忱，我亦不敢知曰其终出于不祥。"（《尚书·君奭》）周公这段话的大意是，上天降临丧国之祸于殷王朝，殷王朝失去了天命，而我周接而受之。但是我不敢说周受了天命天就会永远保佑我们。即使非常虔诚地顺应天命，也不敢肯定最终不会出现不祥。一句话，周公相信天命，但不能保证天命永远在周。

在殷人眼中，天命与人事无关，但西周早中期统治集团不这样认为，他们对天命作了新的解释，认为"天聪自我民聪，天明畏自我民明畏"（《尚书·皋陶谟》），"天视自我民视，天听自我民听"（《尚书·泰誓》），"民之所欲，天必从之"（《尚书·泰誓》）。这些话概括起来就是天命与人意一致，天命反映着人们的好恶。

既然天命和人事是一致的，就要保民。西周早期统治集团曾不厌其烦地强调保民问题。西周早期统治集团提出保民思想是有目的的。周公说："惟日欲至于万年，惟王子子孙孙永保民。"（《尚书·梓材》）这句话表明保民仅一种统治策略，其最终目的是为了得到上天的青睐，天命永在周，王位世代相传，以至于万年。

基于上述看法，周初统治集团把它的重心转移到了人事和政事方面，提出了敬德慎罚，勤于政事的要求。

周初统治集团提出"人无于水监，当于民监"（《尚书·酒诰》）。监就是鉴。这句话的意思是说，周统治集团不能用水鉴，而应当以人民为自己的镜子，检验统治的好坏。同时，西周早期的统治集团十分重视以史为鉴。《尚书·召诰》记载周公说："我不可不鉴于有夏，亦不可不鉴于有殷。"意思就是，周不能不吸取夏商灭亡的沉痛教训。夏商灭亡的教训是什么？就是不管被统治者的反映如何，顽固地迷信天命，肆虐于百姓。因此，在调整了传统的天命观之后以民为鉴和以史为鉴内容是要明德慎罚。

《尚书·召诰》以为，夏商灭亡的主要原因是"惟不敬厥德，乃早坠厥命"。这是说，夏商不重视统治集团本身的德行，才导致其早早地就失去了天命，落了个家破国亡。因此应该"肆惟王其疾敬德，王其德之用，祈永天命"（《尚书·召诰》），说的非常明白，重视德行是国君的当务之急，只有讲究德行，才能祈求得到天命常在周。周初统治集团所倡导的明德不是一句空话，其内容包括以下几方面：

第一，重视思想道德教育。《尚书·无逸》："古之人犹胥训告，胥保惠，胥教诲，民无或胥诗张为幻。"训诰和教诲的意思都是教育，也就是说，古代人相互友好、互相教育，下民无弄虚作假、相互欺诈的风气。所以国君要学习古代人，以一般人都应遵守的思想道德规范"民彝"教育人民。"其惟王勿以小民淫用非彝"（《尚书·召诰》）指的就是此。

"民彝"的主要内容是孝友。孝指孝顺父母；友指讲兄弟之间要相互尊重，和睦相处。《尚书》之《周书》和《诗经》都经常谈到孝友问题。《尚书·酒诰》说："妹土，嗣尔股肱，纯其艺黍稷，奔走事其厥考厥长。肇牵车牛，远服贾用，孝养厥父母。"这一条是周公教诲康叔的话，妹土指殷邦，胫骨肱指殷人，意思是要求康叔教导殷遗民，或是耕种，或是商贩，都要养活服侍父母。对于那些不孝不友者，要"刑兹无赦"（《尚书·康诰》）。《诗经·大雅·下武》说："永言孝思，孝思惟则。"其意思是，要永远讲孝，孝是非常重要的法则。

周初统治集团注重孝友，有两个用意：一是"惟孝惟忠"（《尚书·蔡仲之命》），即孝是忠的基础，一个人在家能孝顺父母，友于兄弟，肯定会忠于国君；一是不忘祖先功德和作风，勤于政事，处理好相互关系。

第二，谨慎刑罚。周灭商之后，在夏《禹刑》和商《汤刑》的基础上，制定了更为完备的《九刑》。《九刑》的内容主要是严厉惩治贼、盗等危害国家的行为。所用的刑罚有墨（脸上刺字涂墨）、劓（割鼻）、宫（男子去势、女子禁锢）、大辟（斩首）、鞭（鞭打）、流（流放）、赎（用钱赎罪）等。关于犯什么样的罪处以什么样的刑罚的条款有 3000 条。

为了维护法律的严肃性，避免重演殷商后期滥用刑罚的历史悲剧，周初统治集团特别强调谨慎刑，提出"其刑其罚，其审克之"（《尚书·吕刑》）和"上刑适轻下服，下刑适轻上服"（《尚书·吕刑》）。前者是说或刑或罚，必须把事实核实清楚；后者是说判刑要适当，判的重者要据事实适当减轻，轻者要依据事实适当加重。总之，一定要实事求是，认真谨慎。在这种精神支配下，制定了"三赦""三宥"。"三赦"是年幼无知、年过 80 和白痴者杀了人，可以得到法律的赦免；"三宥"是认错了对象而杀伤人者、过失而杀伤人者和精神病患者杀人者，可以得到法律的宽大处理。

在周初的法制中还体现教育精神，针对罪犯的具体情况规定了相应的教育方法。例如，对判了徒刑的罪犯"代之以事，而收教之。能改者，上罪三年而舍，中罪二年而舍，下罪一年而舍"（《周礼·秋官》）。这段话的意思是，罪犯关到监狱后给予一定的工作，看其有无悔改的表现。如果有悔改之意，重罪者只需要服三年徒刑，中罪者只需服二年的徒刑，小罪者只需服一年的徒刑。对于那些受过五刑处罚的罪犯，仍然要给他们生活出路，如："墨者使守门，劓者使守关，宫者使守内，刖者使守囿。"（《周礼·秋官》）周公曾告诫成王说："乱罚无罪、杀"无辜，怨有同，是丛于厥身。"（《尚书·无逸》）周公的头脑非常清醒，他认识到，乱杀滥罚无罪者，会遭到所有人的怨恨，并有可能把怨恨集中到国君的身上。周公很留心于这个问题，他在致政于成王时曾用正反两方面的经验教训来教导成王。周公说商王祖甲以后，诸王"生则逸不知稼穑之艰难，不闻小人之劳，惟耽乐之从。自时厥后，亦罔克寿！或七八年，或五六年，或三四年"（《尚书·无逸》）。这个教训确实触目惊心，祖甲以后诸商王，由于追求享乐安逸，不了解农耕的艰难和一般劳动人民的辛苦、没有一个能知寿善终，在位时间长者不过 10 年，短者仅三四年。正面的经验，周公抬出了周文王，他说："文王卑服，即康功田功，……自朝至于日中昃，不遑暇食，用咸和万民。文王不敢盘于游田，以庶邦惟正之供。文王受命惟中身，厥享国五十年。"（《尚书·无逸》）与祖甲以后的诸商王相反，周文王关心农事，自早忙到晚，甚至无吃顿饭的功夫。为的是治理好万民。他从不敢动用诸邦献来的贡赋，供自己狩猎游乐之用。尽管文王中年受命继位，他仍能为君50年。根据正反两面的经验教训，周公郑重地叮咛成王："继自今嗣王，则无淫无观、于逸、于游、于田，以万民惟正之供。"(《尚书·无逸》)这段话不仅仅是说给成王的，而且还要求成王把它传给以后的国君。不要他们浪费征来的贡赋，供自己过分的游观、狩猎等享乐的挥霍，而应该像文王那样为政勤勉。

商王纣的庶兄微子启认为"沉酗于酒，用乱败厥德于下"(《尚书·微子》)。周公对此也有同感，对饮酒酗酒深恶痛绝。在分封康叔时，周公专作《酒诰》一篇，说商统治集团以酗酒为务，内失民心，外丧诸侯，所以"天降丧于殷"(《尚书·酒诰》)。周文王教育各级贵族和官吏，不要经常喝酒，即使为祭祀的需要不得不饮酒，也一定要作到"将无醉"。在这个基础上提出了酒禁，如若周人敢聚众饮酒，要"尽执拘以归于周，予其杀"(《尚书·酒诰》)。如若殷遗民敢酗酒，因其直接受商酗酒之风的影响，则需要"教之"。周公之所以如此看重饮酒问题，是以此为开端，彻底涤荡商统治集团遗留下来的腐败的为政之风。

西周早期统治阶级的为政思想概括起来说，基础是敬天保民，具体办法是敬德慎罚，勿贪图享乐安逸，商统治集团十分迷信天命，把国家兴亡视为与人事全然无关，因而统治集团肆无忌惮，荒于民事政务，沉湎于酒色淫乐，西周早期统治集团认为天命靡常，天命与民事直接联系，因此就要设法保民，保民的办法是认真处理政事，勤勉治民治国。这种敬天保民的思想成为西周为政思想的基础。西周早期的国土国民绝大部分都曾是商土商民，商后期的社会风气、为政作风并不会因商王朝的灭亡戛然而止。针对商后朝以及西周早期的情况，西周早期统治集团就把为政作风的重心放到敬德慎罚、勿图安逸上面。敬德首先是要鼓励统治集团重视自身的对下民的思想教育，希望所有的人都要加强对自身的约束。单就统治集团而言，这种约束是要在家孝于父母、友于兄弟，在国忠于国君、勤于政事。谨慎刑罚也是敬德的一方面。如果从为政作风这个角度看谨慎刑罚就是不徇私情，秉公执法，勤勉于政事的体现。因为只有不徇私情，秉公执法、勤勉于政事才能做到慎罚，勿贪图安逸本身就是一个为政作风的问题，它直接要求统治集团要廉洁勤勉，像周文王那样把全部生命都投入治国大业之中。

西周早期统治集团强调为政作风,注重为政作风的建设,使得西周早期社会环境比较安定。《史记·周本纪》记载:"成康之际,天下安宁,刑错四十余年不用。"这种说法肯定含有溢美之辞,但总是有一些根据的,史学家司马迁不会凭空而论。良好的为政作风不但带来了安定的社会环境,而且还促进了西周早期社会生产力的发展,使西周社会生产力的水平很快赶上,并超过了商,从而为从根本上巩固和发展西周政权提供了有力的条件。

由于时代的局限和历史局限,西周早期统治集团所倡导的为政作风很快被他们的后代所遗忘。西周中期周厉王重用好利小人荣夷公,"行暴虐侈傲"(《史记·周本纪》),使"民不堪命"结果引起国人暴动,周厉王出逃于彘(山西霍州)。西周后期周幽王宠褒姒,视政务为儿戏,屡次点燃烽火讨褒姒的欢笑,结果失信于诸侯,在犬戎攻伐时无兵相救,被杀于骊山之下。西周的历史伴随着周幽王被杀、周平王东迁而宣告结束。

四、秦朝的昙花一现

前221年,秦统一了中国,结束了春秋战国以来割据混战的局面,建立了中国历史上第一个统一的多民族中央集权封建国家,其国力之强大、国土之辽阔、统一程度之高,是前所未有的,在当时的世界上,也是首屈一指。但曾几何时,它只存在了14年,于前207年被大起义的浪潮所吞没,在漫长的人类历史上,可谓昙花一现。秦国的军队素有坚甲利兵之称,灭六国势如破竹,击匈奴,降五越所向披靡。如此强大的国家为什么仅生存14年就寿终正寝?难道是人民希望混战吗?

春秋战国以来,人民历尽分裂割据混战之苦,迫切需要一个安定的生产、生活环境。当秦国

秦朝昙花一现的原因之一酷刑

在客观上代表了这个历史进步的要求，进行统一战争时，"民莫不虚心而仰上"（贾谊《过秦论》），人民对统一表现出真心的拥护，希望统一后生存环境有一个较大的改变。然而，以秦始皇和秦二世为首的秦朝统治集团的所作所为，大失人民所望，生存环境非但没有好转，反而急转直下，全国人民被推上了死路上。陈胜、吴广在酝酿起义时说："今之亦死，举大事亦。等死，死国可乎。"（《史记·陈涉世家》）这段话发自肺腑，反映了当时绝大多数百姓的心理状况。

以秦始皇、秦二世为首的秦统治集团是秦朝早夭的罪魁祸首，他们政治不廉、穷奢极欲、滥施暴政的为政作风是秦朝短命的直接原因。

秦始皇统一中国，堪称为"千古一帝"（李贽《藏书》），可他却自恃功盖三皇五帝，所建业绩能"传之无穷"（《史记·秦始皇本纪》）。在统一之后，不是"安土息民，以待其敝"（贾谊《过秦论》），而是殚尽天下之财，以逞个人一时之私欲。秦始皇本来就是一个"少恩而虎狼心"（《史记·秦始皇本纪》）的人，他的穷奢极欲随着统一战争的胜利而恶性膨胀。

秦都咸阳和故都雍，本来就有不少宏伟的宫殿，但秦始皇灭六国的战争中，每灭一国就依照被灭国宫殿的式样在咸阳再修一座。灭六国后，又大修宫殿。其中最大的就是历史上著名的阿房宫。阿房宫"东西五百步，南北五十丈，上可以坐万人，下可以建五丈旗。周驰为阁道，自殿下直抵南山"（《史记·秦始皇本纪》）。据《史记·秦始皇本纪》记载："关中计宫三百，关外四百余。""咸阳之旁二百里内，宫观二百七十。"在这些数不胜数的宫殿中，充满了供秦始皇享乐的姬妾珍玩。"列女万余人，气上冲于天。"（《三辅旧事》）

秦始皇统一之后，征发刑徒70余万在骊山为自己修造早已开工的陵墓。《史记·秦始皇本纪》记载，该陵墓"穿三泉，下铜而致椁，宫观百官奇器珍怪臧满之。……以水银为百川江河大海，机相灌输。上具天文，下具地理。以人鱼膏为烛，度不灭者久之"。《史记》的这个记载决没有冤枉秦始皇。近年来发现的秦始皇陵兵马俑，其规模和精美程度为全世界所折服，而这些仅是秦始皇陵整个工程中较次要的一部分，由此完全可以想见其陵墓核心部分的豪华宏丽。

秦始皇被胜利与享乐冲昏了头脑，不由得又做起了长生不老的美梦。

他不惜巨金四下请方士为之求仙人不死之药，寻不死之药先后费金"以巨万计"（《史记·秦始皇本纪》）。巨金是费了，但长生不老药终不得有。秦始皇听信方士的胡言，"所居宫毋令人知，然后不死之药可得"（《史记·秦始皇本纪》），为了达到这个目的，秦始皇"乃令咸阳之旁二百里宫观二百七十复道甬道相连，帷帐钟鼓美人充之，各案署不移徙"（《史记·秦始皇本纪》）。秦始皇达到了如此荒诞的地步，他怎么能率领属僚官吏为政勤勉。在秦始皇"身体力行"的带动下，秦统治集团中的成员们也都是恣其所好，竞相享乐。他们占有大片土地和一定数量的劳动者、宫室、车马，衣服豪华秀丽。

秦朝统治集团的穷奢极欲，加之修长城、击匈奴、开南越，需要大量的物资来支持。因而，秦朝赋税徭役特别苛重，"口赋、田赋，二十倍于古"（《汉书·食货志》），一般自耕农至少有2/3的劳动产品被政府掠夺去。力役"三十倍于古"（《汉书·食货志》）。粗略地估计，当时全国人口约2000万。其中有200万以上的壮劳力要脱离正常的生产去服军役和其他的杂役。这种不考虑人民承受能力的赋税徭役，使"男子力耕不足粮饷，女子纺织不足衣服"（《汉书·食货志》），农民破产，社会的经济遭到严重的破坏。人民的负担能力有限，而秦统治者壑难平，为了从劳动人民身上榨取更多的膏血，秦统治集团采用了严刑峻法。

秦统治集团建立了一整套残酷的法律，在轻罪重罚的立法思想指导下，人民摇手犯禁，动辄陷刑。秦二世甚至以杀人众者为忠臣。各级官吏都成了屠杀人民的刽子手。例如，范阳令"杀人之父，孤人之子，断人之足，黥人之首甚众"（《汉书·蒯通传》）。整个国家简直是一个大监狱和大屠场。"赭衣断道，囹圄成市。"（《汉书·刑法志》）"刑者相伴于道，而死人日成积于市。"（《史记·李斯传》）秦始皇死后，他们的儿子秦二世是一个昏庸之辈，他没秦始皇灭六国的雄才大略，却有胜于其父的残忍。秦二世有兄妹数十人，他先后杀了20余人，在埋葬秦始皇时，命令秦始皇后宫女子凡无子者，均须殉葬；秦始皇下葬时，把在墓中工作的工匠全部埋于墓中。如此一个杀人狂作为秦王朝最高首领，他能干出的事情恐怕是不言而喻了。

秦王朝的奢侈暴虐远不只是以上那些，然而以上所述已足以看清秦王朝统治集团的为政风格。秦王朝统治集团的所作所为，把人民推上了绝路，也把他们自身送上了断头台，使本来一个非常有前途的王朝早早夭折了。这不能不说是一个历史悲剧。

秦王朝统治集团为什么敢如此奢侈暴虐？这确实是一个人寻味的问题，大致说来，有以下几个方面：

第一，统治阶级本性的制约。统治阶级是中国继奴隶主阶级之后的第二代剥削阶级，它的产生、发展和存在都是建立在对劳动人民的剥削之上的。以秦始皇和秦二世为代表的地主阶级在取得全国政权时付出了不少的心血，在夺取全国政权之后，被从前特殊环境压抑的劣根性猛烈爆发，认为"竭天下之资财以奉其政"（《汉书·食货志》）是他们打天下应得的报酬。尉缭曾说："诚使秦王得志于天下，天下皆为虏矣。"这句话果然没错，秦始皇的行为给了最好的证明。

第二，迷信天命。《史记·秦始皇本纪》记载："始皇推终始五德之传，以为周得火德，秦代周德，从所不胜。方今水德之始，改年始朝贺皆自十朔。"所谓的"终始五德"是战国末年阴阳五行家邹衍用金、木、水、火、土来解释历史的变化，认为每一朝代都占一德，五德相克。尧舜为土德，夏为木德，商为金德，周为火德，秦孝公猎获一条黑龙。所以秦为水德，而水是能克火的，秦代周是必然的，是上帝的意志。因水是黑色，礼服、蔟旗都是黑色；因为水主北方为阴寒，刑罚峻严；因为六是水德相应的数，符的长度、衣冠的高度为六寸，车舆为六尺，乘六马。秦始皇这样做的最终目是要用五德说来神化他的权利。为神化他的权力，秦始皇还亲自登泰山举行封禅大典。秦始皇在神化其权力的同时也欺骗了自己，对他的权力来自天确信不疑。在这种思想的指导下，便自然地会有恃无恐，随心所欲。大修宫殿、骊山墓也好，残酷搜刮掠夺也好，无不与天命观有联系。

第三，崇尚刑罚。《史记·秦始皇本纪》记载："秦始皇乐以刑杀为威"，"专任狱吏"。秦朝统治集团认为，刑罚是解决所有问题的万能钥匙。在这种观念的支配下，他作了许多残酷野蛮的蠢事，甚至对文化进行疯狂的摧残。公元前213年，根据李斯的建议，秦始皇下令焚书，除《秦记》以外的史书，非博士所藏的"《诗》、《书》、百家语"统统烧掉，只准留下医药、占卜、种树之书。同时规定，谈论《诗》《书》者杀头，官吏知而不检举者与之同罪。秦始皇焚书，不仅是中国文化的一次浩劫，而且还使春秋末叶以来百家争鸣、自由思索的风气受到了致命打击。文化是人类智慧的结晶。书籍是人类进步的阶梯，秦始皇敢以灭绝人性的手段对待文化，说明其对刑罚的崇尚达到了何种程度。

人民希望统一，拥护统一，秦朝是中国历史上第一个统一的多民族的中央集权制封建国家，秦始皇本人也有雄才大略，秦朝确实应该是一个非常有前途的王朝。然而秦朝统一之后，统治集团不讲廉洁安民，相反却穷侈极欲，滥用刑罚，使一个有前途的王朝早早夭折了，不仅给人民带来了深重的灾难，而且也使秦统治集团自身过早地进入坟墓。

五、西汉的兴与亡

前202年，也就是秦朝灭亡后的第五年，刘邦在山东定陶附近称帝，建立了西汉王朝。在西汉王朝建立的初期，处处一片荒凉残破，经济凋敝，人口锐减，"大都名城，民人散亡，户口可得而数，裁什二三"（《汉书·食货志》）。统治阶级的情况也不佳，"自天子不能具钧驷，而将相或乘牛车"（《史记·平准书》）。皇帝找不到颜色一样的四匹马，将军和宰相只能乘牛车。西汉初年统治集团所面临的形势是很严峻的，诚如汉高祖刘邦所说："天下匈匈，劳苦数岁，成败未可知。"（《汉书·高帝纪》）摆在西汉统治者面前的，有两个必须解决的社会问题，一是恢复封建统治秩序，一是恢复发展封建经济。这两个问题处理的好坏，直接关系到汉政权的存亡，而这两个问题的解决，首先取决于统治集团的指导思想、为政作风和具体政策。

西汉初年统治集团的绝大多数成员都参加了诛暴秦的斗争，对秦王朝奢侈酷虐的后果、农民起义的力量，都有切肤之感，所以他们在建立和巩固完善西汉政权的过程中，常常探讨秦灭亡的原因，以便从中吸取教训。

在上述情况的强迫下，西汉初年统治集团采取了不少切合实际的统治政策，同时，崇尚黄老学说，倡导勤俭作风，构成了这一时期自身建设的特色。

黄老学说是道家学说中的两个分支，黄是黄帝之学，老是老子之学，黄帝学说重讲道，讲法；老子学说着重讲道。西汉初，统治集团把黄老相揉合，成为其治国、巩固政权的政治指导思想。黄老学说在政治上主张"无为而治"，认为统治集团要清静无为，与民休息，就可以缓解社会矛盾，稳定统治秩序，最终可以达到"无为而无不为"的效应。西汉初，推行黄老学说的主要人物是曹参，从曹参接替萧何为相，到汉景帝时，"好黄帝、老子言"（《汉书·外戚传》）的窦太后，皆以黄老学说为指导思想，制定了不少有利于社会经济恢复发展的政策，在统治集团中倡导勤俭的为政作风。

为了恢复和发展社会生产，西汉初期的统治集团很注意节约民力、财力。国家的税收实行"量吏禄，度官用以赋于民"的原则，根据国家的实际需要，征收赋税。这样西汉初年人民的负担是较轻的，刘邦时，规定田租十五税一制，后来中途间废；汉惠帝时又恢复了十五税一制；汉文帝十二年（前168），诏减天下田租之半，十三年（前167），又诏天下废除田租；汉景帝时恢复田租，定三十税一。尽管在田租以外，一般农民还有许多税收和徭役，但它和秦朝的"泰半之赋"相比较，确实是好到了天上。

皇帝，作为西汉初期统治集团的最高首领，比较注意本身的行为，给整个统治集团的为政作风作出了表率，皇帝的"私奉养"，也就是个人与皇族所用的开支，只靠山川、园地的租税收入，不从其他财政收入中挪用。汉惠帝修长安城，怕误了农时，就利用农闲季节来进行，汉文帝从代王到皇帝，几十年间宫室园林、狗马、服饰和御用器具，没有大的增加。有一次，他计划建个露台，请工匠计算费用，需用百金。他说："百金，中人十家之产地也。吾奉先帝宫室，常恐羞之，何以为台！"（《汉书·文帝纪》）认为耗资太大，便罢去不作。文帝经常穿着粗丝衣服，并要他宠爱的慎夫人，衣服不要拖地，帷帐不用绣花。在为自己修建霸陵时，文帝要求都用瓦器，不准用金、银、铜、锡等贵重金属作装饰。公元前157年，天下大旱，蝗虫成灾，文帝诏令，诸侯不要向进廷纳贡，减少皇帝的服饰、用具与狗马。

汉文帝煞费苦心后，他的儿子汉景帝继位，景帝颇有文帝的遗风。有一次，景帝下诏说："雕纹刻镂，伤农事也；锦绣纂组，害女红者也。农事伤则饥之本也,女红伤则寒之原也。夫饥寒并至,而能亡为非者寡矣,朕亲耕,后亲桑,以奉宗庙粢盛祭服,为天下先。"不受献,减太官,省徭赋,欲天下多农桑,而农桑受到伤害则饥寒必然会双至。朝廷不接受诸侯的贡纳,精减中央政府的官吏,减轻人民的赋税徭役,鼓励农桑,使人民有积蓄,防备灾害。

经过几十年的努力,在人民奋力耕桑的基础上,政治、经济形势大为改观,在惠帝、高后时"天下晏然,刑罚罕用,民务稼穑,衣食滋殖"(《史记·吕太后本纪》)。到文帝、景帝时期,出现了文景之治,其情景是"蓄积岁增,户口寖息,风笃厚,禁网疏阔"(《史记·刑罚志》),"非遇水旱,则民人给家足,都鄙廪庚尽满,而府军余财,京师之钱,累百数万,贯朽而不可校,太仓之粟,陈陈相因,充溢露积于外,腐败而不可食,众庶街巷有马,阡陌之间成群"(《汉书·食货志》)。

西汉初年政治、经济的恢复与发展,与统治集团的指导思想、为政作风以及由此而来的具体政策有直接关系。史学家班固曾说:"周秦之敝,罔密文峻,奸轨不胜。汉兴,扫除烦杂,与民休息。至于孝文,加之以恭俭,孝景遵业,五六十载之间,至于移风易俗,黎民醇厚,周云成康,汉言文景,美哉。"(《汉书·景帝纪》)。班固有史学家尊重历史事实的美德,因此,西汉初统治集团的勤俭为政作风的历史意义,并不是仅限于西汉初政治经济的恢复和发展,更深远的历史意义在于奠定了汉代盛世的基础。

公元前104年,汉武帝继位,汉武帝凭借西汉初期的财富积累,加之他本人的雄才大略,在他在位的54年间,对外用兵,扩张疆土,对内兴作,兴建水利工程,形成了西汉军事、经济和文化的灿烂时期。西汉一代各方面的杰出人才都集中地出现在汉武帝时期,例如,经学政治家董仲舒,流芳百世的史学家司马迁,大文学家司马相如,大军事家卫青、霍去病,大夫学家唐都、落下闳,农学家赵过,探险家张骞,等等。但是统治集团成员争相奢侈,人民付出了巨大的代价,致使"海内虚耗,人口减半"。汉武帝后期阶级矛盾逐渐尖锐,在镇压无效的情况下,汉武帝在临终前三年颁布了《罢轮台屯田诏》,表示对战争的忏悔,今后要"禁前暴,止擅赋,务本劝农"(《前汉纪》),封丞相田千秋为富民侯,用擅长耕作的赵过为搜粟都尉,以表示与民休息,思富养民。这样,阶级矛盾有所缓和，动荡不安的局势得到了扭转。汉武帝不愧为一个雄才大略的政治家，能在危机的时刻从自身寻找原因，向全国人民表示悔过，这着实可贵。班固评价汉武帝时用遗憾的口气说："如武帝之雄才大略，不改文景之恭俭以济斯民，虽诗书所称何为加焉。"（《汉书·武帝纪》）依班固的意思，倘若汉武帝能继承文景时期的勤俭为政风气，他将会成为一个空前伟大的人物。

汉武帝之后，经过昭、宣二帝，到汉元帝时进入西汉后期。在后期的50余年中，西汉统治集团的为政作风江河日下，元帝不顾关东11个郡国的水灾，只知打猎取乐，使人民相食为生。成帝荒淫无道，无所不为，甚至闯入百姓私宅强抢民女。哀帝昏庸之极，与董贤搞同性恋，"赏赐累巨万"。上行下效，一般官僚地主"贪财贱义，好声色，上侈靡，廉耻之风薄，淫僻之意纵"（《汉书·匡衡传》）。荒淫无度，极尽奢侈，激化了阶级矛盾，敲响了西汉统治集团的丧钟。哀帝死后，外戚王莽掌握了政权，导演了一场改制的闹剧，最终也落了个百姓共提击其头颅，切食其舌的下场。

六、短命的西晋王朝

公元256年，司马炎废魏帝曹奂自立为帝，称武帝，国号晋，建立了西晋王朝。公元316年，刘曜入长安，俘虏晋帝，西晋灭亡。西晋前后历时41年，是中国历史上的一个以腐朽闻名的王朝，也是一个短命的王朝。腐朽与短命呈因果关系，西晋的短命恰是由其腐朽的作风酿成的。西晋统治集团上自皇帝，下至贵族官僚流行着一种以荒淫奢侈为荣的坏风气，其荒淫奢侈达到了令人发指的程度。

短命的西晋王朝

晋武帝于公元273年，从中级以上文武官员家中选了不少处女入宫；次年，又众下级文武官员和普通士族家中选了5000处女入宫；公元280年灭吴，从吴的宫女中选了5000人。这样，在晋武帝的后宫中，姬妾宫女达万人以上。如此多的姬妾宫女居在后宫中，晋武帝也不知何以适从。《晋书》记载：晋武帝"并宠者甚众，常乘羊车，恣其所至，至便宴寝，宫人乃取竹叶插户，以盐汁洒地，以引帝车"。晋武帝后宫的这种事情，实属历史上的一绝，倘若商纣王、秦始皇在天有灵的话，他们也会感到"自惭不如"。晋武帝以下的贵族，官僚，无不如法炮制，家中众置妻妾歌伎婢女，如王恺有专为吹笛的歌伎，石崇有专为之行酒的美女。贵族官僚还常常相互淫乱，争风吃醋。石崇与淮南王的嬖臣孙秀争夺歌伎绿珠，孙秀唆使淮南王杀石崇母兄妻子15人，绿珠跳楼自杀。

争奢斗富是西晋统治集团成员的又一特长。晋武帝的太傅何曾"日食万钱，犹曰无一箸处"（《晋书·何曾传》）。一天吃饭花费一万钱，还认为没有下筹子的地方，真不知是菜太多了不知吃哪样好，还是没什么可吃的！何曾的儿子司徒何劭食必尽四方珍异，一日饭钱高到二万，超过其父一倍。一次，晋武帝到王济家中，王济"供馔，并用琉璃器。婢子百余人，皆绫罗绔，以手擎饮食。蒸豚肥美，异于常味。帝怪而问之，答曰：'以人乳饮豚。'"（《世说新语·汰侈篇》）豚就是小猪，用人乳喂小猪，可以西晋统治集团的奢侈达到什么样的程度。自我奢侈挥霍似乎有点不够味道，外戚王恺与石崇演了一场斗富的恶剧：王恺用麦糖洗锅，石崇用白烛当柴；王恺作紫丝布障40里，石崇作锦步障50里；王恺用赤石脂涂屋墙壁，石崇夸耀，石崇顺手击碎，然后拿出六七株三四尺高的珊瑚。在争奢侈斗富之中，他们草菅人命，随意杀戮。王恺宴请客人，命女伎吹笛，吹笛人有稍停顿者，使"使黄门阶下打杀之，颜色不变"（《王丞相德音记》）。"石崇每要客燕集，常令美人行酒，客饮酒不尽者，使黄门交斩美人。"（《世说新语·汰侈篇》）一次石崇请客中，一客坚持不饮酒，石崇在席上连杀持酒美女三人。这种发狂的奢侈引起了统治集团中一些有远见官僚贵族的恐惧，傅咸向晋武帝说："奢侈之费，甚于天灾"，"今者土广人稀而患不足，由于奢也"（《晋书·傅玄传子咸附传》）。奢侈的危害大于天灾，会造成国家财政亏空，这固然不错。然而，其恶果远不仅此。奢侈者一方面大肆挥霍浪费，别一方面为了支持日甚一日的奢侈，则是贪财。晋武帝身为皇帝，却嗜财如命，贪得无厌，以至于率先卖官鬻爵，以官换钱。晋武帝问刘毅，你看我像汉朝的哪个皇帝。刘毅说象桓帝、灵帝。晋武认为把他比作桓帝、灵帝有点过火，刘毅则说："桓、灵卖官钱入官库"，而"陛下卖官钱入私门"（《晋书·刘毅传》），比作桓、灵二帝还是有点高了。有晋武帝作表率，一时之间卖官者比比皆是，求官买职奔走私门，"官无大小，问是谁为"（《晋书·王沈传》）。为了钱不仅官可以卖，而且法律也可以改。《晋律》规定，自死罪以下都可以用钱赎罪，即使犯了死罪，用黄金可以名正言顺地买条活命。贪财的方法多种多样，例如：王戎家有好李，怕买者得好李种，钻破李核才到市上出卖；石崇为荆州刺史，杀人越货，劫夺外国使者和商客，积财成为巨富。这一幅贪财画面，真可谓"八仙过海，各显神通"。晋惠帝时，南阳的鲁褒作《钱神论》讥刺这些贪婪之人，他写道："钱之为体，有乾有坤，内则其方，外则其圆……亲之如兄，字曰孔方。失之则贫弱，得之则富强……无德而尊，无势而热，排金门（宫门）而入紫闼（宫内）。钱之所在，危可使安，死可使活；钱之所去，贵可使贱，生可使杀。是故忿争辩论非钱不胜，孤弱幽滞非钱不拔；怨仇嫌恨非钱不解；令闻笑谈非钱不发；洛中朱衣（王公）、当途（当权）之士，爱我家兄，皆无已已，执多之手，抱我始终。……凡今之人，唯钱而已。"总而言之，钱钱万能，钱能通神。由于统治集团都是些贪鄙小人，整个西晋官场像一个大市场，"天下谓之互市焉"（《晋书·惠帝纪》）。

由于西晋统治集团的奢侈腐朽，天下资财匮空，纲纪大坏，统治集团内部一片混乱，动辄干戈相见，相互残杀。晋武帝死后，白痴晋惠帝继位。他听见华林园的蛤蟆叫，竟然问："此鸣者，为官乎？为私乎？"（《晋书·惠帝纪》）天下荒乱，百姓饿死，晋惠帝想出一个绝妙的办法："何不食肉乎？"（《晋书·惠帝纪》）这样的皇帝，自然无法掌管朝政，治理国家，由皇太后的父亲杨骏独揽大权。惠帝的贾皇后与楚王司马玮合谋，于公元291年杀杨骏、杨珧、杨济兄弟三人，杨骏亲信党羽死者数千。接着，就爆发了八王之乱，前后混战16年，公元316年西晋灭亡。

西晋王朝如此短命，统治集团的奢侈腐朽应是致命的原因。人们不禁要问，西晋统治集团为什么奢侈腐朽到这般程度？解开这个秘密，应从他们的人生观、政治经济制度入手。

东汉时期有一首名为《驱车上东门》的诗说："浩浩阴阳移，年命如朝露，人生忽如寄，寿无金石固，万岁更相迭，贤圣莫能度。服食求神仙，多为药所误。不如饮美酒，被服纨与素。"该诗表现出生死不可免、不如生前及时行乐的悲观思想，晋人假托杨朱，写《杨朱篇》，对这种人生观作了发挥。《杨朱篇》认为：人迟早是要死的，圣人和凶愚之人都一样，死后只是一把腐骨，腐骨难分其好坏。所以，活着的时候应尽情享乐，以享乐等待死亡。倘若纵情受到了拘束，即使活千万岁也没有意义。张湛概括《杨朱篇》的人生观说："任情极性，穷欢尽乐，虽近期促年，且得尽当生之乐也。""惜名拘礼，内怀矜惧苦以至于死，长年遐期，非所贵也。"(《杨朱篇注》）这种腐朽的人生观代表了西晋统治集团成员的意志，作为他们人生信条奉行于实际生活之中，他们像一群贪婪的凶兽，除了纵欲作乱之外别无所图，社稷的安危存亡是一席空话，这就是西晋统治集团奢侈凶残无度的思想根源。

曹魏时期，为了唯才是举的制度化，制定了九品中正制，由中央的一些官吏兼任原籍郡县的中正，察访本郡贤才，分为九等，以备选用。到西晋，九品中正制依旧存在，但其内容却发生了根本性的变化。中正官职由世家大族把持，选官唯一的标准是家世的高低，以此来结党营私，形成了"上品无寒门，下品无势族"(《晋书·刘毅传》)和公门有公、卿门有卿、世代相传、等级森严的门阀制度。门阀制度使统治集团成为一个封闭的圈子，圈子里的成员及其子孙后代犹如进入了特制保险柜，不受任何人的监督，不问才能政绩如何，可世代为官，荣华富贵旱涝保收，这样一种政治制度，使统治集团的成员失去了事业心和进取心，失去了理智与人性，剩下的仅有愚昧、野蛮和兽性。这就是西晋统治集团奢侈凶残无度的根源。

在中国封建社会中，土地所有权是政治权力的源泉，西晋统治集团也深刻认识到了这个道理。所以西晋王朝在颁布占田、课田和户调等法令的同时，规定了按官品占田和荫亲属、荫佃客的制度。贵族、官僚和世家大族第一品可占田50顷，每低一品，递减5顷，第九品可占田10顷。另外，按官品和门第的高低荫庇数量不等的亲属和一定数量的衣食客、佃客。被庇荫户和佃客为私家人口，归主役使，不再负担国家赋役。仅从西晋政府的规定来看，对统治集团的成员是够优待了，但在实际上，这些规定仅是一个最低限度，大部分都超出了这个规定。例如：王戎"广收八方园田，水碓周遍天下"（《晋书·王戎传》）；"强弩将军庞宗，西州大姓，田二百余顷"（《晋书·张辅传》）。西晋政府这种在经济上极度优待贵族官僚的作法，为他们的奢侈腐朽提供了物质基础，使他们在优越的经济环境里迅速烂掉。

西晋统治集团的最高层在处理统治集团内部关系时，以滥杀来消除政敌，以滥赏来结党营私。前边说过，贾皇后政变一次杀人 20100 有余，这是清除政敌；紧接着就是封了 1081 人。后来司马伦废晋惠帝，又大封徒党，连奴隶走卒也都赐给爵号，这是滥党。滥杀滥党使统治集团的成员得失急骤，生死无常，心里总是处于紧张与颓废、躁竞与虚无状态。这种生死无常、升降无制的现象反映在德行上则是苟且偷生，毫无礼义廉耻；反映在生活上则是纵情享乐，奢侈无度。

综上所述，西晋王朝的短命与统治集团的腐朽有直接的关系，而西晋统治集团之所以如上所说的那样腐朽，又是西晋统治集团的人生观、政治经济制度和调节统治集团内部矛盾的手段综合作用的结果。由是而言，西晋经济集团的腐朽是必然的，西晋王朝的短命也在情理之中。

七、隋朝前后为政反差

西晋灭亡之后，经过了五胡十六国的大混战和南北朝的分裂割据，于公元 589 年隋灭陈，重新统一了中国。隋朝自公元 581 年建立到公元 618 年灭亡，历时 37 年，隋文帝和隋炀帝父子先后为皇帝。这两位隋朝皇帝为政作风方面大相径庭，其结局方面也有天壤之别。

隋文帝杨坚原是北周封建军事贵族集团的重要成员，在他"得政之始，群情不服"（《隋书·高帝纪》）。他一方面平定叛乱、消除异己，一方面崇尚开明政治，躬行节俭，取悦人心，使北周王室陷入孤立。于北周大宝元年（581）迫使北周静帝让出帝位。自立为皇帝，改国号为隋，年号开皇，定都长安。

隋文帝认为统治集团躬行节俭是巩固政权的一个根本条件，告诫太子杨勇说："历观前代帝王，未有奢华而得长久者。"（《隋书·文四子传》）在这种思想的指导下，隋文帝首先以自身的节俭为统治集团作出榜样。一次，大臣苏威见宫中以银为缦钩，谏隋文帝要注意节俭。隋文帝接受了这个意见，很快下令除毁宫中所有雕饰旧物。《隋书·食货志》记载："六宫咸服澣濯之衣，乘舆供御有故敝者，随令补用，皆不改作。"这种穿洗涤过的旧衣服、乘修补过的旧车的做法，在中国历代皇帝中是较少见的。反映隋文帝节俭的事例还有不少，例如：有官吏送给他一袋生姜，受到谴责；禁止地方官员进献犬马器玩美味；在宫中找不到一条现成的衣领；隋文帝拉痢疾配药需要胡粉一两，找遍了宫中竟然没有。隋文帝为了不忘掉节俭的习惯，"昔日衣服各留一物，时复看之，以自警戒"（《隋书·文四子传》）。在隋文帝的带动下，节俭渐成风气，"装带不过以铜铁骨而已"。

隋文帝不仅注意节俭，他还把主要精力放到了治理国家上面，处理政务非常勤勉，唯恐有漏有失。《旧唐书·太宗纪下》说，隋文帝"勤劳思政，每一坐朝，或至日昃，五品以上，引之论事。宿卫之人，传飧而食"。

在节俭勤政的同时，隋文帝还很体恤民情，经常派遣官员到地方巡察，采听风俗和吏治的得失，对人民实行比较宽厚温平的统治方法。公元594年关中饥荒，他派去的人看到百姓充饥的食品是豆粉拌糠，并给他带回了样品。隋文帝拿着豆粉拌糠的食品以示群臣时，不禁流涕自责无德。当即命令撤销常膳，许久不吃酒肉，随后亲自率领饥民到洛阳就食。在去洛阳的路上，命令卫士不得驱迫人民让道，遇到扶老携幼的人群，自己主动好言相抚，引马让路。碰到道路难行之处，命令卫士扶助挑担的人。在对人民的统治上，隋文帝废除前朝的酷刑，于公元581年制定了《隋律》。规定：倘若地方官断案不公，允许向上一级政府申诉，最高可直接上告到朝廷。当时是否有人到朝廷申诉不得而知，但至少给受冤枉者提供了一条伸冤的途径。公元583年，隋文帝再次删削刑条，务求简要。为了杜绝地方政府草菅人命，公元592年下诏，诸州死刑犯不得在当地处决，必须向大理寺复案，然后送尚书奏请皇帝裁定。四年以后又下诏，死刑犯经过三次奏请才准行刑。

隋文帝深知各级官吏直接临民，吏治的好坏关系着社会的官定和政权的巩固，因此他很注意奖励良吏，严惩不法。他把素有清名的公孙景茂请到京师，任命为汝南（今湖北昌县西南）太守，后又转任息州（今河南息县）刺史。公孙景茂在任职期间法令清明，德化大行。隋文帝经常考核地方官吏，以考核结果为依据调整其职务。公元591年，临颍令考绩为天下第一，晋升莒州刺史；公元596年汴州刺史令狐绩考绩为天下第一，赐布帛300匹，并布告天下。奖励良吏的作法为统治集团的成员指明了一个努力的方向，使大批良吏出现。在奖励良吏的同时，隋文帝对不法的官吏严惩不贷。隋文帝最痛恨受贿者。例如：柳或巡小河北52州，奏免了赃污不称吏200余人；帮助杨坚夺取政权的功臣郑译、刘盼等人，后因谋反依法被废黜或处死。隋文帝甚至秘密让人给官吏行贿，接受者立即处死。这种办法虽不光彩，但也使得官吏不敢过于放肆。难能可贵的是，在惩罚不法官吏时，隋文帝能做到内不避亲。他的三子秦王杨俊生活奢侈，广造宫室，被禁闭；太子杨勇奢侈好色，太子位被废。隋文帝严惩不法官吏，使统治集团的成员有所畏惧，贪污受贿的行为在其统治期间也确有减少。

由于隋文帝节俭勤政，宽以待民，注意吏治，他统治的20余年中，经济上、政治上是成功的。人民受到的剥削较少，社会环境比较安定，亦能安居乐业，户口和财富都有巨大的增长。隋炀帝置兴洛仓、回洛仓储存大批粮食，正反映了隋文帝时期所积累财富之雄厚。在军事方面，灭陈统一全国，平定南方豪强叛乱也是成功的。《隋书》评价隋文帝："躬节俭，平徭役，仓廪实，法令行，君子咸乐其生，小人各安其业，强无凌弱，众不暴寡，人行殷阜，朝野欢娱，二十年间天下无事，区域之内宴加也。"这种评价，难免有溢美之处，但也是有一些根据的。

杨广是隋文帝的二子，才华超群，工于心计。13岁被封为晋王，20岁为隋军统帅。为了取得隋文帝的欢心，极尽矫饰之能事。隋文帝到他的宅第，见他乐器布满尘埃，多有断弦，误认为他不好声色，非常高兴。另一方面，又与杨素勾结，向隋文帝进太子杨勇的谗言，使隋文帝废杨勇，立杨广为太子，隋文帝临终前发现受骗，派人召见杨勇，但这时杨广和杨素已经完全控制了宫廷宿卫，合伙谋杀了隋文帝，然后又伪造遗诏处死杨能，杨广登上帝位，是为隋炀帝。

公元604年隋炀帝为皇帝之后，原形毕露，一改隋文帝的节俭勤政作风,凭借其父积累的财富,穷奢极欲,残暴荒淫。在短短的几年里,就把一个繁荣的社会搞得残破不堪。人口锐减,黄河以北千里无人烟,江淮之间茂草丛生。隋炀帝奢侈暴虐的规模之大,是前代任何帝王所不能比拟的。

隋炀帝继位后便决定迁都洛阳,征发男丁数十万掘长堑,作为保护洛阳的关防。长堑内的土地与关中相连,以防堑外人民的反抗。这种与民为敌的思想,一直支配着他的行为。

隋炀帝大造宫殿宛囿,其中洛阳的显仁宫"宛囿连接……周围数百里,课天下诸州,各贡草木花果、奇珍异兽于其中"(《隋书·食货志》)。苑中有海,海中三神山,高山水面百余尺,山上有台观殿阁,海北有龙鳞渠,沿渠立十六院,院门临渠,每院有四品夫人一主事。堂殿楼观,穷极华丽,冬秋宫中树木花叶凋落,剪彩绫为纸叶,缀在树上,色褪更新。隋炀帝所到地方,去掉池沼中的冰,布上彩剪的荷、菱。隋炀帝经常在月夜里带着骑马的宫女数千,演奏着《清夜游曲》在西苑游玩。

游玩是隋炀帝挥霍奢的一个独特方式。他在位12年,8次大规模外出游玩。公元605年走水路游江都,率人一二十万。他乘高四层的龙舟,萧皇后乘较小的翔螭舟,这两艘船俨然如水上宫殿。尾随他们的是数艘妃嫔、诸王、公主、百官、僧尼、道士、藩客的坐船和运输船,以及12卫的战舰数千艘,挽船的壮丁多至8万余人。浩浩荡荡的船队长达200多里,骑兵陆上夹岸护送,旌旗如林。所过州县,500里内的人民都得供应精美的食品。地方官吏为了讨好朝廷,献食多多益善,有些州献食多到100台。吃不完食品,出发时掘地埋掉。隋炀帝游江都的这种威风实属空前绝后。奢侈享乐是隋炀帝的唯一目的,在死到临头时仍丝毫不减往常。农民起义在全国爆发后,隋炀帝躲到江都,不停修建宫殿花园。频选美女进宫,在宫中置百余房,各房居美女多人,他与萧皇后率千人就房饮酒,美女不离左右,杯不离口,昼夜皆醉,终日荒淫。

隋炀帝的大肆挥霍是以滥用民力、加重对人民的剥削为基础的。他兴办了许多大规模的工程,如修长城、开运河、掘长堑、筑西苑、营洛阳,等等,常年服徭役者一两万人。据不完全统计,隋炀帝统治的12年中,前后服役者高达1000余万人。隋朝户数最高时,有人口4 600余万,其中成年丁男也不过千余万，而隋炀帝征发民夫的总数已超过此数。所以，"丁男不供，始役妇人"（《资治通览》卷一百三十一），造成"天下死于役而家伤于财"（《隋书·食货志》）的严重后果。为了满足无度挥霍，统治集团加重了对人民的剥削。隋朝实行了均田制，正常的租和调都不算太轻，但隋炀帝却又进一步加重。《隋书·食货志》记载："租赋之外，一切征敛。"即正常的租调之外，还有多如牛毛的苛捐杂税。由于奢侈之极，财政不支，竟敢"逆折十年之租"（《旧唐书·李密传》），即预收未来10年的田租。这简直是一种明火执仗的抢劫。

隋炀帝与隋文帝相反，他的统治手段非常恶劣和残酷，拒谏、受贿、严刑等无所不用。隋炀帝曾说，他生性不喜人进谏，凡进谏者决没有好下场。公元616年，隋炀帝害怕农民起义，决定去江都。出发时，一个小官崔民上表谏阻，他怒杀崔民；行军荥阳，另一个小官王爱仁请还洛，他杀了王爱仁又走；到了开封，有人拦路上书，谏去江都之害，又怒而杀之。在隋炀帝周围尽是一些拍马阿谀之徒，谁敢私议朝政，格杀勿论。大臣高颎本是隋朝的开国元勋，当朝执政近20年，声望颇高，只因私议隋炀帝纵情好色，说了一句"近来朝廷殊无纲纪"，以诽谤罪名被杀头。在隋炀帝身边的亲信无一不精通拍马阿谀之术，如："专典机密"的虞世基，"唯诺取容，不敢忤意"（《隋书·虞世基传》）；"参掌机密"的裴蕴，"善伺候人主微意"（《隋书·陈孝感传》）。关于受贿，陈炀民是一个老手，常据所贿之物多少授官。隋炀帝到江都接见地方官员，专问献礼的多少。礼多升官，礼少黜免。如江都郡丞王世充献铜镜屏风，升为江都通守；历阳都丞赵元楷献异味，升为江都郡丞。对于人民，隋炀帝迷信凶残与严刑。他规定，凡是敢反朝廷统治者，罪无轻重，不用上报，就地正法，授予地方官以滥杀之权。后来，农民起义渐多，又制定了灭九族之法。有些地方官员，一次竟敢屠杀两千余人。

上行下效。隋炀帝的奢侈、凶残像瘟疫一般迅速传染给统治集团的成员。一般官吏，无不脏污狼藉，极尽腐化堕落。例如：大贵族杨素，广占邸店、水石和田宅，家僮数千，后庭妓妾千余；大贵族宇文述，后庭妓妾数百，家僮数千；内史侍郎虞世基，"鬻官卖狱，贿赂公行，其门如市，金宝盈积"（《隋书·虞世基传》）。地方官吏，极尽搜刮之能事。"政刑日紊，无官不脏污。"(《隋书·陈孝感传》)趁中央政府有所征取时，残酷地敲诈勒索，是常有之事。《隋书·食货志》记载："每急徭虐赋，有所征求，长必吏先贱买之，然后宣下，乃贵卖于人，旦暮之间，价盈数倍。"从中央到地方，整个隋朝统治集团成员无一不是政以贿成，腐化堕落，他们犹如一群凶残的饿狼，贪婪地吞噬着人民的血肉。人民在生死关头选择了起义反抗，公元618年推翻隋王朝，隋炀帝众叛亲离，在江都宫中被叛官缢死。

隋炀帝从他父亲手中接过了一个好端端的江山，经他10余年的折腾落了个国破身亡，直接原因就在于他领导的统治集团为政作风的恶化。为政之风的恶化，加重了人民的负担，把人民逼上了绝路，使阶级矛盾激化；为政作风的恶化，腐蚀了整个统治集团，他们追求的尽是享乐、奢侈、淫威和权力，政务成为他们满足私欲的手段，这使统治集团失去了民心，失去了力量，最终失去了包括脑袋在内的一切。隋文帝与隋炀帝为政作风的反差和结局，说明统治集团的为政作风关系着兴国之本、亡国之道。

八、唐朝鼎盛的原因

唐朝是继两汉之后中国封建社会的又一个盛世。唐朝的鼎盛集中在唐朝前期的百余年间。这百余年的辉煌，最根本原因是百万年以来中华民族智慧、文化的积累和唐朝初期劳动人民辛勤的耕耘创造。这个根本的原因在唐朝以前的朝代存在着，在唐朝前期以后的各朝代甚至更充分，但为什么没有达到像唐朝前期那样的辉煌鼎盛呢？这有很多原因，但其中唐前期统治集团的为政作风起了很大的作用。

鼎盛的唐朝

中国封建社会的地主阶级由其阶级劣根性所决定，腐朽作风总是像影子一样伴随着他们。另一方面，在地主阶级内部，也有一些有远见的政治家，对腐朽为政作风的危害有一定的认识。因此在统治集团的内部，进步倾向与腐朽倾向的斗争时有发生。唐朝前期由于进步倾向在统治集团内占了上风，注重廉政建设，再加之其他有利因素，就顺理成章地出现唐朝前期的繁荣与强大。

唐朝前期统治集团内部腐朽倾向的代表是唐高祖、唐高宗、唐中宗、唐睿宗。唐高祖爱酒好色，昏庸无能，用佞人、忌功臣，充其量只能人守成的中等君主；唐高宗性格昏懦，优柔寡断，具有亡国之君的素质；唐中宗别无他能，唯有昏懦在唐高宗之上，韦皇后效法武则天参与朝政，但除暴行之外，并无武则天的才能。唐高宗的昏庸加韦皇后的昏暴，形成一个腐朽的统治集团；唐睿宗无独立处理朝政的能力，太平公主专横独断，结党营私，致力于谋害李隆基。幸运的是，这4位腐朽倾向的代表人物执政的时间都不长：唐高祖9年，唐高宗11年，唐中宗5年，唐睿宗3年。在尚未酿成祸乱之前，政权已经转移到倾向进步者手中。而进步倾向的代表，掌社稷的时间却很长，唐太宗23年，武则天45年，唐玄宗29年。他们在执政期间比较注意廉政建设，以廉政建设为杠杆，推动了唐朝前期的巨大发展。由于阶级和历史的局限性，他们所进行的廉政建设也有很大的局限，然而即使这些非常有限的廉政建设，也能在一定程度上遏止腐败的蔓延，促进政治的清明，社会环境的安定和社会生产力的恢复发展。唐朝前期的廉政建设主要包括民本思想、虚心纳谏、善于用心、重视农业等内容。

贞观十一年（637），魏徵上疏唐太宗说："昔在有隋，统一寰宇，甲兵强锐，三十余年，风行万里，三好动殊俗，一旦举而弃之，尽为他人之有。"（《贞观政要·论君道》）他认为隋朝的灭亡，是因人民的唾弃，而人民唾弃反对则是因其"驱天以从欲，馨万物而自奉，采城中之好，求远方之奇异。宫宛是饰，台榭是崇，徭役无时，干戈戢"（《贞观政要·君道》）。唐太宗对此颇有同感，反复讲"君，舟也；人，水也；水能载舟，亦能覆舟"（《贞观政要·论政体》）。以唐太宗为首的唐朝前期具有进步倾向的统治集团，鉴于隋亡于虐民的教训，把"存百姓"当作"为君之道"的先决条件，又把"存百姓"与帝王"正其身"相联系。他们认为，王朝的长治久安,取决于百姓能否生存。而百姓能否生存取决于统治集团能否克己寡欲。这种思想尽管最终目的是为了王朝的长远利益,但仍是有巨大的积极意义的。正是在这种思想的指导下,统治者采取了一些效果不错的廉政措施,从而为唐朝前期的发展作出了贡献。

唐太宗问魏徵什么叫明君、暗君,魏徵说:"廉听,偏信则暗。"然后又列举了秦二世、梁武帝和隋炀帝的历史教训,指出:"人君尊听广纳,则贵臣不得拥蔽,而下情得以上通也。"(《资治通鉴》卷一百九十二)唐太宗听后"甚善其言"。唐太宗不仅从历史人物身上,而且还从日常生活中体验个人认识的局限性。他生长于北地,长于戎马,性格英武,喜弓善射,对良马有特殊的嗜好。贞观元年(627),他广罗弓,择其优者十余,请工匠验看。工匠说,这些弓木心不正,脉理皆邪,不能算是良弓。唐太宗从这件事中认识到自己认识的局限性,他说:"天下之务,朕能遍知乎。"(《资治通鉴》卷一百九十二)并且进一步认识到,帝王"一日万机,一人听断,虽复忧劳,安能尽善"(《贞观政要·求谏》)的道理,在唐太宗的身体力行下,谏臣济济,谏诤蔚然成风。著名的谏臣魏徵是其中的佼佼者。贞观六年(633)三月,一次罢朝后,唐太宗发怒道:"会须杀此田舍翁(意为乡巴佬,指魏徵)。"长孙皇后问杀谁。他说:"魏徵每廷辱我。"长孙皇后说:"磨刀霍霍闻主明臣直,今魏徵直,陛下之明故也。妾敢不贺。"(《魏郑公谏续录》卷下)唐太宗听后,转怒为喜。唐太宗身为尊极的太子,驰骋疆场的猛将,叱咤风云的雄杰,能如此大度,着实难得。贞观十七年(643)正月,魏徵病死,唐太宗悲痛万分地说:"以铜为镜可以正衣冠;以古为镜可以知兴替;以人为镜可以明得失。朕常宝此三镜,用防已过。今魏徵殂逝,遂亡一镜矣。"(《隋唐嘉话》卷上)面对魏的遗像,魏徵的刚直与忠心历历在目,情不自禁作诗一首:"劲条逢霜摧美质,台星失位夭良臣,唯当掩泣云台上,空对余形无复人。"(《魏郑公谏录》卷上)

公元649年,唐太宗去世,但唐太宗所开的纳谏之风为唐朝前期有远见的统治集团的作风。武则天称帝,她的兄弟武承嗣等多人被封为王。公元690年,武承嗣为文昌左相,同凤阁鸾台三品,在宰相中权力最大。公元692年,李昭德进谏说,武承嗣权力太重,恐滋长出篡夺帝位的危险。

武则天承认自己考虑不周，遂免了武承嗣的宰相职。御史中丞宋璟性刚直，力谏要杀武则天的内宠张昌宗，她不得不令张昌宗到肃政台受审。武则天在朝堂上设置四铜匦，接受告密文书。这事实上也是为了广泛听取意见。当时规定，各地告密者，不分贵贱，都可亲赴京城，沿途受五品官待遇，到京城后武则天亲自召见。告密核实，封官赐禄；告密失实，也不反坐。武则天虚心纳谏的大家风度，是她获得政治成功的重要因素。

公元713年，唐玄宗继位，唐玄宗称帝前亲自经历过不少政治斗争，有一定的社会经验，唐玄宗采纳了姚崇的"纳谏诤"（《资治通鉴》卷二百一十）意见，鼓励臣下犯颜直谏，宰相韩镜为人正直，见玄宗过错，即上疏指陈得失。有一次，玄宗闷闷不乐，左右人说，韩休为宰相，陛下比以前瘦了，为什么还要用他。玄宗回答说，我虽然瘦了，但天下的人都胖了。萧嵩奏事，总顺着我的意旨，我是不放心的，韩休常常与我力诤，我退朝后，睡得非常安稳。重用韩休是为了国家，不是为了我个人。玄宗能虚心纳谏，是形成开元之治的根本原因。公元736年以后，玄宗骄侈之心日盛，采用唯命是从的奸臣李林甫，断绝谏路，听不进不同的意见，紧接着就出现了"安史之乱"。

唐朝前期的为政作风的另一个重要内容是用人唯贤。唐太宗说："为官择人，唯才是与，苟或不材，虽亲不用。"（《资治通鉴》卷一百九十六）唐太宗的人才思想和用人之道，是很高明的。他能廉明善恶、舍短取长、广开才路、善于驱驾、才具俱兼、任贤唯治。他清楚地认识到人才关系到吏治的好坏和国家的兴衰，曾说："政治之本，唯在于审，量才授职，务省官员。居深宫之中，视听不能及远，所委者惟都督，刺史，此辈实理乱所系，尤须得人。"（《贞观政要·择官》）贞观时期，人才济济，两汉、北宋等朝代皆不能相比，这济济的人才来源颇为广泛。其中有出身农民起义的将领徐世勣、秦叔宝、程知书等；原政敌的部下隋将屈突通、王世充时郑州长史戴宵、李密的部下后又归李建成的魏徵、李建成的部下冯立等；寒门出身的刘洎、马周、张亮等；奴仆出身的钱九陇、马三宝等；关陇士族李靖、长孙无忌、于志宁等；少数民族的阿史那社尔、执失思力、契苾何力等。唐太宗为了广罗天下的人才，进一步完备了始于隋朝的科举制度，不限门第，通过科举考试成绩优者都可以取得高官厚禄。例如：小吏出身的孙伏加官到户部侍郎、大理卿等要职；家代无名的李义府官至宰相。唐太宗对科举考试非常重视，他"尝私兴端门，见新进士缀行而出，喜曰：'天下英雄入吾中矣。'"(《唐摭言》卷一)

武则天因其美貌被唐太宗选入宫中，立为才人，赐号"武媚"。与唐太宗有一段较深的交往。她在用人之道上深受唐太宗的影响。善于选拔人才，敢于委以重任。她派张循宪为河东采访使，遇难之事不能决，便请当地免职小官张嘉贞办理。张循宪回朝保荐张嘉贞，她亲自召见张嘉贞之后任命为监察御史。由于武则天善于选人用人，她前后任用的宰相李昭德、魏元忠、杜景俭、狄仁杰、姚崇、张柬之等都是一时的人才。武则天为了广选人才，对科举制度作了进一步的发展，开武举，开南选。一时之间，武则天周围贤才如林，武则天选才过滥，也给她带来了一些麻烦，她用严刑来控制仕途，发现不称职者，便革免杀戮。北宋司马光评价武则天的用人之道说："虽滥以禄位收天下人之心，然不称职者，寻亦黜之，或加刑诛，挟刑赏之柄以驾御天下，政由己出，明察善断，故当时英贤亦竟为之用。"(《资治通鉴》卷二百零六)武则天的用人之道失之于滥，不如唐太宗高明，但她明察善断，在一定程度上弥补了这方面的不足。

唐玄宗继位后，在开元年间是位励精图治的皇帝，他也懂得用人与治国的内在关系。在用人方面虽在唐太宗、武则天之下，但比起昏庸之辈也有值得称道的地方。唐玄宗所用的宰相，先后有姚崇、宋璟、张嘉贞、张说、李元纮、杜暹、韩休、张九龄等，他们各有所长，且都能直言谏诤，补救缺政。例如：姚崇"善应变以成天下之务"吏事明敏，决政迅速；宋璟"善守法持政"，注重选择官吏，随材授官。唐玄宗比较注意地方官的评选，有一次亲自殿试所受县令，放归成绩低劣者40余人。唐玄宗用人之道的最大问题是其不能始终如一，自从公元734年用李林甫为相以后，便一改开元年间的唯贤是举，代之以唯奸佞是用。李林甫口蜜腹剑，杨国忠不学无术，皆为玄宗所用。唐玄宗还重用宦官，宠信高力士。唐玄宗说："力士当上（当朝值班），我寝则稳。"(《旧唐书·高力士传》)唐玄宗这种用人政策的转变，促进了各种矛盾的激化，终于酿成了安史之乱，使唐朝由盛而衰。

唐朝前期为唐太宗所推崇的民为邦本的思想体现在社会生产方面，形成了当时的重农政策。唐太宗说："国以民为本，民以食为天。若禾不登，则兆庶非国家所有。既属丰稔若斯，朕为亿兆人父母。"（《贞观政要·务农》）他认识得非常深刻，懂得农业生产与人民、与社稷的关系。在他继位之初便开始推行唐高祖时期不曾认真实施的均田制和租庸调制，给人民提供基本的生活、生产条件。唐太宗还时常遣使臣到各地巡视，劝课农桑。武则天当权时期，除了继续推行均田制和租庸调外，她规定：州县境内"田畴垦辟，家有余粮"，则予以升奖；"为政苛滥，户口流移"些，则予以惩罚。武则天还曾编成名为《兆人本业纪》的农书，颁行天下。唐玄宗在开元期间一再要求地方官员重视农田水利；经常发布特赦，缓征、免征租调和地方税收。公元716年至717年间，今河北、河南地区发生严重的蝗灾，唐玄宗力排众议，授权姚崇，派官员到州县督促捕蝗焚埋，杀虫百余万石，使连年蝗灾之岁不致大饥。

唐朝前期以民为邦本，纳谏、用人和重视农业生产力为主线的廉政建设，从不同的角度为唐朝的鼎盛和历史的发展创造了中国古代其他朝代难得的有利条件。民为邦本的思想，总是惧怕民之水覆君之舟。他们在治理国家时，注意自身的作风，不敢过于奢侈腐化，把对劳动人民的剥削限制在可承受的范围之内，统治手段也不敢过于暴虐。注意纳谏，使唐朝前期统治集团集思广益，择善而从，保持头脑的清醒，在制定重大政策时能考虑到国家的长远利益，在客观上形成了一种特殊的监督，能及时收到纠正过失的信息，从而制约了地主阶级劣根性的恶性发展。用人唯贤是举更具有意义。人是万物之灵，统治集团的意志政策都是身为各级官吏的人来体现和执行的，他们上通下达，直接临民。唐朝前期统治集团能唯贤是举，使得国家政治比较清明。因为贤者大都有政治远见，不敢以牺牲地主阶级的长远利益和个人政治生命为代价，换其一时欢娱。重视农业生产，一则是民为邦本思想的体现，一则又直接推动了唐朝前期的农业生产。农业始终是中国古代社会经济的主体，唐朝前期的农业生产的发展，既为人民的生存提供了条件，又为唐朝的鼎盛奠定了雄存的物质基础。

在劳动人民创造的雄厚的物质基础之上，在唐初统治集团较廉洁开明的统治之下，阶级矛盾缓和，社会环境安定，出现了前所未有的繁荣。在国内，经济发展较快，有贞观之治、永徽之治和开元之治。在国际上，唐朝成为当时世界的经济文化中心，中外交往异常频繁。

九、北宋王朝为政阴暗的后果

公元960年正月，后周的殿前都点检赵匡胤发动陈桥驿兵变，黄袍加身，建立了北宋王朝。随后，又用了10余年的时间统一了中国。北宋王朝建立之后，首要问题自然是如何巩固政权。这个问题又分为两个层次：一是从根本上使唐末以来长期存在的藩镇割据不再重演；二是如何防范和束缚农民，使他们不起来反抗。在解决这些问题的时候，北宋统治者采取了许多行之有效的措施，然而却忽视了廉政建设。这个代价太大了，以致整个北宋王朝没有过一天安稳的日子。

宋王朝草创之后，赵匡胤一直为宋王朝的命运焦虑。他问赵普："天下自唐季以来，数十年间，帝王凡易十姓，兵革不息，苍生涂地，其故何也？"赵普回答说："其故非他，节镇太重，君弱臣强而已矣。今所治之，无他奇巧，惟稍夺其权，制其钱谷，收其精兵。"（《续资治通鉴长编》卷六）赵匡胤对赵普的意见非常赞同，就把此定为巩固北宋政权、加强北宋王朝专制主义中央集权的基本方针。

赵匡胤通过兵变当上了皇帝，深知军队的重要性，所以他首先整治高级军事将领。有一次，赵匡胤请石守信、王审琦、高怀德等高级军事将领饮酒，酒酣耳热之际，赵匡胤突然摒去左右，向他们诉说了自己的苦衷和担忧，怕他们以手中的兵权重演黄袍加身之故伎。石守信等对赵匡胤的意思心领神会，乞求指示以可生之余。赵匡胤便毫不客气地说出了他要说的话："人生如白驹过隙，所谓好富贵者，不过欲多积金钱厚自娱乐，使子孙无贫乏耳。尔曹何不释去兵权，出守大藩，择便好田宅市之，为子孙立永远不可劫之业，多置歌儿舞女，日饮酒相欢，以终其天年。我且与尔曹约为婚姻，君臣之间，两无猜疑，上下相安，不亦善乎。"（《涑水纪闻》卷一）第二天，这些高级将领皆称身体有病，请求解除兵权，赵匡胤便一一应允。这就是历史上所称的"杯酒释兵权"。赵匡胤以优厚的经济条件换取了兵权，是很高明的。既避免了流血，又达到了加强中央集权的目的。然而这却又开了一个非常恶劣的先例，既以优厚的经济待遇，扩大支持面，换取统治集团成员对皇帝的忠诚。由于赵匡胤是个开国皇帝，他所采用的这种经济赎买的方式一直为后代皇帝所沿袭，北宋王朝在短短的几十年间便出现了以冗官、冗兵、冗费为所造成的积贫积弱局面。

北宋统治集团为了取得地主阶级的支持，实行了一套非常落后的选官制度。首先是对后周以及其他各国的旧官员，只要表示臣服者，一律加以任用。例如，后周世宗的后代，可以世代为官宦，不管有没有职务，都可以享受很高的俸禄。其次是荫官制。祖上为高官者，其子孙也可授予官职；高级官员的门客，旁系亲属可授予官职；官吏死亡，他的子孙可接班为官；国家举行祭天大典或皇帝生辰，可授予某些官吏的家人、门客以官。在北宋统治集团中，由荫官制而为官者数量很大。荫官制不问才能、人品，单凭祖上为官者或父辈官职的高低，由此而来的官吏素质都非常低下。再次，北宋扩大科举考试名额，取消唐时期的吏部考试，一次科举取士达千余人，取士之后立刻任官，并且年年如此。这样，科举考试取来的官吏，素质也很难保证。北宋也有对官吏三年一考的规定，但流于形式，不论才能、品行、政绩，使得官员众多，机构臃肿，史称"州县之地不广于前，而官五倍于旧"（《景文集》卷二十六）。官吏的素质非常低劣。例如，鄞州知州王昌年老有病，每日坐衙由二人扶出，三年之中州政大坏。接替他的刘依，70岁有余，竟不知中央的首脑官员姓名。统治集团中有如此众多的素质低劣的官吏，掌握着各级政权，四肢挪动困难，办事效率低下，政令不能通行，形成前所未闻的冗官。冗官犹如一个巨大的赘瘤，寄生在北宋王朝的肌体上。如果追究这个赘瘤的原因，首推的就是经济赎买办法在选官制度中的应用。

北宋统治集团迷信所谓的养兵政策，赵匡胤认为："可以利百代者，唯养兵也。"（《挥麈录余话》）北宋王朝继承了始于唐朝后期的雇佣兵制度，并进而制定了养兵制度。凡有地方发生灾荒，北宋王朝就在那里大量招募甚至是强制饥民入伍，目的是把潜在的反抗力量转变为镇压反抗的力量。养兵政策确实能暂时化险为夷，但却造成了大量冗兵的存在。北宋初年，南征北战，军队只不过 20 余万人。到北宋仁宗皇佑初年，军队多达 140 余万人。近 90 年，军队人数增加了 120 万人，素质却急剧下降。士兵大多是"不知战者也"（《挥麈录余话》）。军队不务练兵，军人终日游逛，射起箭来，不过马前一二十步。在对外战争中，军事上屡屡失败。由于北宋军队战斗力太低，北宋中期便出现了积弱的局面。北宋冗军的形成根源是它的养兵政策，而养兵政策实质是经济赎买政策在军事方面的推广。

北宋王朝对各级官吏都给予优厚的待遇，有俸钱、禄粟米、职钱、侍人和承差衣粮、恭酒、厨料、薪炭、盐、马料等。清人赵翼评介说北宋是："恩逮于百官者，惟恐其不足，财取于万民者，不留其余。"（《廿二史劄记》卷二十五）官吏开资之多，养兵费用之浩，再加之对辽、西夏的赔款，使北宋王朝的财政年年有赤字，出现了积贫的局面。

北宋统治集团似乎也知道人民力量的巨大，但它不是采用类似西汉初年的与民休息政策，或树立唐朝前期的民为邦本的思想，而是与人民为敌，着眼于对人民统治的加强。北宋王朝的第二位皇帝赵光义说："国家若无内患，深可为惧。帝王应当用心于此。"（《杨文公谈苑》）在这种思想指导下，实行守内虚外政策，置敌对的辽、夏政权不顾，把大部分军队驻扎在首都开封周围和各主要州郡，在北部和西北部边防线上，只分布少量兵力。守内虚外政策，一方面使北宋在对外战争上时常失利赔款，一方面因其着重于镇压防范，常常促使阶级矛盾激化。

北宋王朝统治集团在经济赎买作法的影响下和与民为敌的思想指导下，为了取得整个地主阶级的支持，有意识采取了不抑兼并和不立田制的政策，赋予他们免税免役等特权，纵容地主阶级和各级官吏肆行兼并贫穷农民的土地。这种政策使"富者有弥望之田，贫者无立锥之地；有力者无田可种，有田者无力可耕……富者益以多畜，贫者无能自存"（《续资治通鉴长编》卷二十七）。地主阶级的中上层，也就是当时的官绅豪强户，其总人数不到全国人数的1%，但他们却占有全国土地的70%，加之他们的免税免役特权，国家的赋税徭役都落到了贫穷的劳动人民身上，人民生活十分贫困，结果使阶级矛盾激化，社会危机加深。

由于北宋统治集团与人民为敌，形成了积贫积弱和阶级矛盾长期激化的局面。在内，农民起义从北宋政权建立开始，此起彼伏，从未间断；在外，北宋政权屡屡挨打赔款。

一般而言，农民起义大都发生在王朝中后期，但北宋出现了例外的情况：北宋早期有公元993年的四川王小波、李顺起义；中期有公元1043年的沂州王俊起义；公元1043年的商山嶷海、郭邈山起义，公元1043年的湖南桂阳监瑶族起义和公元1047年的贝洲王则起义。北宋中期以后，农民起义更是连年不断，"一年多如一年，一伙强似一伙"（《欧阳文忠公文集》卷一百）。较大的农民起义有方腊起义和宋江起义。这些农民起义的直接原因都是土地兼并严重，农民负担沉重，如果追根寻源都与北宋王朝不重视为政作风密切相关。

北宋时期民族矛盾比较复杂，时常与北方的少数民族发生战争。北宋初年，兴起于唐末的辽国，疆域达到今天河北省南部。公元979年赵光义灭北汉后，由太原出军，欲取辽统治下的幽蓟。宋军与辽军战于高梁河（今北京市区），宋军败北，赵光义乘驴车逃跑。此后，又于雍熙三年（986）北代，宋军大败，弃戈甲如山。雍熙北伐失败后，辽军不断南犯，公元1004年20万军南侵，与宋真宗在澶州（河南濮阳）订澶渊之盟。双方议定：宋辽约为兄弟之国，宋真宗称辽圣宗母萧太后为叔母；宋岁输辽银10万两，绢20万匹，史称"岁币"。北宋以屈辱赔款为条件，缓和了双方的矛盾。

宋辽矛盾刚缓和不久，公元1038年党项人在宁夏建立了夏国，史称西夏。西夏建国后，加强对外扩张，而北宋的腐朽无力和妥协退让更助长了西夏的扩张意识，宋夏之间战事迭起，宋军往往惨败。公元1044年双方议和，商定：宋每年赐西夏银7万两、绢15万匹，茶叶3万斤，西夏对宋称臣。这个和约虽说没有字面上的屈辱，但北宋的经济损失是很大的。

公元1115年，兴起于松花江和黑龙江流域的女真人首领阿骨打称帝，国号大金。金与辽素有隔阂，连连击败辽军。北宋统治集团企图利用金来灭辽，于公元1120年与金订立"海上盟约"：约定两国同时夹击辽，长城以外的辽中京由金负责攻取，长城以南的辽燕京地区由宋军负责攻取；胜利之后燕云之地归北宋，北宋则把以前每年送给辽的岁币如数付给金。在1122年宋金夹攻辽的战争中，金节节取胜，宋两次攻打燕京失败。金由居庸关进军，攻克了燕京。金占领了燕京之后扬言不再把燕云诸州交还给宋。宋金几经交涉，双方才约定：金燕京及该地区的六州归宋，宋则在原定岁币之外加赎城费 100 万缗。次年，金撤离燕京时大掠而去，仅留下了几座空城。

在宋金的交涉中，金看穿了北宋王朝的虚弱真相，在 1125 年灭辽之后，便把进攻的矛头指向了北宋。当年，金军大举南下，包围首都开封，后各地勤王军到达，金撤兵。1126 年，金兵再次大举南下，攻破开封。第二年四月金人带着徽宗、钦宗二位皇帝和后妃、皇子、皇女以及宗室贵戚三千多人北去。北宋王朝死亡。

金的国力、经济发展等都远远不如北宋，金能以弱胜强，固然有各种原因，但决定性的因素在北宋王朝内部。以冗官、冗兵、冗费为主要原因而形成的积贫积弱，和阶级矛盾的长期尖税化，以及对外战争中的退让失败，等等，为北宋亡于金的具体原因。然而其根源则是北宋初年定下的两个基本国策：一个是以经济赎买的方式收兵权，笼络地主阶级和所有的官僚贵族；一个是与人民为敌的守内虚外。北宋王朝的这两个基本国策有一个根本点，即忽视统治集团的为政作风。最终不得不付出皇帝为虏，丧社稷、亡国家的最高代价。

十、 明朝的政治风云

公元 1368 年，明太祖朱元璋窃取了元末农民大起义的胜利果实，建立了明朝。明朝建立之后，在政治上进一步加强中央集权的专制主义。与此同时，统治集团也为当时的政治清廉作了不少的努力。

朱元璋出身于贫苦农民家庭，深知物力艰难，称帝后仍生活朴素，提倡节俭。他认为，提倡节俭，如果自己不以身作则，就无法率领臣下。一次，一个回回商人进献番香，说这种香可以治疗心疾，也可以调粉为妇女美容。朱元璋却说，中国可以治病的药物够多的了，这种玩意只是一种化妆品，用化妆品把人打扮漂亮，很容易使人养成奢侈的习惯。拒不接受番香。龙凤十二年（1366）建造南京的宫殿，工程负责人绘好图样后请朱元璋过目，他划掉了许多雕琢考究的部分。宫殿完工后朴实无华，朱元璋请人书画了许多恢宏的历史壁画和宋儒的大学讲义。有个官吏欲讨好朱元璋，说某个地方出产一种石头，铺路非常漂亮，被朱元璋痛斥一顿。江西行省把陈友谅的一张镂金床进献给朱元璋。朱元璋指着镂金床对侍臣说，这与后蜀亡国之君孟昶的七宝夜壶有什么区别，究奢极欲是要亡国的。令人把镂金床打碎。朱元璋的车舆器具服用，按惯例都该以金装饰，但他却令以铜代替，并讲出了他的一番防微杜渐的道理。在节俭方面，朱元璋对其他人也严格要求。他看到内侍穿着新靴跳水，舍人穿500贯一套的衣服，都曾狠狠地训斥。朱元璋的妻子马皇后也非常节俭，衣服穿破了都不肯换新的，并亲自为朱元璋料理膳食。

明朝的第五位皇帝宣宗朱瞻基在位期间，继承了朱元璋的俭朴作风。他认为，国君崇尚俭朴，国家的户口就会增多，财赋自然也会充足。在宣宗刚继位时，一位工部尚书提出，宫中御用器物不足，必须到民间采办。宣宗制止他说，汉文帝的衣服帏帐没有文绣，历史上称他恭俭爱民，我也应该勤俭节约以率臣下，对于朝廷的费用和工程建设，宣宗一贯反对奢侈。在修建仁宗献陵时，宣宗照仁宗的遗嘱，力行节俭，亲自规划，仅用了三个月就完工。

平心而论，几个皇帝提倡节俭，是节省不了多少物资的，其可贵之处在于这种精神和其影响。提倡节俭反映了明初最高统治者的进取心和励精图治的愿望。他们不想在荒淫奢侈中烂掉，想通过节俭影响整个统治集团的为政作风，如果所有统治集团成员都能以俭朴律己，贪污腐化这种亡国的作风就不易滋长。这恐怕是明朝最高统治集团提倡节俭的深远用心。

与明初统治集团提倡节俭相伴相随的另一个作风是比较注意农民的疾苦。由于朱元璋早年生活贫困，所以他对农民的疾苦有一定的了解。朱元璋从农民起义的领袖摇身一变成为皇帝，农民大起义的力量他是深知的。他从切身的经历中认识到，如果对老百姓压迫剥削过重，就会逼他们铤而走险。因此，在他的带动下，明朝初期的统治集团还能体恤农民的艰辛。朱元璋的太子朱标到农村考察农民的生活状况回来后，他对太子说，农民身不离田亩，手不释犁耙，终年勤劳，不得休息。住的是茅草房，穿的是粗布衣，吃的是菜羹粝饭，国家的一切费用都出在他们身上。所以，凡居处食用，一定要考虑到农民的劳苦，取之有制，用之有节，不要让他们苦于饥寒。如果不顾农民的劳苦，横征暴敛，农民就无法活命。

明初的第四位皇帝仁宗朱高炽也是一个能体谅农民辛劳的皇帝。他虽然只在皇位10个月，但在明成祖永乐时代，常以太子的身份在南京监国，主持朝政，所以他在明史上还是很有影响的。永乐十八年（1420），明成祖朱棣召他进京，路过邹县，见男女百姓手持篮筐在路旁采果，停马问作何用途，百姓说是荒年以此为食。他便下马入民室，见百姓家都是鹑衣百结，锅底朝天，即令太监分赐宝钞，并召集乡老询问疾苦。仁宗的后继者宣宗继承了仁宗体恤农民辛劳的作风。有一次宣宗外出还京，看到几个农民在田间耕作，便下马询问稼穑之事，随手接过农民的犁推了几下。他说，我只推了三下就觉得累了，更别说常年干这种活的人了。人们常说劳苦莫若农民，的确如此。为了培养体恤农民辛苦的意识，宣宗亲自写《织妇词》一篇赐给朝臣，并请人画成图挂在宫中，提醒官员和众妃嫔不要忘记百姓的艰辛。

明初的这几位皇帝尚能注意到百姓的疾苦，在荒灾之年多能及时减免租税和开仓济民。朱元璋时期，凡有灾荒歉收，就下令蠲免租税，灾情严重者，命地方官开仓贷米，或赈济米、布、钞。地方官如果隐灾不报，特许耆民申诉，处地方官以死刑。仁宗为太子时路遇饥民，恰逢山东布政使前去迎接，即令布政使发放官粟赈济，每人六斗。事后由他上奏明成祖朱棣。宣宗继位后，继续实行对灾区蠲免田赋、开创赈灾的政策。河南有一个县受灾，知县没有请求就擅自发放驿粮千石。事后宣宗非但没怪罪其专擅，反而称赞他能称任使，赈灾及时。针对当时一发生天灾，百姓四处逃亡，地方官用兵捕逐的情况，宣宗申谕禁止捕治饥民，并派官赈济，允许流民随地附籍。

朱元璋、明成宗、明宣宗这几位明初统治集团的最高代表，体恤百姓的疾苦，在灾荒之年及时开仓赈灾，蠲免租赋，虽然没有从根本上改变百姓的贫困和疾苦，但与那些与民为敌、不顾百姓死活、只知自己享受作乐的皇帝比较起来，总是要好一点的。特别是作为政治作风的一个组成部分，这种做法以不仅会影响到统治集团政治作风的其他方面，而且还会直接反映到统治策略之中，从而有助于明朝初期的廉政建设。

明朝初期统治集团为政治清廉所作的努力，除了上述的两个方面以外，最重要的莫过于吏治建设。明朝初期统治集团把吏治建设的重点放在惩罚贪官污吏、打击豪强地主上面。

朱元璋从切身经历中体会贪官污吏对国家政治和人民的安居乐业的危害性。他对贪财好色、饮酒废事、漠视民间疾苦的州县官恨之入骨。所以明初在法律中规定：官吏贪赃枉法者，赃一贯以下杖刑70，每多5贯罪加一等，到80贯者处以绞刑；监守自盗仓库钱粮等物者，赃一贯以下者杖刑80，至40贯者斩首。官吏贪污银子60两以下者枭首示众，并处以剥皮之刑。对贪污的地方官，常剥皮实草，悬挂在公座之旁，使继任者触目惊心。朱元璋抱着誓与贪官污吏斗争到底的决心，以历史上最严厉的手段、最大的规模，屡兴惩罚贪官污吏的大狱，其中最著名的当属郭桓案。洪武十八年（1385），有人告发户部侍郎郭桓等人和北平二司官吏共同舞弊，侵吞浙西秋粮。朱元璋下令处死六部左右侍郎以下的所有官员，杀官吏数百人，下狱者数万人，追回赃物粮数百万石。对于那些不法地主，朱元璋也是严惩不贷。南京的豪民与京城官府内外勾结，私设公堂，隐匿逃犯，他下令抄杀南京豪民一百七十余家。朱元璋用严刑重法，杀人如麻，有滥杀之过，但通观明代史料，却找不出随便杀平民百姓的资料。

　　仁宗对贪官污吏的危害性也有较深刻的认识，经常对司法机构的官员们说，国家恤民，一定要从清除贪官污吏做起。凡是被发现的贪赃害民官吏，仁宗都果断惩办。有一个太监在四川采办木料扰害百姓，仁宗即令副都御史戈谦前去调查严办。宣宗在惩办贪官污吏方面非常果断，不论官位的高低，只要贪污，都严惩不贷。御史沈润接受贿赂，谪戍辽东；都察院左都御史，贪图贿赂，逮捕下狱；工部尚书吴中私把公家的木料、砖瓦赠给太监杨庆修建府第，被逮捕下狱。仁宗、宣宗二朝对贪官污吏的惩办虽不如朱元璋那么严厉，但也起到了廉洁政治的效果。

　　明朝初期为了有效地惩办贪官污吏，除了在法律上规定了严厉的条文外，还加强了监察机构的建设。洪武十五年（1382）对中央监察机构进行了改革。改御史台为都察院，设左右都御史。下设监察御史110人，以一个布政使司为一道，分掌十三道。都察院的职掌是监察百官。凡是大臣奸邪、小人构党、擅作威福、扰乱朝政、贪污舞弊、学术不正、变乱祖宗制度者，都在检举弹劾之列。十三道监察御史在京可检察一切官僚机构，出使地方则有巡按、清军、提督学校、巡盐、茶马、监军等职务。其中巡按御史可代表皇帝，小事立断，大事奏裁。在中央又特设六科给事中，为六部的监察机构，专门稽查六部百官之事。明朝加强了的中央监察机关，在吏治尚好的明朝初期，发军了不小的作用。

明朝初期统治集团为政治清廉所作的上述努力，在当时是有很大积极意义的，使得政治比较清明，阶级矛盾比较缓和，社会环境比较安定。社会生产力有较大的提高。以生产力为例：明初全国耕地面积比元朝末年增长了4倍；洪武二十六年（1393），国家储粮数量比元代增长了两倍；棉花普遍种植，棉纺织业成为普遍的家庭副业。其他方面，如手工业、商业等也有很大的发展。正是在社会生产发展的前提下，才出现了郑和七下西洋的壮举，才出现了万历年中国最早的资本主义生产关系萌芽。

明朝初期统治集团在政治清廉上所做的努力可谓费尽了心机，特别是在惩办贪官污吏方面显示出了前所未有的气魄和决心，用了前朝所不曾多用的严厉措施与极刑，但它持续的时间却仅有60余年，占明朝历史的1/4。这不能不说是一个历史的遗憾。从第六位皇帝英宗开始，吏治腐败丛生。到明朝后期，皇帝荒淫腐朽，宦官进一步专权，贪官污吏横行，最后导致了李自成、张献忠等农民大起义的爆发，崇祯皇帝吊死在北京煤山（今景山），清兵入关，明朝灭亡。